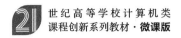

21 世纪高等学校计算机类
课程创新系列教材·微课版

管理信息系统及实践教程
微课视频版

窦万峰 吴怀岗 / 主编

清华大学出版社
北京

内 容 简 介

本书将信息管理和信息系统相结合,以信息技术和组织信息管理需求为主线,从管理和应用角度,全面介绍管理信息系统的基本概念、体系结构、管理信息应用系统和管理信息系统规划与实施,并安排了管理信息系统实验内容。全书11章,内容包括管理信息系统的基本概念、组织内管理信息系统、组织间管理信息系统、典型管理信息应用系统、信息系统实施和管理信息系统实验等。本书内容翔实,深入浅出,通过实验和实例分析,使学生深入理解管理信息系统应用和组织或企业的管理问题等。

本书适合作为高等院校信息管理与信息系统、管理科学与工程、工商管理、电子商务、物流工程、计算机应用等相关专业的教材,也可以作为MBA、MPA和工程应用专业的参考用书。

本书封面贴有清华大学出版社防伪标签,无标签者不得销售。
版权所有,侵权必究。举报: 010-62782989, beiqinquan@tup.tsinghua.edu.cn。

图书在版编目(CIP)数据

管理信息系统及实践教程:微课视频版/窦万峰,吴怀岗主编.—北京:清华大学出版社,2023.1
21世纪高等学校计算机类课程创新系列教材:微课版
ISBN 978-7-302-61794-5

Ⅰ.①管… Ⅱ.①窦…②吴… Ⅲ.①管理信息系统-高等学校-教材 Ⅳ.①C931.6

中国版本图书馆CIP数据核字(2022)第165255号

责任编辑:陈景辉 张爱华
封面设计:刘 键
责任校对:郝美丽
责任印制:沈 露

出版发行:清华大学出版社
网 址:http://www.tup.com.cn,http://www.wqbook.com
地 址:北京清华大学学研大厦A座 邮 编:100084
社 总 机:010-83470000 邮 购:010-62786544
投稿与读者服务:010-62776969,c-service@tup.tsinghua.edu.cn
质量反馈:010-62772015,zhiliang@tup.tsinghua.edu.cn
课件下载:http://www.tup.com.cn,010-83470236

印 装 者:三河市人民印务有限公司
经 销:全国新华书店
开 本:185mm×260mm 印 张:17.25 字 数:422千字
版 次:2023年1月第1版 印 次:2023年1月第1次印刷
印 数:1~1500
定 价:59.90元

产品编号:097031-01

"管理信息系统"课程是信息管理与信息系统、管理科学与工程、电子商务、物流工程等专业的核心课程之一。其是信息技术、管理科学理论、系统工程、人工智能、信息系统规划与实施等内容相互渗透发展起来的多学科知识。

管理信息系统的概念从提出到发展到现在已经有 50 多年,从企业信息系统、电子商务、互联网、物联网的数字智能时代,管理信息系统已经深入社会经济领域的各方面,应用到组织或企业内外各部门,对组织、企业、地区乃至一个国家的数字化水平和管理现代化、信息化发展起到非常重要的作用,意义深远。

管理信息系统是理论与实践相结合的学科,更注重通过实践来理解理论和原理与方法。为此,本书结合多年来的管理信息系统教学和系统开发经验,通过相关实验,从组织或企业不同的管理层次和应用需求,循序渐进地理解管理信息系统的具体管理功能、信息需求和组成结构等。

本书主要内容

本书包括信息管理与信息系统的基本概念、管理信息系统的体系结构、管理信息应用系统、管理信息系统规划与实施,以及管理信息系统实验 5 方面的内容。

信息管理与信息系统的基本概念部分主要介绍数据、信息和知识的基本概念及其关系,信息管理、信息系统和知识管理的基本概念及其关系,信息资源和企业信息资源管理的基本概念,以及信息系统与系统工程的基本概念和系统工程方法论等。

管理信息系统的体系结构主要介绍信息系统的组成、管理信息系统体系结构模型、管理信息应用系统及其支持环境的组成要素。

管理信息应用系统主要介绍组织内典型的 6 类信息系统的信息需求特点、服务目标、基本结构和活动等,跨组织的典型的管理信息系统的信息需求特点、基本功能和结构以及面向组织流程管理、商务智能与决策支持和供应链管理与客户关系管理等特定应用的技术与系统。

管理信息系统规划与实施主要介绍管理信息系统的规划方法和实施方法。

管理信息系统实验主要介绍事务处理系统、管理信息系统、办公自动化系统、知识管理系统、社交媒体信息系统、电子政务系统、流程设计实验、供应链管理系统和客户关系管理系统的实验目的、实验内容和实验报告撰写要求等。

本书特色

本书全面体现了信息技术驱动下组织或企业信息管理的新模式、新范式,旨在培养具有信息管理能力和信息系统应用能力的高素质信息管理人才。

本书采用理论与实践相结合的方法,实验与实例分析是本书的突出特点,旨在加深学生对管理信息应用系统工作原理的理解。本书组织严谨,结构清晰,逻辑性强。

(1) 内容紧凑。本书的作者梳理了信息管理与信息系统专业核心课程的知识和内容,去除了与课程之间存在的大量重复内容,使得本书内容更加紧凑且完整。例如,本专业的数据库原理与应用、计算机网络、信息资源管理、电子商务、软件工程和数据仓库与数据挖掘等与"管理信息系统"课程存在许多重复内容,导致课程内容杂乱,不能突出重点,增加学生的学习难度。

(2) 便于教师授课。本书重点围绕管理信息系统基础理论和管理信息应用系统,介绍了管理信息系统的体系结构、组织内和组织间典型的管理信息系统和管理信息系统规划与实施等内容,而不涉及太多的信息技术形成内容。因此,便于高校教师教学,也便于学生更好地理解所学知识。

(3) 实验内容丰富。本书的作者结合管理信息系统实验课程教学,基于实验课程教学经验与实践方法,开展与组织或企业的管理信息应用系统相关的具体操作实践,以便学生更加深入地理解管理信息系统的用途、管理模式与应用、数据收集与分析过程等。

配套资源

为便于教与学,本书配有微课视频(265 分钟)、教学课件、教学大纲、习题答案。

(1) 获取微课视频方式:读者可以先扫描本书封底的文泉云盘防盗码,再扫描书中相应的视频二维码,观看教学视频。

(2) 其他配套资源可以扫描本书封底的"书圈"二维码,关注后回复本书的书号即可下载。

读者对象

本书可供信息管理与信息系统、电子商务、物流管理等信息管理类或工商管理类相关专业的本科生与研究生学习,也可以作为信息类、人文社科专业的参考书。

本书由南京师范大学窦万峰教授负责组织编写和审稿。本书共 11 章,其中第 1~5 章、第 8 章和第 11 章由窦万峰编写,第 6,7,9,10 章由窦万峰和吴怀岗共同编写。全书由何涛、程浩哲、朱珩、纪鹏飞等教师进行了细致的校对,在这里对他们的工作表示衷心感谢。

由于作者水平有限,不足之处在所难免,敬请读者批评指正。

作 者

2023 年 1 月

目 录

第 1 章 信息管理与信息系统基础 ... 1

1.1 数据、信息和知识的概念 ... 1
1.1.1 数据 ... 1
1.1.2 信息 ... 2
1.1.3 知识 ... 4
1.1.4 数据、信息和知识的关系 ... 6

1.2 信息管理与信息系统基础概述 ... 6
1.2.1 信息管理的概念 ... 6
1.2.2 信息系统的概念 ... 7
1.2.3 信息管理与信息系统的关系 ... 8
1.2.4 信息系统对企业信息管理的影响 ... 8

1.3 信息资源管理 ... 10
1.3.1 信息资源管理的概念 ... 10
1.3.2 信息资源管理的对象、内容与任务 ... 12
1.3.3 企业信息资源管理 ... 14

1.4 知识管理 ... 17
1.4.1 知识管理的概念 ... 17
1.4.2 知识管理与信息系统的关系 ... 20

1.5 信息系统的发展 ... 20
1.5.1 信息时代下组织经营环境变化 ... 20
1.5.2 信息技术与工业革命 ... 21
1.5.3 信息技术和信息系统的区别与联系 ... 22
1.5.4 信息系统的融合与创新 ... 23
1.5.5 信息系统的发展趋势 ... 23

1.6 本章小结 ... 24
习题 ... 24

第 2 章 管理信息系统基础 ... 26

2.1 管理信息系统的概念 ... 26
2.2 管理信息系统的体系结构 ... 27
2.2.1 管理信息系统组成要素 ... 27
2.2.2 管理信息系统结构模型 ... 28

2.3 管理信息应用系统 ·· 29
2.4 管理信息应用系统的支持环境 ·· 29
2.5 管理信息系统的分析方法 ·· 33
  2.5.1 管理信息系统研究方法 ·· 33
  2.5.2 管理信息系统的社会-技术方法体系 ··· 34
2.6 本章小结 ··· 35
习题 ··· 35

第3章 组织的管理信息应用系统 ·· 36

3.1 组织管理和信息需求 ·· 36
  3.1.1 组织管理的层次模型 ·· 36
  3.1.2 不同管理层上的信息需求特点 ·· 37
3.2 管理信息应用系统的类型 ·· 39
  3.2.1 管理信息应用系统的组合模型 ·· 39
  3.2.2 管理信息应用系统集成 ··· 41
3.3 事务处理系统 ··· 42
  3.3.1 定义 ·· 42
  3.3.2 服务目标 ··· 43
  3.3.3 基本结构和活动 ·· 43
  3.3.4 事务处理方式 ··· 44
3.4 管理信息系统 ··· 45
  3.4.1 定义 ·· 45
  3.4.2 服务目标 ··· 46
  3.4.3 基本活动 ··· 46
3.5 决策支持系统 ··· 48
  3.5.1 定义 ·· 48
  3.5.2 服务目标 ··· 49
  3.5.3 基本结构和活动 ·· 49
  3.5.4 决策支持系统与管理信息系统的关系 ··· 52
3.6 经理信息系统 ··· 53
  3.6.1 定义 ·· 53
  3.6.2 服务目标 ··· 54
  3.6.3 基本结构和活动 ·· 54
3.7 办公自动化系统 ·· 56
  3.7.1 定义 ·· 56
  3.7.2 服务目标 ··· 56
  3.7.3 基本结构和活动 ·· 57
3.8 知识管理系统 ··· 60
  3.8.1 定义 ·· 60

  3.8.2 服务目标 ……………………………………………………………… 61
  3.8.3 基于知识的经营管理系统 …………………………………………… 62
  3.8.4 知识工作系统 …………………………………………………………… 63
3.9 本章小结 …………………………………………………………………………… 65
习题 ………………………………………………………………………………………… 65

第 4 章 跨组织管理信息系统 …………………………………………………………… 67

4.1 跨组织管理信息系统概述 ………………………………………………………… 67
4.2 跨组织合作模式 …………………………………………………………………… 68
4.3 跨组织管理信息系统分析 ………………………………………………………… 70
  4.3.1 跨组织管理信息系统组织关系 ……………………………………… 70
  4.3.2 企业合作关系分析 …………………………………………………… 70
  4.3.3 跨组织管理信息系统分类 …………………………………………… 71
4.4 全球信息系统 ……………………………………………………………………… 73
  4.4.1 系统定义 ……………………………………………………………… 73
  4.4.2 服务目标与功能需求 ………………………………………………… 74
  4.4.3 影响构建全球信息系统的因素 ……………………………………… 75
4.5 社交媒体信息系统 ………………………………………………………………… 78
  4.5.1 系统定义 ……………………………………………………………… 78
  4.5.2 系统组成 ……………………………………………………………… 79
4.6 跨组织管理信息系统涉及的技术 ………………………………………………… 81
4.7 本章小结 …………………………………………………………………………… 85
习题 ………………………………………………………………………………………… 85

第 5 章 系统工程 …………………………………………………………………………… 87

5.1 系统 ………………………………………………………………………………… 87
  5.1.1 系统的定义 …………………………………………………………… 87
  5.1.2 系统的模型 …………………………………………………………… 88
  5.1.3 系统的特征 …………………………………………………………… 89
  5.1.4 系统的分类 …………………………………………………………… 89
5.2 系统分解与集成 …………………………………………………………………… 92
  5.2.1 系统分解 ……………………………………………………………… 92
  5.2.2 系统集成 ……………………………………………………………… 94
5.3 系统科学与系统工程 ……………………………………………………………… 95
  5.3.1 系统科学 ……………………………………………………………… 95
  5.3.2 系统工程 ……………………………………………………………… 96
5.4 系统工程方法论 …………………………………………………………………… 98
  5.4.1 霍尔三维结构方法论 ………………………………………………… 98
  5.4.2 切克兰德软系统方法论 ……………………………………………… 100

  5.4.3 系统工程方法 ··· 102

 5.5 本章小结 ··· 104

习题 ·· 104

第6章 组织流程管理 ·· 105

 6.1 关于流程 ··· 105

 6.2 组织管理模式转变 ··· 106

 6.3 组织流程的组成与特点 ··· 109

  6.3.1 组织流程的组成要素 ··· 109

  6.3.2 组织流程的特点 ··· 111

 6.4 流程建模 ··· 112

  6.4.1 流程识别方法 ·· 112

  6.4.2 流程表示方法 ·· 115

  6.4.3 流程建模方法 ·· 120

  6.4.4 数据流建模方法 ··· 120

  6.4.5 BPMN 建模方法 ·· 123

 6.5 工作流建模 ·· 124

  6.5.1 工作流和工作流模型 ··· 124

  6.5.2 工作流管理系统 ··· 125

 6.6 业务流程重组 ··· 128

 6.7 业务流程管理 ··· 130

  6.7.1 业务流程管理的概念 ··· 130

  6.7.2 业务流程管理实施层次 ·· 131

  6.7.3 卓越流程方法 ·· 132

  6.7.4 业务流程管理系统 ·· 135

 6.8 本章小结 ··· 137

习题 ·· 137

第7章 商务智能 ··· 138

 7.1 商务智能概述 ··· 138

  7.1.1 商务智能的定义 ··· 138

  7.1.2 商务智能的特点 ··· 139

  7.1.3 商务智能的作用 ··· 140

 7.2 商务智能系统 ··· 141

  7.2.1 商务智能系统的定义 ··· 141

  7.2.2 商务智能系统的架构 ··· 141

  7.2.3 商务智能系统的功能 ··· 142

  7.2.4 商务智能系统的特点 ··· 143

 7.3 商务智能分析处理技术 ··· 143

　　　　7.3.1　联机分析处理技术 …………………………………………………… 143
　　　　7.3.2　数据挖掘技术 ………………………………………………………… 146
　7.4　商务智能应用与发展 ………………………………………………………… 150
　　　　7.4.1　商务智能应用 ………………………………………………………… 150
　　　　7.4.2　商务智能发展 ………………………………………………………… 152
　7.5　常见的商务智能系统 ………………………………………………………… 153
　　　　7.5.1　SPSS Modeler ………………………………………………………… 153
　　　　7.5.2　SAS …………………………………………………………………… 154
　　　　7.5.3　SAP 商务智能系统 …………………………………………………… 157
　　　　7.5.4　IBM Cognos …………………………………………………………… 157
　　　　7.5.5　Oracle BIEE …………………………………………………………… 158
　　　　7.5.6　Tableau ………………………………………………………………… 158
　　　　7.5.7　FineBI ………………………………………………………………… 159
　　　　7.5.8　Qlikview ……………………………………………………………… 159
　7.6　本章小结 ……………………………………………………………………… 159
　习题 ………………………………………………………………………………… 159

第 8 章　供应链管理与客户关系管理 ………………………………………………… 161

　8.1　供应链 ………………………………………………………………………… 161
　　　　8.1.1　供应链的定义 ………………………………………………………… 161
　　　　8.1.2　供应链的基本要素和流程 …………………………………………… 162
　8.2　供应链管理 …………………………………………………………………… 162
　　　　8.2.1　供应链管理的定义 …………………………………………………… 162
　　　　8.2.2　供应链管理的发展 …………………………………………………… 163
　　　　8.2.3　供应链管理的特点 …………………………………………………… 163
　　　　8.2.4　供应链管理的活动与内容 …………………………………………… 164
　　　　8.2.5　供应链管理的分类 …………………………………………………… 165
　8.3　供应链管理系统 ……………………………………………………………… 166
　　　　8.3.1　供应链管理系统的定义 ……………………………………………… 166
　　　　8.3.2　供应链管理系统的信息需求 ………………………………………… 167
　　　　8.3.3　供应链管理系统的功能 ……………………………………………… 168
　　　　8.3.4　全球供应链系统 ……………………………………………………… 168
　8.4　客户关系管理 ………………………………………………………………… 170
　　　　8.4.1　客户关系管理的定义 ………………………………………………… 170
　　　　8.4.2　客户关系管理的特点与作用 ………………………………………… 171
　8.5　客户关系管理系统 …………………………………………………………… 172
　　　　8.5.1　客户关系管理系统的定义 …………………………………………… 172
　　　　8.5.2　客户关系管理系统的功能 …………………………………………… 172
　　　　8.5.3　客户关系管理系统的分类 …………………………………………… 175

8.6 本章小结 …………………………………………………………………………… 177
习题 ………………………………………………………………………………………… 178

第 9 章 信息系统规划 ………………………………………………………………… 179

9.1 信息系统战略 ……………………………………………………………………… 179
  9.1.1 组织战略 …………………………………………………………………… 179
  9.1.2 信息化战略 ………………………………………………………………… 180
9.2 信息系统战略规划 ………………………………………………………………… 181
9.3 信息系统规划的内容、组织和过程 ……………………………………………… 182
  9.3.1 信息系统规划的内容 ……………………………………………………… 182
  9.3.2 信息系统规划的组织 ……………………………………………………… 183
  9.3.3 信息系统规划的过程 ……………………………………………………… 183
9.4 初步调查 …………………………………………………………………………… 184
  9.4.1 初步调查的内容 …………………………………………………………… 184
  9.4.2 初步调查的方法 …………………………………………………………… 185
9.5 信息系统规划方法 ………………………………………………………………… 187
  9.5.1 信息系统规划方法概述 …………………………………………………… 187
  9.5.2 关键成功因素法 …………………………………………………………… 188
  9.5.3 企业系统规划法 …………………………………………………………… 191
  9.5.4 战略目标集转移法 ………………………………………………………… 196
9.6 基于流程的信息系统规划 ………………………………………………………… 197
  9.6.1 规划目标 …………………………………………………………………… 197
  9.6.2 规划内容 …………………………………………………………………… 199
  9.6.3 规划方法 …………………………………………………………………… 199
9.7 可行性分析 ………………………………………………………………………… 201
  9.7.1 经济可行性分析 …………………………………………………………… 201
  9.7.2 技术可行性分析 …………………………………………………………… 201
  9.7.3 管理可行性分析 …………………………………………………………… 202
9.8 信息系统规划方案 ………………………………………………………………… 203
9.9 本章小结 …………………………………………………………………………… 204
习题 ………………………………………………………………………………………… 204

第 10 章 信息系统实施 ………………………………………………………………… 205

10.1 信息系统实施的任务 …………………………………………………………… 205
10.2 信息系统的外购/外包 ………………………………………………………… 206
  10.2.1 外购 ……………………………………………………………………… 206
  10.2.2 外包 ……………………………………………………………………… 207
  10.2.3 外购/外包服务的选择 ………………………………………………… 208
10.3 信息系统实现 …………………………………………………………………… 208

10.3.1　信息系统实现的组织 …………………………………………………… 208
　　　10.3.2　信息系统实现的管理 …………………………………………………… 209
　10.4　版本管理 …………………………………………………………………………… 212
　　　10.4.1　版本管理的概念 ………………………………………………………… 212
　　　10.4.2　版本管理的模型 ………………………………………………………… 213
　　　10.4.3　版本管理的方法 ………………………………………………………… 213
　10.5　人员培训 …………………………………………………………………………… 215
　　　10.5.1　培训内容 ………………………………………………………………… 215
　　　10.5.2　培训实施 ………………………………………………………………… 216
　10.6　信息系统试运行与转换 …………………………………………………………… 216
　　　10.6.1　信息系统试运行 ………………………………………………………… 216
　　　10.6.2　系统转换 ………………………………………………………………… 217
　　　10.6.3　用户验收 ………………………………………………………………… 218
　10.7　信息系统运行管理 ………………………………………………………………… 218
　　　10.7.1　信息系统运行管理的目标与内容 ……………………………………… 218
　　　10.7.2　信息系统运行管理的组织 ……………………………………………… 219
　　　10.7.3　安全管理 ………………………………………………………………… 220
　10.8　本章小结 …………………………………………………………………………… 222
　习题 ………………………………………………………………………………………… 222

第11章　管理信息系统实验 …………………………………………………………… 223

　11.1　事务处理系统实验 ………………………………………………………………… 223
　　　11.1.1　实验目的 ………………………………………………………………… 223
　　　11.1.2　基础知识 ………………………………………………………………… 223
　　　11.1.3　实验内容 ………………………………………………………………… 223
　　　11.1.4　实验报告 ………………………………………………………………… 226
　11.2　管理信息系统实验 ………………………………………………………………… 226
　　　11.2.1　实验目的 ………………………………………………………………… 226
　　　11.2.2　基础知识 ………………………………………………………………… 226
　　　11.2.3　实验内容 ………………………………………………………………… 227
　　　11.2.4　实验报告 ………………………………………………………………… 230
　11.3　办公自动化系统实验 ……………………………………………………………… 230
　　　11.3.1　实验目的 ………………………………………………………………… 230
　　　11.3.2　基础知识 ………………………………………………………………… 230
　　　11.3.3　实验内容 ………………………………………………………………… 232
　　　11.3.4　实验报告 ………………………………………………………………… 233
　11.4　知识管理系统实验 ………………………………………………………………… 233
　　　11.4.1　实验目的 ………………………………………………………………… 233
　　　11.4.2　基础知识 ………………………………………………………………… 233

  11.4.3 实验内容 …… 234
  11.4.4 实验报告 …… 236
 11.5 社交媒体信息系统实验 …… 236
  11.5.1 实验目的 …… 236
  11.5.2 基础知识 …… 237
  11.5.3 实验内容 …… 238
  11.5.4 实验报告 …… 240
 11.6 电子政务系统实验 …… 240
  11.6.1 实验目的 …… 240
  11.6.2 基础知识 …… 241
  11.6.3 实验内容 …… 242
  11.6.4 实验报告 …… 244
 11.7 流程设计实验 …… 244
  11.7.1 实验目的 …… 244
  11.7.2 基础知识 …… 244
  11.7.3 实验内容 …… 247
  11.7.4 实验报告 …… 251
 11.8 供应链管理系统实验 …… 251
  11.8.1 实验目的 …… 251
  11.8.2 基础知识 …… 251
  11.8.3 实验内容 …… 252
  11.8.4 实验报告 …… 255
 11.9 客户关系管理系统实验 …… 256
  11.9.1 实验目的 …… 256
  11.9.2 基础知识 …… 256
  11.9.3 实验内容 …… 256
  11.9.4 实验报告 …… 261
 11.10 本章小结 …… 261
 习题 …… 261

参考文献 …… 263

第 1 章 信息管理与信息系统基础

【学习重点】

(1) 理解数据、信息和知识的含义以及它们之间的关系。

(2) 理解信息管理、信息资源管理、知识管理、信息系统的概念以及它们之间的关系。

(3) 了解信息系统对企业信息管理的影响、信息技术与信息系统的区别与联系,以及信息系统的发展趋势。

作为管理学的一个分支,信息管理学(也称信息资源管理学)已经形成了一门独立的学科。信息管理以信息资源为对象,研究各种信息管理活动的基本规律和方法,以及与信息系统的关系;信息管理学为信息系统的开发提供实现原理和方法上的指导,并以信息系统的运行效果为反馈丰富信息管理的思想。管理信息系统把信息管理和信息系统联系起来,结合信息技术深入理解信息管理的理念和构建满足信息管理要求的信息系统。

本章从信息技术发展的基本概念入手,介绍数据、信息、知识、信息管理、信息资源管理、企业信息资源管理、知识管理和信息系统的基本概念,阐述数据、信息和知识的关系,信息管理与信息系统的关系,知识管理与信息系统的关系,以及信息技术与信息系统的区别与联系,深入分析信息系统对企业信息管理的影响以及信息系统的发展趋势。

1.1 数据、信息和知识的概念

1.1.1 数据

视频讲解

数据是指对客观事件进行记录并可以鉴别的符号,是对客观事物的性质、状态以及相互关系等进行记载的物理符号或这些物理符号的组合。总之,数据是可识别的、抽象的符号。

在计算机科学中,数据是所有能输入计算机并被计算机程序处理的符号的总称,是信息系统处理的基本对象。数据是客观事物特征的抽象表示,但是它仅是一个语法符号表示,并没有特定的背景和意义。数据的表现形式还不能完全表达其内容,需要经过解释,数据和关于数据的解释是不可分的。例如,13000000008 只是表示一个数字串,没有什么具体含义,可以理解为物体的质量,也可以理解为一个电话号码等。数据的形式有文本(数字、字符)、声音、图像、视频等。

1.1.2 信息

1. 信息的定义

信息的奠基人香农给出了信息的明确定义——信息是用来消除随机不确定性的东西。这一定义被人们看作经典性定义并加以引用。该定义强调了信息的客观机制与作用。此后许多研究者从各自的研究领域出发，给出了不同的定义，具有代表性的定义表述如下。

控制论创始人维纳认为"信息是人们在适应外部世界，并使这种适应反作用于外部世界的过程中，同外部世界进行互相交换的内容和名称"。它也被作为经典性定义并加以引用，强调信息与物质、能量概念的区别。

经济管理学家认为"信息是提供决策的有效数据"。该定义强调信息对管理的作用。

电子学家、计算机科学家认为"信息是电子线路中传输的以信号作为载体的内容"。该定义强调信息的传播。

我国著名的信息学专家钟义信教授认为"信息是事物存在方式或运动状态，以这种方式或状态直接或间接的表述"。该定义强调信息作为事物存在的方式和运动的状态变化。

美国信息管理专家霍顿认为"信息是为了满足用户决策的需要而经过加工处理的数据"。简单地说，信息是经过加工的数据，或者说，信息是数据处理的结果。

薛华成教授认为"信息是经过加工过的数据，它对接收者有用，对决策或行为有现实或潜在的价值"。该定义强调信息的作用或价值，反映信息作为一致战略性资源的内在含义。

百度百科根据对信息的研究成果，对信息的定义总结如下：信息是对客观世界中各种事物的运动状态和变化的反映，是客观事物之间相互联系和相互作用的表征，表现的是客观事物运动状态和变化的实质内容。

本书认为信息的概念需要从自身特征和应用两方面来认识：一方面信息是客观世界各种事物的特征的反映，表征信息的客观来源；另一方面信息是加工过且有用的数据，对决策者认识世界、改造世界具有重要价值。

2. 信息的分类

信息可以按不同的标准、从不同的方面进行分类。客观事物是多种多样的，因此信息的分类也是多种多样的。

(1) 按照社会性分类，信息可分为社会信息和非社会信息。社会信息是人际传播信息，包括一切由人创造的、具有广义社会价值的文化形态和观念形态的信息。非社会信息是一切非人际传播的信息，是自然界物质系统以质、能波动形式呈现的自身状态和结构，以及环境对人的自然力作用，如生物信息、神经信息、矿产信息、天体信息等。

(2) 按照层次分类，信息可分为三个层次，即语法信息、语义信息和语用信息。主体具有观察力，能够感知事物的运动状态及其变化方式的外在形式，由此获得的信息称为语法信息。主体具有理解力，能够领悟事物的运动状态及其变化方式的逻辑含义，由此获得的信息称为语义信息。主体具有明确的目的性，能够判断事物的运动状态及其变化方式的效用，由此获得的信息称为语用信息。

(3) 按照来源分类，信息可分为直接信息和间接信息。直接信息即从人的直接经验中所获得的信息，如通过观察社会和自然所获得的信息。直接信息多指事实或现象信息，即直接感知事物运动的存在形式。间接信息包括书籍、文献、资料、数据等，是人们通过中介知识获得的对客观事物的认识。

（4）按照随时间变化分类信息可分为动态信息和静态信息。动态信息是指随时间而变化的信息，如新闻、情报等。静态信息是不随时间变化而变化的信息，如历史文献、资料和存储的知识等。

（5）按照时间性分类，信息可分为历史信息、现时信息和预测信息。例如，某单位去年的销售数据就是历史信息，今年进行的销售数据就是现实信息，而根据去年或更早的数据预测得到的数据就是预测信息，企业可以根据预测信息进行未来目标决策。

（6）按照加工处理程度分类，信息可分为一次信息、二次信息和三次信息。一次信息是指原始信息。二次信息是指在原始信息基础上加工而成的信息。三次信息是指根据二次信息和一次信息及其他材料经过检索、浓缩和整合产生的信息，如企业经营分析报告等。

（7）按照使用领域分类，信息可分为经济信息、管理信息、政务信息、科技信息、文教信息、地理信息等。其中，经济信息是指经济活动中形成的信息；管理信息是反映并控制企业管理活动的、经过加工的信息，它对组织各管理层的管理与决策产生影响。这两类信息是信息系统规划、组织和加工的对象。

3. 信息的特征

信息的定义多种多样，信息的分类也有很多种，但是信息在实际应用中都具有以下特征。

（1）普遍性。在自然界和人类社会中，事物都是在不断发展和变化的。事物表达出来的信息也是时刻存在的。因此，信息是普遍存在的。

（2）客观性。信息是事物变化和运动状态的反映。由于事物的发展和变化是不以人的主观意识为转移的，因此信息是客观的。信息的客观性是由信息源的客观性决定的。

（3）依附性。信息不是具体的事物，也不是某种物质，而是客观事物的一种属性。信息必须依附于某个客观事物（媒体）而存在。同一个信息可以借助不同的信息媒体表现出来，如文字、图形、图像、声音、影视和动画等。

（4）共享性。在信息的传递和使用中，信息允许被多次使用和多方共享，原拥有者只会失去信息的原创价值，不会失去信息的使用价值和潜在价值，因此非实物的信息不同于实物的材料、能源等。材料和能源在使用之后，会被消耗、被转化。

（5）价值性。信息是一种资源，具有使用价值。信息传播的面积越广，使用信息的人越多，信息的价值和作用会越大。信息在复制、传递、共享的过程中，可以不断地重复产生副本。信息的价值则是凝结在信息产品中的人类劳动，这是信息商品的社会属性。例如，在百度文库中下载一篇有用的文章需要支付一定的费用，该文章的价值体现在原文章的创新知识价值，网站的维护、管理、存储等费用。

（6）时效性。随着事物的发展与变化，信息的可利用价值也会相应地发生变化。信息随着时间的推移，可能会失去其使用价值，这样的信息可能就是无效的信息了。这就要求人们必须及时获取信息、利用信息，才能体现信息的价值。

（7）等级性。管理信息是存在等级的，如企业级、车间级、作业级，处在不同级别的管理者有不同的职责和对信息的需求。按照不同管理层次对信息的需求不同，信息也被分为战略信息、管理信息和作业信息。信息的等级性将指导管理信息系统结构的构建。

1.1.3 知识

1. 知识的定义

目前,学术界对知识有多种解释,但尚未给出一个公认的统一定义。

知识是人类在实践中认识客观世界(包括人类自身)的成果,它包括事实、信息的描述或在教育和实践中获得的技能。知识是人类从各个途径中获得的经过提升、总结与凝练的系统的认识。

知识的概念是哲学认识论领域最为重要的一个概念。在哲学中,关于知识的研究叫作认识论,知识的获取涉及如感觉、交流、推理等许多复杂的过程。知识也可以看成构成人类智慧的最根本的因素,知识具有一致性和公允性,判断真伪要通过逻辑,而非立场。

德鲁克从信息的角度认为知识是一种能够改变某些人或某些事的信息,包括使信息成为行动的基础的方式和通过对信息的运用使某个个体或机构有能力进行改变或进行更为有效的行为的方式。达文波特认为,知识是一种包含了结构化经验、价值观念、语境信息、专家见识和直觉等要素的流动态混合体,是在信息的基础上进一步提炼的"有价值"的东西。它为评估和利用新经验与信息提供了环境和框架。

知识产生于人们对客观世界的认知过程,并被应用于人们改造客观世界的活动。它能够预测出因果关系,并指导进一步做什么。人们获得知识,会形成或改变对事物的认识,并做出创新,其价值之大很难估量。刘仲英在《管理信息系统》一书中对知识的定义归纳如下。

(1) 知识是人对事物的认识和经验的总和,是人们改造世界的方法。

(2) 知识是客观事物间的普遍联系和规律。

(3) 知识是被人们理解和认识并经头脑重新组织和系列化的信息,如观念、判断、期望等。

(4) 知识不是一堆杂乱无章的信息,而是有关世界怎样进行的信念。

在知识经济时代,知识资源是人们进行预测、设计、规划、诊断、分析、评估、决策以及直觉判断的关键依据。知识形成于个人和集体的头脑,其无法从数据中直接产生,而是随时间的推移从人类生产活动得出的经验积累中产生的。知识最大的特点是它与行动和决策活动相关,是信息有价值部分的沉淀,形成知识体系。

2. 知识的分类

从知识的使用目的和管理方法等不同角度,人们提出了多种知识的分类结构。按照知识的属性,可以将知识分为理论知识和实践知识。例如,数学、物理学中通过归纳、分析、验证和总结所得到的概念性知识称为理论知识,而工程实践中得到许多丰富、翔实的成功经验称为实践知识。

(1) 知识有广义与狭义之分。广义的知识可以分为陈述性知识和程序性知识两类。陈述性知识是描述客观事物的特点及关系的知识,也称描述性知识。陈述性知识主要包括符号表征、概念和命题三种不同水平。程序性知识是一套关于办事的操作步骤的知识,也称操作性知识。这类知识主要用来解决"做什么"和"如何做"的问题,用来进行操作和实践。策略性知识是一种较为特殊的程序性知识,是关于认识活动的方法和技巧的知识。例如,如何有效记忆、如何明确解决问题的思维方向等。

(2) 知识有显性和隐性之分。显性知识是指用语言能够明确表达出来的、可编码化和可解的知识。隐性知识是指存在于人类头脑中的个人经验、观念等知识，一般很难用某种较为简单的方式表达出来，因而也难以传递和交流，其内涵比显性知识复杂。人们普遍认为，隐性知识比显性知识更丰富，更能创造价值，因而隐性知识的挖掘和利用能力将是组织成功的关键所在。显性知识与隐性知识之间可以相互转换，具有以下转换方式。

① 隐性知识转换为隐性知识：在直接观察、接触、沟通过程中，通过潜移默化将他人的隐性知识变成自身的隐性知识。例如，学徒通过观察、模仿师傅工作技巧，掌握工作技能。

② 隐性知识转换为显性知识：对隐性知识进行高度概括整理，以文字、图形等便于存储、分享的形式记录。例如，工艺工程师将新开发的工艺流程，通过工程图绘制出来，这就将隐性知识转换为显性知识。

③ 显性知识转换为显性知识：通过整合、归纳等将多种显性知识组合成新的显性知识。例如，收集各部门的预算信息，汇总成组织预算报告。

④ 显性知识转换为隐性知识：通过阅读学习、实践将显性知识内化于心，转换为隐性知识。例如，工程图纸流转到操作车间，加工工人通过阅读工程图纸，按照工艺流程加工，掌握了新的工艺。

(3) 知识有个人知识和组织知识之分。个人知识指员工个体所拥有的知识，包含个人的专业技能、工作经验、习惯、直觉、价值观等，属于个人能够使用的东西。例如，一个公司的资深管理者的专业技能和优秀的管理经验跟随着其本人存在，一旦其辞职，那么公司的这种管理能力就会消失。组织知识指组织内长期形成的信息系统、作业流程、组织文化以及团队协作与管理等，是员工无法支配与带走的知识。例如，公司的工作流程设计和决策方法与过程以及管理模式等不会因为部分员工和管理人员的离职而消失，公司的运转和效率也不会受到影响。组织知识又可以内部知识和外部知识。例如，产品、人员和内部流程等相关知识属于内部知识，而组织涉及的供应商、市场环境、合作伙伴、竞争对手等外部对象的知识属于外部知识。个人知识与组织知识之间可以相互转换，转换方法包括编码化方法和个性化方法。

① 编码化方法指将知识以通用编码的形式表现，个人或组织以通用编码为介质可以实现知识的共享及转换。个人可以将自身知识编制为文档、图表报告、工作流程等形式，进而供组织学习分享，将个人知识转换为组织知识。组织通过内部的管理机制和沟通渠道，将组织的数据库、知识库、手册等提供给个人学习，进而将其转换为个人知识。

② 个性化方法指通过人与人之间的直接或间接交流进行知识共享和转换。个人将自身经验以培训、讲座、讨论等方式转换为组织的共有知识，同时个人通过学习将组织制度、管理形式、工作流程等组织知识转换为个人知识。

(4) 知识有使用方式之分。知识依据组织使用方式可分为结构化知识、半结构化知识和非结构化知识。结构化知识是显性知识以组织知识规则的形式存在于正式文件中的一类知识，其形式包括正式报告或PPT演示文稿等。例如，新款式汽车的设计文件、产品的材料定额清单、企业流程规范文档等。这些知识可以在组织规定的范围内按规定权限传播、共享和使用。半结构化知识是指未被收集到组织的正式文件或正式报告中的知识，它们常常以不同的格式存储在电子邮件、公告牌、消息、建议、备忘录、小册子和PPT演示文稿等载体中。由于没有专门的部门去收集其中有用的知识，它们常常被散落、流失或遗忘。例如，存在于电子邮件中的员工合理化建议、未被发现的广告牌讨论中的好主意、存在于未被采纳的产品设计方案中的创意等。半结构化知识需要知识管理信息系统通过建立数据库或数据仓库对它们进行收集、跟踪和组织,并以文件形式存储起来。非结构化知识是指专家头脑中的隐性知识,通常不以数字文件的形式存在。例如,专家对市场行情的估计和预测、客户经理发现潜在客户的经验知识、企业投资决策建议等。

1.1.4 数据、信息和知识的关系

数据、信息和知识这三者都是社会生产活动中的一种基础性资源,都可以采用数字、文字、符号、图形、声音、影视等多媒体来表示。而且,它们都同时具有客观性、真实性、正确性、价值性、共享性和结构性等特点。数据、信息和知识是知识工作者对客观事物感知和认识的3个连贯的阶段。

(1) 数据的组织阶段。数据是一种将客观事物按照某种测度感知而获取的原始记录,它可能直接来自测量仪器的实时记录,也可能来自人的认识。但是,大量数据多是借助于数据处理系统自动地从数据源进行采集和组织的。

(2) 信息的创造阶段。信息是根据一定的发展阶段及其目的进行定制、加工而生产出来的。信息系统是用于加工、创造信息产品的人机系统。根据对象、目的和加工深度的不同,可以将信息分为一次信息、二次信息直至高次信息。

(3) 知识的发现阶段。知识是知识工作者运用大脑对获取或积累的信息进行系统化的提炼、研究和分析的结果,知识能够精确地反映事物的本质。

数据、信息和知识的3个阶段是螺旋上升的循环周期。人们运用信息系统,对信息和相关的知识进行规律性、本质性和系统性的思维活动,创造新的知识。之后,新的知识又开辟了需要进一步认识的对象领域,最后使人们补充新的数据和信息,进入新一轮的上升式循环周期。例如,某生产车间某月统计出了30件次品,这是一个关于数据的表示。如果将其换算成次品率,则反映了车间加工零件的质量;将该次品率与车间规定的次品率标准比较发现超过了规定值,质量管理部门立即查找原因,这便成为信息。

知识是人们对大量的信息进行理解和认识,并经过头脑进行组织、加工和提炼而形成的信息之间的因果关系或规律。例如,质量管理者经过长期观察和主要指标数据分析发现,车间采购的原材料来自某单位就会出现次品率上升,从而找到了次品形成的主要因果关系并总结出规律,这就是知识。

在数据、信息和知识这三者关系之中,尽管数据是信息产生的基础,信息又是知识产生的基础,但信息与知识对人们的价值远大于数据,而知识的价值又远远超出信息的价值。

1.2 信息管理与信息系统基础概述

视频讲解

1.2.1 信息管理的概念

1. 信息管理的定义

信息管理(Information Management,IM)是指对人类社会信息活动的各种相关因素(主要是人、信息、技术和机构)进行科学的计划、组织、控制和协调,以实现信息资源的合理开发与有效利用的过程。它既包括微观上对信息内容的管理——信息的组织、检索、加工、

服务等,也包括宏观上对信息机构和信息系统的管理。

信息管理的对象是信息资源和信息活动。信息资源是信息生产者、信息和信息技术的有机体。信息管理的根本目的是控制信息流向,实现信息的效用与价值。但是,信息并不都是资源,要使其成为资源并实现其效用和价值,就必须借助"人"的智力和信息技术等手段。信息活动是指人类社会围绕信息资源的形成、传递和利用而开展的管理活动与服务活动。信息资源的形成阶段以信息的产生、记录、收集、传递、存储、处理等活动为特征,目的是形成可以利用的信息资源。信息资源的开发利用阶段以信息资源的传递、检索、分析、选择、吸收、评价、利用等活动为特征,目的是实现信息资源的价值,达到信息管理的目的。

信息管理是管理的一种,因此它具有管理的一般性特征。例如,管理的基本职能是计划、组织、领导、控制;管理的对象是组织活动;管理的目的是实现组织的目标等,这些在信息管理中同样具备。

信息科学是研究信息运动规律和应用方法的科学。信息技术是关于信息的产生、发送、传输、接收、变换、识别和控制等应用技术的总称,架起了信息科学和生产实践应用之间的桥梁。信息管理学是以信息资源及信息活动为研究对象,研究各种信息管理活动的基本规律和方法的科学。

信息管理是指在整个管理过程中,人们收集、加工和输入输出的信息的总称。信息管理的过程包括信息收集、信息传输、信息加工和信息存储。信息收集就是对原始信息的获取。信息传输是信息在时间和空间上的转移,因为信息只有及时、准确地送到需要者的手中才能发挥作用。信息加工包括信息形式的变换和信息内容的处理。信息形式的变换是指在信息传输过程中,通过变换载体,使信息准确地传输给接收者。信息内容的处理是指对原始信息进行加工整理,深入揭示信息的内容。经过信息内容的处理,输入的信息才能变成所需要的信息,才能被适时、有效地利用。信息送到使用者手中,并非使用完后就无用了,有些还需留做事后的参考和保留,这就是信息存储。通过信息的存储可以从中揭示出规律性的东西,也可以重复使用。

2. 信息管理的分类

信息管理分类多种多样。按管理层次分类有宏观信息管理、中观信息管理、微观信息管理;按管理内容分类有信息生产管理、信息组织管理、信息系统管理、信息产业管理、信息市场管理等;按应用范围分类有工业企业信息管理、商业企业信息管理、政府信息管理、公共事业信息管理等;按管理手段分类有手工信息管理、信息技术管理、信息资源管理等;按信息内容分类有经济信息管理、科技信息管理、教育信息管理、军事信息管理等。

人们普遍认为,信息管理的发展可分为传统管理、系统管理、资源管理和知识管理4个阶段。传统管理阶段以图书馆文献管理为标志,管理对象是文献和纸张媒介,管理活动主要为信息供给。系统管理阶段以信息系统为标志,管理对是企业管理和行政管理,管理活动主要为信息需求获取。资源管理阶段以数据库管理为标志,管理对象是以经济学资源配置和中高层战略需求,管理活动是对信息活动的各种要素进行资源性质的集成管理。知识管理以人工智能、数据仓库和数据挖掘为标志,管理对象是知识资源,管理活动是知识生产。

1.2.2 信息系统的概念

信息系统是信息科学、计算机科学、管理科学、决策科学、系统科学、人工智能等相互渗透而发展起来的一门学科。

广义上，信息系统是指以处理信息流为目的的人机一体化系统。简单地说，信息系统就是输入数据和信息，通过加工处理产生信息的系统。从系统的角度出发，信息系统一般定义为一系列相互关联的可以收集(输入)、操作和存储(处理)、传播(输出)数据和信息，并提供反馈机制以实现组织中各项活动的管理、调节和控制为目标的元素或组成部分的集合。

信息系统是任何组织中都有的一个子系统，是为生产和管理服务的。信息系统的作用与其他系统有些不同，它不从事某一具体的实物性工作，而是关系全局的协调一致。因而组织规模越大，改进信息系统所带来的经济效益也就越大。信息系统的运转情况与整个组织的效率密切相关。

信息系统的主要任务是加强组织的信息管理，建立正确的数据和加工处理，以便管理者进行正确的决策，提高组织的管理水平和经济效益。信息系统包括信息处理系统和信息传输系统两方面。信息处理系统对数据或信息进行加工分析，获得新的结构与形态或产生新的数据或信息。信息传输系统是把数据或信息从一个地方传送到另一个地方。现代通信技术及计算机网络技术的进步极大地促进了信息系统的发展。

信息系统的基本功能包括输入、存储、处理、输出和控制。信息系统的输入功能取决于系统所要达到的目标及系统的能力和信息环境的许可。存储功能指的是系统存储各种信息资料和数据的能力。处理功能包括基于数据仓库技术的联机分析处理和数据挖掘技术。信息系统的各种功能都是为了保证最终实现最佳的输出功能。控制功能指对构成系统的各种信息处理设备进行控制和管理，对整个信息加工、处理、传输、输出等环节通过各种程序进行控制。

1.2.3　信息管理与信息系统的关系

信息系统是管理的手段和工具，而管理是信息系统的目标和任务，现代管理与信息系统是相互依赖、互相支持的。但是，没有先进的信息系统支持的管理就不是先进的管理。另外，不仅先进的管理需要信息系统支持，信息系统也需要与之相适应的管理模式的支持。有很多先进的信息系统没有发挥作用，往往都是因为管理模式的不到位所致。

现代信息管理强调信息、信息技术、信息人员等多要素的集成管理。这些要素只有按照一定的原则配置成一个有机整体的信息系统，才能显现它们的价值。信息系统以信息基础设施为基本运行环境，由人、信息技术及设备、运行规程等组成，目的是及时正确地收集、加工、存储、传递和提供信息，以实现对组织各项活动的管理、调节和控制。开发信息系统的目的是更好地利用信息资源，提高管理决策的水平。

刘仲英教授总结了信息管理与信息系统的关系。一方面，信息系统是开发和利用信息，实现信息管理的有效手段；另一方面，信息系统是信息管理的对象，也是被管理的资源之一。信息管理理念的不断深化使得信息系统应用的形式与目的都发生了巨大的变化，而信息系统使用中暴露出的问题又进一步拓宽和加深了信息管理的范围和深度。

正是由于两者之间的紧密关系，在开发和管理信息系统时要遵循信息管理的原则，同时信息管理是基于信息系统的管理，在各项信息活动中要充分发挥信息系统的作用。

1.2.4　信息系统对企业信息管理的影响

信息化的任务在于通过有效地管理组织的人、财、物等资源来实现组织目标，必然需要通过信息实现对这些资源的管理。企业信息管理主要包括计划、组织、领导和控制4方面的职能,其中任何一方面都离不开信息系统的支持。

1. 信息系统对计划职能的支持

计划是对未来做出安排和部署。任何组织的活动实际上都需要计划,其活动包括确定目标、拟订方案、制定各种措施,并达到预期的目标。计划也会因为环境变化而需要及时调整。信息系统对计划职能的支持包括以下内容:

(1)计划编制的支持。为了使计划切合实际,必须收集历史的和当前的数据,通过分析和预测,研究变化趋势和预测未来,还要围绕目标进行大量、反复的计算,拟订多种方案。在这个过程中,多种方案的比较以及个别方案的部分数据的变动都可能引起其他许多相关数据的变动,计划修订在所难免。由于数据之间依赖关系的错综复杂,导致计算工作量特别大,通常需要事先设计一些计划模型,并用不同的输入变量值去反复试算。这是一项十分烦琐的计算工作,如果没有信息系统的支持,不仅工作量大,而且会影响计划编制的进度。

(2)对计划数据的快速获取的支持。为了实现计划职能,重要的是建立与计划有关的各种数据、各类计划指标、各种计划表格等,以便快速、方便地获取。为了实现数据快速查询和获取,需要建立各种信息系统收集各种数据,并保存在数据库中,尤其是历史数据应分门别类进行保存,并建立索引用于查询和分析。

(3)支持预测。预测是研究对未来状况做出估计的专门技术,而计划则是对未来做出安排和部署,以达到预期的目的,所以计划必须在预测的基础上进行。预测结果为计划制订提供基础,只有预测出准确的结果,才能制订可行的计划。但是,预测的范围很广,预测的方法也很多,诸如主观概率法、调查预测法、类推法、德尔菲法、因果关系分析法等。这些预测方法的计算量大,常常要用信息系统来实现。

(4)计划的优化支持。在编制计划时,企业常常会遇到有限资源的最佳分配问题。例如,可能提出生产哪几种产品,即如何搭配产品,可以在设备生产能力允许的约束条件下,获得最大的利润。对于这样一个问题,可以列出数学模型,然后通过信息系统(例如决策支持系统)并通过人机交互的方式选择确定的数学模型进行求解。

2. 信息系统对组织职能的支持

组织职能包括人员组织和工作组织。例如,确定管理层次、建立各级组织结构、配备人员、规定职责和权限,并明确组织结构中各部门之间的相互关系、协调原则和方法等。信息系统对企业业务重组提供技术支持,信息技术与信息系统的发展促进企业组织的重新设计,进一步提高企业的管理水平。信息系统改变了传统的企业组织结构向扁平式结构的非集中管理模式转变,其特征表现在以下方面。

(1)通信技术发展和系统的完善使上下级指令方便传输,使得中间管理层显得不再那么重要,信息系统的应用可以减少中间管理层。

(2)部门分工出现非专业化分工的趋向,企业各部门的功能互相融合、交叉,如制造部门可能兼有销售、财务等功能。

(3)信息系统的广泛应用使得企业上下级之间、各部门之间及其与外界环境之间的信息交流变得十分便捷,从而有利于上下级和成员之间的沟通,也使企业可以随时根据环境的变化而采取统一的、迅速的整体行动和应变策略。

(4)互联网的出现与发展,使企业的经营和生产不再受地理位置的限制,可以在全世界范围内运作，事务处理成本和协作成本都可明显降低。

（5）多媒体计算机和移动网络的广泛应用使信息传送从文字向多媒体发展，使领导和管理人员可以接收更多的信息和知识，使企业对工作过程进行重新设计，使个人和工作组之间的协调得以进一步加强，从而形成一种新的管理组织形式——虚拟企业。虚拟企业既是一种组织结构，也是一种战略模式。虚拟企业通过近乎实时的信息进行柔性的运作，管理工作更加依赖于管理人员之间的协作、配合以及信息技术的应用，其实质是对信息流的管理。许多具有重大影响的国际性企业都采用了虚拟组织的形式，如戴尔计算机公司、海尔集团等。

3. 信息系统对领导职能的支持

随着社会经济的发展和市场竞争的加剧，企业面临的环境复杂多变，决策活动的频度与重要性空前提高了，决策成为现代管理的核心问题。领导者在决策方面的职责是对组织的战略、计划、预算、选拔人才等重大问题做出决定。

高层管理人员决定企业的经营目标与方针；中层管理人员贯彻执行高层管理人员决策，确定各部门的目标与计划；基层管理人员决定日常生产经营活动的作业计划，对现有资源进行合理安排与有效使用。因此，决策贯穿着管理活动的全过程，组织中的成员都是决策者，他们在各个层次进行着决策活动。

决策是一个过程。决策过程包括发现机会或问题、明确目标、探索方案、预测与评价、抉择等阶段。例如，在发现机会与问题、明确目标阶段，需要与决策有关的内外环境信息。探索方案阶段就是对收集来的信息进行选择、变换、分析、提炼的过程。为了形成不同的可供选择的方案，在设计过程中通常还要收集和利用各种信息。只有充分利用信息，才能正确地对各种方案进行分析、预测、评价和抉择。因此，整个决策过程离不开信息，决策的基础是信息，决策的形成过程也就是信息的收集、加工、分析和利用以及新的信息的形成过程。因此，信息系统在领导职责方面是作为信息汇合点和神经中枢，对内外建立并维持一个信息网络，及时处理信息和提供决策支持。

4. 信息系统对控制职能的支持

控制职能在计划过程中不断检测、控制，比较、分析实际的执行结果与计划目标的偏差，并依据偏差进行纠正，确保计划目标的实现。在企业管理中，控制职能需要信息系统支持和辅助。例如，信息系统通过收集、加工、传递、利用各种信息对人员进行管理、对关键岗位人员素质的控制、对关键工序的质量和产品的质量进行控制，以及包括对库存管理、生产进度、成本和财务预算进行控制等。

总之，信息系统对管理具有重要的支持作用，现代管理需要依靠信息系统实现其管理职能、管理思想和管理方法。

1.3 信息资源管理

视频讲解

1.3.1 信息资源管理的概念

1. 信息资源

学者认为，信息是人类社会的3大资源之一，然而并非所有的信息都是资源，只有经过人类开发、组织和利用的信息才称为信息资源。

关于信息资源的定义,学术界迄今尚未达成一致。有学者认为,可以对信息资源从狭义和广义两个角度理解。信息资源狭义上是指信息内容本身,广义上指的是除信息内容本身外,还包括与其紧密相连的信息设备、信息人员、信息系统和信息网络等。还有学者认为,广义的信息资源是指信息和它的生产者及信息技术的集合。狭义的信息资源仅指人类社会经济活动中经过加工、有序化处理并大量积累后的有用信息的集合,包括科学技术、政策法规、社会发展、经济、市场和金融等多方面的信息。也有学者认为,信息资源是将信息通过生产、流通、加工、存储、转换、分配等过程,作用于用户并进行开发利用,为人类社会创造出一定财富而形成的一种社会资源。

上述的定义都是分别从狭义和广义的角度进行理解的,广义上信息资源理解为将有关信息处理为资源的一切活动,而狭义上理解为对信息资源的分类。张凯在《信息资源管理》一书中认为,信息资源是人类社会活动中经过开发、组织与利用并大量积累起来的信息及其信息应用人员和信息技术等信息活动要素的集合。

信息资源具有经济资源的一般特征,包括需求性、稀缺性、可选择性和特殊性。

(1) 需求性。在信息时代,信息资源是一种重要的生产要素,通过与非信息生产要素相互作用,使其价值倍增,这是人类的必然需求。

(2) 稀缺性。在既定的技术和资源条件下,组织或个人拥有的信息资源总量是有限的,因此信息资源具有稀缺性特征。因为信息资源的开发需要相应的成本投入,要获得信息资源就必须付出相应的代价。同时,任何信息资源的总效用是固定不变的,资源使用者可以得到总效用中的一部分并获得一定的利益,随着被使用次数的增多,这个总效用会减少。信息资源的稀缺性表明,信息资源总量随着利用次数的增多而减少。

(3) 可选择性。同一信息资源可以作用于不同的作用对象上,并产生多种不同的作用效果。因此,信息资源的使用者对信息资源的使用方面做出选择,信息资源的有效配置问题就是由此特征导致的。

(4) 特殊性。信息资源的特殊性是信息资源具有许多其他经济资源无法替代的经济功能,这些特殊性包括共享性、时效性、不同一性、驾驭性、累积性与再生性等。

信息资源的内容十分广泛,其分类也多种多样。按照定义,信息资源有广义和狭义之分。按照组成关系,信息资源分为元、本和表3个层次的信息资源。元信息资源是信息生产者的集合;本信息资源是指信息的集合;表信息资源是指为信息的收集、存储、加工、处理、传递、开发、利用而运用的一切技术和设备的集合。

按信息资源的具体形态划分,可分为有形信息资源和无形信息资源。有形信息资源包括人、存储介质、信息设备设施、信息机构等;无形信息资源包括信息内容本身、信息处理技术、信息系统或信息机构运行机制等。

按照信息资源的空间区域划分,可分为国际、国家、地区和组织等区域信息资源等。

2. 信息资源管理

从资源的观点,形成了信息资源管理(Information Resource Management,IRM)。信息资源管理是信息管理的一个发展阶段,是信息管理的一种思想。

信息资源管理是指管理者为达到预定的目标,运用现代化管理手段和管理方法来研究信息资源在经济活动和其他活动中的利用规律,并依据这些规律对信息资源进行组织、规划、协调、配置和控制活动。

信息资源管理着眼于对人类信息过程的综合性、全方位控制和协调。这一概念的提出基于两方面原因：一方面是纯粹的技术手段不能实现对信息的有效控制和利用而提出的一种新兴管理模式；另一方面则是当代社会经济发展使信息成为一种重要的经济资源，在此背景下，需要从经济角度思考问题，对这种资源进行优化配置和管理。

有学者认为信息资源管理始于 20 世纪 30 年代，其标志是穿孔卡片会计系统的广泛应用，并给出了数据处理、信息系统、管理信息系统、终端用户及其战略影响、信息资源管理和知识资源管理 6 个阶段。知识资源管理是信息资源管理的高级阶段。信息资源管理的发展将进入一个数据、信息和知识资源的多样化、资源处理手段的便捷化、资源存储的海量化、资源管理的智能化、应用领域不断细化的时期。

1.3.2 信息资源管理的对象、内容与任务

1. 信息资源管理的对象

学者认为，信息资源管理的研究对象是人类的信息资源管理活动。一方面，信息资源管理活动是人类最基本的活动之一，信息资源管理活动的职业化和产业化又是当代社会的主要特征之一，它作为一种客观存在，必然是人们认识和研究的客体；另一方面，信息资源管理活动作为研究对象能够使信息资源管理学区别于其他学科，也就是说，迄今为止其他学科没有将信息资源管理活动作为主要的研究对象。信息资源管理活动作为信息资源管理学的研究对象具有客观性和独特性的特征。

信息资源管理活动可以从微观、中观和宏观 3 个层面开展研究。在社会组织体系的微观层面，信息资源管理活动主要体现为一种过程管理。在中观层面，信息资源管理活动主要体现为一种网络管理。在国家政府的宏观层面，信息资源管理活动主要体现为一种政策法规主导的调节管理。首先，信息资源管理活动是一个过程，即它是由信息需求分析、信息源寻找和确定、信息收集和转换、信息组织、信息检索、信息资源开发和信息资源传播与利用 7 个相关而有序的环节组成的；其次，信息资源管理活动是一种网络活动，即为实现资源共享，多个信息系统经过协调与合作，通过技术手段集成化而形成信息网络系统，并能够根据用户需求提供高质量的网络信息服务；最后，信息资源管理是一种宏观调控行为，即在国家层面由有关部门进行统一规划和组织落实，实施宏观调控、发展信息生产力、提供组织保证和支持信息资源管理行业发展等。

2. 信息资源管理的内容

信息资源管理的研究内容涉及多方面，这是由于信息资源的应用非常广泛和多种多样，既有组织和个人等微观层面的，也有国家、地区、行业等宏观层面的；既有单一用途的信息资源管理系统，也有综合的服务于多种群体的集成化的信息资源管理平台。总结起来，信息资源管理的主要研究内容有以下 7 方面。

（1）信息资源管理的基本理论。研究信息、信息资源和信息资源管理的基本概念、组成要素、功能、分类和关系等。

（2）信息资源管理的基本过程及活动。研究信息流、信息资源管理的过程与方法，以及信息资源管理的用户需求分析、计划、预算、组织、指挥、协调、控制、集成和培训等活动。

（3）信息的组织与检索、开发与利用。包括信息的序化和优化以及信息组织方法与工

具；信息检索方法与工具；新技术在信息组织与检索中的应用；网络环境下的信息组织与检索；咨询理论与方法；信息资源开发的原理、手段、程序与技术；信息产品的类型、结构、功能与编纂信息服务的形式、内容与方法；潜在信息资源开发的新方法；信息资源的利用规律等。

（4）信息系统与信息网络。包括信息系统的分析、设计、运行、维护过程；网上信息资源的共享与开发和数据库的建设；信息技术的应用与发展；网络管理体制的优化等。

（5）信息产业与信息市场。包括信息的价值、价格、商品化、产业化与社会化；信息经济的一般理论；信息产业的形成、分类、发展、测度与管理；信息市场的培育、构成、运行、管理与发展走向；信息企业的内涵、类型、经营机制与市场竞争等。

（6）信息资源管理的政策法规。包括战略信息资源的规划与布局；信息资源管理各大系统之间的分工与合作；信息政策、信息法规的制定与实施；国家级信息资源管理领导机构的建立和信息资源管理活动的集中统一管理等。

（7）信息资源管理教育。包括信息资源管理人才的要求；信息资源管理人才的培养目标与教学计划；信息资源管理教育领域相关专业基础教学内容、专业教学模式与特色的探索；信息资源管理人员的继续教育等。

信息资源管理学的研究内容非常广泛，与信息资源管理活动相关的学科知识、文化背景、技术进展和实践活动等也可列入其研究范围。

3．信息资源管理的任务

通过对信息资源的概念、信息资源管理的活动等全面分析，将信息资源管理主要的任务罗列如下。

（1）制定信息资源的总体规划。信息资源的总体规划包括信息资源规划和信息系统规划。信息资源规划是从信息价值的角度出发，对组织活动中各类管理人员和决策人员所需要的信息，从战略管理、作业层、内部和外部、纵向和横向等方面，组织信息的采集、处理、传输、使用和维护等。信息系统规划是在信息资源规划的基础上实现信息资源的加工和利用，是信息系统建设的行动安排和纲领性文件，包括系统目标、数据（信息）组织、系统功能与流程、信息系统建设的费用预算与进度安排、计算机软硬件以及网络配置等。

（2）组建信息机构和人才培养。对于具有一定规模的组织（单位），建议组建独立的信息机构或部门，设置机构的首席信息官（Chief Information Officer，CIO）职务，负责建立信息管理机构，制定信息管理的制度、人员的职责和权限，明确部门之间的关系、协调原则和方法，对各类信息活动进行组合，注重信息资源管理人才的培养、引进和任用等。

（3）建立信息资源管理标准。信息资源管理的基础标准包括数据元素标准、信息分类编码标准、用户视图标准、概念数据库标准、逻辑数据库标准。这是建设集成化信息资源管理系统的关键和基础。

（4）信息资源管理系统运行和安全管理。针对信息活动的全过程以及相关的资源，建立信息资源运行管理规范和安全管理的制度，通过安全审计和跟踪体系来强化安全意识，堵塞安全漏洞。在技术方面，根据企业需要，负责信息安全技术的选用和安全技术方案的决策。例如，采用数据加密、访问控制、数字签名、防火墙等手段保护操作系统、数据库及应用软件的安全。

（5）信息系统和人员的管理。信息系统和人员的管理包括对信息系统项目的管理、检查与评价信息系统的运行状况、建立系统维护计划和维护工作、相关的人力资源的管理、信息产品和信息服务的管理、信息政策和法律法规的管理等。

1.3.3 企业信息资源管理

1. 企业信息资源管理的概念

企业资源是指企业控制的所有资产、能力、组织过程、企业特质、信息和知识等。企业为了提升自身的效益和效率,使用企业资源创造和实施战略。企业资源理论关注企业资源、持久竞争优势和企业绩效之间的关系。在假定资源要素市场是不完全的、企业是异质的和资源有限流动性的前提下,企业是资源的特殊集合体。企业资源具有独特性和优越性特征,拥有能够与外部环境匹配得当的企业会具有竞争优势,这些竞争优势会由于市场不完全和资源有限流动而具有持久性。

企业拥有有形资源和无形资源。企业有形资源包括企业的人力、物力资源,如员工、资金、厂房、设备及原材料等。企业信息资源是一种看不见的资源,主要体现企业在智力方面的资源。例如,组织管理需要产品研发信息、制造技术信息、市场信息和客户关系管理信息等。企业的信息资源是指产生于企业内外部、企业可能得到和利用的与企业生产活动有关的各种信息。在知识经济社会中,企业中信息资源不再从属于资本,而是一个独立的生产要素。现代企业强调信息资源和知识的重要性。现代企业建立在信息技术进步的基础上,通过采用发散的信息技术,使企业的物流在信息流的支配下运作。现代企业的战略管理格外重视信息的价值,通过对信息流的战略规划来组织企业内外的信息资源和系统。

企业信息资源按其来源,可以分为内部信息资源和外部信息资源。内部信息资源是指内部产生的各种信息,包括生产信息、财务信息、营销信息、技术信息和人才信息等。外部信息资源是指在企业外部产生但与企业运行环境相关的各种信息,包括宏观社会环境信息、科学技术发展信息、生产资源分布与生产信息和市场信息等。

企业信息资源是企业获得的反映客观事物的各种信息和知识的总称,是企业拥有的无形资产之一。企业信息资源管理属于微观层次的信息管理。它以企业战略目标为出发点,对涉及企业信息活动的各种要素进行合理的计划、集成、控制,以实现信息资源的合理配置、提高企业的竞争优势。企业信息资源论一经提出就很快被人们所接受。为了提高决策水平,企业必须最大限度地利用信息资源。信息资源管理是面向竞争的信息管理模式,强调信息资源的技术因素和人文因素的集成管理与利用,重视信息资源的开放性和共享性,是一种新的管理手段。

2. 企业信息资源管理的特点

企业信息资源管理的特点是由企业的特征所决定的。企业信息资源管理主要有以下特点。

(1) 时效性。对企业来说,信息在意义、及时性范围和权威性方面各不相同,企业信息资源有生命周期。在生命周期内,信息资源有效,否则信息资源无效。时效性特征要求企业尽可能快地得到和使用信息资源。

(2) 导向性。企业信息资源管理的目的主要是满足企业内部各生产和管理部门的信息需求,为企业的盈利目标服务。企业信息资源管理项目依据企业经营的改变而改变,强调信息资源的实用性和有效性,同时不同层次的信息需要不同的结构和存取方式等。

（3）综合性。企业信息资源管理是为企业管理服务的，因此具有综合性。企业信息资源管理一般由信息系统、信息过程和信息活动3个层面上的管理活动构成，每个层次的信息管理活动都有它自己的特殊功能。信息系统注重结构，信息过程注重手段，而信息活动注重结果。只有充分发挥这3个层次上的功能，才能充分发挥信息管理工作的综合性功能，才能更好地为企业管理活动服务。

（4）相关性。如果不能有效地处理和传播信息，或者不能充分挖掘信息资源的价值，企业就会处于竞争的不利地位，甚至导致企业的倒闭。同时，如果企业对资源的开发不充分，或者存在错误或过时的信息，或者信息活动花费过多的精力和费用，也会导致企业受到经济上的损失。

（5）创造性。信息资源管理的过程在不同的企业会存在不同。这是由于企业信息资源需求千差万别，没有统一的模式去实现。因此，企业的信息资源管理都需要创造性的劳动，从而促进企业进行管理上的模式创新和技术上的方法创新。

3. 企业信息资源战略规划

企业战略是指确定企业的长期目标，并通过经营活动和资源分配来实现目标的长远规划。在信息资源规划的各层次中，企业首先要制定信息资源的战略规划。信息资源战略规划是实现企业战略的基于信息技术的解决方案。

企业信息资源战略规划的内容包括制定企业信息资源战略规划目标、分析企业战略信息资源的特征、识别企业信息战略资源、确定用户的使用权限与服务策略和制定企业战略信息系统的规划等。

企业信息资源战略规划必须以企业战略目标为基础，以企业战略规划为依据。企业战略信息资源是有关企业取得长期竞争优势的信息，辅助企业高层管理者进行决策的信息，提出偏好预测信息和外部信息。对收集的信息资源要根据战略目标进行加工和提炼，形成战略信息，列入信息资源规划。由于战略信息需求的多样性、随机性、复杂性和不确定性，需要战略信息系统进行处理。企业战略信息系统规划的内容包括确定信息源输入和战略信息输出的对应关系、信息源的开拓计划，规划战略信息的数据模型、数据仓库和数据挖掘技术，确定战略决策的战略信息的决策模型，以及应对高层不确定性信息需求能力等。

4. 企业信息资源管理的发展

美国哈佛大学教授诺兰在20世纪70年代提出企业管理信息系统发展的4阶段模型，即诺兰模型，后来扩展成6阶段模型。6阶段诺兰模型认为，一个企业的信息系统发展通常要经历初始、普及、控制、整合、数据管理和成熟6个阶段。

（1）初始阶段是指企业购买一台计算机，开发简单的管理程序进行单项事务处理，没有统一的计划。

（2）普及阶段是指企业的个别部门购买和使用单机版的信息系统，并需要经费投入和考虑投资的经济效益。但该阶段数据还不能共享，企业各个部门各自开发和应用自己的系统，形成信息孤岛。

（3）控制阶段是指对企业的信息系统进行规范化、制度化管理，成立信息系统管理部门，以控制企业内部有关信息规划活动。在这个阶段，企业开始使用数据库技术解决数据共享问题，进行信息系统整体规划和项目管理计划，推动成本-效益分析等。

（4）整合阶段是指信息系统集成，包括信息与信息系统的整体规划，实现信息集成和系统集成等。企业开始使用数据库和通信技术进行系统整合。

（5）数据管理阶段是指企业开始制定统一的数据库平台和数据管理体系，实现统一的数据管理和使用。企业各部门、各系统基本实现资源整合和信息共享，进行信息系统规划和高效利用。

（6）成熟阶段是指信息系统可以满足企业各个管理层次的要求，实现全面的信息资源管理。

在诺兰模型的前3个阶段——初始、普及和控制阶段，企业更多的是注重对计算机等设备的管理，称为数据处理时代，而在后3个阶段——整合、数据管理和成熟阶段更多地注重企业的数据资源的管理，称为信息技术时代。前后各自的3个阶段会出现新旧技术的替换，引发规划和投入等发生波动性变化。这是因为企业经过前3个阶段对信息系统的应用和认识，发现要重新规划组织的信息管理和信息系统集成建设，必然要摒弃过去的系统，进行全面升级换代，进行技术升级和理念的改变等。所以，这个过渡阶段称为技术转型期。

5．企业信息资源管理的三维结构

信息资源管理运用管理科学的一般原理和方法从经济、技术、人文等角度，对企业信息资源进行科学的规划、组织、协调和控制，形成集约化的企业信息资源管理。企业信息资源管理的三维结构包括技术管理、经济管理和人文管理三个维度。

（1）技术管理维度。信息资源的技术管理就是根据企业信息化建设的总体规划，按照实用、先进、性能价格比高的原则，深入分析信息技术发展现状，选择合适的信息技术开发管理信息网络和信息系统。管理的重点是有效地采用内联网、外联网及互联网等先进的信息技术手段，理解企业对所需的各类信息进行收集、存储、加工和传递的需求，开发准确的信息系统，并能够运用这些信息系统产生高价值的决策信息。例如，对于信息安全技术方面，企业要普及应用防火墙、信息加密技术等措施，增强各类信息的保密性和安全性等，制订信息系统的开发计划和实施方案，实现信息系统对企业各经营环节的数字化和网络化管理。

（2）经济管理维度。信息资源的经济管理就是根据企业信息化建设的目标，按照信息经济学中有关信息资源的成本、价值与价格的形成规律，开发、管理和利用各类信息资源，使企业的信息资源创造出新的经济增长点。经济管理的重点是合理配置信息资源，分析信息网络和信息系统的成本，以及信息资源所获得的收益；研究竞争对手，了解商贸政策，预测信息资源的经济效益和企业新兴信息技术的应用价值与发展方向等。例如，企业采用电子商务系统所带来的销售额上升、销售成本降低和快速响应客户需求，从而吸引更多的客户等。

（3）人文管理维度。信息资源的人文管理就是根据企业的信息化战略的发展要求，按照"以人为本"的原则，重视企业员工的信息行为，主动利用信息资源的意识和能力，加强企业信息文化建设，完善企业信息安全环境，保证企业高效运营和增强员工创新意识。人文管理的重点是企业员工的信息能力教育、信息安全意识、企业信息人才的配备、企业信息战略的规划和制定信息政策等。信息资源的人文管理的目的是保证企业的信息资源能够发挥出最大化的效益。例如，企业制定各种有利于信息资源有效利用和创新性成果的奖励政策，鼓励员工尝试各种管理模式创新、信息技术创新和产品创新等。

随着信息时代的到来，企业纷纷重视信息化建设与发展，企业出现了首席信息官的新职位，首席信息官是在首席执行官(CEO)的领导下与其他业务部门经理并列的职务。

首席信息官的职责是全面负责组织的信息资源管理，包括信息技术人员、信息技术设备、资金、机构和信息本身在内的所有信息资源的管理、共享、协调、开发和利用。组织要下设专门的办事机构（信息部、秘书处等），其具体职能包括：为企业制定信息战略、信息政策和信息标准；解决企业各部门的信息需求、共享和利用存在的利益关系；制定企业的信息资源开发、利用和信息系统实施的中长期规划；制订项目投资计划、管理与维护；与最高管理者沟通和参与企业重大问题决策；制订信息系统用户和管理者的培训计划等。

首席信息官需要具有广博的、多学科和交叉领域的知识背景和企业经营能力及战略远见，熟悉信息系统分析及多种信息技术，具有信息科学领域的知识和法律法规知识。首席信息官还要有协调企业和客户的能力、管理成本和规避风险的能力，有丰富的工作经验和出色的组织能力。总之，首席信息官是一个文理兼备、集经营管理专家与信息技术专家于一身的高级复合型人才。

1.4 知识管理

1.4.1 知识管理的概念

1. 知识管理的定义

学术界关于知识管理还未形成统一的定义，学者分别从信息管理的角度、对人的管理的角度和核心要素的角度给出各种各样的定义。知识管理的核心要素包括人、组织与技术，本质上它覆盖了组织的发展进程，寻求对信息与数据的处理能力和人的发明创造能力相结合的组织与管理方法。这种观点得到了越来越多的学者的认可，逐渐成为知识管理研究和实践的主流方向。下面给出一些知识管理的定义。

从组织价值维度来看，知识管理是使人、过程及技术完美结合起来，将组织中与信息相关的部分转换为能为组织带来价值优势和利益的直观、动态的知识财富集合。知识管理是一种文化和生活方式，或者说是一种做事的方式。该定义强调组织要有创新意识，利用知识创造更多价值，并成为组织的工作和文化方式。

从组织活动维度来看，知识管理是指在组织中构建一个量化与质化的知识系统，让组织中的信息与知识，通过获得、创造、分享、整合、记录、存取、更新、创新等过程，不断地回馈到知识系统内，永不间断地累积个人与组织的知识，在组织中成为管理与应用的智慧资本，有助于企业做出正确的决策，以适应市场的变迁。简洁的定义是，知识管理是对知识、知识创造过程和知识的应用进行规划和管理的活动。该定义强调知识创造过程。

从技术维度来看，知识管理是以信息技术为基础，用来支持和加强知识的生产、转换与转移的过程。

陈晓红教授在《商务智能与数据挖掘》一书中认为，知识管理是指组织为提高生存能力和竞争优势，建立技术和组织体系，对存在于组织内外部的个人、群组或团体内有价值的知识，进行系统的定义、存储、分享、转移、利用和评估等，确保组织成员能够随时随地获取正确的知识，以采取正确的行动。该定义强调了组织知识管理的内容、主要活动、目的和目标，并给出了知识管理的要素，包括人、组织、技术和流程。

总之，知识管理是知识经济时代涌现出来的一种最新管理思想与方法，它融合了现代信息技术、知识经济理论、组织管理思想和现代管理理念。知识管理是组织管理的一项重要内容。

2．知识管理的特点和目的

知识管理包含了数据管理和信息管理的内容，但又超越了这些内容。信息管理的关注点在于信息的收集、存储、发布和重用等，而知识管理的关注点则是在信息的管理过程中获得人的交流与知识共享。根据以上知识管理的定义，知识管理具有以下特点。

(1) 在管理理念上，知识管理真正体现了以人为本的管理思想，人力资源管理成为组织管理的核心。

(2) 在管理对象上，知识管理以无形资产管理为主要对象，比以往任何管理形式都更加强调知识资产的重要性。

(3) 在管理内容上，要遵循"知识积累—创造—应用—形成知识平台—再积累—再创造—再应用—形成新的知识平台"的循环过程。

(4) 在范围及重点上，知识管理包括显性知识管理和隐性知识管理，但以隐性知识管理为重点，并注重显性知识与隐性知识之间的共享与转换。

(5) 在目标和策略上，以知识管理创新为直接目标，以建立知识创新平台为基本策略，智力性和创新性是知识管理的标志性特点。

(6) 在组织结构上，与以往其他管理形式所采取的金字塔式的等级模式不同，知识管理采取开放的、扁平式管理的学习型组织模式。

知识管理的目的包括以下 5 点：

(1) 有效地促进知识内外重要信息的收集、创造、存储、分享和转移；

(2) 有效的优势资源利用和知识探索；

(3) 对个人工作、流程和决策绩效的支持；

(4) 对产品质量的支持；

(5) 对竞争优势的支持和对组织最终获利的支持。

3．知识管理的原则

知识管理要遵循以下 3 个原则。

(1) 知识积累原则。知识积累是实施知识的管理基础。

(2) 知识共享原则。知识共享是指一个组织内部的信息和知识要尽可能公开，使每一个员工都能接触和使用。

(3) 知识交流原则。知识管理的核心就是要在组织内部建立一个有利于交流的组织结构和文化气氛，使员工之间的交流毫无障碍。

知识交流是使知识体现其价值的关键环节，它在知识管理的 3 个原则中处于最高层次。按照上述原则进行知识管理，首先就要明确知识管理涉及组织的所有层面和所有部门，一个组织要进行有效的知识管理，关键在于建立起系统的知识管理组织体系。这一体系所实现的功能如下。

(1) 组织能够清楚地了解自己已经拥有什么样的知识和需要什么样的知识；

(2) 组织的知识一定要能够及时传递给那些日常工作中需要知识的人员；

(3) 组织的知识一定要使那些需要知识的人能够方便获取；

(4) 不断生产新知识，并使整个组织的人员能够获取这些新知识；

(5) 对可靠的、有生命力的知识,要引入控制机制;
(6) 对组织的知识进行定期检测,使其合法化;
(7) 通过企业文化的建立和激励措施,使得知识管理更容易实现。

4. 知识管理的流程

目前,虽然对知识管理的流程存在多种说法,但都包括了知识获取、知识存储与检索、知识传播和知识应用 4 个主要过程。

(1) 知识获取。知识获取是知识活动的起源,也是知识管理的第一步。关于知识创新,学者从隐性知识与显性知识的角度提出了知识获取的 SECI 模型,包括群化(社会化)(Socialization)、外化(Externalization)、融合(Combination)和内化(Internalization) 4 个过程。群化也称为潜移默化,对应于隐性知识转换为隐性知识的过程;外化也称为外部明示,即隐性知识转换为显性知识;融合也称为汇总组合,即显性知识转换为显性知识;内化也称为内部升华,即显性知识转换为隐性知识。

(2) 知识存储与检索。知识的存储与检索即知识记忆,与个人知识相似,若不加以存储和管理则知识容易被遗忘。知识可以通过各种形式,如书面文件、电子数据库、专家系统、组织流程等留存。在面对大量知识时,检索所需要的知识也成为知识管理中的重要一环,先进的计算机存储技术和复杂的检索技术,如数据仓库与数据挖掘、多媒体数据库和数据库管理系统以及强大的搜索引擎,都可以有效地提高组织记忆。

(3) 知识传播。知识管理的一个重要部分就是将正确的知识转移到所需之处,即知识传播。知识传播的要素包括感知传播源的知识、激励传播者的分享意愿、构建传播渠道、激励传播对象学习意愿、传播学习能力及应用知识的能力。影响组织内部进行知识传播的因素主要有传播源的分享动机和可靠性传播对象的动力与吸收能力、知识的特性、传播源与对象之间的关系。

(4) 知识应用。知识管理可以提升组织竞争力是源于对知识的合理应用。管理的本质就是将个人专业知识加以整合,转换为组织的产品或服务,从而创造价值。应用知识过程包括指导、组织程序和任务团队 3 个机制。其中,指导机制是指融合了专家隐性知识而制定的规则、标准或程序,以便于知识分享;组织程序机制是指实施过程中的协调模式、交互方式或流程规范等,通过封装实现低耦合,可以充分发挥个人的知识优势;任务团队机制通过团队沟通、协调、合作过程,实现团队成员间的知识互动,从而利用知识解决问题。

5. 首席知识官体制

首席知识官(Chief Knowledge Officer,CKO)是知识经济时代企业发展过程中产生的一种新型职位。随着信息化步伐的不断加速,CIO 的数量在快速增加,CIO 的地位也在不断提升,甚至出现了夸大的现象。许多企业把 CKO 的职责范围也划给了 CIO,让 CIO 兼作 CKO,这显然是不合理的。究其原因,信息和知识之间并非等同的关系,只有对企业或者个人发展有利的信息才能称得上知识。由 CIO 兼作 CKO 可能会产生不良的影响。例如,企业内部知识共享会向信息技术发生偏移,从而忽视业务知识的共享,大大降低知识管理工作的效率。同时,容易混淆企业员工的认识,在目前企业员工对信息化认识参差不齐的情况下,员工会降低知识管理的地位,甚至信息化工作的信心。

目前,只有少数组织或企业拥有 CKO 职位,其主要工作内容可大致归纳如下:

(1) 建立有利于组织知识发展的良好环境,包括各项配套的软硬件设施。

(2) 适时引进组织所需要的各项知识,或促进组织与外部的知识交流。

(3) 促进组织内部知识的分享与交流,协助个人与企业的知识创新活动。

(4) 指导组织知识创新的方向,系统地整合与发展知识,强化组织的核心技术能力。

(5) 应用知识以提升技术创新、产品与服务创新的绩效,提升组织整体对外的竞争力,扩大知识对于企业的贡献。

(6) 形成有利知识创新的企业文化与价值观,提升成员获取知识的效率,提升整体的知识学习能力,增加组织整体知识的存量与价值。

随着知识经济的到来,竞争优势将会来源于知识的有效管理。组织的知识化发展过程体现为以下3方面。

(1) 知识成为组织的核心资产,知识管理成为组织战略的核心。

(2) 强调以客户为中心,利用网络平台传播和共享知识。

(3) 强调以知识创新为中心的知识管理。

1.4.2 知识管理与信息系统的关系

组织知识管理与信息系统之间相互依存,相互促进。一方面,信息系统是知识管理的平台和工具,它将新知识及时推送给员工,为实现组织内外知识的交流构造了良好的信息共享平台;另一方面,知识管理促使员工吸收新知识,达到个人新的知识水平。知识水平的提高使员工更容易掌握和使用先进的信息技术,从而提高整个信息系统的利用效率。

知识管理使信息系统的应用产生了新的理念和方向。信息系统从过去仅仅服务于战术性目标扩展到服务于战略性目标,在信息技术上更注重知识的发现、挖掘和沟通,因此整合了更多的计算方法和分析功能,辅助管理者决策。

1.5 信息系统的发展

1.5.1 信息时代下组织经营环境变化

随着移动通信技术的不断完善以及智能手机的普及,移动互联网面向用户的生活需求深入渗透,这种新兴的信息技术改变了组织经营环境,世界正发生如下的重要变化。

1. 全球化

因特网的迅猛发展使全球信息网络飞速形成,引发了经济、社会、文化、生活等方面的全球化。例如,人们纷纷通过互联网了解全世界发生的重大事件,通过电子商务平台购买世界各地的产品,企业通过互联网进行全球采购和贸易等。跨国公司如雨后春笋般出现,并成为经济全球化的主角,它们在全球范围内开辟新市场,从国际的商品流动和资本的跨国运作到大生产体系在全球范围内的配置和分工,影响力日益增大。这种变化被称为全球化。全球化导致全球性工作群体、全球制造、全球采购、全球供应、全球技术支持和全球售后服务模式的出现,组织的运营已跨越时间和空间在世界范围内完成,市场竞争呈现国际化和一体化。

全球化给组织带来挑战和机遇,同时也使组织承受更多的挑战和风险。如何及时捕捉全球各个地区的需求,对市场变化做出及时的反应,在世界市场中进行高效、低成本的采购和向世界各地的客户提供优质商品和服务都是组织亟待解决的重要问题。全球化带来了国际市场竞争与挑战,组织需要融合互联网特别是移动互联网等新兴技术开发功能强大的信息系统,使全球化成为可能。

2. 向知识和信息经济的转变

当今世界正从工业经济向知识和信息经济转变,在知识和信息经济时代中,知识和信息是创造财富的主体。知识和信息经济时代催生了大批基于知识和信息的密集型组织。其中,新型服务业扮演了极其重要的角色。例如,各种咨询公司专门为组织提供经营管理方案和财务评价报告,为市政管理部门提供环境评测报告,而这些组织以前是不存在的。这些组织利用信息系统对信息和知识进行处理,帮助组织做出正确决策,为组织带来更大的经济效益。信用卡、连锁经营、全球预订系统和物流配送服务系统等都是通过信息技术和信息系统为组织创造出新的价值。

知识已渗透到传统的产品制造中,生产对实体设备和生产结构的依赖越来越少,更多地取决于知识产权、组织资本和人力资源等无形资产。例如,汽车工业中,汽车的设计、制造和管理在很大程度上依赖信息技术和信息系统,用计算机辅助设计(Computer-Aided Design,CAD)进行高效设计,用企业资源计划系统组织生产、经营和管理等。这些工作不仅需要由具有较高知识水平的人员来完成,还需要在实施过程中投入人力资源进行流程优化。为此,汽车制造商增加了计算机专家、工程师和设计师的数量,同时减少了工人的数量。

3. 企业向数字化和网络化转型

信息时代发展涌现了大量的数字化企业。数字化企业是指那些能够借助信息技术建立与其供应商、客户等商业关系的企业。对于工业企业而言,数字化企业可以提供一个包括从产品研发、生产规划、制造直至维护所有环节的信息技术解决方案的平台。例如,以制造业为例,它们运用产品生命周期管理(Product Lifecycle Management,PLM)系统管理产品生命周期;用企业资源计划系统(Enterprise Resource Planning,ERP)对企业内部的物资、劳力、设备、资金等所有资源进行全面计划和控制;用供应链管理(Supply Chain Management,SCM)系统在全球范围内形成一条由供应商、制造商、分销商组成的企业供应链,在双赢的基础上获得竞争优势。汽车行业、电子行业都有当今发展成熟的数字化企业平台,而更多的企业正在向数字化企业转型。

众所周知,信息技术革命特别是移动互联网时代的到来,一方面给传统行业带来了危机;另一方面也让传统行业获得勃勃生机,"互联网+"是传统企业转型和行业升级的推动力。"互联网+传统行业"意味着对这个行业能力的一种提升,在"互联网+"大战略下,传统行业和互联网业交融,企业必定会进化和转型,传统企业将成功地实现组织重构、管理进化以及互联网转型。

1.5.2 信息技术与工业革命

人类社会历史上发生的4次工业革命,并对社会产生了巨大的影响。第1次工业革命始于蒸汽机的发明和纺织业的技术革命,机器生产代替手工生产,经济社会从以农业、手工业为基础转型到以工业及机械制造带动经济发展的模式。第2次工业革命始于电力的广泛应用,自动化技术发展催生了大规模批量生产和股份制公司的经营模式。第3次工业革命始于能源互联网与可再生能源结合,信息技术的发展和技术创新推动经济体系的重大变革。第4次工业革命始于基于信息技术的工业4.0理念,制造业向智能化转型。移动计算、社化媒体、物联网、大数据、分析优化和预测技术的创新是第 4 次工业革命的基础,从根本上改变了工业增值、商业模式与客户互动。

从前 3 次工业革命来看,工业革命源于重大的技术革命以及伴随重大技术革命而形成的创新集群,包括新基础设施、新产业、新服务以及新的管理系统等。工业革命导致社会生产方式与生产组织方式以及管理系统的重大变革,进而形成技术-经济新范式。信息技术革命已直接成为推动第 3 次和第 4 次工业革命的重大技术创新。第 4 次工业革命在互联网等新兴信息技术的渗透和推动下,通过与其他元素融合并相互作用,将导致社会经济和管理等方面史无前例的颠覆性变革。

人类社会经历了农业社会、工业社会和信息化社会 3 个阶段,而信息化阶段存在 5 次信息处理浪潮,包括大型计算机、小型计算机、台式计算机、互联网个人计算机和移动互联网。信息化阶段 5 次浪潮源自计算机处理能力的持续创新以及存储芯片、存储设备、通信和网络、软件设计等集群技术创新的巨大发展。

大型计算机时代,出现了管理信息系统的早期形态——电子数据处理系统,实现了从人工数据处理到自动数据处理。小型计算机时代,进入管理信息系统和决策支持系统阶段,实现了自动化数据处理和信息共享。台式计算机时代,办公自动化系统应运而生,出现数据库技术、分布式系统技术和预测技术,实现了管理自动化和市场过程自动化集成的组织生产新理念——计算机集成制造系统(Computer Integrated Manufacturing System,CIMS)。互联网个人计算机时代,互联网的应用促进了组织间的合作与协调发展,出现了组织间信息系统,发展了管理信息系统和群体决策支持系统,人工智能(Artificial Intelligence,AI)和知识管理系统兴起,形成统一的管理信息系统组合模型,管理信息系统的应用渗透到社会经济领域。移动互联网时代,商业模式、管理理念和思维方式发生改变,管理信息系统推动和实现企业流程变革,商务智能系统的兴起标志着现代管理信息系统进入智能化发展的高级阶段。

1.5.3 信息技术和信息系统的区别与联系

信息技术是指各种以计算机为基础的工具,即以生产信息为目的的技术标准、工业技术产品、技术方法和技术发明。信息系统是一个集合,它集成了计算机硬件、软件、数据、过程和生产信息资源的人员,还包括组织、战略、管理与决策。信息技术是信息系统的重要资源,它根据组织战略的需要选择性价比高的信息技术构造一个系统,按照组织设计的管理决策和流程优化的新方案处理信息,提供给管理者使用。总之,一切利用信息技术解决组织问题的管理与决策方法的集合都是信息系统。信息技术、组织、管理和决策在信息系统的融合下形成一个整体。信息技术和信息系统都以计算机为基础,都与信息有关联。信息技术进步的发展推动了社会、经济和管理的进步。信息技术的进步是信息系统发展的动力;反之,信息技术必须通过信息系统的融合才能发挥作用。

当然,信息技术和信息系统还存在如下区别。

(1) 系统组成不同。信息系统是由计算机硬件和软件、网络和通信设备、信息资源、信息用户和规章制度组成的以处理信息流为目的的人机一体化系统。信息技术主要是管理和处理信息所采用的各种技术的总称。

(2) 内涵不同。信息系统采集和加工信息,并提供给管理人员使用。通过管理信息系统实现信息增值,用数学模型统计分析数据,实现辅助决策。信息技术注重方法的科学性、工具设备的先进性、技能的熟练性、经验的丰富性、作用过程的快捷性和功能的高效性等。

(3) 作用不同。信息系统包括计算机硬件和软件、网络和通信技术、应用软件开发工具等。计算机和互联网普及以来,人们日益普遍使用计算机来生产、处理、交换和传播各种形式的信息。信息技术注重建立正确的数据和加工处理方法与技术,旨在提高企业管理的技术水平。

1.5.4 信息系统的融合与创新

新兴的信息技术不能直接引起经济、管理和组织的变革,需要通过信息系统的融合才能起作用。组成信息系统的各种要素通过互相渗透达到有机集成,最后形成新的信息系统的质变过程,融合的过程也是创新的过程。

例如,企业受到来自供应商、客户等外界环境的挑战,管理部门提出协调订单生产,加强供应商与客户之间的横向联系,实现业务外包、发展核心业务等应对措施和建议。企业高层审视管理部门的建议后,决定采用与供应商、客户合作共赢的组织竞争策略,企业信息技术部门提供实施横向一体化运作的技术可行性,如内联网、外联网和互联网等信息技术方案,并建立供应链管理信息系统,将管理、组织理论与信息技术融合起来,实现企业流程再造、组织扁平化、数据共享等创新,最终实现企业供应链管理的解决方案。在企业接受新的挑战,原方案不能再保持竞争优势的情况下,信息系统必须开始新一轮的融合和创新。

信息系统的融合可以分为信息技术之间的融合、信息技术与其他重大技术之间的融合、信息技术与经济管理和决策活动之间的融合等。只有信息系统融合了先进的信息技术,企业的创新蓝图才能变成现实。

1.5.5 信息系统的发展趋势

现代信息系统由于环境的变化和技术的不断进步,日益体现出如下发展趋势。

(1) 柔性化。柔性化就是要求管理信息系统能够按照系统环境的变化而重新组合或设计,包括数据、系统、功能等多个层次。数据柔性可以理解为数据的灵活整理和输出,满足多种需求而不需要系统进行大的改变。系统柔性主要是指系统由于运行环境的变化而进行灵活的扩充和重组。例如,公司增加与削减子公司、拓展市场等进行的公司业务调整。功能柔性则是指可以根据环境和需求的变化而进行动态增减、组装。当前许多软件理论与技术均支持系统的柔性需求。

(2) 敏捷化。敏捷化即系统要根据环境的变化进行快速调整与重组。敏捷化由可重构、可重用和可扩充的模块共同构成。敏捷化是市场急剧变化的要求,是产品快速更新的要求,也是提高企业核心竞争力的要求。信息系统是一种由人、计算机与网络和管理规则组成的集成化系统。该系统利用计算机的软硬件以及规程、分析、计划、控制和决策等,为企业或组织的作业、管理和决策提供信息支持。敏捷信息系统必须能够随着虚拟企业的建立而迅速成型,随着虚拟企业的变化而动态变化。

(3) 个性化。现在市场上有许多通用的软件产品,这些产品去除了个性的东西。但是,软件系统必须要和具体的应用环境相适应,包括企业或组织的结构、文化、员工的素质等方面,即使是最成熟的软件也是如此。例如,SAP 公司在为联想公司设计 ERP 系统时,根据中国的国情和联想公司的具体情况做了很多修改。因此,信息系统必须要考虑用户的个性化需求。通用软件的二次开发因此成为必不可少的环节。

(4) 发展性和先进性。发展性就是要求信息系统能够适应企业未来的规模,能够适应未来的技术,能够适应未来的管理。管理信息系统要不断融入先进的管理思想。例如,将精益生产、供应链管理、企业业务流程重组、客户关系管理等思想引入信息系统,使信息系统充分融入和体现现代的管理思想。

(5) 集成性。集成性就是要求系统能够和其他系统或模块进行无缝对接。这就要求系统有良好的设计规范和标准接口。设计规范包括数据规范、文档规范、代码规范、编码规范等。

(6) 学习性。管理信息系统不同于事务处理系统的显著特点就是系统能够对组织决策进行必要的支持。尤其是系统发展的高级阶段,像知识管理系统等,要求系统具有知识性和学习性,系统可以对某些决策问题进行不断的学习,丰富知识库,具有人才的学习属性。

(7) 智能化。人工智能等技术的发展,为信息系统的发展提供了智能化的条件。像决策支持系统、经理信息系统、智能代理系统等,可以引入人的一些特质,提供智能化的决策方法。

1.6　本章小结

本章首先介绍了数据、信息和知识的基本概念,以及它们之间的关系,深入分析了信息的特征和分类,知识的分类与转换关系。接着介绍了信息管理和信息系统的基本概念及其关系。然后介绍了信息资源管理的概念、目标和任务,深入讨论了企业资源管理的概念、特点、发展阶段和三维结构,深入分析了知识管理的定义、特点、目的、原则和流程以及知识管理与信息系统的关系。最后,讨论了信息时代下的经营环境变化、信息技术与信息系统的区别与联系、信息技术与工业革命的关系、信息系统融合与创新,以及信息系统的发展趋势等。

习题

1. 什么是数据、信息和知识? 举例说明信息的价值性。举例阐述数据、信息和知识之间的关系。
2. 什么信息管理和信息系统? 简述信息管理和信息系统的关系。
3. 什么是信息资源管理? 简述信息资源管理的目标和任务。
4. 什么是企业战略信息资源? 简述企业战略信息资源规划的主要内容。
5. 什么是企业信息资源管理? 举例阐述企业信息资源管理的特点。
6. 简述信息系统发展的诺兰模型的 6 个阶段及其关系。
7. 简述企业信息资源管理的三维结构。
8. 什么是 CIO? 其应具备的职责有哪些?

9. 个人知识和组织知识的转换方法有哪些？举例说明隐性知识与显性知识的转换。举例说明结构化知识、半结构化知识和非结构化知识。

10. 什么是知识管理？简述知识管理的特点和目的及原则。如何理解知识管理是信息管理的新阶段？知识管理对信息系统建设有什么影响？

11. 简述知识管理的流程。举例阐述知识管理与信息系统的关系。

12. 简述信息时代下组织经营环境变化。举例阐述信息技术和信息系统的区别与联系。

第 2 章 管理信息系统基础

【学习重点】
(1) 理解管理信息系统的基本概念、体系结构。
(2) 理解管理信息系统的分析方法体系,尤其是社会-技术系统分析方法体系。

本章从管理信息系统的发展开始,介绍管理信息系统的基本概念、体系结构及其社会-技术特征,重点阐述了管理信息系统的组成和分类,以及管理信息系统的分析方法体系,尤其是社会-技术分析方法体系。

2.1 管理信息系统的概念

20 世纪 60 年代,管理信息系统的概念被提出。20 世纪 80 年代,随着信息技术的迅速发展,管理信息系统得到了进一步发展,管理信息系统的概念逐步得到了充实和完善。

管理信息系统为管理提供信息,是一个部门的管理工具,它强调管理方法和技术的应用,强调把信息处理的速度和质量扩大到组织机构的所有部门,从而增强组织机构中各职能部门的管理效率和能力。

对管理信息系统的理解有广义和狭义之分。广义的管理信息系统包括各种形态、各种模式的用于经济、管理领域的计算机信息系统。狭义的管理信息系统指为组织内部管理层服务的一类计算机信息系统,是广义管理信息系统中的一部分。

薛华成教授从社会-技术系统的观点定义了管理信息系统。管理信息系统是以人为导向,利用计算机硬件、软件、网络通信设备以及其他办公设备进行信息的收集、传输、加工、存储、更新和维护,以提高企业战略竞争优势、效益和效率为目的,支持企业高层决策、中层控制、基层运作的集成化的人机系统。该定义强调了人的作用。

美国著名教授劳登夫妇从技术和管理两方面对信息系统进行了全面的定义。互联网技术促成了电子商务以及全球化企业的出现,信息系统的服务范围已经从组织内扩大到组织间。国内著名学者刘仲英教授从全球化视角扩展了劳登夫妇的定义。

从技术角度看,信息系统可以定义为一组相互关联的部件的集合,它能够收集、处理、存储和传播信息,支持组织内和组织间的决策和控制。从管理角度看,信息系统是一个基于信息技术的、为了应对环境造成的挑战而生成的组织或组织联盟的管理和决策的解决方案。

管理信息系统具有整体性、辅助管理与决策、以计算机为核心、动态性等特征。

(1) 整体性。即管理信息系统在功能内容上体现出的整体性,以及开发和应用技术步骤上的整体性。它要求即使实际开发的功能仅仅是组织中的一项局部管理工作,也必须从全局的角度规划系统的功能。

(2) 辅助管理与决策。辅助管理与决策是指在管理工作中应用管理信息系统只能辅助业务人员进行管理,提交有用的报告和方案来支持领导人员做出决策。因而,要发挥管理信息系统的这个特性,人员管理工作必须要有相应的管理思想、方式和流程。

(3) 以计算机为核心。管理信息系统是一个人机系统,这是它与信息处理的其他人工手段的明显区别。

(4) 动态性。管理信息系统既具有时效性也具有关联性。当系统的某一要素(如系统的目标)发生变化时,整个系统也必须随之发生变化。因而管理信息系统的建立并不是一劳永逸的,还需要在实际应用中不断地完善和更新,以相对延长系统正常运行时间,提高系统效益。

2.2 管理信息系统的体系结构

2.2.1 管理信息系统组成要素

管理信息系统结构(Management Information System Architecture,MISA)是指管理信息系统的组成要素及其要素之间的联系。许多学者提出了管理信息系统结构模型。例如,集成信息系统体系结构模型、层次式管理信息系统结构模型,以及五要素框架的信息系统结构模型等。本书介绍克罗恩克提出的五要素框架的信息系统结构模型。

信息系统结构模型由计算机硬件、软件、数据、过程和人力资源组成的五要素框架。任何一个信息系统,无论是简单的还是复杂的都具备这5个要素。

(1) 计算机硬件。计算机硬件简称硬件,是指计算机系统中由电子、机械和光电元件等组成的各种物理装置的总称。这些物理装置按系统结构的要求构成一个有机整体,为计算机软件运行提供物质基础。简而言之,硬件的功能是输入并存储程序和数据,以及执行程序把数据加工成可以利用的形式。从外观上来看,计算机硬件由主机箱和外部设备组成。主机箱内主要包括CPU、内存、主板、硬盘驱动器、光盘驱动器、各种扩展卡、连接线、电源等;外部设备包括鼠标、键盘、显示器、打印机、音箱、麦克风、投影仪等。

(2) 计算机软件。计算机软件简称软件。软件是一系列按照特定顺序组织的计算机数据和指令的集合。一般来讲,软件被划分为系统软件、应用软件和介于这两者之间的中间件。软件并不只是包括可以在计算机(这里的计算机是指广义的计算机)上运行的计算机程序,与这些计算机程序相关的文档一般也被认为是软件的一部分。简单地说,软件就是程序加文档的集合体,也泛指社会结构中的管理系统、思想意识形态、思想政治觉悟、法律法规等。

(3) 数据。数据是指与来自组织内部和外部的与组织相关的数据资源和信息载体。数据资源包括各类结构化、半结构化和非结构化的数据信息,以及实现信息采集、存储、传输、存取和管理的各种资源管理系统,主要有数据库管理系统、目录服务系统、内容管理系统等。信息载体包括组织的各种单据、合同、报表、设计、工艺和报告等。

(4) 过程。过程是指事情进行或事物发展所经过的程序。在质量管理学中,过程定义为利用输入实现预期结果的相互关联或相互影响的一组活动。这里的过程是指与组织经营管理中所涉及的各种业务功能、流程、规则、策略等应用业务活动。

（5）人力资源。人力资源是指与信息系统建设和使用有关的人员。

2.2.2 管理信息系统结构模型

管理信息系统结构类似于信息系统结构,其不同之处就是管理信息系统结构要从社会-技术系统的角度去研究和分析。本书采用了刘仲英教授总结的管理信息系统体系结构。该体系结构能够全面反映社会-技术系统特征的信息系统体系结构模型,如图 2.1 所示。管理信息系统体系结构模型由管理信息应用系统和支持环境组成。管理信息应用系统是指面向组织的各种管理职能的信息系统,而支持环境是支持管理信息应用系统运行的基础,或者说是管理信息应用系统运行的环境。这两部分相互联系,组成了一个组织的管理信息系统的有机整体。

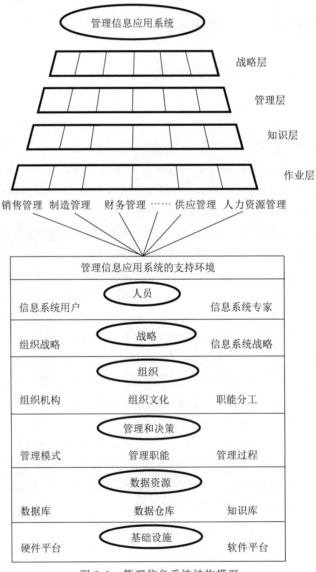

图 2.1 管理信息系统结构模型

管理信息应用系统依赖支持其运行的基础部分,支持环境的组成要素及其质量直接影响着管理信息应用系统是否顺利运行,并为组织管理、运行和决策带来价值,反过来管理信息应用系统的有效执行对支持基础部分提出了要求,甚至做出改变。例如,管理信息应用系统的运行需要组织的组成要素的支持,要理顺组织结构、文化、制度和分工,要求使用人员充分理解系统的作用并积极参与系统建设,适应系统运行,要按照系统的数据规范和格式组织数据资源,支持基础设施要按照信息系统的要求严格地配置和部署。另外,管理信息应用系统要符合支持基础部分的组成要素所提供的能力,逐步与支持基础部分融合,最大限度地提升系统的效率和发挥作用,为组织获得竞争优势。

2.3 管理信息应用系统

管理信息应用系统是管理信息系统结构的主要组成部分,它是由组织根据业务需要提出要开发和实施运行的信息系统应用软件。该软件的需求由组织和组织的使用人员提出,并由信息系统专家进行分析、设计、实现和测试,交付给组织的人员使用,辅助组织管理层和作业层以及决策层和知识层的人员实现作业操作、管理和决策活动,提供各种应用和服务。信息系统所有功能由称为子系统或模块的部件提供。

例如,图 2.1 中的梯形部分,按组织的职能分工,纵向划分为销售管理、制造管理、财务管理、供应管理和人力资源管理等子系统。由于组织的不同层次的管理角色对信息系统的信息需求各不相同,在纵向划分子系统的基础上,又按照战略层、管理层、知识层和作业层 4 个层次的管理和决策要求,把每个职能子系统按照横向划分成若干更小的模块。管理信息应用系统的各个模块之间通过数据或者流程进行横向和纵向联系,形成一个集成化的管理信息系统应用体系,完成不同管理层次和不同职能分工的业务体系。

2.4 管理信息应用系统的支持环境

管理信息应用系统的支持环境为管理信息系统有效运行提供环境保障。支持环境由人员、战略、组织、管理、决策、数据资源以及基础设施 7 部分组成。这些部分相互联系、相互影响,并直接决定着管理信息系统效能的发挥。因此,对于建设一个满足组织需要和为组织带来重要价值以及取得竞争优势的管理信息应用系统,管理信息应用系统的基础部分变得尤为重要。

1. 人员

管理信息应用系统的人员是指与信息系统相关的人力资源,包括信息系统用户和信息系统专家。

信息系统用户是指那些提供信息需求或信息系统的使用人员。例如,组织的高级经理和管理者、信息部门决策者如信息执行官、财务人员、销售代表、知识工程师、客户或者供应商等。信息系统用户大部分时间通过各种管理信息应用系统在组织内或组织间进行沟通、协作或者进行管理与决策。例如,组织的高级经理往往是管理信息系统建设项目的投资者和风险承担者,管理信息系统能否在组织中成功运行,取决于用户对信息系统的接受程度。为了能够有利于用户对系统功能和使用效果满意,需要研究信息系统用户的特点和需求,以便为他们提供最高质量的服务。对信息系统用户的研究的内容主要包括用户类型、用户信息心理、社会因素对用户的影响、用户信息需求的分析、用户获取信息的途径和方式、用户吸收信息的机理、用户信息保证和培训等。同时,要建立信息服务评价方法和信息服务质量的指标等,从而建立全面的服务于信息系统用户的体系,对于信息系统发展和完善有重要意义。

信息系统专家指参与信息系统开发的各类专业人员,如系统分析师、系统设计师、软件工程师、测试工程师、系统培训师以及其他从事管理、技术和秘书类工作的信息系统工作人员。在信息系统用户所提出的信息需求的基础上,首先系统分析师要分析系统的功能需求和非功能需求以及系统开发约束等,建立系统需求规格说明书,并得到用户的确认;然后,系统设计师根据规格说明书进行系统的结构设计和详细设计,并提出合理的设计方案,软件工程师根据系统分析师和系统设计师的设计方案编写相应的计算机程序,并经测试工程师全面测试和完善后交付给用户试运行;最后,系统实施工程师进行系统转换和部署,经系统培训师规范培训后正式运行。

2. 战略

战略是在管理信息系统体系结构中起主导作用的要素,战略包括组织战略和信息系统战略两部分。组织战略是指包括组织的使命和长期目标、组织的环境约束、当前计划和计划指标的集合。信息系统战略是组织战略的组成部分,是为实现组织战略而采取的基于信息技术的方案。随着信息管理被提升到企业战略管理的高度,有学者提出利用信息技术建立一种战略信息系统,全方位服务于组织战略规划的制定,以及支持各种竞争战略的实施,以达到提升组织竞争力的目的。

战略信息系统(Strategic Information System,SIS)就是在面向竞争的信息管理战略指引下,基于 TPS(事务处理系统)、MIS(管理信息系统)、DSS(决策支持系统)和 OAS(办公自动化系统)的基础上发展起来的。战略信息系统是通过生成新产品和服务,改变与客户和供应商的关系,或者通过改变企业内部的运作方式,以使企业具有竞争优势的信息系统。战略信息系统的作用包括支持企业的经营战略,改变企业的管理和运作方式,并为企业带来竞争优势或削弱竞争对手的优势,给企业所在行业的产品、服务、企业经营过程、企业的组织管理以及行业结构带来实质性的影响。

3. 组织

从管理学的角度,所谓组织是指这样一个社会实体,它具有明确的目标导向和精心设计的结构与有意识协调的活动系统,同时又同外部环境保持密切的联系。

组织是信息系统得以运行的基本要素。组织是在社会经济系统中为实现共同的目标而形成的具有一定形式和结构的群体和关系,是基于确定目标、结构和协调活动机制的与一定社会环境相联系的社会系统,如企事业单位、国家机关、政党、社会团体等。组织是管理的载体,它拥有各种资源,如人、财、物、设备、技术和信息,通过对这些资源的管理实现组织的战略目标。例如,组织的战略和目标决定其经营范围,以及员工、客户和竞争者之间的关系。

组织的组成要素有组织结构、组织文化、规章制度、职能分工等。组织结构是反映组织各部分之间关系的模式。组织结构决定了组织的指挥系统、信息沟通系统与决策系统,组织的层级数、管理跨度和集权程度确定了正式的报告关系。传统的组织结构主要有直线职能制、事业部制、矩阵制和虚拟组织等。组织文化是一个组织由其价值观、信念、仪式、符号、处事方式等组成的特有的文化形象,简单而言,就是企业在日常运行中所表现出的各个方面。

组织文化是组织在经营活动中形成的经营理念、经营目的、经营方针、价值观念、经营行为、社会责任、经营形象等的总和。它是组织个性化的根本体现,是组织生存、竞争和发展的灵魂。信息系统和信息技术的引入引起了组织文化的改变。组织是处理信息的实体,是信息系统实施的对象。

管理信息系统与组织之间的关系是互动的。一方面,组织及其管理模式影响管理信息系统和信息技术的效能,组织重组、人员挑战、业务转型协调关系和机制变化对系统结构和功能诸多方面产生影响。不同的组织需要不同的管理信息应用系统,且要与组织相适应,为组织中提供合适信息,辅助管理和决策,实现组织目标。另一方面,管理信息系统应用对组织产生影响,带来组织结构和行为上的变化,如组织结构扁平化、管理职能发生转变、员工工作流程化与规范化,并推动组织创新和变革。

4. 管理

管理是指组织中的职能活动或过程,包括信息获取、决策、计划、组织、领导、控制和创新等,以此来分配、协调组织内一切可以利用的资源,从而实现个人无法实现的组织目标。上述定义出自周三多教授主编的《管理学》一书。该定义的内涵进一步解析如下:

(1) 管理的载体是组织,也就是说,有了组织才有管理;

(2) 管理的本质是活动或过程;

(3) 管理的对象是指一切可以调用的资源,包括人、财、物、设备、技术和信息等;

(4) 管理的职能是信息的获取、决策、计划、组织、领导、控制和创新;

(5) 管理的目的是实现组织的既定目标,而这个目标仅凭个人的力量是无法实现的。

管理由管理模式、管理职能、管理过程等组成。管理模式是一种使人能够有参照做事的标准管理样式。管理职能是指部门或个人具有的工作要求、责任和权利。管理过程也称为管理流程,即管理过程中一组将输入转换为输出且相互关联或相互作用的活动。例如,企业的人才招聘过程就包括制订招聘计划、发布计划、接收与筛选简历、笔试和面试、录取通知、入职体检和办理入职等一系列活动。组织通过各种各样的流程进行运作,而且随着管理方式的转变,流程主导型的管理模式已成为管理的主流模式。信息技术和信息系统的出现也使流程自动化实现成为可能。流程和职能的概念区别是,职能是指人和机构应有的作用、功能、职责和权力。又如,销售部门的职能就是产品销售,对该部门的评价依据技术销售业绩等。流程是指为达到既定目标而进行跨职能、跨部门甚至跨组织的活动。例如,订货流程由销售部门接收订单、输入订单,然后由财务部门进行财务审查和订单记账,最后由生产部门按订单生产和运输。可以看出,上述流程将多个部门的职能联系起来,它们的各项活动相互衔接和相互关联,信息系统可以使流程自动化,实现管理流程的重新设计和优化,使企业获得高效率和高收益。

综上所述,信息系统不但支持管理和决策活动,而且是优化、改变和创新管理模式的手段。

5. 决策

决策是管理活动中经常发生的一种活动,贯穿于管理的全过程。管理和决策总是密不可分的。决策是人们为达到一定目的而进行的有意识、有选择的活动。决策是根据既有信息,运用科学的方法,设想多种方案并从中选择一个满意方案的过程。决策准确与否决定着管理工作的成败,而决策所需信息的质和量决定着决策结果的质量。

无论是企业的战略层、管理层的管理者,还是企业的知识层和作业层的人员往往都会碰到各种各样的决策问题。战略层决策决定组织的长远目标、组织资源的计划与分配和组织政策的制定等;管理层决策主要关注资源利用的效益和效率;知识层决策一般包括新产品和新服务的构思和设计;作业层决策决定如何执行企业中高层管理者设定的任务和目标。支持决策者决策是信息系统的重要功能。

根据西蒙的决策过程模型,可以将决策分为收集数据和信息、设计方案、选择方案和实施方案4个阶段。

(1) 收集数据和信息阶段。该阶段包括数据和信息的收集和处理、研究决策环境、分析和确定影响决策的因素与条件等一系列活动。收集数据和信息阶段的主要内容是明确决策问题,确定决策目标以及进行科学的预测。为了抓住问题的实质,决策者需要进行大量的调查研究,通过组织内部信息系统和外部网络收集详细的信息,进行分析、归纳,甚至突破传统的观念,通过创造性的思维提出新的理念。根据所要解决的问题来确定决策目标,决策者需要进一步考虑外部环境和内部环境条件,在市场调查和研究的基础上预测达到的结果。在制定决策目标的过程中,决策者自始至终都要进行数据、信息的收集和调查研究工作,为决策方案的产生和选择提供依据。

(2) 设计方案阶段。设计方案是指发现、拟定和分析能够达到决策目标的多种备选方案。为了拟定适合的备选方案,必须首先分析与实现决策目标相关的各种因素,包括组织外部因素与内部因素、积极因素与消极因素、决策事物未来的运动趋势与发展状况,然后在此基础上综合考虑各种因素和条件,将这些外部因素与内部因素、积极因素与消极因素,以及对决策事物未来的运动趋势与发展状况的各种估计进行排列组合,拟定实现决策目标的备选方案。在该阶段,决策者可借助决策支持系统进行辅助方案的拟定。

(3) 选择方案阶段。选择方案是指通过比较和分析以及权衡利弊,从备选方案中选择一个符合决策目标和决策问题的最合理的解决方案。选择活动包括方案论证和决策形成。方案论证是指采取经验判断法、数学分析法和试验法等方法,对各种备选方案进行比较、分析和选择,为决策者提供最可行方案。决策形成是指最终方案的选择。在该阶段,决策者可以利用相关软件工具进行方案评估和实现辅助决策的目的。

(4) 实施方案阶段。实施方案是指收集有关付诸方案实施情况的信息,包括制定实施的具体措施,解释方案的个性内容,分解决策目标和落实责任,检查方案实施情况和及时调整方案等。在该阶段中,信息系统可以实时提供关于方案实施情况的报表,辅助决策者检查实施过程中出现的问题,并提出改进措施等。

决策过程往往是一个多次迭代的过程,在每次迭代中决策者会做一些方案补充工作,直到获得满足决策目标的最佳方案。

6. 数据资源

数据是由手工输入计算机或通过各种设备自动采集的数字、字符、图像、视频等各种形式的符号集合。因此,数据反映了原始事实。信息是按照特定方式组织在一起的事实的集合,信息系统把数据加工成信息,信息又成为管理和决策的依据。数据和信息进一步进行挖掘和精练成为知识,共享给组织成员学习,指导人们进行科学决策。

信息系统的数据资源是指信息系统组织、存储、管理和使用的数据资源。数据和信息是组织的重要资源。随着收集的手段和技术的发展,如物联网技术、移动技术等,数据和信息量越来越大,形成了大数据。对大规模的数据和信息的分析必然需要信息系统提高处理效率和准确性,即数据和信息是信息系统加工的对象。信息系统输入的是原始数据,而输出的是更有用的信息和知识,这就是建立信息系统的目的。没有数据的信息系统是无法运行的,就像加工设备没有原料没法工作一样。

正如数据和信息资源与自然资源一样具有十分重要的价值,数据和信息被按照某种形式组织起来,存储在信息系统的数据库、数据仓库或知识库中,构成了信息系统加工的原料、半成品或成品仓库。信息管理是指导信息系统建设的理论基础,数据的组织和存储是信息系统建设的技术基础。

7. 基础设施

信息系统基础设施是指支持信息系统运行的信息技术资源,是组织的信息系统良好运行所必需的硬件、软件和服务的组合。具体来说,组织的信息系统的基础设施包括硬件平台、软件平台和网络通信平台等。

硬件平台包括计算机主机(大型机、小型机、台式计算机、便携式计算机等)、存储设备(磁盘、光盘、U盘、移动硬盘等)、输入输出设备(显示器、鼠标、键盘、扫描仪、打印机、投影仪等)。

软件平台包括系统软件(操作系统、数据库系统、虚拟机等)、工具软件(编程语言、开发工具、编译软件、群件等)和应用软件。

网络通信平台由网络通信设备(交换机、路由器、集线器、网卡等)、通信线路和通信协议等组成。

组织的信息系统的基础设施投资往往比较大,需要根据组织的战略目标进行规划,实现组织竞争力优势。

2.5 管理信息系统的分析方法

2.5.1 管理信息系统研究方法

视频讲解

管理信息系统涉及人文、管理和技术等多学科的领域,对其过程和建模方法的研究必须借助于多学科融合的理论与方法。管理信息系统研究涉及的学科有管理学、运筹学、计算机科学、软件工程学、社会学、经济学、心理学和系统工程学等。

管理信息系统学借助管理学研究组织的管理方法、管理行为、管理过程和决策过程建模与方法;借助运筹学研究组织优化运作的数学建模方法,例如运输问题、库存控制问题等涉及的路径规划、调度等技术;借助计算机科学研究计算方法、数据存储方法等,如高性能计算、大数据分析、云计算等技术;借助软件工程学研究信息系统的开发技术以及管理模型的设计与实现等;借助社会学研究信息系统对群体、组织和社会的相互作用和影响等;借助经济学研究信息资源和信息系统的经济价值;借助心理学研究个人对信息系统的反应和人类推理的认知模型以及影响信息系统成长的行为问题;借助系统工程学研究管理信息系统的规划、设计、制造、试验和使用的科学方法。

基于以上分析,管理信息系统的研究方法可以归纳为技术、行为和社会-技术3种。

(1) 技术方法。研究管理信息系统的技术方法侧重于以数学模型来分析和了解系统的能力和实体技术,以及信息技术和数学方法在信息系统的作用,更多地关注系统实现的软件、硬件和数学模型的设计与先进性,而忽视涉及信息系统的人和组织及其管理模式。例如,计算科学方法涉及计算理论、计算方法以及高效的数据模型和存储方法;管理学涉及管理方法和决策过程的数学模型的建立;运筹学涉及组织优化某些参数的数学方法等。但是,单纯使用技术方法,而忽视管理信息系统中组织行为、战略规划和社会与文化环境等问题,将导致信息系统的失败。

(2) 行为方法。研究管理信息系统的行为方法侧重于涉及系统的组织和人员的态度、管理和组织政策,研究重点放在人的行为方面,也是信息系统的使用效果和成败的关键。例如,员工对管理信息系统的接受程度、信息系统对组织和社会的影响等。管理信息系统领域中伴随信息系统而出现的行为问题,如战略业务组合、设计、实施、应用和管理问题,必然需要行为科学的理论与方法。例如,社会学涉及信息系统与组织和社会的相互影响作用;经济学涉及信息系统对市场以及如何改变公司内部的控制和成本结构等;心理学涉及信息系统的决策者如何感知和使用有用信息。当然,行为方法并不忽视技术,而是技术方法的有益补充。实际上,信息系统技术常常是引发行为问题的因素,但是行为方法的重点不在技术方案上,更强调态度、管理和组织政策、行为等方面。

(3) 社会-技术方法。社会技术理论把人的需要、工作团队的需要也纳入系统设计中,技术方法涉及系统的硬件、软件、技术和方法,而社会系统涉及组织中的人和人的关系。单一的视角不能有效把握信息系统的实质。社会系统关注的是有关人员的一些属性,组织的沟通体系、工作流体系、权力体系以及信息系统的社会和文化环境等。例如,人员的态度、技能及价值会影响信息系统的有效发挥,工作方式和沟通方式以及工作过程与流程影响信息系统的设计与实现,责权利影响信息系统的实施和效益的发挥。社会技术系统的目标是技术和行为两方面的优化,只有组织中的技术系统和社会系统相得益彰,组织才能发挥最佳功效。

2.5.2 管理信息系统的社会-技术方法体系

对信息系统的认识经历了技术观点、技术-管理观点、管理-技术观点以及社会-技术系统观点的演变。早期的管理信息系统更关注信息系统的技术层面,学者称之为技术学派。实际上,技术学派面临的问题往往来自技术以外的问题,即由于使用人员的行为、态度和心理等引起的问题,由此便产生了另一个学派——行为学派。行为学派侧重于研究信息技术和信息系统对人、群体、组织和社会行为的影响,强调信息技术和信息系统经常是引发行为问题的重要因素。在信息系统的实际应用中,仅从某一方面出发开展研究很难抓住信息系统的本质和开发真正需要的系统,信息系统本身以及信息所要解决的组织和管理问题不可能是纯技术或纯行为的,必然是以社会-技术的观点来研究与应用信息系统。从社会-技术系统视角认识信息系统观点已经得到了学者和信息系统人员的普遍认可。

采用社会-技术观点来研究信息系统,强调必须使信息系统的技术部分和行为部分相互匹配。一方面,任何信息系统都是为组织或个人服务的,必须从实际需求出发进行技术的设计和应用;另一方面,组织和个人又不断地学习和接受培训,以充分发挥新技术的作用和优势。

管理信息系统体系结构包括社会系统要素和技术系统要素。管理信息系统的社会系统关注组织的人员、组织和过程方面，因此社会系统要素包括信息系统用户、信息系统专家、组织与信息战略、组织机构与组织文化、管理模式与管理过程。管理信息系统的技术系统关注信息技术方面，技术系统要素包括应用信息系统软件、数据资源、信息系统基础设施。这些要素相互联系、相互影响。

管理信息系统的社会系统观点关注组织和人员的社会特性。管理信息系统在设计、实施和使用的过程中，与组织和管理发生相互作用，引起信息系统各类参与人员的反应。例如，信息系统的运行要求摒弃旧的管理模式，采用新的管理模式，会引起企业员工的不适应行为；信息系统建成后，企业需要规定新的工作制度和工作流程，职能分工的变化使部分员工不习惯；信息系统要求员工改变工作方式，部分员工对新技术产生抵触；信息系统使组织扁平化，管理岗位的减少造成权力的重新分配和决策程序的变化等。诸如此类的现象是在组织实施信息系统过程中发生的，这势必会导致组织成员行为发生改变。如何使员工接受和适应这种改变是信息系统成功的关键，也是社会系统要解决的问题。

管理信息系统的技术观点则关注新技术和如何用新技术来完成信息系统所涉及的各项任务与问题。例如，采用 Internet/Intranet 实现组织间和组织内部的通信；采用防火墙技术防止来自外界的侵犯和内部的数据安全管理；信息系统硬件平台和软件平台的选择；选择合适的数据库系统来组织信息系统中的数据；采用浏览器/服务器(B/S)结构还是客户机/服务器(C/S)的信息系统体系结构模式等。

采用社会-技术系统视角使技术部分和行为部分都得到重视和融合发展。随着各种信息技术的发展与成熟，管理信息系统的社会因素成为影响信息系统成功的主要因素。

2.6 本章小结

本章首先介绍管理信息系统的基本概念和特征，从不同角度讨论了管理信息系统的定义。接着，给出了信息系统结构组成的五要素和系统结构，深入分析了管理信息系统的体系结构模型，重点分析了系统体系结构模型组成：管理信息应用系统和支持系统运行的支持环境。最后，介绍了管理信息系统的分析与研究方法，深入讨论了管理信息系统的社会-技术分析方法体系。

习题

1. 什么是管理信息系统？简述管理信息系统的特征。
2. 简述管理信息系统的体系结构模型，举例说明管理信息应用系统的子系统组成。举例说明管理信息应用系统与支持其运行的支持环境的关系。
3. 简述支持管理信息应用系统运行的支持环境中每个组成部分的内容和作用。
4. 举例说明组织与信息系统的关系。
5. 简述管理信息系统的社会-技术方法体系。

第 3 章 组织的管理信息应用系统

【学习重点】
(1) 理解组织管理的层次模型和信息需求。
(2) 理解管理信息应用系统的组合模型。
(3) 理解事务处理系统、管理信息系统、决策支持系统、经理信息系统、办公自动化系统、知识管理系统 6 大系统的定义、服务目标、基本结构和活动等。
(4) 理解管理信息应用系统的集成方法。

本章从组织管理的层次模型和信息需求出发,介绍了组织管理的层次模型——安东尼模型和不同层次上的信息需求特点,重点阐述了组织内的 6 大系统——事务处理系统、管理信息系统、决策支持系统、经理信息系统、办公自动化系统和知识管理系统的定义、服务目标、基本结构和活动。

视频讲解

3.1 组织管理和信息需求

3.1.1 组织管理的层次模型

著名的安东尼模型将一个传统组织的管理看作一个三角形,将组织的经营管理活动分为 3 个层次,即战略层、管理层和作业层。随着信息时代的到来,安东尼模型被扩展成 4 个层次,即战略层、管理层、知识层和作业层,如图 3.1 所示。

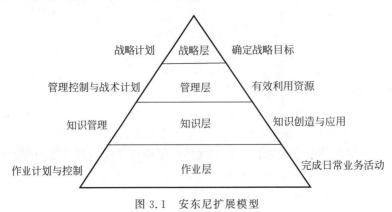

图 3.1 安东尼扩展模型

战略层也称战略计划层,主要由组织的高层管理者或资深管理者构成,如总经理、厂长等。战略计划是为长期生存和发展而进行的制定正式战略的过程,该过程通常包括确定公司的宗旨,并为战略计划、长期计划和年度计划制定目标。战略计划的确可以提供很多好处,它鼓励管理层提前系统地考虑和制定更切实的目标和政策,更好地协调工作,提供更明确的行为准则。战略计划的提出过程包括确定组织的战略展望和使命、建立组织的目标体系,以及制定组织的战略。组织的战略工作确定了组织的去向,确定了组织的长期和短期经营业绩目标,以及达到预定目标的竞争行动和内部经营方式。

管理层也称为管理控制与战术计划层,主要由组织的中层管理者或领导,如市场主管、生产主管构成。管理层指导组织的各项经营生产活动。如果把组织比喻成一个人体,组织的经营战略相当于人的大脑,推陈出新的产品是它的生命血脉,生产设施和能力资源相当于肌肉骨骼,而牵动人体各部活动的神经系统就是计划与控制。这个比喻说明了管理在组织的经营生产活动中的地位和作用,也说明它同组织的经营目标、产品和资源的关系。

知识层也称知识管理层,主要由知识工人和数据工人构成。知识工人是指能够创造新知识和信息的人员,如建筑师、工程师、律师、医生、程序员、科学家等专业人员,以及高级经理、部门主管等从事管理创新的管理人员。数据工人一般是指仅处理信息但不会去创造信息的人员,如秘书、会计、售票员、销售员等。知识层支持组织中的知识工人创造新信息和新知识,支持数据工人处理信息。知识层的目的是帮助组织把知识应用到经营中,帮助组织管理文档工作。

作业层也称为作业计划与控制层,主要由组织的作业层经理,如车间主任、财务科主管、生产部的调度员等构成。作业层是组织的基层管理,它是为有效利用现有资源和设备所展开的各项管理活动,主要包括作业控制和业务处理两部分。由于这一层的管理活动较稳定,各项管理决策呈结构性,可按一定的数学模型或预先设计好的程序和规划进行相应的信息处理。一般来说,作业层有事务处理、报告处理和查询处理3种信息处理方式。

3.1.2 不同管理层上的信息需求特点

由于管理层次的构成和目的不同,每个层次的信息需求也不同。

1. 战略层的信息需求特点

(1) 随机性。战略层的管理者有时要随机查看一段时间的概括性信息或未来预测信息。例如,总经理要查看上一年度某产品的销量的排名,并需要查看产品销售的地区分布情况等随机信息,以便对该产品的销售门店的增减做出决定。

(2) 预测性。战略层的管理者需要采用经过科学预测的信息,才能做出决策结果。例如,总经理需要借助于系统对企业主要经济指标、新产品销售量等进行科学预测,经综合分析以决定企业未来发展的方向。

(3) 全局性。作为长期计划的制定者,战略层的管理者不关心细节信息,而关心全局性的数据。例如,管理人员往往特别关心某大类商品的销售去向。

(4) 异常性。异常信息往往反映了一些特殊重要问题,如信用卡欺诈行为、劣质产品分析等。管理者应特别关注异常信息。例如,在市场调研报告中发现未曾出现过的客户群体,经分析他们可以成为潜在的客户。

(5) 外部信息源。战略层的管理者在制订企业战略计划时,除了使用内部信息以外,还需要从企业的外部获得信息。例如,国内外同行业竞争对手的情况、世界各地区的市场信息、各国政府的外贸政策等。

（6）非结构化信息。战略层的管理者使用的信息往往来自中层销售经理和市场分析员的报告以及从与供应商的谈话中获得的信息、市场情报信息等，这些信息多数是非结构化的，没有明确的格式。

2. 管理层的信息需求特点

管理层对组织内部的各种资源进行有效的利用，并依据计划和实际情况分析，进而控制组织的活动，确保组织目标的实现。管理层的信息来自对作业层数据的汇总而得到的一系列报表，如汇总报表、概括报表和异常报表等。管理层的信息需求有以下特点。

（1）阶段性。管理者关注阶段性的汇总信息。例如，企业生产主管每周要看生产周报、旬报、月报信息。

（2）可比性。管理者关注能够对反映具有差距的可比性的信息。例如，车间主任统计本月已完成的生产量与计划量进行比较，以确定任务完成情况，并对下月的生产计划做出决策。

（3）概括性。管理层需要的信息往往是概括性的。例如，销售部只关心本月某类商品的销售总额，而不关心其每日、每周等销售额。

（4）内外部信息源。管理层需要来自组织内部和外部信息，进行对比分析，进而做出计划和控制行为。例如，销售部确定某类商品的价格时，不但要根据企业自身生产成本，还要了解同行业产品的价格，经过各方面对比分析，才能确定该商品的当前价格。

3. 知识层的信息需求特点

知识层的目的是把知识应用到管理或经营中，提高组织的竞争优势。一方面，知识工人需要进行知识的积累，并结合产品研发创造新产品，或者结合到管理流程再造中进行流程优化，达到提升组织效益的目的；另一方面，将知识传播给组织的员工，催紧员工使用和处理知识，达到学习知识、提升员工能力的目的。知识层的信息需求具有以下特点。

（1）多样性。知识既有来源的多样性，又有存储格式的多样性。知识来自组织内外部。一方面，知识来自外部的共享知识，例如，各种图书资料、科技文献、调查报告等，组织可以通过购买等方式获得这些来自外部社会网络的科学知识和信息；另一方面，组织员工通过学习、实践和研发等过程，获得了属于个人和组织的知识，仅限在组织内部共享，这些知识是与组织的管理和产品密切相关的。知识存在多种存储格式，组织范围内的知识包括结构化知识、半结构化知识和非结构化知识，所以会以不同的格式存在。例如，知识可以规范化的数据表格保存，也可以报告的形式保存，有的还以视频、音频、动画的方式存在。

（2）隐蔽性。知识具有潜在价值，是组织的宝贵财富。但是知识不是显性的，不可以直接获得，其往往隐藏在杂乱的数据中，需要使用各种知识发现方法和技术去发掘。例如，通过数据挖掘技术，企业管理者可以从销售数据中发现商品之间的相关性，发现潜在的优质客户或者定价策略等。

（3）创造性。知识虽然是信息的一部分，但其不同于信息的是，知识是信息之间的因果关系或规律，是经过人类总结的产品，更重要的是能够帮助员工或组织创造出新的知识，并能解决组织存在的问题，助力组织获得竞争优势。例如，某产品在加工中次品率比较高，研究人员经过长期数据分析和工艺检查，发现影响因素是加工设备的冲击力不稳定导致装配件发生开裂现象，经过改进加工顺序，产品次品率明显下降。

4. 作业层的信息需求特点

作业层管理是组织的基层管理,负责监督日常业务活动,指导业务活动的运行,保证组织的正常运转。作业层的目的是有效利用现有资源和设备开展的各项管理活动。例如,记录出入库产品和原材料,定期检查库存水平等。作业层经理的工作包括各种计划的完成情况和经过加工处理后的信息等,关注收集、验证和记录事务处理数据。作业层的各项活动比较稳定,其管理决策属于查询和分析等结构化数据分析,可按数学模型或预先设计好的程序和规划进行相应的信息处理。作业层的信息需求具有以下特点。

(1) 内部信息源。作业层的数据来源于组织内部的信息源。例如,生产工艺规程来自设计部门的产品信息。

(2) 详细性。作业层要求信息的内容描述相当详细和具体。例如,每个员工的工资单上都包括应发项、应扣项和补发的细目,入库单上记载了入库货物的物资名称、供货单位、单价和验收数量等信息。

(3) 可预见性。信息的内容都是预先规定好的,没有任何不确定的内容。例如,信用卡每月发出的账单都有相对固定的格式。

(4) 高精确性。作业层的输入和输出信息的精确程度相当高。例如,发票上的价格必须精确到小数点后两位。

(5) 重复性。作业层所处理的信息是周期性循环进行的。例如,每月进行一次工资发放。

(6) 结构化信息。作业层的输入和输出数据都是有固定格式的,属于结构化信息。例如,入库单一般包含单号、日期、入库员、零件或材料名称、规格、数量、检验员等。

3.2 管理信息应用系统的类型

3.2.1 管理信息应用系统的组合模型

按照扩展的安东尼模型,组织的管理分为战略层、管理层、知识层和作业层 4 个层次。每个层次服务于不同的组织管理人员和决策人员,必然需要相应的管理信息应用系统支持组织不同层次的人员提高管理效率和决策效能。这些管理信息应用系统组合在一起,服务于组织各层次的管理和决策活动。图 3.2 所示的是组织内 6 类管理信息应用系统的组合模型。

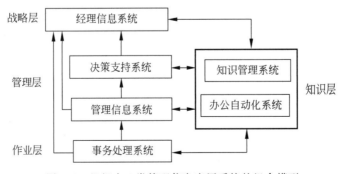

图 3.2 组织内 6 类管理信息应用系统的组合模型

(1) 经理信息系统。经理信息系统(Executive Information System,EIS)支持组织的战略层,帮助高层管理者通过简单的图形界面分析和处理组织内部与外部环境中的一些战略性问题及长期发展趋势,为他们进行科学决策提供支持。

(2) 决策支持系统。决策支持系统(Decision Support System,DSS)也是支持组织的管理层,对组织的中层管理者分析和决策等活动提供支持。

(3) 管理信息系统。管理信息系统(Management Information System,MIS)支持组织的管理层,对组织的中层管理者计划、管理、控制等活动提供支持。

(4) 知识管理系统。知识管理系统(Knowledge Management System,KMS)支持各个层的知识工人创造知识、发现知识、收集知识和使用知识,支持组织的学习活动、管理创新和技术创新。

(5) 办公自动化系统。办公自动化系统(Office Automation System,OAS)支持各个层次的数据工人,通过办公信息的协调与交流来提高数据工人的工作效率。

(6) 事务处理系统。事务处理系统(Transaction Processing System,TPS)支持作业层经理完成日常的业务工作数据的记录、汇总、综合、分类,跟踪组织的事务活动和事务处理情况。

从图3.2可以看出,知识层的知识管理系统和办公自动化系统与其他4类系统相互联系和信息共享,事务处理系统为管理信息系统、经理信息系统提供基础数据支持,管理信息系统对事务处理数据进行汇总和归纳后提供给决策支持系统和经理信息系统进行科学决策和战略规划。经理信息系统则依赖事务处理系统、管理信息系统和决策支持系统的分析结果进一步制定长远目标和战略规划。

处于不同层次的管理信息应用系统在纵向可以分为销售/市场、制造、财务/会计、采购和人力资源等功能区。系统根据服务的层次和功能来构建,处于不同功能区某个层次上的部分功能可以称为一个子系统或模块,如表3.1所示。例如,对于财务/会计管理功能,服务于作业层的有应收账款明细、应付账款明细模块,服务于知识层的有财务电子会议、投资组合模块,服务于管理层的有账龄分析模块、财务报表模块以及财务风险预测/投资决策模块等,服务于战略层的有企业5年利润计划模块,上下层之间通过信息系统的数据进行联系。

表3.1 管理信息应用系统功能模块细分

系统类型	销售/市场	制造	财务/会计	采购	人力资源	管理层次
经理信息系统	5年销售预测	5年经营计划	5年利润计划	供应链战略	激励机制	战略层
决策支持系统	销售网络优化	生产能力平衡	财务风险预测、投资决策	供应商评价	人才选拔	管理层
管理信息系统	销售统计	生产计划	账龄分析、财务报表	库存分析	薪资核算	管理层
知识管理系统	CAD/CAPP/CAM工作站	业务流程优化	投资组合	知识库管理	知识交流平台	知识层
办公自动化系统	文字处理	工作流自动化、文档管理	财务电子会议	电子邮件	电子会议	知识层
事务处理系统	订单登记、POS处理	产品数据管理作业监控	应收账款明细和应付账款明细管理	采购申请、入库登记	员工档案登记、员工考勤	作业层

表 3.2 归纳了管理信息应用系统的输入、处理、输出和服务对象。

表 3.2 管理信息应用系统的输入、处理、输出和服务对象

系 统 类 型	输　　入	处　　理	输　　出	服 务 对 象
经理信息系统	组织内外部综合数据	图形、模拟、互动式	预测、查询响应	高层管理者
决策支持系统	数据优化分析、模型分析数据	互动式、模型、模拟、分析	专项报告、决策分析、查询响应	中层决策者
管理信息系统	交易数据、简单模型	常规报表、简单模型、底层分析	汇总报告、异常报告	中层管理者
知识管理系统	设计规范、知识库	建模、模拟	模型、图形	专业人员和技术人员
办公自动化系统	文档、日程安排	文档管理、计划安排、沟通、组织会议	文档、日程安排、电子邮件	文员、秘书
事务处理系统	交易、事件	排序、列表、合并、更新、存储	详细报告、明细表、列表	操作经理

3.2.2 管理信息应用系统集成

集成指将一个整体的各部分之间能够彼此有机地和协调地工作，以发挥整体效益，达到整体优化的目的。组织中管理信息应用系统集成将组织的 6 类信息系统有机地整合在一起，通过数据交换进行协同工作，支持组织的高效运作。管理信息应用系统集成的方法有通过数据联系实现管理信息应用系统集成和通过流程实现管理信息应用系统集成。

1. 通过数据联系实现管理信息应用系统集成

考虑知识工人和数据工人不是一个独立的群体或层次，狭义的知识层人员仅包含科技人员和工程师，广义的知识层人员可以包含战略层、管理层、作业层的管理者。除了狭义知识层的人员以外，战略层、管理层和作业层的管理者都会借助知识管理系统和办公自动化系统进行工作。实际上，知识管理系统和办公自动化系统服务于组织的 4 个管理层次，图 3.2 是组织管理信息应用系统的组合模型及其数据联系，图中带箭头的连线表示数据流向。组织内 6 类信息系统之间的联系主要是通过数据传递来实现的，数据联系是组织内信息系统集成的基本手段。事务处理系统是各类信息系统的数据来源，而经理信息系统主要从其他底层系统获取数据，通过合理设计 TPS 数据库、MIS 数据库和 DSS 数据库可以实现事务处理系统、管理信息系统、决策支持系统以及经理信息系统的集成，通过合理设计文本库和知识库，可以实现办公自动化系统、知识管理系统与事务处理系统、管理信息系统、决策支持系统和经理信息系统的集成。

2. 通过流程实现管理信息应用系统集成

流程是任何组织运作的基础，组织所有的业务都需要流程来驱动。流程把相关的信息数据根据一定的条件从一个人员或职能部门输送到其他人员或职能部门得到相应的结果以后再返回相关的人员或职能部门。一般地，企业流程都要贯穿销售、市场、生产、研发和设计等过程，图 3.3 是一个订单实现流程。

一个具有一定规模的订单实现流程中，首先需要运行一个决策支持子系统来决定该订单是否可以接单，包括存在的风险。如果允许接单，则需要通过销售子系统完成接单、登记

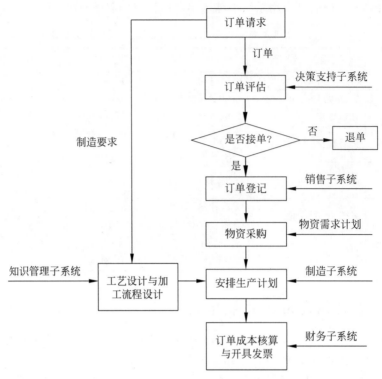

图 3.3 订单实现流程

订单信息等。接着,启动物资需求计划,进行物资采购。然后,启动制造子系统安排生产计划。如果是新产品,还需要启动知识管理子系统解决工艺设计与加工流程设计等问题。最后,启动财务子系统进行订单成本核算、开具发票等。

订单实现流程贯穿了组织内 6 类管理信息应用系统,通过它们集成在一起完成企业业务流程运转。由此可以看出,一个订单流程就可以将多个管理信息应用系统整合在一起。当然,流程之间参与的信息系统通过数据进行联系。

3.3 事务处理系统

3.3.1 定义

事务处理系统又称电子数据处理系统(Electronic Data Processing System,EDPS),它是指面向组织最底层的管理系统,对组织日常运作所产生的事务信息进行处理。事务处理系统所处理的问题具有高度结构化和功能单一的特点,如库存物资统计系统、员工工资发放系统等。它所提供的信息是组织的实时信息,是对组织状况的直接反映。事务处理系统面向作业层管理者日常的事务处理工作,大大提高了他们的工作效率。特定情况下,甚至可以完全取代作业层的手工操作。

事务是组织的基本业务活动。例如,财务部门每月都要进行的工资结算;销售部门每天进行的订单登记、汇总等;财务部门为顾客付款的商品开具发票等。事务处理系统的主要活动包括记录与保存、分类、检索、计算、汇总,以及产生文件、管理报告、账单等组织的日常的事务活动。事务处理系统具有以下特点。

（1）面向的用户多，处理的事务重复性强，处理的事务频繁，处理的数据量大。例如，超市的 POS 机收银系统。

（2）处理的数据是详细的、规律性的、结构化数据，精度要求高。

（3）处理的信息大部分来自组织内部的信息源。

（4）服务对象是组织的作业层。

3.3.2 服务目标

事务处理系统的服务目标是实现自动化处理由事务产生的及与事务相关的数据，提高组织处理事务的工作效率和准确性，提高客户的满意度。以下是事务处理系统所具有的一些优点。

（1）保持很高的准确性。采用计算机技术的事务处理系统可以保证输入和处理无错数据，系统帮助作业人员进行运行检验、核对和排除错误。

（2）保证数据和信息的完整性。事务处理系统处理每一个事务都要求完整完成，事务执行期间发生问题时会回滚到事务初始状态，并记录与出现问题相关的信息，以便用于修复中断的事务，保证事务的原子性。例如，银行的 ATM 系统在取款发生异常时，如取钞机构发生故障，系统会回滚到初始状态，并记录发生故障信息，以便工作人员进行事务恢复处理。

（3）快速生成文档和报告。采用计算机技术的事务处理系统能够在几秒内完成由人工需要几天的时间才能完成的事务报告。

（4）提高劳动效率。事务处理系统可以自动完成某些工作，减少人力资源，降低成本。例如，仓库的每日或每月盘库，采用计算机技术的事务处理系统会通过传感器自动扫描零件，进行定位分析和计算，生成库存报告。

（5）改善服务水平。采用计算机技术的事务处理系统准确记录、处理、分析和跟踪事务细节信息，提高用户满意度。

（6）为决策提供基础数据。事务处理系统长期积累的事务数据，为组织战术和战略决策提供所需要的原始数据。

3.3.3 基本结构和活动

事务处理系统记录和处理反映组织日常业务的事务数据，并存储在组织的数据库中，根据组织的需要及时生成报表，供管理层参考分析。一个事务处理系统的基本结构包括输入、处理、输出和数据库 4 部分。图 3.4 是一个典型的事务处理系统的结构。

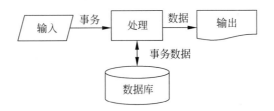

图 3.4 一个典型的事务处理系统的结构

例如，某单位的销售事务处理子系统输入的是购货单、运货单、客户信息、客户订单、开发票信息、客户付款单等信息。输出的是销售明细报告和客户发票等。处理的则是生成事务数据并保存到数据库中，这些数据如客户订单数据、更新库存数据、购货单数据、客户数据、供应商数据等。

从事务数据输入文档和报告的输出，事务处理系统完成了数据收集、数据编辑、数据修改和操作、数据更新和存储，以及生成文档和报告等一系列活动。这些活动组成了事务处理的生命周期，并重复执行。下面介绍事务处理系统的基本活动。

(1) 数据收集。数据收集是指获取和录入事务处理所需数据的过程。例如，收集客户订单凭证，然后通过键盘手工或其他输入设备自动输入计算机。自动输入方式如用扫描仪读取商品的条形码、用射频识别设备自动获取商品信息，减少了人工工作量，而且又快又准确。

(2) 数据编辑。数据编辑是指在输入数据的过程中检查数据的有效性和完整性。例如，订购的数量必须是数值型的，否则无效；与数据库比对后发现没有所订购的产品型号即提示订单无效。

(3) 数据修改和操作。数据修改是指当编辑数据发现出错时重新输入正确的数据。数据操作包括对输入数据进行分类、排序、计算、汇总等工作。例如，一张订单是订单数据库中的一条记录，记录中的数量乘以单价等于订单的购货金额。

(4) 数据更新和存储。数据更新是指用新的事务记录来更新企业的状态数据库。例如，用新的销售记录去更新库存数据，并存储库存数据。

(5) 生成文档和报告。生成文档和报告是指按照预先设计好的格式生成输出报表或报告。

3.3.4　事务处理方式

事务处理系统重复不断地处理日常事务，其事务处理的方式有批处理方式、联机处理方式和联机与批处理方式3种。

(1) 批处理方式。批处理方式是指一次性处理所有事务数据。批处理方式的优点是提高处理效率，节省主机处理的时间；缺点是处理滞后，用户需要等待处理结果。例如，在处理订单时，销售部每天在下班前集中处理一天发生的所有订单，将相关数据输入计算机并批量审核和更新数据库，用户在下班以后或第二天才能看到处理结果。

(2) 联机处理方式。联机处理方式也称为实时处理方式，即每产生一个事务，系统立即处理该订单和审核，并更新数据库。联机处理方式的优点是响应及时，客户立即看到事务处理结果；缺点是需要时刻等待客户的请求，需要大量人力进行服务，成本高。例如，某单位要及时处理客户的咨询，必须安排多名工作人员及时解答客户的有关业务情况，工作人员不能随时离开或做别的事情，否则会引起客户不满。

(3) 联机与批处理方式。联机与批处理方式也称为延迟联机处理方式，这是一种折中的方式，即联机接收事务请求并暂存，但并不立即处理，而是过一段时间将积累的事务提交给系统进行批处理。该方式整合了批处理和联机方式的优点，既减少客户等待，又节省人力成本等。例如，某单位审核报名人员信息时，分上午和下午集中处理，上午12点前审核上午所有报名者的信息，下午5点前审核下午所有报名者的信息，这样上午报名的人员在中午就知道审核结果，而不需要等到第二天才能看到审核结果。

【例 3.1】 超市 POS 机收银系统

图 3.5 是一个超市 POS 机收银系统的结构。

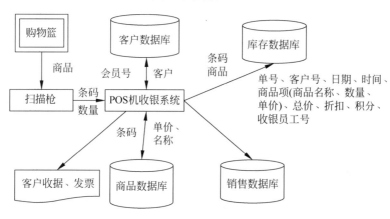

图 3.5 超市 POS 机收银系统的结构

超市 POS 机收银系统的工作原理：客户携带商品到收银台，客户自助或通过收银员首先输入客户会员号，系统读取客户信息，然后逐个扫描商品到商品数据库中读取商品信息，如商品名称和单价等，客户或收银员输入该商品数量，系统计算小计和总价。重复上述过程，直到商品输入完毕。接着，客户或收银员协助完成支付，系统保存此次购物数据到销售数据库中，更新库存数据库，计算积分并更新客户数据库。最后，系统打印收据和发票给客户。特别注意的是，销售数据库记录了销售的详细信息，包括单号、客户号、日期、时间、商品项(商品名称、数量、单价)、总价、折扣、积分、收银员工号等。

3.4 管理信息系统

3.4.1 定义

在信息社会和知识经济时代，信息资源就显得日益重要。因为信息资源决定了如何更有效地利用物资资源。管理信息系统是一个以人为主导，利用计算机硬件、软件、网络通信设备以及其他设备，进行信息的收集、传输、加工、存储、更新、拓展和维护的系统。这是广义的管理信息系统的定义。狭义的管理信息系统是指从组织的内部和外部收集数据，并对其进行加工处理，形成有用的信息，提供给各部门的中层管理者进行计划、控制和决策的信息系统。它将组织中的数据和信息集中起来并对其快速处理，统一使用，帮助管理人员了解日常业务，并利用定量的科学管理方法，通过预测、计划优化、管理、调节和控制等手段支持决策。

管理信息系统对中层管理者效用最大，例如，中层管理者希望了解本月订单的完成情况、企业本月收入情况与前一年的同月的收入相比有什么差别、某类产品的市场占有率是多少等。管理信息系统通过对事务信息的汇总和分析，以报告、报表和文档的形式定期提供给管理者，支持管理者高效地组织、计划和控制企业的运转。

3.4.2 服务目标

管理信息系统的服务对象是组织的中层管理者。管理信息系统的服务目标是帮助中层管理者分配资源、制订和调整计划,使他们能够深入观察组织的日常运行状况,能够将现有执行结果与预定的目标进行对比,分析存在的问题和决策,提出解决问题的途径和机会,从而进行有效调控,保证组织的正常运行。

管理信息系统的有效运行能够产生重要的管理信息。企业的管理信息是十分重要的资源,它是决策的基础、实施管理控制的依据、联系内外的纽带。因此,管理信息系统具有重要的地位,能够对组织的成本、利润、客户服务、产品创新等方面产生积极的影响,帮助组织取得竞争优势。

3.4.3 基本活动

管理信息系统的基本结构一般也是包括输入、处理和输出 3 部分,如图 3.6 所示。

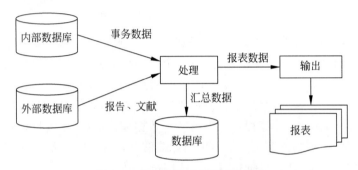

图 3.6 管理信息系统的基本结构

管理信息系统的输入是指提取和输入数据的过程。管理信息系统的数据源来自内部和外部两方面。内部数据源主要来自各部门的事务处理系统处理和存储的日常事务数据库。外部数据源包括客户、供应商、竞争对手、投资者等基本数据,可以通过互联网、调研等方式或者通过购买外部数据库获取。

管理信息系统的处理是指运用从内部数据源和外部数据源获取的数据,通过分类、汇总、排序、计算及数据的析取和决策分析等,获得管理者需要的结果。

管理信息系统的输出是指按照预先设定的格式要求输出报表给中层管理者进行观察和分析。表 3.3 给出了常见的报表形式及特点。

表 3.3 常见的报表形式及特点

报表形式	概　念	说　明
周期报表	按周期或规定日程生成的报表	生产部门经理通过管理信息系统输出生产日报、周报或月报,用于生产调度
定制报表	根据管理者对信息的特定要求而制作的报表	管理者想知道特定材料的库存情况,并按照特定格式输出。定制报表中可以包含与实际值对比的组织运作关键指标

续表

报表形式	概　念	说　明
异常报表	反映组织异常情况的报表	例如，企业的应收账款超过了规定的水平，引起了财务部门的关注，立即制定加速回款的措施。异常报表的内容容易引起管理者的注意，并及时采取措施
详细报表	为管理者提供详细数据的报表	从常规报表中发现企业的应收账款超过了规定的水平。为了分析原因，财务部经理要求查看应收账款的详细报表信息

管理信息系统的基本活动包括数据处理、计划、控制、预测、辅助决策等。

【例 3.2】 营销管理信息系统

管理信息系统应用于组织的各个职能领域，服务于各个部门的中层管理者。因此，管理信息系统分为服务于不同职能领域的子系统。例如，服务于财务部门的财务管理信息系统、服务于生产部门的制造管理信息系统、服务于销售部门的销售管理信息系统、服务于人事部门的人力资源管理信息系统等。图 3.7 给出了营销管理信息系统的基本结构。

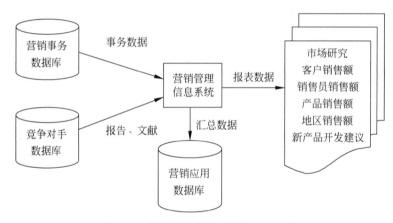

图 3.7　营销管理信息系统的基本结构

营销管理信息系统的内部数据源是销售数据、客户及销售人员的情况等。外部数据源主要是竞争对手的相关信息。例如，竞争对手的价格政策、新产品与服务、主要市场与客户等。外部数据可以从竞争对手的营销资料、小册子、行业协会发布的信息、相关的外部数据库以及互联网等许多渠道收集。

营销的目的是满足当前组织潜在的需要和要求。营销主管在实现营销的过程中要根据企业营销战略目标进行许多战术活动计划。例如，市场区域定位和市场细分、确定区域相关的商品和服务、制定销售人员业绩考核和奖励办法等。根据营销管理的职能，可以将营销管理信息系统分为市场研究、销售管理、广告和促销、定价、客户管理等子系统。

（1）市场研究子系统。营销研究数据的收集方法，包括调查、问卷、面谈等，市场研究子系统分析这些数据，输出客户对产品偏好、价格接受程度、质量要求、服务要求的分析报表，协助营销主管发现客户需要的产品或服务，重新定位市场。

（2）销售管理子系统。销售管理子系统通过销售事务处理系统输出的发票等数据库，获得大量有关客户、销售人员、各个区域、各种产品以及每个细分市场的当前销售数据和历史数据等信息，提供销售人员、地区、产品、时间等不同维度的周期报表或关键指标的销售分析报表。

(3) 广告和促销子系统。广告和促销子系统根据销售事务处理数据库中的销售数据和销售管理子系统输出的分析报表,分析哪些产品和服务需要进行广告促销活动,并且制定促销活动的预算,根据促销前后的销售情况制作反映促销活动有效性的报表。

(4) 定价子系统。产品定价是一种重要而复杂的营销职能,如确定零售价、批发价、价格折扣政策等。定价子系统根据市场研究子系统和销售管理子系统的输出信息,收集产品价格的外部信息,如竞争对手的价格信息;查询其他子系统输出的产品成本、边际利润等数据,按照公司的目标,制定合理的价格。定价子系统还可以建立简单的定价模型,帮助销售主管确定价格。

(5) 客户管理子系统。客户是营销的直接对象,客户管理子系统对事务处理系统产生的客户信息数据进行处理,包括客户忠诚度分类、客户偏好分类、大小客户分类,以及发现潜在客户等,并产生相应的报表。

从上面的实例分析中可以看出,管理信息系统在事务处理系统和决策支持系统之间起承上启下的作用。它使事务处理系统输出的数据变成决策信息,但只能在信息导向的层面上辅助常规业务的决策,对复杂而又不是常规性的决策缺乏支持能力,需要决策支持系统的辅助。

3.5 决策支持系统

3.5.1 定义

决策支持系统在人和计算机交互的过程中帮助决策者探索可能的方案,并结合个人的智力资源和计算机能力改进决策的质量。决策支持系统服务于处理半结构化问题的管理决策制定者。例如,企业采购原材料时应该选择什么样的供应商、如何确定合理的库存量、如何选择最佳的运输路线等。

经过长期的探索,决策支持系统形成了以数据库、模型库和知识库三库为核心的理论体系结构和系统建设方法。

随着数据仓库和数据挖掘技术的成熟,出现了基于数据仓库和数据挖掘的决策支持系统结构以及综合决策支持系统结构,即商务智能系统。

决策支持系统正成为一个融计算机技术、信息技术、人工智能、管理科学、决策科学、心理学、组织行为学等学科与技术于一体的技术基础系统。决策支持系统的目的是提高决策的效能,而不是效率。关于决策支持系统的概念,有许多不同的定义。

有学者认为,决策支持系统是以现代信息技术为手段,针对某一类型的半结构化的决策问题,通过提供背景材料、协助明确问题、修改完善模型、列举可能方案、进行分析比较等方式,为管理者做出正确决策提供帮助的人机交互式系统。

劳登夫妇认为,决策支持系统是将数据、复杂的分析模型和用户友好的软件集成在一起的能够很好地支持半结构化和非结构化决策的系统,其目的是辅助管理决策。

也有学者认为,决策支持系统是基于计算机的信息系统,它能够在决策制定过程中为经理和业务专家提供互动信息的支持。决策支持系统借助分析模型、特定的数据库、决策制定者自己的视点和判断,以及交互的、基于计算机的建模过程来支持半结构化的企业决策。

通过决策支持系统的特征描述,可以更进一步地理解决策支持系统的内涵。决策支持系统的一般特征如下。

(1) 主要用来解决半结构化和非结构化问题。
(2) 面向组织的高层和中层管理者。
(3) 用于辅助决策,而不是代替决策者决策。
(4) 支持信息收集、方案设计、方案选择和方案实施的决策全过程。
(5) 目的是决策的效能,而不是效率。
(6) 决策者以交互会话的方式进行多方面分析。
(7) 将模型分析与人工智能、数据库、数据仓库和数据挖掘技术结合起来。
(8) 可以为个人、群体和团队的决策提供支持。

3.5.2 服务目标

决策支持系统的服务目标是为决策者提供准确及时的商业信息及有关商业问题的解决方案,能够减少他们处理与分析信息的成本,使他们专注于最需要决策智慧和经验的事情。决策支持系统支持半结构化和非结构化问题的解决。

早期的决策支持系统主要依靠模型驱动,其思路是根据已知领域的知识和规则来构造模型,再通过数据进行模型检验。随着信息技术的飞速发展,数据驱动型的决策支持系统应运而生。例如,使用联机分析处理、数据挖掘、人工智能、大数据等技术从海量数据中发现新颖的、潜在的、事先未知的有用知识,用于支持管理层的半结构化和非结构化的决策。

3.5.3 基本结构和活动

决策支持系统所支持的主要对象是半结构化和非结构化的决策,不能完全用数学模型、数学公式来求解。它的一部分分析可由计算机自动进行,但需要用户的监视和及时参与。决策支持系统采用人机对话的有效形式解决问题,充分利用人的丰富经验、计算机的高速处理及存储量大的特点,各取所长,有利于问题的解决。

从计算机软件的角度看,决策支持系统包括以下部分。

(1) 由模型库组成的管理系统;
(2) 交互式计算机硬件及软件;
(3) 数据库及其管理系统;
(4) 图形及其高级显示装置;
(5) 对用户友好的建模语言。

具体来说,一个基本的决策支持系统由数据管理部件、模型管理部件和对话管理部件三部分组成。随着决策支持系统理论和技术的发展,决策支持系统结构从二库结构发展到三库结构、四库结构、五库结构、六库结构甚至七库结构。目前的七库结构包括数据库、模型库、方法库、知识库、图形库、文本库和案例库等。图3.8是一个具有四库的决策支持系统的基本结构。

1. 数据管理部件

决策支持系统的数据管理部件由决策数据库和数据管理系统组成。数据库是保存决策所需的当前或历史数据的专用数据库。例如,用于预测销售的决策数据库保存了5年的销

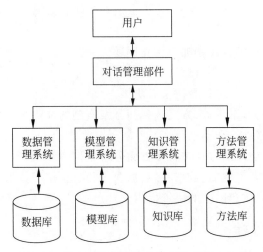

图 3.8 具有四库的决策支持系统的基本结构

售历史数据,这些数据来自组织内部的管理信息系统、事务处理系统等产生的财务、会计、市场、销售、生产制造或人力资源等方面的数据,也有来自组织外部的从政府或行业数据库等互联网下载的行业特定数据、地区经济收入水平和就业状况等,也有来自决策者个人经验和理解方面总结的数据。

决策支持系统可以直接访问这些数据,为了确保数据安全和搜索数据的效率,一般将所需的特定信息从管理信息系统或事务处理系统的数据库中抽取出来,或从数据仓库中复制到决策数据库中,供决策支持系统进行模型、方法处理时使用。

2. 模型管理部件

决策支持系统的模型管理部件由模型库和模型管理系统组成。模型库中存放求解问题所需的各种模型。这些模型通常以数学模型或逻辑规则的方式存在。模型是对事件、事实、活动、过程或解决方法的一种抽象和简化的描述。采用模型方法可以降低成本、节省精力和时间,便于决策者理解和决策。决策支持系统中常用的模型如表 3.4 所示。

表 3.4 决策支持系统中常用的模型

模 型	说 明
规划模型	线性规划模型、非线性规划模型、动态规划模型、最优控制模型、多目标规划模型等
推理模型	演绎推理模型、归纳推理模型等
统计模型	盈亏平衡分析、数理统计分析、价值分析模型等
预测模型	回归预测模型、经济生命周期预测模型、指数平滑法模型、季节预测模型、马尔可夫链预测模型等
模拟实验模型	博弈论、库存模型、灵敏度分析等
评判模型	专家评判法、模糊评判模型、主因素分析法等
综合运筹模型	运输综合方式的协调配合、综合效果分析等
财务模型	现金流量、内部回报率、投资分析等模型
What-If 模型	对决策变量做假设性的改变以观察其影响目标变量的过程

模型管理系统的功能包括建立或重构新模型,分解或组合模型,修改、插入或删除模型,存储或调用模型,维护与恢复模型等。模型管理系统从调用者获取输入参数传给模型并使

其运行,将输出参数返回给调用者,由调用者对模型运行结果进行分析和评价。

3. 知识管理部件

知识管理部件由知识库和知识管理系统组成。知识库存放来自组织内部的产品研发、技术革新和数据挖掘等技术发现的知识,也有来自外部科技文献的科学知识,还有决策者自身经验知识。知识分为结构化知识、半结构化知识和非结构化知识,表 3.5 给出了决策支持系统的知识类型和特点。

表 3.5 决策支持系统的知识类型和特点

知识类型	特 点
结构化知识	以组织正式规则存在于正式文件中的显性知识,包括文本文件、正式报告、PPT 文档等
半结构化知识	未收集到组织的正式文件或正式报告中的知识,包括电子邮件、公告牌、消息、建议、备忘录、小册子和 PPT 文档等
非结构化知识	组织的专家或资深管理者的头脑中的个人经验等,是隐性知识

知识管理系统根据决策问题从知识库中提取出相关的知识,进行自动匹配和解决问题,或者提供给决策者进行分析。

4. 对话管理部件

决策支持系统的对话管理部件由用户界面和用户界面管理系统组成。对话管理部件主要负责用户与决策支持系统之间的交互,用户通过用户界面控制系统的工作,并输入命令、数据和模型,查看系统的输出报告、报表等。用户界面管理系统可以通过交互语言系统实现。用户通过交互语言系统把问题的描述和要求输入决策支持系统。交互语言系统对此进行识别和解释。

用户通过决策支持系统的对话管理部件完成模型的建立、修改、选择和问题求解等任务。

5. 方法管理部件

决策支持系统的方法管理部件由方法库和方法库管理系统组成。方法库将决策需要的常用方法作为子程序存放在方法库中。这些常用方法有优化方法、预测方法、蒙特卡洛方法、矩阵方程求根法等。表 3.6 总结了决策支持系统中方法库中常用的方法。

表 3.6 决策支持系统中方法库中常用的方法

方 法	说 明
数学方法	初等运算、函数算法、插值计算、拟合法、平滑法、外推法等
统计方法	回归分析、方差分析、二元分析、分析法、因子分析法、判断分析法等
预测方法	判别法、求解分析等
计划方法	因果分析法、时间序列法等
优化方法	计划评审法、矩阵运算法等
金融方法	财务分析法、决策树分析、利率计算、税率计算等

引入方法库的好处是提供各种通用计算分析、加工处理的能力;提高模型运行的效率;实现软件资源的共享。其不足之处是增加了与数据库、模型库直接的接口的开发等。方法库管理系统的功能是对标准方法进行维护和调用。

决策支持系统工作的基本过程如下。

(1) 用户通过交互界面管理系统把问题的描述和要求输入决策支持系统。

(2) 通过知识库系统和数据库系统收集与该问题的有关的各种数据、信息和知识,据此对该问题进行识别、判定问题的性质和求解过程。

(3) 通过模型库系统集成构造解题所需的规则模型或数学模型,对该模型进行分析鉴定。

(4) 在方法库中识别进行模型求解所需算法并进行模型求解,对所得结果进行分析评价。

(5) 通过语言系统对结果进行解释,输出具有实际含义、用户可以理解的形式。

用户在决策过程中能方便地存取数据库中的数据,并调用模型库中的各种决策模型,如统计学、运筹学、解析类模型等。系统处于启发式的人机交互工作状态,人机会话发生器管理系统能很好地提出和接收用户的各种操作命令,同时又以最方便的形式输出决策的结果。

3.5.4 决策支持系统与管理信息系统的关系

决策支持系统以管理信息为基础,是管理信息系统在功能上的延伸。管理者可以通过管理信息系统获得经过分类、比较、汇总和简单计算的信息,但是这些对于制定特殊问题决策的支持力度是不够的,以至于只能靠直觉经验进行决策。

可以认为,决策支持系统是管理信息系统发展的新阶段,是把数据库库处理与经济管理数学模型的优化计算结合起来,具有管理、辅助决策和预测功能的管理信息系统。

决策支持系统与管理信息系统有很大的差别,主要表现以下几方面。

(1) 决策方式不同。管理信息系统面向组织的高层和中层管理者,处理的对象是结构化决策的问题。例如,结账管理信息系统从应收账款数据库中把过期未付的客户账单生成周报交给主管财务的经理,由其自行分析,而决策支持系统则通过 What-If 模型来决定这些未付的客户账单对现金流量、总收入、整体利润水平的影响,把模型分析的结果交给主管财务的经理。此外,决策支持系统也支持作业层的决策。例如,运输公司车辆优化调度决策支持系统、集装箱配载优化决策支持系统可以帮助调度员和配载工人确定车辆行驶路线和集装箱配载方案。

(2) 支持目的不同。管理信息系统提供的报表和信息大多用于管理组织整体的行为,而决策支持系统支持个人、群体或组织的问题解答。决策支持系统支持个性化决策,为特定管理者解决一个特定问题做出一个特定的决策。例如,车辆优化调度决策支持系统可以帮助运输公司的调度员安排车辆并确定最佳运输路线。

(3) 驱动方式不同。管理信息系统主要采用数据驱动的分析技术确定信息需求,完成例行事务的信息分析,而决策支持系统则采用决策问题驱动方式确定并建立决策过程中要使用的分析模型和决策信息,主要采用模型驱动和人工智能的设计方法,偏好使用图形输出。

(4) 人机交互方式不同。决策支持系统强调以交互方式允许用户控制数据、选择模型和对话,而管理信息系统主要是基于固定的信息需求,由系统开发人员按需求进行编程实现,用户最终获得的信息取决于这些程序的预定功能。决策者针对同一个问题可以选取不同的模型,由此产生多个可供选择的行动方案。由此可见,决策支持系统的运行是由它的用户控制的。

【例 3.3】 产品市场预测决策支持系统

某公司主要生产与销售洗衣机及其零部件,在洗衣机行业已有 20 多年的历史,根据市场需要已经开发一系列洗衣机产品,销往全国各地。为了更好地把握市场,帮助公司经理进行市场定位决策,辅助业务部门的主管进行采购决策,公司开发了一个洗衣机市场预测决策支持系统,它由洗衣机市场销售与预测数据库、市场预测模型库、市场方法库和市场知识库,以及用户交互的洗衣机决策用户界面、模型管理系统、知识管理系统和方法管理系统等组成。

洗衣机市场销售与预测数据库中存放的是与预测相关的数据,包括 5~10 年洗衣机及其零部件的年度销售量、地区销售量,5~10 年的月度销售量、地区销售量等。这些数据来源于公司的事务处理系统、管理信息系统以及相关的外部市场环境和发展趋势等数据。

洗衣机市场预测模型库中存放了加权滑动平均模型、指数平滑模型、季节预测模型、马尔可夫链预测模型、时间序列自回归模型、灰色预测模型、差分预测模型等 18 个预测模型。模型管理系统通过序号参数调用这些模型。

洗衣机市场方法库中存放了回归分析、方差分析、二元分析、分析法、因子分析法、判断分析法、插值计算、拟合法、平滑法、外推法等 25 个计算方法。方法管理系统通过交互式选择计算方法。

洗衣机市场知识库中存放了洗衣机使用的一些常识性知识、有关洗衣机研发方面的知识、洗衣机行业发展报告、洗衣机客户评论中抽取的知识,以及销售人员的一些销售经验等。方法管理系统会根据决策者的期望随时查看这些知识。

洗衣机市场预测决策支持系统的用户界面帮助公司决策者和公司经理通过交互式界面进行系统操作。当用户选择预测明年的洗衣机需求量预测后,系统要求用户选择历史数据。例如,近 5 年和近 10 年洗衣机销售的年度、月度销售总量,然后系统要求用户选择预测模型,用户可以选择模型库中的多个模型进行预测。

当选择某个预测模型后,系统会要求用户选择模型求解中用到的计算方法。不同的方法其计算精度、效率都会有所不同。当用户选择合适的方法后,系统开始调入指定的数据并运行,预测结果会以图形化的方式显示历年的销售趋势和明年的预测结果,并与历年数据对比,用户可以分析预测的准确性。用户可以选择不同的模型、方法甚至地区等细节数据进行多次预测来验证模型的准确性和可靠性,同时也要查看知识库中的经验性数据和外界的趋势分析报告,共同分析和确定明年的洗衣机销售量。

3.6 经理信息系统

3.6.1 定义

经理信息系统也称为主管支持系统、高管信息系统(Executive Support System,ESS),是服务于组织的高层经理的一类特殊的信息系统。经理信息系统能够使经理们得到更快、更广泛的信息。经理信息系统首先是一个"组织状况报道系统",能够迅速、方便、直观(用图形)地提供综合信息,并可以预警与控制"成功关键因素"遇到的问题。

经理工作的共同特点主要表现以下几方面。

(1) 管理整个组织或独立部门。

(2) 考虑的问题是组织的长期发展战略,负责战略决策。

(3) 关注组织内部和外部的重要事件。

(4) 与外部环境发生作用的代表。

这些特点决定着经理具有独特的信息需求。例如,经理需要查询组织内部的财务信息、产品成本信息、外部的市场信息、客户信息、供应商信息、竞争对手信息,以及股票市场信息、产业动向信息等。高层经理既需要短期信息,又需要组织运行的动态信息和实时信息;既需要查看概要数据,又需要逐级查阅详细数据,甚至明细数据,并以图形化方式观看数据变化趋势等。

经理信息系统是信息系统科学中的一个比较新的领域,特别是在我国,经理信息系统的研究和应用尚处于初始阶段。因而,还没有一个被学术界普遍接受的严格的定义。与决策支持系统相比较,决策支持系统和经理信息系统支持解决不同的管理任务。经理信息系统是一类面向数据的系统,它主要被用来为第4代语言和菜单存取数据。经理信息系统需要从企业内部的事务处理系统和外部的信息源获取大量的数据,建立较大的数据库。经理信息系统的一般特征如下。

(1) 为个体决策者定制的支持高层管理决策。

(2) 采用图、表、文字等形式输出信息,便于高层决策者观察和分析。

(3) 来源于组织内部和外部的各种数据源。

(4) 提供给决策者喜欢的状态报告、异常情况报告、趋势分析报告、数据挖掘报告等。

(5) 提供电子通信。

3.6.2 服务目标

经理信息系统的服务对象是组织上层并对组织的战略和政策制定有着重大影响的管理者。经理信息系统的服务目标是向经理们提供了解组织运作情况和制定组织战略方针的信息,为更宏观的目标服务,支持中高层管理者对专门问题的决策,以改进他们的管理计划、监控和分析工作。

高层经理需要用于规划和控制的信息,需要面向行业、客户、竞争对象以及组织有关历史、当前和将来的信息,需要用于评估当前状态和未来趋势以便寻找投资和融资机会的信息,需要依赖积累的经验做出决策的信息等。

3.6.3 基本结构和活动

经理信息系统是一个"人际沟通系统",经理们可以通过网络下达命令,提出行动要求,与其他管理者讨论、协商,确定工作分配,进行工作控制和验收等。经理信息系统能够支持经理在各种条件下使用,特别是在互联网、移动通信等环境下使用,而且经理信息系统具有很强的个性化设计需求。一个典型的经理信息系统的基本结构如图3.9所示。

经理信息系统的基本结构由客户端、服务器端和数据库3部分组成。客户端具有很强的交互能力,具有菜单、图表、数字仪表盘和交流、通信能力,每一个经理可以通过工作站或门户网站的方式访问企业内外部数据。服务器端提供经理信息系统的各种数据查询和分析

第3章 组织的管理信息应用系统

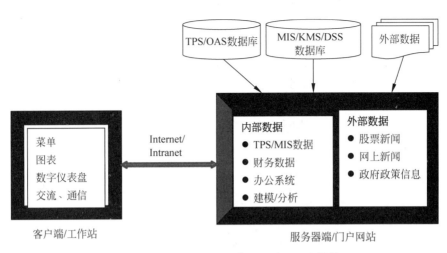

图 3.9 一个典型的经理信息系统的基本结构

功能,根据经理需求从数据库或数据仓库获得企业内外部的历史数据和竞争力数据进行分析、计算和组织,传送给客户端进行展示。数据库部分存储来自事务处理系统、管理信息系统和外部网站的历史数据、当前数据和未来数据构建数据库或数据仓库。数字仪表盘实时显示关于趋势分析、关键指标、异常报告等的图形和数据。办公系统提供文字处理、日常安排、地址簿、待处理事件清单、电子邮件和群件系统的服务。经理通过互联网、内联网和外联网及时看到组织的运营情况。

经理信息系统已经成为高层管理者可以依赖的亲密助手,包含了来自下层系统(如决策支持系统、知识管理系统、管理信息系统、事务处理系统、办公自动化系统、商务智能系统、组织间系统等)各种各样的数据,还包括网上新闻、股票新闻、政府政策等搜索到的外部数据。简单地讲,经理信息系统是一种功能强大的搜索引擎和智能查询系统,为经理提供选择、析取、分离、跟踪和深挖信息等功能。

【例 3.4】 面向项目经理的经理信息系统

工程项目的参与方涉及业主、设计、监理、施工、物资供应等多个部门和企业,工程管理复杂,协调和沟通困难。而工程建设的质量、进度、投资又是项目建设者最关心的问题。因此,面向项目经理的经理信息系统尤为重要。

针对项目过程管理实时性强、要求迅速反应的特点,推行项目经理负责制的管理模式,由项目经理负责从项目的设计阶段、招标阶段、现场施工管理阶段到竣工阶段全过程的管理协调工作。为了减轻项目管理的复杂度,提高项目进展的透明度,将先进的信息技术和工程项目的管理模式结合起来,开发了辅助项目施工的集成化集装箱码头工程项目信息系统,并在该系统的基础上建设了面向项目经理的经理信息系统。

面向项目经理的经理信息系统采用客户机/服务器系统结构,每个项目经理都通过工作站使用经理信息系统,通过菜单命令对工程项目的投资、进度、质量进行动态管理。该系统除了具有一般经理信息系统的特点外,实现了合同、项目、概算、投资、付款等多维分析,以及用数据挖掘技术发现合同付款和工程进度的异常情况等。

工程涉及大量的合同,每个合同随着工程的推进又有许多付款记录,因此工程投资管理的数据量相当大。项目经理希望能随时且全面了解工程付款的情况,经理信息系统从底层数据库提取相关财务数据的汇总显示，提供工程的整体付款情况，可以对比工程的已付款进度和工作量进度情况。如果两者不相符，说明存在异常，项目经理需要通过系统进一步了解详细数据，以便发现问题。项目经理可以逐个查看每个项目工程的付款进度和已完成的工作量，最终发现某个工程项目的问题。为了进一步找到原因，项目经理可以详细了解该项目的细节数据，以图形的方式显示项目投资累计付款和合同总价的差别。根据这些信息，项目经理需要根据经验知识给出解决问题的措施。

3.7 办公自动化系统

3.7.1 定义

办公自动化(Office Automation，OA)是将计算机、通信等现代化技术运用到传统办公方式而形成的一种新型办公方式。办公自动化利用计算机相关设备和信息化技术，高效处理办公事务和业务信息，实现对信息资源的高效利用，进而达到提高生产率、辅助决策的目的，最大限度地提高工作效率和质量，改善工作环境。

办公自动化系统是信息技术在办公室活动中的应用，它可以通过特定流程或特定环节与日常事务联系在一起，提高办公室信息人员的工作效率。

办公自动化系统是一个企业除了生产控制之外的一切信息处理与管理工具的集合。不同的使用对象具有不同的功能。企业高层使用办公自动化系统进行决策支持；办公自动化系统运用科学的数学模型，结合企业内外部的信息，为企业高层的决策提供参考和依据。企业中层管理者使用办公自动化系统进行信息管理；办公自动化系统利用业务各环节提供的基础数据，提炼出有用的管理信息，把握业务进程，降低经营风险，提高经营效率。企业普通员工使用办公自动化系统处理事务和业务；办公自动化系统为办公室人员提供良好的办公手段和环境，使之准确、高效、愉快地工作。

目前，国内的办公自动化系统得到了快速发展和广泛使用。我国办公自动化技术的发展经历了文件型办公自动化、协同型办公自动化、知识型办公自动化和智能型办公自动化4个阶段。文件型办公自动化实现了由手工办公到计算机办公的转变，称为"无纸化办公"。协同型办公自动化以工作流为中心，在文件型办公自动化的基础上增加了公文流转、流程审批、文档管理、会议管理、资产管理等实用功能。知识型办公自动化形成了以"知识管理"为主要思想，以"协同"为工作方式，以"门户"为技术手段，整合了企业内信息资源的"知识型办公自动化系统"。智能型办公自动化能够提供决策支持、知识挖掘、商务智能等服务，并且更关注企业的决策效率。

3.7.2 服务目标

办公自动化系统的服务对象是面向组织中的各个管理层，包括高层、中层和基层人员，其服务目标是实现办公活动科学化、自动化，使公文在流转、审批、发布等方面提高效率，实现办公管理规范化和信息规范化，降低企业运行成本。办公自动化系统具有以下特点。

(1) 处理各项事务自动化。办公自动化的应用，能够及时地了解行政事务与人事关系，确保准确处理各项事务。

(2) 处理文件自动化。办公自动化系统能够实现自动化地管理各类文件,利用计算机网络技术对文件进行分类和统一的传输。同时,企业要对办公自动化系统进行严格的管理,通过身份认证机制管理用户查看所需要的文件资料的权限,保证企业内部文件的机密性。

(3) 实现自动化决策。使用办公自动化系统能够自动对如人事关系、财务账目等进行核对,减少数据错误和提高工作效率。办公自动化系统还可以对涉及决策的相关资料进行科学的分析,能够有效地提高决策的科学性与数据的精准度。

3.7.3 基本结构和活动

办公自动化系统在组织中的作用包括协调、管理组织中的工作,合理安排组织中各个层次、各种职能工作,加强组织与外界的联系等。办公自动化系统协调组织内部人员、部门和职能领域的联系,同时协调与客户、供应商等组织外其他组织的通信。一个典型的办公自动化系统的基本结构如图 3.10 所示。

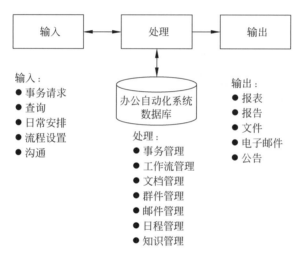

图 3.10 一个典型的办公自动化系统的基本结构

办公自动化系统的基本结构包括输入、处理和输出 3 部分。输入部分接受工作人员的各种命令请求、接收事务数据等。处理部分包括事务管理、文档管理、工作流管理、群件管理、知识管理,以及桌面排版和沟通交流等处理。输出部分显示处理结果供人员查看,通常以文字、图表的形式展示。办公自动化系统需要其他系统集成,如业务集成、流程集成、邮件集成、报表集成、组织集成、门户集成等。图 3.11 是一个典型的办公自动化系统的功能与活动的展示。

可以看出,办公自动化系统的功能非常强大,几乎涵盖了组织的各种业务活动所涉及的办公室信息化工作,可以称得上是信息和知识的交汇中心。随着网络与通信技术特别是移动通信的发展,办公室人员通过互联网可以在任何地方办公,而不必受工作场所、地理位置的限制,在办公自动化系统的支持下形成"虚拟办公室"。目前,办公自动化系统已广泛应用在政府、交通、工商、金融、企业、文教等行业和领域。

随着知识经济和互联网时代的到来,办公自动化系统的功能正在向深层次发展,它从传统的以文档管理为核心发展到以信息交流为核心,加强协作型工作处理和知识管理能力,到智能型全自动化的新一代办公自动化系统,利用先进的工作流技术,帮助组织实现流程自动

图 3.11 一个典型的办公自动化系统的功能与活动的展示

化和流程管理,与 ERP 系统密切集成,实现销售管理和客户关系管理等应用。

【例 3.5】 某公交集团办公自动化系统

某公交集团(以下简称集团)以公共交通为主业,以旅游运输、汽车租赁、长途客运、广告传媒、场站建设、物业管理、新能源充电运营、智慧交通等业务为支撑的全牌照一体化公交产业集团。集团有员工 2.6 万人,营运车辆近 1.3 万台,年客运量近 8 亿人次。近些年,集团加速数字化转型,应用大数据、5G、AI、物联网等新型技术,搭建公交数字化平台;安全、营运、服务和成本管控等明显提升,为公交行业数字化转型提供了先行示范模板。

为了应对信息孤岛大量存在、门户缺乏统一、创新功能不完善等问题,更好地满足数字化时代的经营管理新需求,集团携手数字化工作专业服务商,实现了集团办公系统统一化、数字化、移动化。集团采用了一个三层架构的办公自动化系统,分为基础层、业务层和门户层,并与其他系统集成。系统基于平台架构升级,实现统一门户、统一公文、统一流程、统一合同管理、全面协同功能。该系统包括以下特点。

(1) 统一门户,支撑 570 个部门的在线办公。

在工作门户方面,全面重构门户页面,让信息及个人业务合理区分,更具条理性,一个页面可以处理流程审批、查看公文、签订合同等工作。

在流程管理方面,优化流程管理,支撑集团从流程发起、审批、跟踪、数据统计等全周期管理,推动跨领域、跨部门的高效、合规协作。在值班管理方面,针对公共服务特点升级值班管理应用,让值班申请、变更和值班日志等在线推进,值班台账一目了然,合理、高效地安排人力。在合同管理方面,实现合同在线审批,提高合同审批效率,减少各部门间合同的流转时间,通过输出合同台账提供经营分析,为经营决策提供依据。

(2) 统一定制功能,满足业务管理创新需求。

基于 OA 开发平台,定制董事会管理、领导工作计划、督办管理、案件管理,让协同创新更好地落地,支撑全面数字化管理。

在董事会管理方面,覆盖董事会的文件、会议、档案的全面在线化管理,通过上传电子签名实现线上文件签署,在线审议董事会会议资料;通过档案中心统一管理董事会会议资料,促进集团高效决策与无纸化管理。在领导工作计划方面,针对领导工作繁多,定制专属的工作计划模块,支撑办公室综合秘书发起工作计划,领导秘书在线填报,让重要工作、会议、审批项等一目了然,领导打开工作计划一一落实,井井有条,高效便捷。在案件管理方面,通过统一开发案件管理信息系统模块,有利于集团案件登记分析全面的信息化、网络化管理,达到加强集团的规范化管理、提高集团在案件管理流程环节的工作效率的目标。在督办管理方面,实现各部门在系统填报督办事项完成情况,能够上传证明材料,并实现自动统计完成情况。

(3) 统一集成、移动,数万员工办公更便捷。

通过集成无纸化会议管理、阿里云邮箱、电子签章、员工关怀、档案管理、统一用户等,让办公更便捷。在移动集成方面,集成钉钉的 DingPaaS 门户,实现公文管理、流程管理、知识管理等的移动化办公和审批,让协作在站场、办公楼等地随时进行。在无纸会议集成方面,打开 OA 会议模块的议题管理,可从流程中选择会议流程,并在会议流程结束时自动推送到无纸化会议中,让沟通更便捷。在阿里云邮箱集成方面,建设集团统一域名的企业邮箱,为集团员工内外部沟通搭建最畅通、最稳定的邮件通信平台,并为企业数据和商业机密提供更高的保密性和准确性保障。在电子签章方面,通过集成第三方电子签章服务,可直接在合同、公文等流程中加盖电子公章,满足无纸化办公需求,让办事效率更高。在员工关怀方面,如何有效、及时地关爱公交行业众多的一线员工,通过移动端钉钉集成爱关怀平台,可实现集团内部员工入职、节假日、生日等一站式关怀服务。

未来,伴随着应用不断深入,集团数字化管理水平将不断提升,办公自动化系统实现办公统一门户、流程、合同等协同应用,集成多业务系统,让办公与管理更高效;实现应用移动化,将 OA 应用、业务应用接入钉钉平台,让沟通与协作随时随地,支撑服务便捷;实现管理数字化,夯实数字化管理,支撑企业全面数字化转型,用创新驱动集团战略目标实现。

从以上的分析中,办公自动化系统的实现需要采用以下技术。

(1) 办公门户技术。在办公自动化系统中,信息门户技术能够根据要求进行全方位的信息资源整合,使应用系统、数据内容、人员和业务流程实现互动。例如,根据企业需求建立的企业信息门户,运用不同技术建立的基于门户技术的电子办公系统和根据不同需要建立的门户网站等。

(2) 信息交换、公文传输、传输加密技术。为提高办公自动化效率和实现信息资源的共享,需要建设统一、安全、高效的信息资源共享交换平台。信息交换平台由集中部署的数据交换服务器及各种数据接口适配器构成,提供一整套规范、高效、安全的数据交换机制,解决数据采集、更新、汇总、分发、一致性等数据交换问题,解决按序查询、公共数据存取控制等问题。

(3) 业务协同机制。为完成同一工作目标的协同工作,实现办公自动化中各业务信息的交流、组合以及信息共享等方式的协作,是办公自动化发展的新方向。

(4) 工作流技术。工作流技术的实施主要是通过工作流管理系统来实现的。工作流管理系统将现实世界中的业务过程转换为某种计算机化的形式表示,并在此形式表示的驱动下完成工作流的执行和管理。

办公自动化系统的未来发展趋势有以下几点。

(1) 平台化方向。在如今的网络时代,OA 作为具有企业级的跨部门的运作特点的基础性信息系统,将企业信息系统和各类信息资源进行有效的结合。许多企业都建立自己的办公系统,并与已有的系统如 MIS、ERP 系统、SCM 系统、HR 系统、CRM 系统等进行整合,实现高效、协同工作,且与公文流转、信息发布、流程审批等功能进行整合,形成无缝集成协同的办公平台。

(2) 网络化方向。网络的全面化普及,使软件更加倾向于网络化,所以 OA 系统与互联网之间必须实现衔接,实现高效、快捷的网上办公和移动化办公。当今的 OA 系统都与互联网高效交互,这是 OA 追求的目标,这将对企业市场竞争力的提高和市场地位的上升起到决定性的作用。

(3) 智能化方向。在企业面临巨大的数据量时,办公软件需要帮助用户去做 BI 和智能商业分析以发现一些商业机会,从而提高工作绩效。例如,提供决策的支持、知识的挖掘、商业智能化等比较全面的系统服务。

(4) 人性化方向。随着 OA 功能的不断扩展,各企业内部情况是不一样的,每个组织的需求也不尽相同,客户也要求更加人性化、多样化的系统。

3.8 知识管理系统

3.8.1 定义

不同于数据和信息,知识是对数据和信息的再次加工和提出,找出数据或信息之间的内在联系和规律,是人们对客观世界规律的认识和经验总结。知识是形成企业竞争优势,创造未来财富的主要来源。

知识管理是管理学科的思想与理念向纵深发展的结果,是随着人们对信息资源认识的不断深化和管理能力的不断提高而发展起来的。知识管理是以知识为中心的管理,组织通过获取和利用知识来提升自身的竞争力和反应能力,以迎接经济全球化竞争的挑战。因此,知识管理是组织在知识经济时代构造新的管理机制的指导思想和理念,是组织赢取竞争优势的重要手段与工具。

知识管理系统是由计算机系统支持的具有收集、处理、分享一个组织的全部知识的信息系统。

关于知识管理系统还没有一个统一的定义。根据组织状况的不同,每个组织都需要发现适合自己的知识管理系统。当讨论知识管理系统时,重点放在那些能够有效存储信息,同时能够实现高效的知识流转、共享和发现的系统。例如,知识管理系统是一种能够按照索引访问那些关键的商业资料的文档管理系统,如销售概况或者员工对组织流程的建议;知识管理系统也是一个专业技能发现工具,使用它可以发现在整个组织中,哪些人在特定的领域中具备了较高的专业技能,并探讨如何分享这些技能,尤其针对知识密集型组织(如设计院、研究院)更是凸显了知识管理的重要性,无论是过程版本文件的管理还是成果文件的管控。知识管理系统不仅能从知识管理角度出发,还要在知识收集、再利用环节进行知识推送,最终才能实现知识管理的效益最大化。

知识创新就是显性知识和隐性知识之间一种转换过程。知识加工是一个连续的、动态的过程,需要隐性知识与显性知识交互作用,这种交互作用体现在不同的知识转换模式的轮换过程中。创新过程是复杂的,是由多种条件促成的、完全非理性的。知识转换包括从隐性知识到隐性知识、从隐性知识到显性知识、从显性知识到显性知识、从显性知识到隐性知识 4 种模式。表 3.7 给出了隐性知识与显性知识之间知识转换的特征。

表 3.7　隐性知识与显性知识之间知识转换的特征

	隐性知识	显性知识
隐性知识	社会化	外部化
显性知识	内部化	组合化

(1) 社会化。从隐性知识到隐性知识的转换称为社会化。社会化是个体之间分享经验的过程,一个人可以不通过正规化的语言直接从他人那里获取隐性知识。例如,学徒可以通过观察模仿、实践从师傅那里学到手艺。企业的在岗培训就是运用这备这种方式来转换知识。

(2) 外部化。从隐性知识到显性知识的转换称为外部化。外部化是挖掘隐性知识并把其发展成为显性概念的过程。外部化像研究单位做的研究,将一些复杂现象整理清楚。这个转换过程是知识创新过程的关键,在这个过程中要运用一系列的方法,诸如隐喻、类比、假设和模型,用语言描述或书面表达,即概念的描述是这种转换过程所采取的主要行动。

(3) 组合化。从显性知识到显性知识的转换称为组合化。组合化是把概念转换为系统知识的过程,这个过程包含了不同的显性知识体系。组合的方式包括文件、会议、电话沟通及计算机化的网络沟通等。现有的显性知识通过分类、重组被重新架构产生新的知识,在学校的正规教育和培训就是这种知识创新的方式。

(4) 内部化。从显性知识到隐性知识的转换称为内部化。内部化是使显性知识体现在隐性知识中的过程,这是一个"通过做而学习"的过程。内部化的例子有师徒制的学习。例如,在新产品开发的跨职能团队中,来自不同职能部门的人员彼此相互交流、相互学习,这就是一个广泛的内部化过程。如果显性知识以文件、手册、图表的方式描述,个人就可以在实践中通过重新体验他人的经历,吸取这些知识并使其内部化。

3.8.2　服务目标

知识管理系统的服务对象是组织中各个职能部门的知识工人(包括管理者)和数据工人(业务人员)。其服务目标是支持知识工人发现、创新、存储、分发和应用知识,支持数据工人使用和分享知识。

对于一个组织来说,本组织需要什么样的知识,现有的知识在哪里,可以从哪里获取,组织的知识如何传播、生成(创新)新的知识和利用知识,如何存储、更新、保护知识等,归纳起来都属于知识管理和知识创新的范畴。将信息技术视为有利于知识交流的载体,借助信息技术创造一种环境,可以提供交流的机会和框架,支持专业人员进行信息解释等。

知识管理最基本的任务是知识的共享和创新,因此建立一套完整的知识管理的机制体系,来调动、激发员工对知识管理予以积极的配合。知识管理的机制体系主要由知识共享机制、知识运行机制、知识明晰机制和知识奖惩机制组成。

(1) 知识共享机制。知识共享机制是指组织中的成员能够方便地使用和更新知识,主要包括知识收集、知识分类和知识更新等机制。

(2) 知识运行机制。知识运行机制就是指组织内部能够合理、充分地利用组织的知识，主要包括外部知识内部化、知识宽松交流、知识项目管理和知识创新等机制。

(3) 知识明晰机制。知识明晰机制是指使组织的知识管理目标和知识成果明晰化，包括知识管理目标发布和知识成果保护等机制。

(4) 知识奖惩机制。知识奖惩机制是指将员工的绩效具体化为员工愿意接受的收益，对不能实现知识管理目标的员工进行惩罚，包括知识薪酬支付、知识股权期权、知识晋升、知识署名和知识培训等制度。

知识管理系统已成为信息技术的一项重要的战略性应用，在组织内的信息系统中占据重要的地位，很多组织正在建设知识管理系统，努力使自己成为知识创造型组织。常见的知识管理系统主要有基于知识的经营管理系统、知识工作系统和知识发现系统等。下面重点介绍前两个系统。

3.8.3 基于知识的经营管理系统

随着信息化进程的不断加快，组织的知识管理向集成化、网络化方向发展，广泛地应用ERP、CRM、OA等管理信息系统，提高了组织的管理效率，增强了组织的竞争能力。然而，仅靠单一管理信息系统是远远不够的，各个系统之间还存在着信息孤岛现象。客户关系管理、人力资源管理、办公自动化等核心业务可以称为基于知识的经营管理系统的管理对象。知识管理系统与组织的各项业务流程是相互协同的，结合客户关系、项目管理、人力资源、业务流程等实现知识的收集、归纳、积累、创新，使企业知识得到有效的应用与创新。

基于知识的经营管理系统收集、存储、分发和使用组织范围内的经营和管理领域的知识，具有以下特点。

(1) 知识流程。业务流程是知识利用和创造的场所，为知识流程的运作提供情境。知识流程为业务流程能够顺利、高效执行提供知识养分。知识管理系统对业务流程中无序的知识进行系统化的管理，是实现知识流程有序性的知识管理工具，保证了业务流程的顺利、高效执行。

(2) 组织学习。通过知识管理系统集成学习中获得的隐性知识，并把它存储起来，供员工以后进一步学习，从而提高他们的学习效率或决策效率。知识管理系统为组织学习提供了合适的知识和方便的工具。员工通过学习知识管理系统中的知识，可以把这些知识转换为自己的工作能力，让知识真正成为组织竞争优势的重要源泉。

(3) 项目管理。在项目的知识管理支持方面，知识管理系统通过对项目管理中知识的获取、传递、利用、交流创新以及评价的支持，实现了对项目管理中知识的集成。运用知识管理系统，对于各种创新和实践进行发布和记录，使得考核变得透明、公平、有效且低成本。同时，知识管理系统还会及时反映出工程项目管理的进度、质量、财务信息等。

(4) 客户关系。基于知识的经营管理系统将组织积累的知识融入前端管理的各个环节中，采用规范的方法来增强市场活动的有效性，从而保证销售队伍的执行，提高客户满意度。结合知识管理的先进思想，开发适合企业的基于客户关系的知识管理系统，帮助客户建立基于门户架构的协同办公平台，为公司内部员工、各分支机构、管理人员提供个性化的统一门户网站、统一办公协作和信息发布管理的平台。

一个企业典型的基于知识的经营管理包括信息管理、技术创新管理、企业组织制度与文化管理、员工知识管理,以及涵盖企业制度、组织形式、产品或设备的知识管理。企业知识管理的目的是实现知识的价值,增强企业竞争力,提高企业绩效,促进企业健康持续发展。

知识管理是一个动态过程,按照知识在企业内的生产、存储、传播和使用过程,其活动包括创建企业知识库、建立员工学习机制和管理企业知识资产3方面。创建企业知识库是将企业现有的知识进行加工和提炼,形成知识资产;建立员工学习机制是指建立员工学习知识的制度,形成员工获取知识、共享和利用知识的企业文化,发挥知识的价值;管理企业知识资产是将企业的知识当作一种资产反映在企业的财务平衡表中,通过管理知识资产创造更多的效益。

3.8.4 知识工作系统

1. 知识工作系统的概念

知识工人包括研究者、设计者、建筑师、科学家和工程师,他们的主要工作是为组织创造知识。知识工人常具有很高的教育水平,常被要求进行独立判断。例如,知识工人创造新产品或找到一种方法来改进现有产品。知识工人的主要任务包括:

(1) 保证组织在技术、科学、社会思想和艺术等方面把握知识的发展;

(2) 关注他们的知识领域、变化和发展机会;

(3) 充当变革的代理,评价、启动和推进变革项目。

大多数知识工人依赖于办公室自动化系统,如字符处理、电子邮件、影视会议和调度系统。然而,知识工人还需要更专业的知识工作系统。这些知识工作系统专门用来加强知识创造和保证新知识与技术经验能正确地集成于企业的数据库。

知识工作系统是指支持工程师和管理者通过知识工作站创造和发现新知识的系统。例如,计算机辅助设计、三维可视化、虚拟现实和投资工作站等。

2. 知识工作系统的需求

(1) 支持知识工人获取丰富的知识。许多知识来自组织的外部知识库,如高等院校、科研院所、图书馆等,因而知识工作系统应支持知识工人方便地获取其所需的知识库。

(2) 提供外部沟通方式。知识工人经常要和组织内外部的同行、合作者交流沟通,他们有时处在不同的地区或国家,这使得知识工作系统能够获取外部数据和信息,因而知识工作系统应为知识工人提供方便、快捷的外部沟通方式。

(3) 比其他信息系统有较强的运算能力。工程设计经常需要大量复杂的运算。例如,处理图形需要特别强的运算能力,像CAD、VR这样的处理图形的系统,有时甚至需要存储能力和运算能力较强的超大型计算机。

(4) 具有友好的用户接口。友好的用户接口可以使使用者不需花费很多时间就能学会软件的使用。对知识工人来说,时间是很宝贵的,浪费知识工人的时间就意味着费用增加。

(5) 需要使用工作站。工作站有较强的图形处理、分析计算、文件管理和通信处理能力。此外,工作站还允许多任务并行处理。

在弄清楚组织不同类型的核心业务基础上构造相应的知识管理工作模式,把不同的业务流程进行标准化,从而对知识进行有效的管理。在原有信息系统的基础之上,建立知识存储平台、知识共享和知识创新平台,形成统一的知识门户平台,并与各业务系统整合。整个过程可以分为以下4部分。

(1) 建立企业知识归档系统和客户端发布系统,实现知识搜集、知识沉淀、知识传递的基础构架建设。扩大知识采集范围,建立部门知识门户,实现部门内部系统数据集成。

(2) 建立知识地图和专家系统,对企业的核心业务数据进行分析,提高知识关联度和知识的参考价值。

(3) 建立企业知识门户,实现项目管理、个性化的知识传播和发布。初步实现个人知识门户,让企业知识时刻围绕着员工的工作性质、阶段任务以及个性化偏好。

(4) 整合各个业务系统,使业务系统和对应的业务流程相协调,使企业员工的知识获取与业务整合为一体,实现协同办公。

3. 知识工作系统的组成

知识工作系统包括硬件和软件。硬件包括知识工作系统需要使用的工作站或者具有强大运算能力的大型计算机。软件包括各种专业化软件工具,如CAD、MATLAB等。图3.12是一个典型的知识工作系统的结构,其主要由以下部分组成。

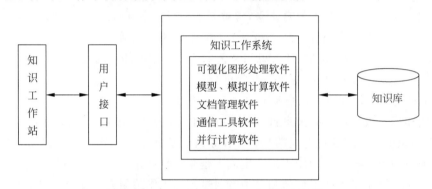

图3.12 一个典型的知识工作系统的结构

(1) 知识库。知识工人要有丰富的专业领域知识,需及时了解研究课题及相关学科的动态。这些知识来自组织的内部和外部,存储于知识库中。知识工作系统应能够支持知识工作者方便地从知识库获取所需要的知识。

(2) 通信工具。知识工作系统应该为组织内外部知识工人之间的交流与协作提供高效的沟通方式。

(3) 可视化图形处理。知识工作系统应提供处理图形、分析模型等功能。

(4) 并行计算。知识工作系统要比其他信息系统有更强的运算能力。例如,对于CAD、VR这样的处理图形系统,有时甚至需要存储能力和运算能力较强的超大型计算机。

(5) 用户接口。知识工作系统应具有友好的用户接口,使知识工作者与系统之间进行方便的交互。

(6) 知识工作站。知识工作系统经常需要使用工作站。工作站有较强的图形处理、分析计算、文件管理、通信处理和多任务并行处理能力。工作站不仅具有文件处理能力,而且有图形和分析的能力,还具有很强的通信能力,可搜集各种用途的企业内部和外部的信息。现在许多这种工作站还能运行三维动画软件,使系统能更加逼真。

知识工作系统可以大大提高知识工作的效率,缩短设计时间,改善输出的知识产品的质量。知识工作系统是目前发展和增长很快的系统,因而绝不要忽视它在管理上的应用,应当更好地把它和其他系统联结起来。

4. 知识工作系统的应用

知识工作系统依据所支持任务的不同、应用领域的不同而有很大差异。例如,工程设计人员需要的是图形处理能力强、能够处理三维图形的计算机辅助设计系统,而财务分析专家则需要能快速存取大量内外部数据的数据库系统。因此,有多种多样的知识工作系统可以选择。

(1) 计算机辅助设计系统。计算机辅助设计(Computer Aided Design,CAD)系统是利用计算机和能处理复杂图形的软件自动进行工程设计或修改工程设计的一种知识工作系统。采用 CAD 系统,设计员通常能做出比用人工方法做得更复杂的、功能更强的设计。在产品生产之前用计算机进行设计,能有效地减少设计时间,降低由于先生产再修改设计造成的昂贵的工程变更费用损失。CAD 系统同样可以大大节省产品性能模拟实验费用。因为按照传统的设计方法,每项设计都需要做一个模型作为原型来测试,这个过程经常需要重复数次,既花费许多时间,又花费不少的财力。而用 CAD 工作站,在设计前只需要做一个原型就可以了,从而节省了大量的时间和成本,同时减少了出现问题的可能。CAD 工作站已开始用于许多领域。例如,日本的汽车制造业用 CAD 软件,使汽车从构思到生产直至交货的周期从原来传统的手工处理的 5 年缩短到 1 年。

(2) 虚拟现实系统。虚拟现实(Virtual Reality,VR)系统利用交互式的图形软件和硬件进行计算机模拟,来模拟现实世界的活动,使人们在感官上如置身于现实世界中一样。事实上,这个虚拟的世界是隐形的,它只存在于计算机中。要想"走进"这个世界,必须穿戴上特制的服装、头盔和手套,使用一些特殊的设备,这些设备都与计算机相连。特制的服装中配置了感应器,记录人的肢体动作,将信号传给计算机。头盔上装有视镜和音频附件,以便用户看、听这个"世界"。手套会将用户的反馈信息、控制信息输入计算机中。例如,当走近一座房子,你前面的图像就拉近;如果身体左转或将头转向左边,图像就转到你的右边;打开门,你会看到门开了,下一间屋子通过过道显示在你的前面。虚拟现实是一种比较新的技术,其费用也很昂贵。尽管如此,这项技术仍然在一些商业、教育和科研部门中得到应用。

3.9 本章小结

本章首先介绍了组织管理和信息需求,重点讨论了扩展安东尼模型的 4 个层次,以及不同层次上的信息需求特点;然后介绍了管理信息应用系统的分类,分析了管理信息应用系统的组合模型以及集成方法;接着分别介绍了事务处理系统、管理信息系统、决策支持系统、经理信息系统、办公自动化系统和知识管理系统 6 类系统,重点讨论了它们的定义、服务目标、基本结构与活动等。

习题

1. 简述安东尼模型的主要思想。扩展的安东尼模型有什么特点?
2. 举例介绍战略层、管理层、知识层和作业层的信息需求特点。从信息来源、精度、寿命、频率和内容等方面,归纳组织的战略层、管理层、知识层和作业层的信息需求特点。
3. 对比分析管理信息应用系统的 6 类系统的输入、处理、输出和服务对象特点。以超市为例，说明发票凭证通过超市的事务处理系统、管理信息系统和决策支持系统处理后会得到哪些信息？试写出信息的具体名称。

4. 简述6类管理信息应用系统的特点和相互关系。

5. 举例介绍一个事务处理系统的基本组成结构和数据模型。

6. 简述管理信息系统、经理信息系统和决策支持系统之间的区别与联系。

7. 简述办公自动化系统的服务目标和主要功能。

8. 知识工作系统有哪些应用？

第 4 章 跨组织管理信息系统

【学习重点】
(1) 理解跨组织管理信息系统的概念、优势和风险。
(2) 理解跨组织管理信息系统的组合模式及其系统分类。
(3) 理解全球信息系统的定义、服务目标与功能需求和影响构建全球信息系统的因素。

本章从跨组织管理信息系统的基本概念开始,介绍跨组织管理信息系统的定义、优势和风险以及开发所涉及的信息技术,重点阐述跨组织管理信息系统的组合模式及其系统分类、全球信息系统的定义与功能需求,最后介绍典型的跨组织信息系统——社交媒体信息系统的定义、构成和应用等。

4.1 跨组织管理信息系统概述

1. 跨组织管理信息系统的概念

互联技术的出现,极大地改善了组织间的通信和联系,业务伙伴间的协作得到了管理信息系统的支持,其应用范围已从组织内拓展到组织间,形成了由组织内和组织间构成的跨组织完整的管理信息系统体系结构。

战略联盟是 20 世纪 90 年代兴起的一种十分重要的产业组织形式。通过战略联盟,企业可以提高自身的竞争优势。全球经济使更多的企业考虑全球战略,组织间的交易之所以能不断进行,其内在动力就是人们对预期利益的追求,而这种利益的追求必须得到保障,才能使企业放心地从事交易。这种保障就是相互之间的信任,它在市场交易中起着安全纽带作用。

随着信息技术的不断发展和普及,信息技术在区分产品和服务方面的作用日益重要。随着虚拟企业、供应链管理、电子商务等新的组织和经营模式的出现,跨地域的商务往来越来越频繁,供应商、制造商和客户之间通常需要快速传送订单、采购清单、支付款额等信息,实现在线物流跟踪和网络转账等业务。同时,组织间需要沟通交流工具支持协调工作。借助于信息技术和通信技术进行跨地域的信息沟通和信息处理,构建跨组织的管理信息系统是全球化的必然要求。

跨组织管理信息系统(Inter-organizational Management Information Systems,IOMIS)是由许多相互联系的组织,为了实现共同目标,应用信息技术实现跨地域联系的协同工作系统。跨组织管理信息系统是实现电子商务、供应链管理等商业运作模式的基础,也是虚拟组织概念产生的基础。跨组织信息系统是跨越组织范畴,并使所有参与者受益的共享性信息系统。跨组织管理信息系统是组织与外界环境的其他组织,如上下游厂商、相关企业,甚至是竞争者等,一起合作为获取竞争优势所共同发展的管理信息系统。跨组织管理信息系统既可以支持区域性组织间合作,也可以支持全球性组织间的协作;既可以服务于一项业务,也可以服务于多项业务。

2. 跨组织管理信息系统的优势和风险

战略联盟已经成为一种有效的创造价值的组织形式,但由于参与组织间的信息不对称以及"囚徒博弈",组织不能很好地利用这种创造价值方式。信息技术的发展为建立战略联盟间的跨组织管理信息系统提供了支持,一个成功的跨组织管理信息系统能够为战略联盟创造竞争优势,而且能够克服参与组织间的信息不对称。

在市场竞争日益激烈的信息化时代,引入跨组织管理信息系统不仅是创造竞争优势的手段,更是逐渐转变为一种通向成功的战略决策。跨组织管理信息系统不但没有技术使用壁垒,而且能够为产品生产者提供区别于其竞争对手的产品或服务,因而具有巨大的潜在收益。跨组织管理信息系统是一种十分有效的信息技术应用平台,通过程序电子化提高了初级产品的品质和服务的反应灵敏性,能帮助参与者将他们现有的产品和服务区别于其他人,从而获得竞争优势。

跨组织管理信息系统突破了组织既有的实体运作范围,因此势必和传统的管理信息系统有所不同,并存在如下风险。

(1) 技术风险。开发跨组织管理信息系统的应用程序软件的技术风险是很大的。

(2) 竞争风险。跨组织管理信息系统的实施不仅仅对某个企业产生影响,其引起的运作模式和组织间关系的改变,也会引起某个行业或区域内竞争力量或竞争方式的变化。

(3) 法规风险。跨组织管理信息系统实施的主体均面临着交换数据的完整性和安全性等有关的法律风险。

(4) 组织风险。组织中的一个元素(结构、控制系统、人员、信息资源)的变化都将会引起其他元素的变化,因此跨组织管理信息系统必然会对结构、系统和人员产生影响。

刘仲英从技术和经营两个视角给出了跨组织管理信息系统的定义。从技术角度看,跨组织管理信息系统是一种基于计算机网络通信技术的、支持组织间信息交换与资源共享的管理信息系统。从经营角度看,跨组织管理信息系统是一种基于信息技术的、为了应对全球经济一体化的挑战而建立的实施组织全球战略或跨组织合作的组织联盟和跨组织管理的解决方案。

视频讲解

4.2 跨组织合作模式

在互联网时代,全球经济迅速发展促使信息系统的服务范围已经从组织内扩大到组织间,只有组织内和组织间的管理信息系统有机地联结为一体,才能形成完整的管理信息系统体系结构。跨组织的合作模式决定了跨组织管理信息系统的类型。一般来说,跨组织合作模式有交易型、流程型、交互型和合作型共4种。

1. 交易型合作模式

交易型合作模式将各个行业中相近的交易过程集中到一个虚拟平台,为采购方和供应方提供一个交易的机会。例如,电子集市、网上拍卖、电子采购都是交易型合作模式。交易型合作是最常见的一种合作模式,在该模式下,跨组织的资源交换利用互联网进行网上竞价,获得最好的商品,典型的应用包括电子商务、电子政务等。电子商务利用信息技术实现整个商务活动电子化,已经贯穿于组织行为的全过程,优化资源组合,灵活安排生产和管理流程,改善售后服务,缩短周转时间,降低成本,有效配置资源。电子政务运用信息技术,实现政府组织结构和工作流程的重组优化,超越时间、空间和部门分隔的制约,全方位地向社会提供优质、规范、透明的服务,同时实现管理手段的变革。

2. 流程型合作模式

流程型合作模式将核心企业与上下游企业进行整合,将上游的原材料和零配件供应商,下游的经销商、物流运输企业以及金融机构结合在一起,构成一个面向最终客户的完整供应链。这种模式也称为供应链合作模式。其目的是专注于企业的核心业务,降低采购和物流成本,提高企业对市场和客户需求的响应速度,从而提高企业的市场竞争力和服务客户的能力。流程型合作模式实现灵活的资源整合和利用,充分发挥供应链上每一个组织的优势服务和产品。流程型合作模式的应用包括企业资源计划、供应链管理、客户关系管理等。

3. 交互型合作模式

交互型合作模式利用跨组织管理信息系统来管理全球的组织之间的合作,进行产品开发等,常见于复杂产品,如汽车、飞机、集成电路、发电站等的研发、设计、制造等。对于这类复杂度极高的产品的研发工作,由于受能力限制,组织不可能完成所有产品研制与生产工作,只有利用全球各有所长的组织联合开发,才能降低产品成本,加快上市时间,提高产品竞争力。在这种模式下,不同组织和不同地点的工程师都需要通过跨组织信息系统一起完成设计工作,能够及时响应变化,协作完成方案设计和相关的制造计划与材料清单等的设计。交互型合作模式的例子有产品生命周期管理等。产品生命周期管理(Product Life-Cycle Management,PLM)是指从人们对产品的需求开始,到产品淘汰报废的全部生命历程。PLM是一种先进的企业信息化思想,它让人们思考在激烈的市场竞争中,如何用最有效的方式和手段来为企业增加收入和降低成本。PLM通过创造、协作和控制功能以及它们相互之间的密切配合来优化数字化产品价值链。创造是指获取并挖掘思想和知识财富,并把它们融入数字化产品中,使其能够提供关于产品结构、外观和性能的可行性、交互和直观的表示。在产品开发过程早期,"创造"非常关键,而且在修改设计时,它仍然很重要。协作是指与产品开发价值链中的其他参与者高效沟通,以便不断获得创造性的信息,并在允许对设计进行修改的早期阶段发现和解决问题。控制是指为了确保产品开发能尽快取得成功,确保协作者在不同阶段不断趋向一致、最终在设计开发时达到完全统一。

4. 合作型合作模式

合作型合作模式利用跨组织管理信息系统共同发起倡导伙伴关系,涉及两个或两个以上组织从事联合合作伙伴关系以进行联合营销和原材料采购等。当多个组织想要发出相同的消息时,可以使用合作型合作模式。但该消息可能会受到强烈的反对。这种合作模式通常是一个短期合作,其活动包括组建联合工作委员会,为特定问题进行交流和动员等。在这种模式下,通常需要创建一个全新的、独立的合作组织来实施他们的联合工作计划。合作组织通常都有着类似的任务和服务,并争取投资支持。但是,这些组织通常需要遵守组织范围以外的长期需求或目标,为此需要通过建立一个新组织满足这一需求和目标。

4.3 跨组织管理信息系统分析

4.3.1 跨组织管理信息系统组织关系

跨组织管理信息系统的服务对象是供应商、制造商和客户,通过互联网使他们整合在同一个虚拟的系统环境中进行协同工作。跨组织管理信息系统的输入、输出都与供应链企业的内部信息系统相连,组织内和组织间管理信息系统形成了一个整体。图4.1给出了跨组织管理信息系统组织之间的关系。

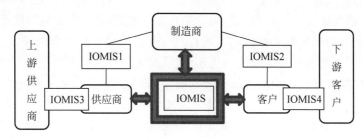

图4.1 跨组织管理信息系统组织之间的关系

制造商、供应商和客户可以通过跨组织管理信息系统进行全供应链管理和信息交换,就好像它们处在同一个环境中一样,十分方便、快捷地了解组织之间的运转情况。当然,这样的跨组织管理信息系统的实现要求极高,组织间不但要数据、信息规范一致,而且对于管理模式、组织方式、工作流程也要基本相似,否则系统运行效率难以提高。退而求其次,组织两两之间也可以建立跨组织管理信息系统,如制造商和供应商之间可以通过IOMIS1建立联系和交换信息,制造商和客户之间可以通过IOMIS2建立联系和交换信息,这样的跨组织管理信息系统实现相对要容易一些,只要两个组织之间通过合适的接口进行数据交换就可以实现业务合作。同样,供应商也可以与上游的供应商通过IOMIS3进行合作,客户与下游的客户通过IOMIS4进行业务合作,实现快速响应市场需求。

可以看出,跨组织管理信息系统的实现是非常复杂的,这是因为组织之间在许多方面存在差异,如商业目标、组织结构和工作方式、管理模式等都存在不一致的情况。因此,跨组织管理信息系统的分析、设计与实现等必然存在许多风险。正因为存在如此多的风险,跨组织管理信息系统的实施无论是前期的选择与准备还是实施过程本身而言,都更具有挑战性。

4.3.2 企业合作关系分析

根据当前的研究成果,跨组织管理信息系统可以从组织关系和支持的层级两个维度对企业的合作关系进行分类。

1. 按组织关系分类,企业合作关系可以分为纵向和横向关系

纵向组织关系是指上下游企业之间的关系,如制造商与供应商、制造商与销售商等。组织之间的纵向关系是一种自然的供应联系关系,制造商依赖上游企业的原材料和零配件,并向下游的企业或客户提供产品或零件,这种合作关系是主流的业务合作。纵向合作关系一般是进行商品或产品的交易,所以也称为交易关系。

横向组织关系是指具有相似定位的同行业企业之间的关系,如同行业的供应商之间建立联盟、同行业销售商之间合作、同行业制造商之间合作等。具有这类关系的企业在市场、资源、技术、人才等方面存在利益冲突,它们之间的组织关系表现为竞争关系。这种关系意味着企业之间的合作极为困难。但有时为了避免恶性竞争,企业之间也会合作,共同发展。这种企业关系一般可以共享信息,制定双赢合作关系。

2. 按照支持的层级分类,企业合作可以分为支持运营层和支持战略层关系

支持运营层关系是指企业间的日常业务运作,如企业间的订单流转、业务信息发布等。这类跨组织管理信息系统的服务对象是企业的运营,其目的是通过企业流程的转变来提高企业运作效率。这种企业合作主要是业务流程合作,或者信息共享等,也可以称为流程组合关系。

支持战略层关系是指通过其运作的刚性和资源的共享性,打破企业间的竞争格局,实现合作性竞争,减少扩大投资规模所带来的风险,增强供应链企业间的流程整合,提升企业的经营效率,从而获得竞争优势。这种企业合作主要为共同战略目标进行资源共享或建立业务互补,形成共同对外竞争力,也可以称为互补合作关系。

4.3.3　跨组织管理信息系统分类

根据以上两个维度的企业合作关系,可以将跨组织管理信息系统分为交易中介型、流程整合型、资源共享型和互补合作型 4 种分类框架,如图 4.2 所示。

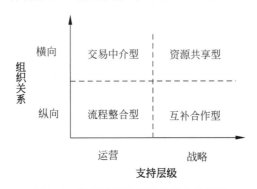

图 4.2　跨组织管理信息系统分类框架

1. 交易中介型跨组织管理信息系统

交易中介型跨组织管理信息统是一种提供电子中介服务的平台,为交易双方提供从交易撮合到合同履行的一整套服务。例如,中介机构建立产品交易平台,企业作为成员可以进行发布信息、商品交易、业务洽谈等业务活动。这里信息系统的具体功能包括综合信息服务、电子交易支持、信任中介和合同管理、订单管理等。

(1)综合信息服务。交易中介型跨组织管理信息系统为供需双方提供信息发布和查询功能,采用先进的内容管理技术,对各种信息进行分类、匹配。

(2)电子交易支持。交易中介型跨组织管理信息系统可以为双方提供交易撮合功能、网上下单功能、电子签约功能等。例如,中介提供询价、报价和议价等撮合。

(3)信任中介。利用数字安全证书等认证技术对交易双方进行身份确认以及资质的审核,确保交易双方信息的唯一性和不可抵赖性,以保护交易各方的利益,实现安全交易。

(4)合同管理。合同管理包括合同文件拟定、合同签署、合同执行跟踪与反馈,提供合同查询等服务。

（5）订单管理。订单管理包括生成订单、删除订单、修改订单、确认订单、支付订单、执行与跟踪等，提供订单查询、反馈等服务。

交易中介型跨组织管理信息系统典型的例子有淘宝网、亚马逊网站等。它们提供了一个电子商务交易平台，提供信息发布、信息分类、查询搜索、网上竞价与比价、在线洽谈和电子支付等功能。

2. 流程整合型跨组织管理信息系统

流程整合型跨组织管理信息系统提供了一个为上下游企业合作的供应链管理平台，为供应商、制造商、客户和第三方物流等供应链节点企业提供服务。它支持供应链中各个合作企业之间的合作与协调，为企业提供信息共享、流程整合和流程优化功能。流程整合型跨组织管理信息系统改变了传统供应链信息的逐级传递方式，其与企业的供应和采购信息平台直接相连，及时获取合作企业的信息变化，并快速响应及及时做出决策。流程整合型跨组织的管理信息系统的典型应用是供应链信息平台。一个企业要想加入整个供应链，必须与合作企业的供应链信息平台建立连接，将其所需的信息上传到跨组织管理信息平台，或者从该平台获取合作企业供应链的整体信息，如订单或计划信息等。这种合作方式提高了企业加入供应链的门槛，同时加强了节点企业之间的合作，使整个供应链联盟更加稳固和良性发展。

例如，安吉汽车物流有限公司（简称为安吉物流）所使用的中央调度系统，也称为运输管理系统，是典型的供应链整合型跨组织管理信息系统。安吉物流是上海大众、上海通用的供应链合作伙伴，上海大众、上海通用分别与安吉物流通过 EDI 与跨组织管理信息系统建立连接，实时传输作业数据。安吉物流接收上海大众和上海通用的需求信息后，经过计算并设计最优运输方案，然后向运输企业发出指令，通过 GPS 和移动定位等功能对整个运输过程进行全程跟踪，实现实时配送的要求。该平台整合了物流作业流程，并进行流程实时优化，达到快速、准确响应客户需求，从而能够提供最优质的服务。

3. 资源共享型跨组织管理信息系统

资源共享型跨组织管理信息系统是一种整合社会资源、供有关企业获取和共享信息的组织间的管理信息系统。企业在实际运作中，资源的需求和利用情况各不相同，社会资源的生产和使用也不均衡。例如，物流仓储业中，某些仓库的利用率达到100%，甚至需求经常超出自身的存储能力，而有些仓库则长期闲置，导致极大的资源浪费，提高了企业成本。对于需求大于供给的状况，企业可能采取扩大仓库仓储面积来解决此类问题，当然这样会增加投资。如果通过资源共享型跨组织管理信息系统整合各个企业的仓储资源，形成区域或行业性的企业联盟，将会整体提高社会仓储资源的利用率，降低成本，从而提升企业的竞争力和整个行业的效率。

例如，上海市道路货运公共信息平台是资源共享型跨组织管理信息系统的典型应用。该平台将上海地区有效的车源、货源、车位、仓储、交易等信息汇集起来，提供道路货运诚信认证功能，由其平台向全社会发布，促进了场内和场外交易的有序进行，提高了社会物流资源使用的效率，降低了全社会物流成本。

4. 互补合作型跨组织管理信息系统

互补合作型跨组织管理信息系统是一种能够帮助企业克服竞争局限，实现复杂产品互补性生产的一种跨组织管理信息系统。信息技术发展导致企业之间的相互依赖性更强，企业之间不得不需要建立比较稳定的互补性合作关系来加强竞争。大多数企业常常跨许多不同的行业组织,其运行模式也多种多样,跨组织管理信息系统为企业间合作提供了多样化的组织媒介。例如,动态网络组织、虚拟组织、增值伙伴关系等的出现,对跨组织管理信息系统的要求也越来越强烈,许多企业已成为价值伙伴,而不是简单的买卖关系。

例如,钢材加工配送企业所使用的跨组织管理信息系统是典型的互补型跨组织管理信息系统。汽车行业对汽车用钢的需求十分旺盛,大型钢铁企业为了获得战略优势,纷纷投资建设加工配送中心向汽车企业配送钢材。加工配送中心集成了运输、仓储、剪切和钢材回收等物流环节,每个环节由专业的第三方物流企业完成,通过加工配送中心的跨组织管理信息系统对整个配送计划进行统一规划和全程监督,确保在合适的时间和地点向汽车制造企业配送所需要规格、型号的钢材产品,解决了生产企业之间、生产企业与物流企业之间的互补和合作问题。

全球化在世界经济发展中越来越盛行,必然需要安全的全球信息系统,其在跨文化市场的成功商业运作中起到非常重要的作用。当组织的商业活动进入全球市场后,需要更多的全球信息系统辅助支持组织和个人管理商业运作。许多管理信息系统已经在其不同领域证明它们重要的专业价值,如决策支持系统、管理信息系统、供应链管理系统等。然而,随着全球化发展,管理信息系统的变革不可避免,全球化发展催生出新的管理模式,需要全新的支持全球化组织间合作的经营和管理规则及运作流程的跨组织管理信息系统。跨组织管理信息系统的具体应用主要有电子商务贸易系统、电子商务支持系统、电子资金转账系统、全球信息系统、社交媒体信息系统等。

(1) 电子商务贸易系统。电子商务贸易系统是指支持在同一国家或不同国家的商业伙伴之间进行交易的系统。例如,B2B、B2C 等电子商务系统,为商业伙伴之间进行商品交易提供查询、浏览、比价、协商、订单管理等服务功能。

(2) 电子商务支持系统。电子商务支持系统是一种非贸易系统,如集散中心、目录指南和其他服务,起支持贸易的作用。集散中心的作用是贸易伙伴通过门户网站在网上发布信息、接收或发送留言,实现彼此之间的沟通和合作。目录指南为每个销售者提供产品目录、购买者需要的产品,帮助销售组合找到潜在的购买者。

(3) 电子资金转账系统。电子资金转账系统是一种可以将资金在金融机构之间转移的跨组织管理信息系统。例如,在不同国家的银行之间进行资金转移的转账系统。

(4) 全球信息系统。全球信息系统是指将地处两个或两个以上国家的几家组织或同一组织的不同部门连接在一起,支持组织间合作的跨组织管理信息系统。

(5) 社交媒体信息系统。社交媒体信息系统又称为社会化媒体信息系统,是一种支持互联网用户之间内容共享的信息系统。

此外,还有贸易伙伴之间的专用信息传递系统、专用共享数据库系统和虚拟组织支持系统等。

4.4 全球信息系统

4.4.1 系统定义

随着全球化的迅猛发展,全球供应链、电子商务、客户关系管理、全球物流、跨国公司、虚拟组织等领域迫切需要跨组织管理信息系统的支持。在这些应用领域中,跨组织管理信息系统的技术和理念已经与组织的全球竞争战略、跨组织业务流程、业务运作方式融合起来,形成了崭新的管理模式。跨组织管理信息系统的发展,使这种全新的管理模式的实施成为可能。

全球信息系统(Global Information System)是指在获取、存取、更新、处理、分析和及时展示全世界的经营活动中涉及的计算机硬件、软件、数据和人员等有组织的集合。全球信息系统是为内部运作和外部活动提供过去的、当前的,以及预测的信息的一个工具。

不考虑其结构,拥有全球性业务的组织对信息技术有很强的依赖性,这些组织的全球信息系统由于信息技术的支撑可能具有以下优势。

(1) 在较低成本下有效沟通。合作者之间彼此距离很远,但是运用全球信息系统就像在一起工作一样,进行决策、监督交易过程,并且提供控制措施。商业伙伴之间通过电子邮件、EDI、网络信息技术和外联网进行通信交流。

(2) 克服距离、时间、语言和文化差异而有效合作。通过群件系统、群体决策支持系统、外联网和电子会议设施,合作能够得到改善。

(3) 可访问商业伙伴的数据库,不同地点的员工共同完成同一项目。利用可视电话会议和屏幕共享等信息技术可以达到这个目的。

4.4.2 服务目标与功能需求

1. 服务目标

组织要开展全球化业务运作,就必须连接同一公司的不同部门,或者位于两个或两个以上国家的若干公司的组织间管理信息系统,构建全球信息系统。全球信息系统支持跨国公司和虚拟全球公司的供应链、物流、产品研发和电子商务等业务。全球信息系统的服务目标是支持跨国公司和虚拟全球公司的各层次管理者业务和资源的管理与共享,实现实时响应业务和信息的变化,并做出相应的决策。

跨国公司是指由位于两个或两个以上国家的经济实体组成的,从事生产、销售和其他经营活动的国际性大型企业。跨国公司以本国为基地,在世界各地设立分支机构或子公司,是一种跨产品、市场、国家和文化经营的无国界、全球化的企业。跨国公司的总公司和子公司之间的关系可以是实体的,也可以是虚拟的。子公司分布于不同的地理区域,每一个子公司都有自己特定的目标、政策和运营方式等。

例如,便携式计算机的生产,它的中央处理器可能在美国设计和制造,而它的动态存储器可能在美国设计却在马来西亚制造,它的显示器可能在韩国设计和制造,它的键盘可能来自日本,它的整机组装可能在中国。而整个便携式计算机的管理营销、销售和财务可能由美国硅谷的一家公司负责,该公司统筹协调从融资、采购、生产到销售的全过程。由于跨国公司的资源分布广泛,管理难度大,其信息采集和处理也很复杂,跨国公司的管理者们都意识到只有更好地利用全球信息系统,才能应对全球竞争所带来的挑战。

2. 功能需求

全球信息系统强大的信息处理能力,提高了跨国公司和虚拟组织的协作能力,能够使跨国公司减少运作成本,为它们带来竞争优势。全球信息系统支持全球的各子公司进行协同工作和信息共享,主要的功能需求如下。

(1) 协同工作。全球信息系统使协作者能够在同一个产品上进行协同设计、文档编辑和业务协作等，能够在不同国家的企业部门之间迅速传递信息，提高协同工作的能力，提高对位于全球各地的竞争对手的反应速度和灵活性。

(2) 信息资源共享。全球信息系统通过信息资源共享平台，能够及时得到各地区的市场需求信息，与全球市场需求保持同步。

(3) 知识共享和传播。全球信息系统能够在不同国家的公司部门之间传播新知识，提高全公司的创新能力。

(4) 全球商务功能。全球信息系统能够迅速处理来自世界各地的客户订单和跨国支付，提高满足客户需求的能力。

(5) 全球供应链功能。全球信息系统通过全球采购，在世界各地选择最佳的供应商，并保证及时供货。

跨国公司或虚拟组织的全球信息系统应用要以跨国公司或虚拟组织的战略、全球子公司和合作伙伴的企业驱动力为依据，在行业特征、行业竞争及环境力量所引起的企业需求等方面进行深入分析，将跨国公司或虚拟组织的战略映射为全球信息系统的特征关系和功能需求。例如，通过全球联盟实现虚拟企业运营战略就要求全球信息系统在逻辑上统一，通过互联网连接各个子公司，实现互联互通。全球电子商务和客户服务战略要求全球信息系统提供公共的全球数据资源服务功能。全球供应链和物流战略要求全球信息系统在互联网、内联网和外联网上基于Web的应用实现信息共享和互动，实时响应供应链和物流变化。全球联盟要求全球信息系统集成全球企业的系统，实现文档共享和协同工作。动态资源管理战略要求全球信息系统支持制定跨国信息技术策略和标准等。

跨国公司或虚拟组织必须依赖全球信息系统来实施跨国公司或虚拟组织运行策略并整合全球业务活动。一般情况下，现代跨国公司或虚拟组织不是在子公司设立独立的信息系统部门，也不是采用集中式的信息系统运作方式，而是开发集成硬件、软件和互联网的全球协作的信息系统体系结构。

4.4.3 影响构建全球信息系统的因素

全球信息系统具有社会技术系统的全部特征，因此全球信息系统的设计与开发必然受到各种因素的影响。各个组织之间的政治利益关系错综复杂，受国家政策、经济状况、竞争产业、外汇汇率、国际竞争、技术进步、自然和地理环境等因素的影响，全球信息系统的设计、实施和应用的复杂性大大增加了。全球信息系统的应用会引起组织战略、组织结构、组织文化、组织间业务流程、商业关系等组织与管理的重大变革，成为推进组织国际化战略的关键手段。组织间的互联也意味着访问组织信息的透明度更大，组织必须考虑合作之后组织内部商业机密泄露和合作伙伴的管理信息系统的不安全性等所带来的风险。在全球信息系统环境下，保持组织的系统独立性、采用合适的安全策略至关重要。全球信息系统建设还要考虑开发费用的投入和分摊问题。全球信息系统的社会特征具体表现在以下几方面。

1. 文化差异

一个组织想在其他国家开展经营活动，必须考虑该国的文化环境。全球信息系统面临的文化挑战不仅包括语言、文化、兴趣、信仰、习惯、社会态度和政治哲学等方面的差异，还包括工作风格和企业关系的差异。例如，子公司的信息系统的界面设计风格、页面布局习惯等。全球信息系统的开发与管理人员在进入子公司之前必须接受培训,以适应这种文化的差异。

2. 政策与经济差异

由于国家之间的政治和经济环境不同,子公司所在国家的政府通常会给予各种限制条件。例如,通信基础设施通常是由国家政府运营的,对通信有严格的控制,子公司连接到高速通信线路的行为会受限制。国家之间的法律体系也有很大不同。例如,著作权、专利权、隐私权和数据跨境传输的管辖权等会有所不同。

3. 本地化差异

本地化差异是指不同国家和地区具有本地的特色和事物认识的差异。例如,一个公司在进行海外产品销售和服务时使用不同的产品名称、颜色、型号和包装。为了使全球信息系统发挥最大优势,本地化措施应该在信息系统设计和实施时就予以考虑。例如,考虑以当地的文化标准进行语言翻译、内容转换等,许多网站提供了多种语言和货币之间的转换。

4. 技术差异

处于不同国家的子公司的技术水平各不相同。例如,通信线路的传输速度和传输质量、产品编码不统一等,都会给全球信息系统的构建带来困难。

5. 子公司支持的差异

处于不同国家的子公司对同一个问题的支持态度会有差异。例如,有些子公司的管理者把全球信息系统的某些功能视作监视者,因此不愿意将一些数据上传。有些子公司则由于价格、使用习惯等原因,不愿意听从总公司购买统一品牌ERP系统产品,给系统集成带来难度。

【例4.1】 中国银行海外信息系统建设

2018年,中国银行海外信息系统整合转型项目港澳批次顺利完成投产。这是继亚太、欧非、美洲批次投产之后,中国银行全球化系统建设项目的又一重要里程碑,标志着海外信息系统整合转型项目完美收官,也意味着中国银行全球一体化信息科技建设的又一新高度。至此,覆盖中国银行全球46家机构的系统后台集中至北京数据中心,全面实现版本统一、集中部署和运营管理一体化。

中国银行海外信息系统整合转型项目事关全局,复杂度前所未有,必须充分运用信息技术蓝图项目成功实施积累的大型复杂项目群实施管理经验,有针对性地克服海外机构地域跨度大、信息科技力量相对薄弱、监管差异大等困难。为此,中国银行对项目进行了充分预研、统筹规划,逐渐摸索并不断完善项目实施方法,创造性地建立了一整套具有中国银行特色的行之有效的项目管理与工程实施方法体系。

中国银行海外信息系统整合转型项目实施的核心目的是加快实现中国银行"建设新时代全球一流银行"的战略目标,进一步凸显中国银行"全球化、多元化、智能化"的经营发展特色,推动全球信息科技系统及运营管理体系的集中统一,实现"以客户为中心"的服务模式转型,将境内成熟的信息技术能力延伸到全球。随着港澳批次的成功投产,中国银行完成了全球各分支机构以客户为中心的服务模式转型,实现了信息科技系统的集中统一、客户信息整合、渠道拓展和产品延伸,从渠道、客户、产品、管理信息等方面形成了支撑海内外一体化、多元化、可扩展的信息系统平台,使中国银行的全球业务发展和信息技术支持能力得到了全面提升。

(1) 构建了全球统一版本、集中运维的信息技术系统基础平台。

通过全球一体化的系统平台,建立了全球统一的全球客户信息管理模型、全球市场定价模型、全球产品定制模型以及全球交易风险管控模型,实现全球范围内的客户信息资源整合共享、渠道拓展和产品延伸,形成全球范围内的财务管理和风险管理支持能力,实现集约化的信息技术基础设施建设和运维管理。中国银行的核心系统支持多银行分别进行日夜切换、假日营业模式、提供 7×24 小时运行机制,实现全球化不间断无缝服务。随着海外信息系统整合转型项目的圆满完成,中国银行已经形成了一套支持海外机构业务发展的架构体系。

(2) 形成了全球化产品快速推广机制。

中国银行的新线系统实施全球参数统一管理,满足全球参数规范化和特殊化的要求,一点维护,全球同步,加快了成熟产品全球化推广的速度。海外信息系统整合转型项目完成后,中国银行具备了一批全球化精品系统,如全球资金一体化、全球现金管理、全球统一支付平台、全球客户服务平台。另外,针对海外物理网点较少的特点,需采取物理网点与线上网络相结合的方式,大力推进通过网上银行、手机银行等移动互联方式拓展客户,不断拓展海外服务渠道。

(3) 支持全球海外机构差异化发展。

全球一体化系统通过多语言混合编码存储和处理、前端动态目录映射机制,实现各国不同文化习惯的不同展示,实现了多语言、多时区、多银行等全球化基础性需求。由于海外机构面临监管多样性、需求特殊性等复杂情况,需要支持区域化、集约化管理以及差异化系统建设需求,中国银行设立的亚太、美洲、欧洲三大海外信息中心,按照区域化管理模式在需求管理、特色开发、信息安全等方面支持海外机构。另外,针对海外机构特性需求,特别是本地清算、监管报表、反洗钱方面,建立了海外中间业务平台以及海外报表两大技术平台,通过海外分行特色支持平台,支持分行按本地特殊要求,进行个性化业务定制,以支持各海外分行个性化业务、数据分析、内部管理和监管需求。

(4) 保证全球海外机构监管合规。

中国银行的海外信息系统支持多种加密方式并存,通过传输加密、存储加密、密钥交换等技术,达到隐私信息不出境和信息屏蔽的效果,以满足各国和各地区监管安全要求。通过业务自主定制客户账户状态属性,满足各国和各地区监管和业务对状态不同的授权或拒绝交易要求,以集中授权、接力授权方式,提供多层次的业务安全管理的模型。通过参数化定制的多种标准化的本离岸处理模式,支持各国和各地区不同的本离岸业务监管要求。通过建设海内外统一的反洗钱系统和海外数据平台,满足差异化反洗钱和当地监管报送需求。

随着海外项目的实施,中国银行信息科技基础设施逐步形成全球一个生产中心和"两地三中心"的灾备体系,具备全球一体化的安全运维能力。虚拟技术应用架构涵盖全球范围的交付渠道、客户管理、产品管理、财务会计和管理信息的完整价值链,具备清晰的核心银行系统定位,同时可扩展、松耦合的集成架构确保全球系统推广的时效性和先进性,应用安全性的大幅提升有力保障了全球客户的资金及信息安全。

全球一体化信息系统平台构建的完成,为中国银行全球化和数字化建设奠定了坚实的基础。在未来的几年内,中国银行将打造云计算、大数据、人工智能 3 大基础技术平台,建设智能渠道、智能客户管理、智能投顾、智能消费金融、智能运营和智能风控 6 大产品体系。通过业务、技术、数据的深度融合，穿透全流程、整合全集团、覆盖全领域，打通境内境外、线上线下。顺应新时代要求，中国银行将继续坚持科技引领、创新驱动、转型求实、变革图强的发展战略，以客户为中心，以价值创造为导向，通过数字化提高经营效率，以全球化提振百年基业。

4.5 社交媒体信息系统

组织间沟通往往被视为组织间合作过程中最重要的一个环节。随着信息技术的不断发展，新兴的跨组织沟通媒介为合作伙伴的沟通与互动提供了更多选择。除了面对面会谈和电话沟通等传统方式之外，组织还大量使用基于互联网的沟通媒介，包括组织自建的跨组织管理信息系统和来自企业外部的社交媒体工具。微信、新浪微博、QQ、陌陌、钉钉、Facebook(现更名为 Meta)、Twitter、YouTube、LinkedIn 等社交媒体工具在近些年来功能不断完善，在各个行业中的接受度越来越高，使合作组织的员工之间能够随时随地进行更加便捷、有效的沟通与互动。例如群组功能允许管理者根据需要建立一个专项的沟通群，将有关员工拉入群里，便于他们跟进项目进度和及时解决合作中出现的各种问题。

如今，EDI、ERP 系统、CRM 等跨组织管理信息系统与微信、新浪微博、QQ、钉钉等社交媒体已经成为企业日常经营生产活动中不可或缺的沟通工具。本节介绍社交媒体信息系统的定义、组成和应用。

4.5.1 系统定义

社交媒体指互联网上基于用户关系的内容生产与交换平台。社交媒体平台是人们彼此之间用来分享意见、见解、经验和观点的工具和平台，主要包括社交网站、微博、微信、博客、论坛、播客等。社交媒体在互联网的沃土上蓬勃发展，爆发出令人眩目的能量，其传播的信息已成为人们浏览互联网的重要内容，不仅制造了人们社交生活中争相讨论的一个又一个热门话题，更进而吸引传统媒体争相跟进。社交媒体能够将有共同兴趣的一群人关联起来，形成社区。

社交媒体信息系统(Social Media Information System，SMIS)是支持互联网用户之间进行内容自由创建、传播和共享的信息系统。

组织通过销售人员、客户支持和公共关系来创造社会化资源。被知名度高的人认可是一种传统的增加社会资本的方式。现在，越来越多的组织把社交媒体的链接放在组织的网站中，使组织与客户或者对其感兴趣的群体之间的交互变得更加容易。组织应用社交媒体信息系统，可以增加关系数量，加强关系强度，进而增加商业价值。

社交网络也可以是一种媒体，因为在这个网络平台上，无数的信息被网络中的节点(人)过滤并传播着，有价值的消息会被迅速传遍全球，无价值的信息则会被人们遗忘或者只能得到小范围的传播。

社交媒体正逐步以新的方式为用户提供全方位的体验。社交媒体将人的因素带回到了所有的数字化的互动中。人们将会创建、加入并寻找能够为他们提供有意义且具有相关体验的社交网络。人们还会对自己的投资回报(花费的时间和披露的程度)、获得的答复、评论以及社交网络的影响力和价值等进行衡量。由于社交媒体的存在，人们需要对原本无穷无尽的非结构化的海量数据进行梳理。例如,为视频添加标签、归档对话内容、加大对云计算技术的利用,并使得搜索结果具有更高的相关性都将成为企业非常感兴趣的需求。为这些问题寻找解决方案的组织将获得重要的机会,例如研究用户的使用意愿、使用价值、行为机理、话题分析和舆情监测等。

新型的社交媒体将创造出一系列的"整体产品"和用户体验,这些将贯穿人们的整个生活,包括网络、手机和现实生活。每个用户都可以通过工具、功能和应用程序创建自己的体验。人们可以对信息进行无缝切换,这些都不会受到地点和时间的限制。组织融入社交媒体和应用基于社交媒体的信息系统之后为消费者带来许多益处。

(1) 社交媒体信息推动组织信息透明化。社交媒体比以往任何一次技术革新都更能促进组织的协作精神,从而使得所有的组织都能够处于公众的监督之下。组织对社交媒体的积极性越高,其透明度也就越高。例如,惠普的员工博客计划使得外界能够更好地洞察惠普的内部状况。沃尔玛等公司甚至还邀请客户来撰写博客。在未融入社交媒体之前,大型企业很难与用户进行互动,也就无法获取反馈。融入社交媒体后,用户的意见或建议可以直达组织高层。

(2) 社交媒体信息系统提升产品质量。社交媒体信息系统使得所有消费者都可以针对产品发表评论并提出批评,因此厂商的产品必须有过硬的质量。产品质量不过关的厂商将会被曝光并最终失败。这也是好的产品往往在传统营销上投入的资金更少的原因所在。社交媒体信息系统的存在使得优秀的产品能够获得自己用户和粉丝的追捧。

(3) 社交媒体系统可以提供优秀的客服渠道。组织利用社交媒体信息系统,如果客户有问题,只需要在系统上向组织的客服人员发布信息求助即可。这种服务具有很强的前瞻性。

(4) 社交媒体能够创造消费者真正需要的产品。许多组织都采取了这种模式,听取用户的意见和反馈,并借此创造更好的产品。大型企业对此越积极,就越能促进这种模式的发展。

(5) 消费者可自主控制社交关系。消费者可以选择关注哪些组织的员工,至于是否需要加入他们的社区则完全由消费者做主。这与传统媒体产生了鲜明的对比,在传统媒体中,消费者完全无法控制自己与大型组织之间的关系。

(6) 免费接触大型企业。企业建立平台、网站和服务通常都是为了赚钱和建立业务,但它们大部分都对用户免费开放。在很多情况下,这些服务都是依靠广告费和赞助费等形式来获取收入的。

(7) 大型企业可借社交媒体提供有趣的资讯。如果某些品牌希望通过社交平台来发布视频且做法得当,那么消费者就可以从中获得资讯。例如可口可乐在其博客上发布的公司发展史、耐克在 YouTube 上发布的足球视频等。

(8) 用户主宰内容和互动。社交媒体上的许多交流都与大企业有关,这一点并不奇怪。无论是否出于自愿,大型企业已经实实在在地参与到社交媒体之中。

4.5.2 系统组成

1. 社交媒体信息系统角色

社交媒体信息系统角色包括用户社区、社交媒体使用组织和社交媒体应用提供商。

(1) 用户社区。用户社区是由超越地理位置和组织的边界的具有共同兴趣的人群组成的组织。一个用户社区拥有不同地域的用户,一个用户可以属于不同的用户社区。

(2) 社交媒体使用组织。社交媒体使用组织是指使用一个或多个社交媒体网站的公司或者其他组织。例如,海尔公司的网页链接微博和微信,用于宣传和促销产品。

(3) 社交媒体应用提供商。社交媒体应用提供商是指运营社交媒体网站的公司。例如,微信、新浪微博和百度都是社交媒体应用提供商,这些社交媒体应用提供商提供了强大的、使用方便的功能和富有特色的社交媒体,以吸引客户参与。

2. 社交媒体信息系统的要素

社交媒体信息系统的要素包括计算机硬件、软件、数据、过程和人员。

(1) 计算机硬件是支持用户和系统运行的各种计算机设备。与一般信息系统一样,社交媒体信息系统也需要计算机硬件及其相关设备支持,包括计算机、移动设备、网络和网络设备等。

(2) 软件是指与社交媒体信息系统相关的软件系统。除了社交媒体信息系统平台以外,还需要客户端软件、数据库软件和开发平台软件等。

(3) 数据包括内容数据和关系数据。内容数据有用户社区和社交媒体使用组织的原创数据和恢复数据,记录了用户的各种行为(吐槽、交流、关注、评论等),这些数据量巨大。关系数据是关于内容数据的关系,由社交媒体信息系统负责存储和处理的连接数据。例如,微信建立的微信群和基于该群的用户关系分享与传播信息等。

(4) 过程是指运行和维护社交媒体应用以及行为分析等活动,包括用户社区创建与内容数据创建、维护、分享和管理,以及分析用户行为等过程与活动。

(5) 社交媒体信息系统的人员指用户社区的信息发布者和社交媒体信息系统的开发与维护人员,以及基于媒体数据的行为分析人员等。

【例 4.2】 速途网

互联网社交媒体是以互联网为依托,主要从事互联网业界信息交流、专家座谈、网友互动等方式的互联网新兴媒体。

速途网是速途传媒旗下的中国互联网行业社交媒体和在线服务平台。速途网使用速途自己开发的自组织发布平台系统,以注册用户自主发布内容、通过注册用户投票组织自动编辑的 Web 2.0 方式,迅速发展成为有代表性的中国互联网行业的专业网站。同时,速途网利用产品平台向企业用户提供网络公关传播、网络传播效果评估、企业网站监测管理等在线服务。

速途网上线于 2009 年 4 月,目前已经成为中国互联网行业最大的行业网站和舆论、社交阵地。速途网使用自主研发的自组织发布系统,允许注册用户自主发布内容、通过注册用户投票实现自动编辑,并结合微博、微信等社会化媒体发展趋势,一直专注于中国移动互联网、电子商务、创业投资、物联网、数字家庭等互联网发展应用动态的发布和分享。速途网包括电商中心、创投中心、IT 中心、游戏中心、评论中心、速途研究院 6 大板块,注册作者约 3 万人,活跃专栏作家超过 500 人,专职编辑人员 40 多人。

速途网的网站覆盖领域包括电子商务、网络游戏、团购、社交媒体、速途探营、蓝海沙龙等一些特色板块。速途网的网络业务包括自组织网络平台、网络营销及公关服务、速途传播指数、网络信息发布及采编服务、网络管理员信息服务等。

2013年12月初,速途网成立速途网自媒体联盟,正式向自媒体转型。速途网自媒体联盟包括以速途编辑部成员、速途网活跃专栏作者为主的近百个账号,在这里展现更鲜活、更有趣、更有深意的内容。速途网自媒体联盟有超过100万订阅用户,内容涵盖硬件、电子商务、互联网金融、创投、数据研究、手机游戏、IT等领域,在移动端与用户分享最新鲜的IT互联网资讯、前沿趋势和各热门领域鲜为人知的幕后故事。

从以上分析可以看出,社交媒体信息系统发展方兴未艾,许多组织和企业非常青睐社交媒体信息系统给经营管理所带来的效益和效率的提升,进而提高了竞争力。社交媒体信息系统在企业的主要应用如下。

(1) 客户关系管理。社会化客户的关系管理是一个动态的过程,基于社交媒体的客户关系管理非常适合于这种组织和客户的动态交互的过程。基于社交媒体的客户关系管理系统支持客户随时发表意见和需求,并能及时解答客户需求或交给高层管理人员进行及时处理。组织中的员工可以通过创建百度百科、博客、讨论列表、用户查询和评论栏以及其他动态内容,如客户搜寻、查阅和评价以及创建用户组等来进行促销和营销。

(2) 企业内外部物流。供应链效率决定企业利润和减少资源浪费。长期以来,企业都是通过使用信息系统来提高供应链管理的效率和效用的。供应链和程式化的制造过程紧密结合,难以适应不可预测的动态过程。社交媒体信息系统则可以提供大量的解决方案,可以迅速对这些方案进行评估。

(3) 企业经营与制造。企业在产品设计中,常常需要员工知识共享、大脑风暴和创造性工作。同样,在管理活动中也希望不断学习新知识来提高管理效率,并把经验传播给企业其他工作人员等。社交媒体信息系统恰恰能够满足这些需求。例如,众包是一个雇用用户参与产品设计或产品再设计的动态社交媒体过程,企业可以向其客户征求产品体验的反馈。Web 2.0技术支持企业内部人员之间协同工作,可以用于经营与制造,进行知识分享和提出解决方案。

(4) 人力资源管理。社交媒体信息系统可以支持员工之间的交流,实现组织的技能培训计划,也可以进行网上人才招聘和知识交流,搜寻企业内外专家等。例如,通过社交媒体信息系统为员工提供一个可以发布专业知识的地方,若员工要寻找内部专家,则通过社交媒体信息系统找到那个领域中专业知识的发布者等。

4.6 跨组织管理信息系统涉及的技术

随着计算机和通信领域的飞速发展,互联网和跨组织的外联网得到了广泛应用,也促进了跨组织管理信息系统的应用并构成其运行的基础。跨组织管理信息系统主要使用以下技术。

1. 万维网技术

万维网(World Wide Web,WWW)是一个庞大的信息网络集合,可利用各种浏览器访问该网络。利用浏览器,在客户计算机的屏幕上可以显示文本和图片。利用浏览器与其他应用程序相结合的办法还可以播放声音。用户可以很方便地从网站中选取各种内容,也可以利用该网站中的超链接转到其他网站。

万维网是存储在Internet中数量巨大的文档的集合。这些文档称为页面,它是一种超文本信息,可以用于描述超媒体。文本、图形、视频、音频等多媒体称为超媒体。Web 上的信息是由彼此关联的文档组成的,而使其连接在一起的是超链接。

超文本是把一些信息根据需要连接起来的信息管理技术,人们可以通过一个文本的链接指针打开另一个相关的文本,只要单击一下文本中通常带下画线的条目,便可获得相关的信息。网页的出色之处在于能够把超链接嵌入网页中,使用户能够从一个网页站点方便地转移到另一个相关的网页站点。超链接是万维网上的一种链接技巧,它是内嵌在文本或图像中的。通过已定义好的关键字和图形,只要单击某个图标或某段文字,就可以自动连上相对应的其他文件。

万维网是基于客户机/服务器方式的信息发现技术和超文本技术的综合。Web 服务器通过超文本标记语言把信息组织成为图文并茂的超文本,利用链接从一个站点跳到另一个站点。这样一来彻底摆脱了以前查询工具只能按特定路径一步步地查找信息的限制。

万维网的 3 大核心技术包括:

(1) 超文本标记语言,是一种用于创建网页的标准标记语言。

(2) 统一资源定位符,是 Internet 上标准的资源地址,实现互联网信息的定位统一标识,如同在网络上的门牌。

(3) 超文本传输协议,是 Web 服务器传输超文本到本地浏览器的传输协议,实现 HTML 页面的发布与接收。

Web 服务可以整合企业的内部和外部系统,实现统一访问。

2. 可扩展标记语言

可扩展标记语言(Extensible Markup Language,XML)是一种用于标记电子文件使其具有结构性的标记语言。

在计算机中,标记指计算机所能理解的信息符号。通过此种标记,计算机之间可以处理包含各种的信息例如文章等。它可以用来标记数据、定义数据类型,是一种允许用户对自己的标记语言进行定义的源语言。它非常适合万维网传输,提供统一的方法来描述和交换独立于应用程序或供应商的结构化数据。它是 Internet 环境中跨平台的、依赖于内容的技术,也是当今处理分布式结构信息的有效工具。

随着 Web 应用的不断发展,HTML 的局限性也越来越明显地显现了出来,如 HTML 无法描述数据、可读性差、搜索时间长等。人们又把目光转向 SGML,再次改造 SGML 使之适应现在的网络需求。1998 年 2 月 10 日,W3C(World Wide Web Consortium,万维网联盟)公布 XML1.0 标准,XML 诞生了。

XML 最初的设计目的是 EDI(Electronic Data Interchange,电子数据交换),确切地说是为 EDI 提供一个标准数据格式。

XML 具有以下特点:

(1) XML 可以从 HTML 中分离数据。即能够在 HTML 文件之外将数据存储在 XML 文档中,这样可以使开发者集中精力使用 HTML 做好数据的显示和布局,并确保数据改动时不会导致 HTML 文件也需要改动,从而方便维护页面。XML 也能够将数据以"数据岛"的形式存储在 HTML 页面中,开发者依然可以把精力集中到使用 HTML 格式化和显示数据上。

(2) XML 可用于交换数据。基于 XML 可以在不兼容的系统之间交换数据,计算机系统和数据库系统所存储的数据有多种形式,对于开发者来说,最耗时间的工作就是在遍布网络的系统之间交换数据。把数据转换为 XML 格式存储将大大减少交换数据时的复杂性,还可以使这些数据能被不同的程序读取。

(3) XML 可应用于 B2B 中。例如在网络中交换金融信息,目前 XML 正成为遍布网络的商业系统之间交换信息所使用的主要语言,许多与 B2B 有关的完全基于 XML 的应用程序正在开发中。

(4) 利用 XML 可以共享数据。XML 数据以纯文本格式存储,这使得 XML 更易读、更便于记录、更便于调试,使不同系统、不同程序之间的数据共享变得更加简单。

(5) XML 可以充分利用数据。XML 是与软件、硬件和应用程序无关的,数据可以被更多的用户、设备所利用,而不仅仅限于基于 HTML 标准的浏览器。其他客户端和应用程序可以把 XML 文档作为数据源来处理,就像操作数据库一样,XML 的数据可以被各种各样的"阅读器"处理。

(6) XML 可以用于创建新的语言。例如,WAP 和 WML(Wireless Markup Language,无线标记语言)都是由 XML 发展来的。WML 是用于标识运行于手持设备上(例如手机)的 Internet 程序的工具,它就采用了 XML 的标准。

总之,XML 使用一个简单而又灵活的标准格式,为基于 Web 的应用提供了一个描述数据和交换数据的有效手段。但是,XML 并不是用来取代 HTML 的。HTML 着重如何描述将文件显示在浏览器中,而 XML 与 SGML 相近,它着重描述如何将数据以结构化方式表示。XML 与 HTML 存在以下区别:

(1) 可扩展性。HTML 不允许用户自行定义他们自己的标识或属性;而在 XML 中,用户能够根据需要自行定义新的标识及属性名,以便更好地从语义上修饰数据。

(2) 结构性。HTML 不支持深层的结构描述;XML 的文件结构嵌套可以复杂到任意程度,能表示面向对象的等级层次。

(3) 可校验性。HTML 没有提供规范文件以支持应用软件对 HTML 文件进行结构校验;而 XML 文件可以包括一个语法描述,使应用程序可以对此文件进行结构校验。

XML 可以成为企业内外部进行数据交换的标准,有利于企业内部与外部系统集成。

3. 电子数据交换

电子数据交换是通过增值网或互联网传递电子商务文件的数据交换技术。狭义地讲,EDI 是指按照同一规定的一套通用标准格式,将标准的经济信息通过通信网络传输在贸易伙伴的电子计算机系统上进行数据交换和自动处理。由于使用 EDI 能有效地减少直到最终消除贸易过程中的纸面单证,因此 EDI 也被俗称为"无纸交易"。它是一种利用计算机进行商务处理的新方法。EDI 是将贸易、运输、保险、银行和海关等行业的信息,用一种国际公认的标准格式,通过计算机通信网络,使各有关部门、公司与企业之间进行数据交换与处理,并完成以贸易为中心的全部业务过程。

一个 EDI 信息包括了一个多数据元素的字符串,每个元素代表了一个单一的事实,例如价格和商品模型号等,相互间由分隔符隔开。整个字符串被称为数据段。一个或多个数据段由头和尾限制定义为一个交易集,此交易集就是 EDI 传输单元(等同于一个信息)。一个交易集通常由包含在一个特定商业文档或模式中的内容组成。当交换 EDI 传输时即被视为交易伙伴。

从技术角度来讲，EDI 包括数据格式化标准、EDI 译码机和 EDI 的通信网络 3 个基本要素。

(1) 数据格式化标准。国际上已形成两大主流数据格式化标准：一是以欧洲各国应用为主的联合国 EDIFACT 标准；二是以北美洲国家（如美国和加拿大）应用为主的 ANSI X.12 标准。我国采用的是 EDIFACT 标准。

(2) EDI 译码机。EDI 译码机由映射软件、翻译软件、通信软件组成，负责把数据转换为标准格式后进行传递，最后再将标准格式还原成原始数据。

(3) EDI 通信网络。EDI 的通信网络采用点对点的直接专用方式和基于增值网(Value-Added Network，VAN)的间接方式。使用直接专用方式的 EDI 是用户与用户之间直接相连，不与其他系统相联系，即所谓的专用 EDI。增值网是指能够提供额外服务的计算机网络系统。EDI 增值网会提供一些专门的知识，包括需要什么样的通信线路、如何运作、使用线路的机会和风险等。借助增值网实现的 EDI 功能，类似于邮局为发送者与接收者提供的维护邮箱及存储转送、保管、格式转换、安全管制等功能。直接专用方式因其价格昂贵一般只在合作伙伴数量较少的情况下使用。

使用 EDI 的主要优点有：

(1) 降低了纸张文件的消费。

(2) 减少了大量重复劳动，提高了工作效率。

(3) 使得贸易双方能够以更迅速、有效的方式进行贸易，大大简化了订货过程或存货过程，使双方能及时地充分利用各自的人力和物力资源。

(4) 可以改善贸易双方的关系，厂商可以准确地估计日后商品的需求量，货运代理商可以简化大量的出口文书工作，商业用户可以提高存货的效率，提高他们的竞争能力。

EDI 的实现过程就是用户将相关数据从自己的信息系统发送到相关交易方的信息系统的过程。用户在计算机上进行原始数据的编辑处理，通过 EDI 的映射软件将原始数据格式文件转换为平面文件。平面文件是用户原始数据格式与 EDI 标准格式之间的对照性文件。再通过翻译软件将平面文件转换为 EDI 标准格式文件。然后通过通信软件，在文件外层加上通信信封，送到 EDI 系统交换中心邮箱，再发送到增值网或直接发送到对方用户。对方用户则进行相反的处理过程，最后生成对方信息系统能够识别的数据格式文件。

EDI 与组织其他信息系统的有效集成将大大提高组织本身所能达到的效益，充分发挥组织内在的潜力。EDI 和组织其他信息系统集成后，才能形成称为 EDI 系统的组织间信息系统，才能实现预测数据、主生产计划、采购数据、库存文件、应付款文件等信息共享。

目前，EDI 与 Internet、万维网结合，利用 EDI 快速、可靠的技术性能，又结合 Internet 的广域互联、低成本，使电子交易过程更趋完善。例如，电子邮件可以代替增值网传递 EDI 信息，基于 XML 的 EDI 可以使用户通过标准的浏览器阅读和理解 EDI 信息的内容等。

EDI 系统由通信模块、格式转换模块、联系模块、消息生成和处理模块 4 个基本功能模块组成。EDI 具有以下用途。

(1) EDI 用于金融、保险和商检。可以实现对外经贸的快速循环和可靠的支付，降低银行间转账所需的时间，增加可用资金的比例，加快资金的流动，简化手续，降低作业成本。

(2) EDI 用于外贸、通关和报关。EDI 用于外贸业，可提高用户的竞争能力。EDI 用于通关和报关，可加速货物通关，提高对外服务能力，减轻海关业务的压力，防止人为弊端，实现货物通关自动化和国际贸易的无纸化。

（3）EDI 用于税务。税务部门可利用 EDI 开发电子报税系统，实现纳税申报的自动化，既方便快捷又节省人力物力。

（4）EDI 用于制造业、运输业和仓储业。制造业利用 EDI 能充分理解并满足客户的需要，制订出供应计划，达到降低库存、加快资金流动的目的。运输业采用 EDI 能实现货运单证的电子数据传输，充分利用运输设备、仓位，为客户提供高层次和快捷的服务。对仓储业，可加速货物的提取及周转，减缓仓储空间紧张的矛盾，从而提高利用率。

4．外联网

外联网（Extranet）是不同单位间为了频繁交换业务信息而基于互联网或其他公网设施构建的单位间专用网络通道。

因为外联网涉及不同单位的局域网，所以不仅要确保信息在传输过程中的安全性，更要确保对方单位不能超越权限，通过外联网连入本单位的内网。在电子政务领域，VPN 外联网经常应用于如网上报税系统、企业审计监察、人大代表联网办公、海关电子报关、政府信息中心和各委办局单位信息中心的联网等系统中。

构建外联网，不仅要求能够实现外联单位间迅捷、安全的数据传输，而且需要能够对通过外联 VPN 通道的相互访问进行严格的访问控制，如限制协同单位通过外联 VPN 网络只能在协同的服务器间进行访问，其他的 PC 和服务器则无法通过 VPN 隧道访问到对方的内部网络。

4.7 本章小结

本章首先介绍了跨组织管理信息系统的概念，重点讨论了跨组织管理信息系统的定义、优势和实施风险。接着介绍了跨组织合作模式，重点讨论了交易型、流程型、交互型和合作型等合作模式的概念和特点。然后介绍了跨组织管理信息系统的分类，重点分析了组织间的组织关系，并从决策层、管理层、实施层和技术层采用关键成功因素法分析了跨组织管理信息系统的实施过程和要求，进而从组织关系和支持的层次两个维度对企业合作关系进行分类，详细分析了交易中介型、流程整合型、资源共享型和互补合作型的跨组织管理信息系统的功能需求。接着介绍了全球信息系统的概念和应用，重点讨论了全球信息系统的定义、优势、服务目标和功能需求，以及构建全球信息系统的影响因素等。接着介绍了社交媒体信息系统的基本概念和应用，重点分析了社交媒体信息系统的定义、优势、组成和应用等。最后介绍了跨组织管理信息系统所要求的技术，如万维网、外联网、EDI 和 XML 等。

习题

1．什么是跨组织管理信息系统？简述其优势和存在的风险。

2．举例说明跨组织合作的 4 种合作模式及其特点。

3．简述跨组织管理信息系统的分类。举例说明交易中介型、流程整合型、资源共享型和互补合作型的跨组织管理信息系统的功能需求。

4. 举例说明跨组织管理信息系统的具体应用。
5. 什么是全球信息系统？简述其优势、服务目标和功能需求。
6. 举例说明构建全球信息系统的影响因素。
7. 什么是社交媒体信息系统？简述其优势和组成。
8. 举例说明社交媒体信息系统的具体应用。
9. 简述跨组织管理信息系统所涉及的信息技术。

第 5 章 系统工程

【学习重点】
(1) 理解系统的定义、模型、特征和分类。
(2) 理解系统分解与集成的思想和方法。
(3) 理解系统科学与系统工程的基本概念、知识体系和系统工程分析方法。

本章从系统的基本概念开始,介绍系统的定义、模型、特征和分类,以及系统科学与系统工程的基本概念与系统工程分析方法论,重点阐述了系统科学与系统工程的定义、系统分解与集成的思想与方法、系统工程方法论。

5.1 系统

5.1.1 系统的定义

视频讲解

系统(System)一词来源于古代希腊文,意为部分组成的整体,已经为人们所熟知。系统广泛存在于自然界、人类社会和人类思维的描述之中。人们在自然界和人类社会中所见到的各种事物都可以看作是一个系统,系统在实际应用中总是以特定系统出现的。例如,生态系统、行政系统、教育系统、生命系统等。系统是普遍存在的,从基本粒子到河外星系,从人类社会到人的思维,从无机界到有机界,从自然科学到社会科学,系统无所不在。

在数字信号处理的理论中,人们把能加工、变换数字信号的实体称作系统。由于处理数字信号的系统是在指定的时刻或时序对信号进行加工运算,因此这种系统被看作是离散时间的,也可以用基于时间的语言、表格、公式、波形 4 种方法来描述。从抽象的意义来说,系统和信号都可以看作序列。但是,系统是加工信号的机构,这点与信号不同。人们研究系统、设计系统、利用系统加工信号和服务人类。除上文的 4 种描述方法,描述系统的方法还有符号、单位脉冲响应、差分方程和图形。

系统的定义应该包含一切系统所共有的特性。一般系统论创始人贝塔朗菲认为,系统是相互联系、相互作用的诸元素的综合体。该定义仅仅描述系统的组成要素和关系,没有给出系统的作用。

美国国家标准协会将系统定义为各种方法、过程或技术结合在一起,按照一定规律相互作用,构成的一个有机整体。该定义强调了整体的概念和集成的思想。

国际标准化组织定义系统为内部相互依赖的各个部分,按照某种规律为实现某一特定目标而联系在一起的合理的、有序的组合。该定义强调部分的有机依赖和有共同目标，也没有指出系统的作用。

我国著名学者钱学森给出一个较为全面的系统定义：系统是相互作用和相互依赖的若干组成部分或要素结合而成的具有特定功能的有机整体。

根据系统的概念，本书列出了关于系统的3个要点。

(1) 系统有特定的目标。每个系统都实现一个特定的目标，否则系统就没有存在的价值。例如，办公自动化系统的目标就是提高办公室工作的效率。

(2) 系统有一定的结构。部分或要素是组成系统的基础，它们为实现系统的目标按照某种结构密切地组合在一起。系统组成要素之间存在着各种联系，并且相互作用和相互依赖。

(3) 系统都有特定的功能。每个系统作为一个整体实现系统的目标，必然需要由各个组成部分相互作用所表现出的功能来达到。例如，一个事务处理系统由输入、输出和处理3部分配合完成数据的录入、分类、计算、分析、汇总和存储等功能，以提高事务处理的准确性和高效性等。

5.1.2 系统的模型

如5.1.1节所述，任何系统都有一定的结构。一个系统是其构成要素的集合，这些要素相互联系、相互制约。系统内部各要素之间相对稳定的联系方式、组织秩序及失控关系的内在表现形式，就是系统的结构。例如钟表是由齿轮、发条、指针等零部件按一定的方式装配而成的，但一堆齿轮、发条、指针随意放在一起却不能构成钟表。人体由各个器官组成，单个各器官简单拼凑在一起不能称其为一个有行为能力的人。

1. 系统的一般模型

一个简单的系统，其一般模型包含输入、处理和输出3部分。对于稍微复杂一些的系统，往往还有反馈部分，如图5.1所示。

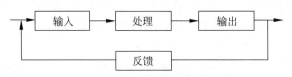

图5.1 带有反馈的系统的一般模型

图5.1是带有反馈的单输入单输出的系统，有些系统有多个输入和多个输出。

2. 系统的普遍模型

一个系统既有简单的，如细胞系统，也有复杂的，如生命系统等。在研究一个复杂系统时，人们往往需要对系统进行分解，例如子系统，而每一个子系统相对于整个系统必然相对简单，也容易研究和分析。因此，一个复杂系统可以根据不同的要求分解成不同的子系统，而每个子系统也可以再次分解，直到能够有效理解为止。子系统之间通过分解的输入、输出进行联系，从而将一个复杂的系统简化为相互联系的多个子系统的组合，这就是系统的普遍模型，如图5.2所示。例如，系统分为子系统1、子系统2和子系统3共3个子系统，子系统1进一步分为子系统1.1和子系统1.2，而子系统1.1还可以再次细分等。

系统都有边界，用来定义系统的内部与外部关系，利于描述一个系统的特征组成。边界

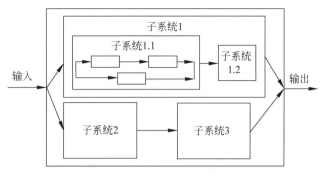

图 5.2 系统的普遍模型

之内是系统自身,边界之间是环境。系统的子系统由子系统的边界界定,子系统之间通过某种关系连接起来,这就是接口,也是子系统之间的约束。系统之间通过接口进行联系,系统就可以分开进行研究和分析。

5.1.3 系统的特征

系统论认为,开放性、自组织性、复杂性、整体性、关联性、等级结构性、动态平衡性、时序性等是所有系统的共同的基本特征。这些基本特征既是系统所具有的基本思想观点,又是系统方法的基本原则。本书归纳系统的基本特征如下。

(1) 目的性。任何一个系统都存在目的性。没有目的的系统难以发展,最终会消亡。

(2) 整体性。整体性是系统最基本与本质的特征。系统是多方面复杂因素的综合。系统与要素间的相互规定的相互作用,使得它们都获得了整体意义上的全新规定性。系统整体的存在方式具有一定的规律性。系统的结构是由不同层次的子系统组成,并且各层次间互相制约和影响。

(3) 适应性。系统能够与其所处的外界环境进行物质、能量和信息的交换。外界环境的变化会引起系统功能和组成要素相互关系的变化,这种变化使得系统逐步适应环境,并保持最佳的状态,也是最理想的系统。这种适应性也反映了系统具有动态变化特性,即系统的内部结构随系统与外界的物质、能量和信息的交换而变化,并向某个方向发展。这种发展是一个动态过程。

(4) 开放性。任何一个系统都不是封闭的,都要与外界环境中的其他系统交互。尽管系统具有一定的独立性,但是单系统作为一个整体又会与其他系统相互关联、相互影响。当然,系统具有一定的自我调节功能,能够在一定范围内自我调节,从而保持和恢复原来的有序状态、结构和功能。

(5) 动态性。开放系统与外界环境有物质、能量和信息的交换,系统内部结构也可以随时间不断变化。

5.1.4 系统的分类

由于系统的形态千变万化,按照不同的标准对系统进行划分就有不同的分类。例如,按照系统的形成,可以将其分为自然系统和人造系统;按照系统状态是否随时间变化,可以将其分为动态系统和静态系统;按照系统要素的多少,可以将其分为简单系统和复杂系统;

按照系统的功能,可以将其分为社会系统、经济系统、企业管理系统等。这说明了系统具有多样性特征。下面介绍几种系统分类。

1. 系统的基本分类

系统的基本分类是按照系统的形成与功能分类,可以将其分为自然系统、人工系统、复合系统和生理学概念4类。

自然系统是指系统内的个体按自然法则存在或演变,产生或形成一种群体的自然现象与特征。自然系统包括生态平衡系统、生命机体系统、天体系统、物质微观结构系统以及社会系统等。

人工系统是指系统内的个体根据人为的、预先编排好的规则或计划好的方向运作,以实现或完成系统内个体不能单独实现的功能、性能与结果。人工系统包括立体成像系统、生产系统、交通系统、电力系统、计算机系统、教育系统、医疗系统、企业管理系统等。

复合系统是自然系统和人工系统的组合。复合系统包括导航系统、交通管理系统和人机系统等。维纳在创立控制论的过程中,把动物、机器的通信和控制看作一个系统。为了明确研究的对象,人为地将物质或空间与其余物质或空间分开,被划定的研究对象称为系统。在热学中,通常把一定质量的气体作为研究对象,此研究对象就称为系统。在流体力学中,众多流体质点的集合称为系统。

生理学概念是指一些在机能上有密切联系的器官联合起来完成一定的生理机能即可称为系统。例如,口、食管、胃、肠及各种消化腺,有机地结合起来形成消化系统。高等动物体(或人体)内有许多系统,如皮肤系统、骨骼系统、肌肉系统、消化系统、呼吸系统、循环系统、排泄系统、内分泌系统、神经系统和生殖系统。这些系统又主要在神经系统和内分泌系统的调节控制下,彼此相互联系、相互制约地执行其不同的生理机能。只有这样,才能使整个有机体适应外界环境的变化和维持体内外环境的协调,完成整个的生命活动,使生命得以生存和延续。

2. 按照系统的复杂程度分类

按照系统的复杂程度分类,可以将其分为底层、中层和高层3个层次。底层系统属于物理系统,中层系统属于是生物系统,高层系统属于最复杂的人类社会和宇宙系统,如图5.3所示。

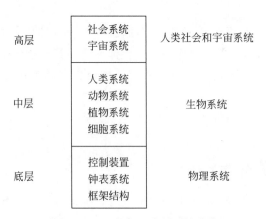

图 5.3　基于复杂程度的系统分类

(1) 物理系统。框架结构、钟表结构和控制装置等属于物理系统,如机床、汽车、计算机等。它们的共同特点是由一些无生命的物理元器件构成。这类系统虽然还可以进一步按照复杂程度细分,但在总体上这里系统的复杂程度较低。

(2) 生物系统。顾名思义,凡是有生命的系统都属于生物系统。从微生物到植物,从植物到动物,它们的共同特点是由不同的细胞构成。事实上,细胞本身也是一个生物系统,细胞虽小,但却比任何物理系统都高级,也更复杂。

(3) 人类社会和宇宙系统。人类社会是指由一定的经济基础和上层建筑构成的人类生存环境的整体,包括文化、艺术、宗教、法律、政治等多方面。例如,管理信息系统就是一个具有明显的社会文化特征,并且包含软硬件系统要素的复杂社会系统。宇宙系统包括地球等所有已知和未知的星球。

3. 按照系统的抽象程度分类

按照系统的抽象程度,可以将其分为概念系统、逻辑系统和实在系统。在信息系统开发过程中,为了更好地理解系统,往往在系统开发的不同阶段构建不同的抽象模型。

(1) 概念系统。概念系统是由概念、原理、原则、制度、方法、程序等非物质实体组成的系统,如各种科学技术体系、法律、法规等。人们在系统分析的初始阶段,根据系统的目标进行抽象并构造系统的概念模型。概念模型是对概念系统的目标、使命和主要功能的图形描述。概念模型关注系统的结构,尤其是通过输入、输出来表示系统的功能和目的。概念模型只关心系统的输入、输出信息与处理的关系,而对系统如何将输入变换为输出无须知道,目的是弄清楚各部分之间的关系。例如,超市收银管理系统的输入包括客户信息、商品信息、支付信息,输出的是购物清单信息、财务信息、发票信息、库存信息和销售信息等。图 5.4 是超市收银管理系统的概念模型。

图 5.4 超市收银管理系统的概念模型

(2) 逻辑系统。逻辑系统是在概念系统的基础上构造而成的理论上可以实现的系统。逻辑系统考虑了系统整体的合理性、结构的逻辑性和实现的可能性,能够根据系统所规定的要求,给出实现系统的要素、功能、方法和规程,是一种摆脱了具体实现细节的合理系统。系统的逻辑结构可以通过逻辑模型来表达。

逻辑模型描述了系统输入、处理和输出之间的逻辑关系。逻辑模型关注系统的实现方案,即逐步深入系统的内部,考虑系统的处理过程。图 5.5 所示的是超市收银管理系统的逻辑模型。

系统的输入数据有客户信息(客户号、级别、积分、有效期)、商品信息(商品号、数量、单价)、支付信息(付款方式、卡号、密码),输出数据有购物清单信息(单号、客户号、日期、商品列表、总价、付款流水号)、账务信息(付款流水号、金额、付款方、付款方账号、收款方、收款方账号、付款方式、销售单号)、发票信息(发票号、付款方名称、付款方账号、付款方电话、收款

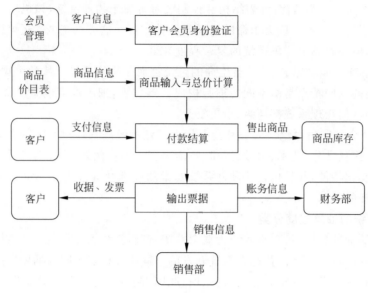

图 5.5 超市收银管理系统的逻辑模型

方名称、收款方账号、发票明细、发票总额、税金、发票代码、开票人、复核人、开票日期等)、库存信息(商品号、库存量)和销售信息(销售单号、日期时间、客户号、商品明细、总价、支付流水号)。

(3) 实在系统。实在系统是指客观存在并可以实际运作的系统,通常也称为实体系统或物理系统。它是系统在物理上的实现。对于信息系统来说,就是指把逻辑模型变成可运行的软件。一个实在的超市收银管理系统通过计算机运行,收银员可以输入客户会员号、商品明细,系统能够计算总价和完成支付后打印购物清单和发票等信息。

5.2 系统分解与集成

系统论的基本思想方法,就是把所研究和处理的对象当作一个系统,分析系统的结构和功能,研究系统、要素、环境三者的相互关系和变化的规律性,并从优化系统的观点看问题。世界上任何事物都可以看成是一个系统,系统是普遍存在的。大至浩瀚的宇宙,小至微观的原子,一粒种子、一群蜜蜂、一台机器、一个工厂、一个学会团体……都是系统,整个世界就是系统的集合。

正如前面所述,系统一般由若干子系统组成。对于复杂的系统,如果把它作为一个整体来理解则会非常困难。如果把它分解成一系列子系统,而每个子系统都是一个简单系统,不仅便于理解,还容易实现。当然,如果一个子系统还不能完全理解,就说明该子系统还是很复杂,需要进一步分解成更小的模块。分解过程一直进行,直到所有的子系统或模块都能理解为止。信息系统与一般的系统一样,也可以分解成许多的子系统,然后逐个进行子系统的设计,最后反向进行系统集成,实现完整的系统。

5.2.1 系统分解

分解是把复杂问题趋于简单化处理的有效策略,即"分而治之"。若一个复杂问题分解成若干容易解决的小问题,就能够减少解决问题所需要的总工作量。当然,分解必须是科学而合理的,否则反而可能会增加解决问题的难度和工作量。如何合理地分解系统,得到可行的系统组成结构,需要用到抽象的思想。

抽象是人类在认识或求解复杂问题的过程中,科学而合理地进行复杂系统分解的基本策略之一。抽象是概括一些事物中存在的相似的方面。抽象的主要思想是抽取出事物的本质特性,而暂不考虑它们的细节。这是一种分层次的渐进过程。分解与抽象是系统方法学中广泛采用分层次的从抽象到具体的逐步求精技术。建立模型是系统分解最常用的方法和技术之一。模型是一个方法或过程的合理而规范的框架。研究和建立模型必须运用抽象概括和创造思维,进行综观全局的科学总结。

对于系统的分解,采用分层次的逐步求精技术,就可以将系统的分解过程一直进行到易于理解和易于实现的子系统或模块,形成一个层次化的系统组成结构,如图5.6所示。

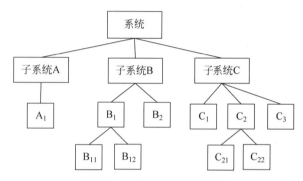

图 5.6 系统分解的层次结构

图 5.6 所示的系统分解的层次结构,上级子系统或模块调用下一级子系统或模块,下级子系统或模块返回结果给上一级子系统或模块。例如,子系统 B 有两个下一级子系统 B_1 和 B_2,而子系统 B_1 又有两个下一级子系统 B_{11} 和 B_{12}。子系统或模块之间通过接口进行通信和传递数据。

对于管理信息系统的分解可以从不同的角度进行。对于上层的分解,可以从职能的角度将企业的管理信息系统分解成生产、后勤、财务、市场等子系统。从管理活动的角度可以将企业的系统分为作业计划控制、管理计划和战略决策3个子系统。

综上所述,在面对一个复杂而又庞大的系统时,无法通过一张图表就把系统所有元素之间的关系描述清楚,这就要将系统按一定的原则分解成若干子系统。分解后的每个子系统,相对于总系统而言,其功能和结构的复杂程度都大大降低。对于较复杂的子系统,我们还可以对其进一步分解,直至达到要求为止。用自顶向下、从抽象到具体的方式分解过程,不仅可以使系统的结构非常清晰,容易设计,便于阅读和理解,也增加了系统的可靠性,提高了系统的可修改性。一般来说,系统分解需要考虑以下原则。

(1) 可控性原则。系统内部的元素一般是可以控制的,而系统外部的元素则是不可控制的,因而把系统中的若干元素划分为同一子系统时,该子系统应能管理和控制所属的所有元素。

(2) 功能聚合原则。在系统内部的元素通常按功能聚合原则来进行子系统划分。系统由若干模块构成,而模块具有各自的功能。若干模块按功能聚合构成子系统。评价聚合结果好坏的准则是：高内聚低耦合。

（3）接口标准化原则。系统在分解的过程中，需要定义大量的接口。接口是子系统之间的连接点，即子系统输入和输出的标准规范。在信息系统中接口的功能是十分重要的。通过接口可以完成过滤、编码/解码、纠错、缓冲等方面的工作。

5.2.2 系统集成

系统集成是为了达到系统目标将可利用的要素、资源或子系统有效地组织起来综合为统一的系统的过程。系统集成包含以下5大要素。

（1）客户行业知识。要求对客户所在行业的业务、组织结构、现状和发展趋势有较好的理解和掌握。

（2）技术集成能力。技术集成能力，即从系统的角度，为客户需求提供相应的系统模式，以及实现该系统模式的具体技术解决方案和运作方案的能力。

（3）产品改进能力。对供货商提供产品的性能、技术指标应有全面的掌握，并能够对其性能进行适应性改进。

（4）系统评价技术。应能够对所提出的系统方案的性能及可靠性、可用性、可维护性和安全性，以及与其他系统的匹配性、兼容性和对环境的影响进行量化的评选。这些评选将贯穿于整个项目的生命周期。

（5）系统调试技术。为单系统调试和系统间的互联、互通调试提供标准、内容、程序及技术手段。

系统集成商为用户提供从方案设计开始，经过产品优选、施工、软硬件平台配置、应用软件开发，到售后培训、咨询和技术支持等一揽子服务，使用户能得到一体化的完整的解决方案。

系统集成有以下几个显著特点。

（1）系统集成要以满足用户的需求为根本出发点。

（2）系统集成不是选择最好的产品的简单行为，而是要选择最适合用户的需求和投资规模的产品和技术。

（3）系统集成不是简单的设备供货，它更多的是体现设计、调试与开发的技术和能力。

（4）系统集成包含技术、管理和商务等方面，是一项综合性的系统工程。技术是系统集成工作的核心，管理和商务活动是系统集成项目成功实施的可靠保障。

（5）性能性价比的高低是评价一个系统集成项目设计是否合理和实施是否成功的重要参考因素。

总而言之，系统集成是一种商业行为，也是一种管理行为，其本质是一种技术行为。系统集成可以按不同的方式进行分类。

（1）按照优化程度可以将系统集成分为联通集成、共享集成和最优集成。联通集成是指保证系统设备能够互相联通。联通性是指计算机和其他设备在无人干涉的情况下，能够实现互相通信和共享信息的功能。联通性不只是联网，同时也要实现硬件和软件的兼容性、可移植性和互用性。共享集成是指整个系统的信息能够为系统中的所有用户所共享。最优集成是理想状态的高水平集成，一般只有在新建系统时才能达到。新建系统时，根据确定的目标，全面合理地规划信息系统的功能和流程，使系统各部分的集成达到最优。实际上随着时间的推移、环境的改变,原来认为最优的系统也会偏移,需要不断地进行调整。

(2) 按照经济活动的内容可以将系统集成分为技术集成、管理集成和技术与管理的综合集成。技术集成是指达到技术上的联通,如信息系统集成中的网络集成和硬件集成。管理集成是指达到企业业务管理上的联通,如供应、加工和销售的集成等。技术和管理的综合集成是指考虑技术和管理上的综合联通,如信息系统集成除了包括网络集成和硬件集成以外,还包括软件集成、信息集成、业务集成、人与组织机构的集成等。

(3) 按照系统抽象程度可以将系统集成分为概念集成、逻辑集成和物理集成。现实问题经过人的表达,并根据经验和知识,就可以为要实现的系统进行概念集成,然后在规则和规律的支持下,将系统转换为逻辑集成模型,接着将逻辑集成模型和现实状况进行比较,以确定集成方案能否很好地解决现实问题,最后再进行物理集成,形成满足现实问题要求的系统。

【例 5.1】 建筑系统集成

建筑内的子系统包括安防、中央空调、给排水、消防、照明、机电等各专业子系统。建筑系统集成是通过将建筑内的有关系统设备集中进行管控的一种重要的技术手段。它能够实现各个相对独立运行系统的集中控制,包括弱电子系统以及建筑物内的重要运行项目,还能实现各个单体建筑之间的信息共享等。集中的管理系统代替传统的管理模式,从而实现管理的系统化、集成化。由于在这一过程中涉及的设备、软硬件众多且不具备统一性,为了达到统一调配管理的目的,需要运用一定的技术手段进行资源的整合、数据的处理、系统的兼容即系统集成,相比单独的几项弱电工程要繁复得多。集成系统除了具有强大的管控功能之外,各项关键的软件技术和支撑的硬件配置、各个独立系统之间的信息传递与共享,是集成系统正常运行的重要基础。

5.3 系统科学与系统工程

5.3.1 系统科学

1. 系统科学的概念

系统科学是一门总结复杂系统的演化规律,研究如何建设、管理和控制复杂系统的科学。以系统为研究对象的基础理论和围绕应用开发所涉及的学科群,着重考察各类系统的关系和属性,揭示其活动规律,探讨有关系统的各种理论和方法。

狭义地讲,系统科学是指一门科学,它包括理论基础和实践应用两部分。其理论基础是指对系统的特性和规律进行阐明的系统论,其实践应用则是指系统工程,即将系统分析与工程技术结合起来,解决管理中的规划、设计、研究、制造、试验和使用的科学方法。广义地说,系统科学是指一组学科群,是在当代科学发展的前沿所产生的一组揭示自然界和社会、无机界、有机界、非生命界和生命界物质运动的普遍联系和共同规律的横向学科群。其代表性学科是控制论、信息论和系统论。

信息论以通信系统的模型为对象,以概率论和数理统计为工具,从定量的角度描述了信息的传输和提取等问题。信息论的研究领域扩大到机器、生物和社会等系统,发展成为一门专门利用数学方法来研究如何计量、提取、变换、传递、存储和控制各种系统信息的一般规律的科学。

控制论运用信息、反馈等概念，通过黑箱系统辨识与功能模拟仿真等方法，研究系统的状态、功能和行为，调节和控制系统稳定地、最优地趋向目标。控制论充分体现了现代科学整体化和综合化的发展趋势，具有十分重要的方法论意义。

系统论运用完整性、集中性、等级结构、终极性、逻辑同构等概念，研究适用于一切综合系统或子系统的模式、原则和规律，并力图对其结构和功能进行数学描述。系统强调整体与局部、局部与局部、整体与外部环境之间的有机联系，具有整体性、动态性和目的性3大基本特征。作为一种指导思想，系统论要求把事物当作一个整体或系统来考察，符合马克思主义关于物质世界普遍联系的哲学原理。

2. 系统科学知识体系

系统科学知识体系的结构根据其理论概括程度的高低，可以划分为3个层次。

(1) 系统的基础理论。奥地利生物学家贝塔朗菲创立的一般系统论、比利时物理学家和化学家普利戈金与布鲁塞尔学派提出的耗散结构理论、德国物理学家哈肯倡导的协同学，分别从生物学、物理学和化学等不同学科出发，探讨共同的系统理论，正在形成系统的基础理论学科——系统学。

(2) 系统的技术科学。其是指运筹学、系统方法和计算机科学技术等。运筹学包括数学规划、博弈论、排队论、库存决策理论、搜索论和网络技术等。系统方法是合理地研究和处理有关系统的整体联系的一般科学方法论。系统方法在唯物辩证法的指导下，运用系统理论，为研究和设计各种系统客体提出基本的原则，引导人们有效地解决各种现实课题。现代计算机科学技术主要是计算机的应用，这是系统研究和开发的必要工具，它使复杂系统的大量数据的定量分析得以实现。系统的技术科学层为系统的基础理论运用于系统工程技术提供了重要的方法和手段，具有应用理论学科的性质。

(3) 系统工程技术。其是指系统工程或系统分析，国外称为广义的系统分析。狭义的系统分析则是一种决策方法，用于决策阶段，而系统工程则用于管理活动全过程，国内统称为系统工程。系统工程是组织管理的技术和方法，具有应用学科的性质。

5.3.2 系统工程

管理学的观点认为，系统工程学实际上是一种组织管理技术。系统工程学通过人和计算机的配合，能充分发挥人的理解、分析、推理、评价、创造等能力的优势，又能利用计算机的高速计算和跟踪能力，依此来实验和剖析系统，从而获得丰富的信息，为选择最优的或次优的系统方案提供有力工具。

工程学的观点认为，系统工程是一个用于实现产品的跨学科方法。其能够把每个产品作为一个整体来理解，更好地构建产品的规划、开发、制造和维护过程。企业利用系统工程来对一个产品的需求、子系统、约束和部件之间的交互作用进行建模和分析，并进行优化和权衡，在整个产品生命周期中做出重要决策。在整个生命周期，系统工程师利用各种模型和工具来捕捉、组织、优先分级、交付并管理系统信息。例如，通过面向质量的设计、质量屋、六西格玛设计、TRIZ以及其他技术，系统工程能够捕捉并对客户要求进行优先分级，然后采用功能建模、面向对象方法、状态图进行评估、功能分析和物理划分等。

我国著名科学家钱学森认为，系统工程是组织管理系统的规划、研究、设计、制造、试验和使用的科学方法,是一种对所有系统都具有普遍意义的方法。

系统工程是运用系统思想直接改造客观世界的一大类工程技术的总称。系统是由互相关联、互相制约、互相作用的若干组成部分构成的具有某种功能的有机整体。人们对于系统的认识,即关于系统的思想来源于社会实践,人们在长期的社会实践中逐渐形成了把事物的各个组成部分联系起来从整体角度进行分析和综合的思想,即系统思想。系统工程是以研究大规模复杂系统为对象的新兴边缘科学,是处理系统的一门工程技术。对新系统的建立或对已建系统的经营管理,采用定量分析法(包括模型方法、仿真实验方法或优化方法)或定量与定性分析相结合的方法,进行系统分析与设计,满足整个系统预定的目标。

系统工程的研究范围已由传统的工程领域扩大到社会、技术和经济领域。例如,任何一种社会活动都会形成一个系统,这个系统的组织建立、有效运转就成为一项系统工程。因此,系统工程可以解决的问题涉及改造自然,提高社会生产力,增强国防力量,直至改造整个社会活动。

可以看出,系统工程不仅研究对象广泛,而且是一门交叉学科。系统工程是自然科学和社会科学的交叉,其不仅要用到信息科学、控制论、计算机科学、工程科学、应用数学等自然科学,还要用到社会学、心理学、经济学、管理学等与人的思想、行为等有关的社会科学,如图 5.7 所示。

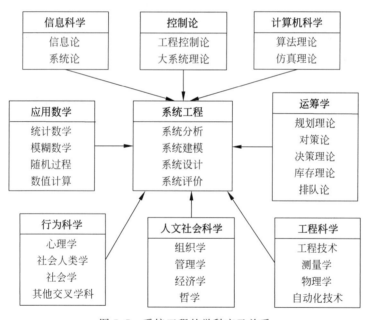

图 5.7　系统工程的学科交叉关系

系统工程是关于生产、建设、交通、储运、通信、商业、科学研究以及人类其他活动的规划、组织、协调和控制的科学方法。系统工程以系统为对象,从系统的整体观念出发,研究各个组成部分,分析各种因素之间的关系;运用数学方法,寻找系统的最佳方案,使系统总体效果达到最佳。

系统工程在我国建设事业、生产管理、商业经营、资源利用、环境保护、经济体制改革和科学研究等诸多领域均已取得了显著成效,其重要作用已被人们所广泛认识和接受。

5.4 系统工程方法论

方法论是进行研究和探索的一般途径,是对方法如何使用的指导。系统工程方法论是用于解决复杂问题的一般程序、逻辑步骤和通用方法。从系统方法论来看,系统工程学是结构、功能和历史等方法的统一,它有一套独特的解决复杂系统问题的工具和技巧,如双向因果环、反馈、流位和速率等概念。系统工程学模型中能容纳大量的变量,它是一种结构模型,通过它可以充分认识系统结构,并以此来把握系统的行为,是实际系统的实验室。

本节主要介绍系统工程方法论中几个具有代表性的方法论。

5.4.1 霍尔三维结构方法论

霍尔三维结构又称霍尔的系统工程,与软系统方法论对比,其称为硬系统方法论。霍尔三维结构方法论是霍尔等人在大量工程实践的基础上,于1969年提出的一种系统工程方法论。其内容反映在可以直观展示系统工程各项工作内容的三维结构图中。霍尔三维结构集中体现了系统工程方法的系统化、综合化、最优化、程序化和标准化等特点,是系统工程方法论的重要基础内容。

霍尔三维结构是将系统工程整个活动过程分为前后紧密衔接的7个阶段和7个步骤,同时还考虑了为完成这些阶段和步骤所需要的各种专业知识和技能,就形成了由时间维、逻辑维和知识维所组成的三维空间结构,如图5.8所示。其中,时间维是指系统开发的各个阶段,用T轴表示,表示系统工程活动从开始到结束按时间顺序排列的全过程,分为规划、拟订方案、研制、生产、安装、运行、更新7个时间阶段。逻辑维是指时间维的每一个阶段内所要进行的工作内容和应该遵循的思维程序,用L轴表示,表示包括明确问题、确定目标、系统分析、系统综合、优化设计、决策、计划与实施7个逻辑步骤。知识维用K轴表示,列举出

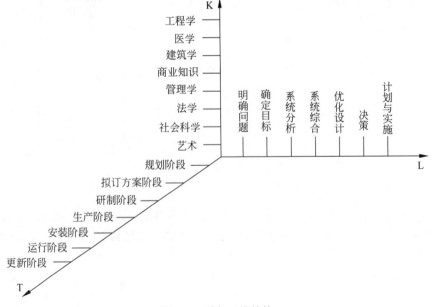

图5.8 霍尔三维结构

需要运用的各种知识和技能,包括工程学、医学、建筑学、商业知识、管理学、法学、社会科学、艺术等。

霍尔三维结构体系形象地描述了系统工程研究的框架,对其中任一阶段和每一个步骤,又可进一步展开,形成了分层次的树状体系。下面将逻辑维、时间维和知识维逐项展开讨论,可以看出,这些内容几乎覆盖了系统工程理论方法的各个方面。

1. 逻辑维

逻辑维是指解决问题的逻辑过程。运用系统工程方法解决某一大型工程项目时,一般可分为 7 个步骤。

(1) 明确问题。由于系统工程研究的对象复杂,包含自然界和社会经济各方面,而且研究对象本身的问题尚不清楚,如果是半结构性或非结构性问题,也难以用结构模型定量表示。因此,系统开发的最初阶段首先要明确问题的性质,以便正确地设定问题。设定问题的方法主要有直观的经验方法、预测法、结构模型法和多变量统计分析法。

(2) 确定目标。提出目标,制定原则。选择目标过程使用价值体系。行之有效的价值体系方法有效用理论、费用/效益分析法、风险估计和价值工程等。

(3) 系统分析。不论是工程技术问题还是社会环境问题,系统分析首先要对所研究的对象进行描述,常采用的方法有建模方法和仿真技术。对难以用数学模型表达的社会系统和生物系统等,也常用定性和定量相结合的方法来描述。系统分析的主要内容涉及系统变量的选择、建模与仿真和可靠性工程等。

(4) 系统综合。系统综合是在给定条件下,找出达到预期目标的手段或系统结构。一般来讲,按给定目标设计和规划的系统,在具体实施时,需要通过对问题本质的深入理解,做出具体解决问题的替代方案,或通过典型实例的研究,构想出系统结构和能实现目标要求的实施方案。系统综合的过程常常需要有人的参与,计算机辅助设计和系统仿真可用于系统综合,通过人机的交互作用和人的经验知识,使系统具有推理和联想的功能。近年来,知识工程和模糊理论已成为系统综合的有力工具。

(5) 优化设计。在系统的数学模型和目标函数已经建立的情况下,可用最优化方法选择目标值最优的控制变量值或系统参数。所谓优化,就是在约束条件规定的可行域内,从多种可行方案或替代方案中得出最优解或满意解。实践中要根据问题的特点选用适当的最优化方法,目前应用最广的仍是线性规划和动态规划,非线性规划的研究很多,但实用性尚有待改进,大系统优化已开发了分解协调的算法。组合优化适用于离散变量,整数规划中的分支定界法、逐次逼近法等的应用也很广泛。多目标优化问题的最优解处于目标空间的非劣解集上,可采用人机交互的方法处理所得的解,最终得到满意解。当然,多目标问题也可用加权的方法转换为单目标来求解,或按目标的重要性排序、逐次求解,如目标规划法。

(6) 决策。决策就是管理,决策就是做决定。人类的决策管理活动面临着被决策系统的日益庞大和日益复杂的问题。决策又有个人决策和团体决策、定性决策和定量决策、单目标决策和多目标决策之分。战略决策是在更高层次上的决策。在系统分析和系统综合的基础上,人们可根据主观偏好、主观效用和主观概率做决策。决策的本质反映了人的主观认识能力,因此,就必然受到人的主观认识能力的限制。近年来,决策支持系统受到人们的重视,系统分析者将各种数据、条件、模型和算法放在决策支持系统中,该系统甚至包含了有推理演绎功能的知识库,使决策者在做出主观决策后,力图从决策支持系统中尽快得到效果反应,以求得到主观判断和客观效果的一致。决策支持系统在一定条件下起到决策科学化和合理化的作用。但是,在真实的决策中,被决策对象往往包含许多不确定因素和难以描述的现象。例如,社会环境和人的行为不可能都抽象成数学模型,即使是使用了专家系统,也不可能将逻辑推演、综合和论证的过程做到像人的大脑那样,有创造性的思维,也无法判断许多随机因素。群决策有利于克服某些个人决策中主观判断的失误,但群决策过程比较长。为了实现高效率的群决策,在理论方法和应用软件开发方面,许多人做了大量工作。例如,多人多目标决策理论、主从决策理论、协商谈判系统和冲突分析等。

(7) 计划与实施。制订计划有了决策就要付诸实施,实施就要依靠严格的、有效的计划。以企业为例,为实现生产任务和发展战略目标,就要制订当年的生产计划和未来的发展规划。企业还要按厂级、车间级和班组级分别制订实施计划。一项大的开发项目,涉及设计、开发、研究和施工等许多环节,每个环节又涉及组织大量的人、财、物。常用的制订和实施计划的方法由计划评审技术和关键路线法。

2. 时间维

时间维是指工作进程。对于一个具体的工作项目,从制定规划起一直到更新为止,全部过程可分为7个阶段。

(1) 规划阶段。即调研、程序设计阶段,目的在于谋求活动的规划与战略。

(2) 拟订方案阶段。该阶段提出具体的可行的实施方案。

(3) 研制阶段。该阶段要做出研制方案及生产计划。

(4) 生产阶段。该阶段组织企业生产,生产出系统的零部件及整个系统,并提出安装计划。

(5) 安装阶段。该阶段将系统安装、组装完毕,并完成系统的运行计划。

(6) 运行阶段。该阶段按照预期的用途运行系统和开展业务或服务。

(7) 更新阶段。该阶段进行系统试运行,并在达到要求后,可以取消旧系统而代之以新系统,或改进原有系统,使之更加有效地工作。

3. 知识维

知识维就是系统从计划、开发到运行中所涉及的专业科学知识。系统工程除了要求为完成上述各步骤、各阶段所需的某些共性知识外,还需要其他学科的知识和各种专业技术,霍尔把这些知识分为工程学、医学、建筑学、商业知识、管理学、法学、社会科学和艺术等。各类系统工程,如军事系统工程、经济系统工程、信息系统工程等,都需要使用其他相应的专业基础知识。例如,管理信息系统的规划阶段,要确定规划信息系统目标,要使用管理学、工程学和商业知识等。

霍尔三维结构模式的出现,为解决大型复杂系统的规划、组织、管理问题提供了一种统一的思想方法,因而在世界各国得到了广泛应用。

5.4.2 切克兰德软系统方法论

霍尔三维结构方法论不适用于以建立和管理"软系统"为目的的社会科学、管理科学等科学领域,而适用于以研制"硬件系统"为目标的自然科学、工程技术等"硬科学"领域,所以有学者称霍尔三维结构方法论为"硬科学"的系统工程方法论。系统工程越来越多地用于研究社会经济发展战略和组织管理问题,涉及的人、信息和社会等因素相当复杂,使得系统工程的对象系统软化,并导致其中的许多因素又难以量化。许多学者在霍尔三维结构方法论的基础上,进一步提出了各种软系统工程方法论。20世纪80年代中前期由切克兰德提出的方法比较系统且具有代表性。

切克兰德认为完全按照解决工程问题的思路来解决社会问题或"软科学"问题,会碰到许多困难,尤其在设计价值系统、模型化和最优化等步骤方面,有许多因素很难进行定量分析。切克兰德把霍尔三维结构方法论叫硬系统方法(Hard System Method,HSM),并在1981年自己提出了一种软系统方法(Soft System Method,SSM),也称为"调查学习"法。

以大型工程技术问题的组织管理为基础产生的硬系统方法论,扩展其应用领域后,特别是在处理存在利益、价值观等方面差异的社会问题时,遇到了难以克服的障碍。人们对问题解决的目标和决策标准(决策选择的指标)这些重要问题,甚至对要解决的问题本身是什么就有不同的理解,即问题是非结构化的。对这类问题,或更确切地称为议题,首先需要的是不同观点的人们,通过相互交流,对问题本身达成共识。与硬系统方法论的核心是优化过程相比较,切克兰德称软系统方法论的核心是一个学习过程。软系统方法论认为,对于偏重社会问题、机理尚不清楚的心理和事理型的系统,如社会经济发展战略和组织管理等问题,这些问题和系统涉及人、信息和社会等相当复杂的因素,使系统工程的对象软化,且具有不良结构。解决此类问题的核心不是寻求"最优化",而是"调查、比较"或者说是"学习",从模型和现状比较中,学习改善现存系统的途径,是很明显的反馈调节思想。

切克兰德软系统方法论的工作过程如图5.9所示。

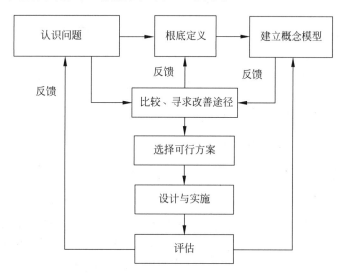

图5.9 切克兰德软系统方法论的工作过程

(1) 认识问题。收集与问题有关的信息,表达问题现状,寻找构成或影响因素及其关系,以便明确系统问题结构、现存过程及其相互之间的不适应之处,确定有关的行为主体和利益主体。

(2) 根底定义。初步弄清、改善与现状有关的各种因素及其相互关系。根底定义的目的是弄清系统问题的关键要素以及关联因素,为系统的发展及其研究确立各种基本的看法,并尽可能选择出最合适的基本观点。

(3) 建立概念模型。在不能建立精确数学模型的情况下,用结构模型或语言模型来描述系统的现状。概念模型来自根底定义,是通过系统化语言对问题抽象描述的结果,其结构及要素必须符合根底定义的思想,并能实现其要求。

(4) 比较、寻求改善途径。将现实问题和概念模型进行对比,找出符合决策者意图且可行的方案或途径。有时通过比较,需要对根底定义的结果进行适当修正。

(5) 选择可行方案。针对比较的结果,考虑有关人员的态度及其他社会、行为等因素,挑选出现实可行的改善方案。

(6) 设计与实施。通过详尽和有针对性的设计,形成具有可操作性的方案,并使得有关人员乐于接受和愿意为方案的实现竭尽全力。

(7) 评估与反馈。根据在实施过程中获得的新的认识,修正问题描述、根底定义及概念模型等。

切克兰德软系统方法论应用于任何复杂的、组织化的情境和问题,并包含有大量的社会、政治以及人为活动因素。

切克兰德方法与霍尔三维结构的主要不同点如下。

(1) 对象不同。霍尔三维结构主要以工程系统为研究对象,而切克兰德方法更适合对社会经济和经营管理等软系统问题进行研究。

(2) 核心内容不同。霍尔三维结构的核心内容是优化分析,而切克兰德方法的核心内容是比较学习。

(3) 方法不同。霍尔三维结构更多地关注定量分析方法,而切克兰德方法则强调定性与定量的有机结合。

随着近代处理问题的复杂度的上升,系统工程方法在不断地发展。钱学森先后提出"从定性到定量的综合集成方法",以及它的实践形式"从定性到定量的综合集成研讨体系",将系统方法论具体化,形成了一套行之有效的方法体系和实践方式。

5.4.3 系统工程方法

系统工程方法是一种现代的科学决策方法,也是一门基本的决策技术。系统工程方法把要处理的问题及其有关情况加以分门别类、确定边界,又强调把握各门类之间和内部诸因素之间的内在联系和完整性、整体性,否定片面和静止的观点和方法。在此基础上,没有遗漏地有区别地针对主要问题、主要情况和全过程,运用有效工具进行全面的分析和处理。

系统工程的基本方法是系统分析、设计和综合评价(性能、费用和时间等)。系统工程的应用日趋广泛,至 20 世纪 70 年代已发展成许多分支,如经营管理系统工程、后勤系统工程、行政系统工程、科研系统工程、环境系统工程、军事系统工程等。用定量和定性相结合的系统思想和方法处理大型复杂系统的问题,无论是系统的设计或组织建立,还是系统的经营管理,都可以统一看成是一类工程实践,统称为系统工程。

系统工程中使用各种方法包括系统分析、系统设计、系统控制、建模仿真、系统评价、系统预测、可行性分析、敏感性分析等。在这些方法中,系统分析、系统设计和系统评价是最重要的方法。

1. 系统分析

系统分析是指把要解决的问题作为一个系统,对系统要素进行综合分析,找出解决问题的可行方案的咨询方法。系统分析是一种研究方略,它能在不确定的情况下,确定问题的本质和起因,明确咨询目标,找出各种可行方案,并通过一定标准对这些方案进行比较,帮助决策者在复杂的问题和环境中做出科学抉择。

系统分析是一个有目的、有步骤的探索和分析过程,通过对不同方案的分析、比较,得出有效的决策信息,供决策者做出正确决策。系统分析的目的在于解决5W1H问题,即为谁(Who)、为什么(Why)、何时(When)、何地(Where)、做什么(What)、怎样做(How),而且每一步都应对这6个问题进行反复分析。

系统分析是咨询研究的最基本的方法,可以把一个复杂的咨询项目看成系统工程,通过系统目标分析、要素分析、环境分析、资源分析和管理分析,可以准确地诊断问题,深刻地揭示问题起因,有效地提出解决方案和满足客户的需求。

2. 系统设计

系统设计是根据系统分析的结果,运用系统科学的思想和方法,设计出能最大限度满足目标的新系统的过程。系统设计内容包括确定系统功能、设计方针和方法,产生理想系统并做出草案,通过收集信息对草案做出修正产生可选设计方案,将系统分解为若干子系统,进行子系统详细设计并进行评价,对系统方案进行论证并做出性能效果预测。

在系统设计时必须采用内部设计与外部设计相结合的思考原则,从总体系统的功能、输入、输出、环境、程序、人的因素、物的媒介各方面综合考虑,设计出整体最优的系统。进行系统设计应当采用分解、综合与反馈的工作方法。不论多大的复杂系统,首先要分解为若干子系统或要素,分解可从结构要素、功能要求、时间序列、空间配置等方面进行,并将其特征和性能标准化,综合成最优子系统,然后将最优子系统进行总体设计,从而得到最优系统。在这一过程中,从计划开始到系统满意为止,都要进行分阶段及总体综合评价,并以此对各项工作进行修改和完善。整个设计阶段是一个综合性反馈过程。

系统设计是一个综合的过程,有时称为系统综合。其目的在于最大限度地利用系统分析的各种结果,设计出最大限度满足要求的系统设计书。首先,用系统分析的思想来研究、编制、评选和确定系统设计方案和方法;其次,对系统分析的各种结果,进行理解、研究和分析,在此基础上进行数据收集、整理;再次,基于这些信息设计各子系统和系统集成,并设计本系统实现的方案;最后,编写系统设计报告。

系统设计通常应用归纳法和演绎法两种方法。

(1) 归纳法也称为归纳推理,是一种由个别到一般的推理,由一定程度的关于个别事物的观点过渡到范围较大的观点,由特殊具体的事例推导出一般原理、原则的解释方法。归纳法进行系统设计的过程:首先尽可能地收集现有的和过去的同类系统的系统设计资料,在对这些系统的设计、制造和运行状况进行分析研究的基础上,根据所设计的系统的功能要求进行多次选择,然后对少数几个同类系统做出相应修正,最后得出一个理想的系统。

(2) 演绎法是一种公理化方法,即先从普遍的规则和原理出发,根据设计人员的知识和经验,从具有一定功能的元素集合中选择能符合系统功能要求的多种元素,然后将这些元素按照一定形式进行组合,从而创造出具有所需功能的新系统。

在系统设计的实践中,这两种方法往往是并用的。

3. 系统评价

系统评价是对新开发的或改建的系统,根据预定的系统目标,用系统分析的方法,从技术、经济、社会、生态等方面对系统设计的各种方案进行评审和选择,以确定最优或次优或满意的系统方案。

系统评价所依据的是系统的效能、成本、影响和进度。系统设计中制定出好几套系统设计方案。系统评价时应该优选有效性高、成本低、良性循环、进度快的系统设计方案。评价指标通常有可靠性、安全性、敏感性、通用性、灵活性、可扩展性、相容性、适应性、价值性、持久性和社会性等。

系统评价的过程包括明确系统方案的目标体系和约束条件、确定评价项目和指标体系、制定评价方法并收集有关资料、可行性研究、技术经济和综合评价。根据系统所处阶段来划分，系统评价又分为事前评价、中间评价、事后评价和跟踪评价。

系统评价方法有专家评价、技术经济评价、模型评价和系统分析4类。专家评价由专家根据本人的知识和经验直接判断来进行评价。常用的方法有德尔菲法、评分法、表决法和检查表法等。技术经济评价以价值的各种表现形式来计算系统的效益而达到评价的目的，如净现值法、利润指数法、内部报酬率法和索别尔曼法等。模型评价用数学模型在计算机上仿真来进行评价，如可采用系统动力学模型、投入产出模型、计量经济模型和经济控制论模型等数学模型。系统分析对系统各方面进行定量和定性的分析来进行评价，如成本效益分析、决策分析、风险分析、灵敏度分析、可行性分析和可靠性分析等。

5.5 本章小结

本章首先介绍了系统的概念，重点讨论了系统的定义、模型、特征和分类等；然后介绍了系统分解与集成的思想，重点讨论了系统分解与抽象的原理、分解原则、系统集成要素与特点；接着介绍了系统科学和系统工程的概念，重点讨论了系统科学的概念和知识体系，系统工程的定义、学科交叉关系等；最后介绍了系统工程方法论，重点讨论了霍尔三维结构、切克兰德软系统方法和系统工程方法等。

习题

1. 什么是系统？简述系统的概念的3个要点。
2. 简述系统的普遍模型和基本特征。
3. 举例说明系统基本分类。简述概念系统、逻辑系统和实在系统的关系。
4. 简述系统论的基本思想方法。什么是分解？什么是抽象？
5. 什么是系统集成？简述系统集成的要素与特点。
6. 什么是系统科学？简述系统科学的知识体系。
7. 什么是系统工程？简述系统工程的学科交叉关系。
8. 简述霍尔三维结构和切克兰德软系统方法。举例说明霍尔三维结构和切克兰德软系统方法的区别。
9. 系统工程方法包括哪些方法？举例说明5W1H问题。
10. 简述系统设计的归纳法和演绎法的特点，举例说明系统评价的指标。

第6章 组织流程管理

【学习重点】
(1) 理解流程的基本概念和特征,工作流程的定义、组织管理模式发展。
(2) 理解流程的组成要素与特点。
(3) 理解流程建模方法与表示方法。
(4) 理解卓越流程构建框架和具体内容。

本章从流程的基本概念出发,介绍了流程的定义、组织管理模式与流程管理,重点阐述了流程的组成要素、流程表示方法、流程建模方法(数据流建模方法和BPMN建模方法)和卓越流程方法,最后介绍工作流管理系统、业务流程重组与管理的理念。

6.1 关于流程

流程是指工作事项的活动流向顺序,包括实际工作过程中的工作环节、步骤和程序。流程中的各项工作之间的逻辑关系是一种动态关系。例如,在一个建设工程项目实施过程中,其管理工作、信息处理、设计工作、物资采购和施工都属于流程的一部分。

在组织的业务运营管理中,流程已经得到了十分广泛的应用。流程打破了传统的以职能单位为主体的运营管理模式,建立以流程为主体跨部门的业务运营管理模式,极大地提升组织的工作效率和提升客户满意度。流程的要素包括任务流向、任务交接和推动力量。任务流向指明任务的传递方向和次序,任务交接指明任务交接标准与过程,而推动力量指明流程内在协调与控制机制。

管理和规划工作流程,需要工作流程组织来完成。工作流程组织可反映一个组织系统中各项工作之间的逻辑关系,是一种动态关系。例如,在一个信息系统项目建设与实施过程中,计划工作的流程、信息系统分析的流程、信息系统设计的流程、信息系统实现的流程和信息系统运行与维护的流程等组织工作都属于工作流程组织的范畴。

简单地说,流程就是组织完成其经营活动,为客户创造有效的价值和服务并获得利润的各种有序活动的过程。流程的一般特征包括:
(1) 每个流程都有输入与输出;
(2) 每个流程都有客户;
(3) 每个流程都有一个核心的处理对象;
(4) 每个流程都往往是跨职能部门的;

(5) 每个流程都有目标和绩效。

通过上述5方面的分析,可以有效消除流程组织过程中多余的工作环节,对冗余的同类活动进行合并,或者取消多余的活动,使流程更为经济、合理和简便,工作效率更高。

工作流程是一系列结构化的可测量的活动集合,并为特定的市场或特定的客户产生特定的输出。工作流程是在特定时间产生特定输出的一系列客户、供应商关系。组织的工作流程是把输入转换为输出的一系列相关活动的结合,它增加输入的价值并创造出对接受者更为有效的输出。国际标准化组织给出的定义:工作流程是一组将输入转换为输出的相互关联或相互作用的活动。

上述定义都是一种组织广义的工作流程定义,而狭义的工作流程则认为它仅仅是与客户价值的满足相联系的一系列活动,也称为企业流程。

从组织业务管理与信息技术和信息系统关系的角度,工作流程是指组织为了完成某一项目标或任务而进行的跨时间和空间的逻辑上相关的一系列有序活动。它由组织结构、人员、管理原则、管理技术、管理信息和管理方法等要素组成。

从组织生产经营和管理过程角度,组织的工作流程包括业务流程、计划流程、工作流程、管理流程、经营过程和制造过程等,是组织各种工作流程的统称。

工作流程随处可见。例如,一个出差报销流程包括填写报销单、部门领导审批、财务主任审批、上级主管领导审批、会计审核和出纳付款等活动。一个采购流程包括采购申请、供应商选择、采购订单处理、入库物资验收、结算处理和供应商评估等活动。而供应商评估过程为下次供应商选择提供指导。

实际上,工作流程与流程在概念上没有太大区别,因此,为描述方便,本书统一称为流程。

6.2 组织管理模式转变

视频讲解

随着组织的管理模式的发展,管理模式由最早的面向职能型的管理模式转变为面向流程型的管理模式。

1. 面向职能型的管理模式

随着经济发展,经济学家史密斯最早提出了劳动分工论,其思想将生产流程分解,每个员工负责其中的一部分,再进行组合。随后的实践工作当中,同类工作可以组合在一个部门中,由主管监督和管理该部门的工作,从而产生了职能制。这就是面向职能型的管理模式,并成为现代企业的主要组织形式。

根据以上分析,面向职能型的管理模式具有以下特点。

(1) 劳动分工制。劳动分工使一个复杂的工作被分解成多个简单的工作,组织的员工只需短期培训就能够满足工作需求。

(2) 任务要求简单。由于劳动分工,组织的每个员工只承担单一的简单技能,因而任务执行的效率高。

(3) 集权控制模式。其采用金字塔式的科层制集权控制模式。

面向职能型的管理模式在经济发展和社会进步中做出了巨大的贡献,但也暴露了以下缺点。

(1)尽管劳动生产率得到提高,但管理费用却在增加。

(2)随着集权控制管理规模的不断扩大,管理层次会随之增加,导致组织的管理效率下降。

(3)组织的员工只对任务负责,不对整个业务负责,下级组织仅对上级管理者负责。

(4)由于科层组织方式属于生产主导型而非客户主导型,因而缺少创新意识。

2.面向流程型的管理模式

面向流程型的管理模式是指以流程的视角理解、分析和管理组织中各种活动的一种思想、观点和方法。早在20世纪70年代,Nordsieck指出了以流程为导向管理组织运营的必要性。在任何情况下,组织都要以对流程的明确划分为目标。同时,对流程的划分必须符合任务目标和流程主体的发展,特别是任务变化的要求。组织运营本身就是一个持续的流程、一个不间断运行的链条。组织真正的运营就像一条河流,它在完成相同或相似任务的过程中不断地创造和提供新产品和服务。

在组织的内部组织和运营中,职能描述一个部门或机构是干什么的,是一个静态的概念,而流程强调的是为完成目标任务,一个部门或机构是如何工作的,是一个动态的概念。例如,图6.1描述了一个组织的财务、生产、采购、销售和库存管理部门的具体职能,以及区别于组织的管理流程、控制流程、作业流程等。

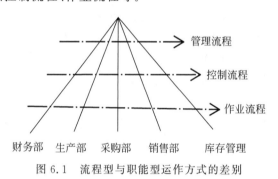

图6.1 流程型与职能型运作方式的差别

在图6.1中,从纵向角度看,组织按照职能设立各个部门,如财务部、生产部、采购部、销售部、仓库等,它们的职能明确单一。从横向看,业务按照流程跨部门进行,如管理流程、控制流程、作业流程等。

从组织运营和管理的角度,组织的内部组织和运营被分为若干职能部门,而实际上最终实现向客户提供产品或服务,都依赖于跨越部门的各种流程的运作。在以职能为主导的管理模式下,职能部门片面追求效率最优,但这并不能带来整个业务的最优化。直线职能制这种总体分治的条块化治理模式从根本上影响了企业快速、连续响应外部变化的能力。而且,企业内部各职能部门之间为协调流程的有效运作而产生的费用,并不能通过信息技术的支持作用而明显减少。

从组织最终的产品或提供的服务角度来看,在面向流程型的管理模式的影响下,人们认识到只有各职能部门围绕产品或服务紧密协作,使流程高效运转起来,才有可能实现业务运营效率最大化,所以,组织的管理模式开始出现从职能型向流程型转变的变革。

图6.2是一个面向职能型的组织结构和业务组织模式。职能型的组织结构指组织的基本单位是职能部门,每个职能部门由职能相似的业务人员组成。

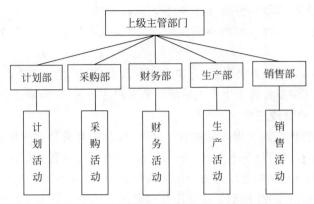

图 6.2 面向职能型的组织结构和业务组织模式

面向职能型的组织管理模式强调职能部门的职责和工作范围,一个任务由上级主管部门或领导下达,如果涉及部门之间的协作,则需要上级主管部门或领导进行协调或组织协调会议进行分工协调。这种管理模式需要上下级沟通,导致效率低下,甚至出现相互推诿的现象。因为下级只对上级部门负责,至于任务进展和执行情况与本部门无关,导致任务拖延,无法保证按期完成。

图 6.3 是一个面向职能流程型的组织结构和业务管理模式。这种模式是一种折中的管理模式,是职能型企业结构到流程型企业结构的一种过渡形式。它将职能型企业和流程型的组织结构结合起来,在职能型组织结构的基础上突出了流程活动。这种模式改善了职能型管理模式的不足,在现实条件下具有一定的适应性。例如,将销售部门缩减或撤销,建立面向产品销售和服务的流程过程,产品 1 和产品 2 直接面向客户进行营销流程,并驱动其他部门协助工作,可以快速响应客户对产品的要求和服务。

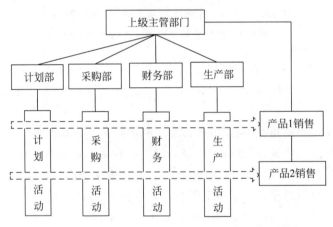

图 6.3 面向职能流程型的组织结构和业务管理模式

图 6.4 是一个面向流程型的组织结构和运营管理模式。流程型的组织结构由若干流程所涉及的人员和设备等资源的小组组成,流程小组围绕流程的目标执行一系列活动来完成相应的任务。流程小组以客户和流程为基础,将组织的各种资源集中于创造价值的流程之中,具备了更快、更有效地适应组织内部资源重组和外部市场变化的特点,提升了组织效益并提供给客户优质的服务。面向流程型的组织结构和运营管理模式是一种全新的管理模

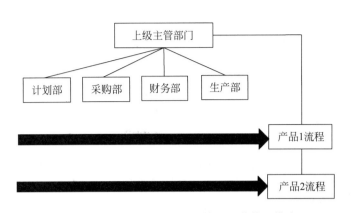

图 6.4　面向流程型的组织结构和运营管理模式

式,也是组织的重大变革。

在面向流程型的组织结构和运营管理模式中,组织的职能部门进一步被缩减,部分职能部门可能会因为职责不强会被撤并,从而减少了组织内部条块分割,直接变成以客户服务和产品研发与制造及质量为重点的流程型的组织方式和管理模式。这种管理模式的改变意味着组织的目标更加明确,效率更高和效益更好,并且具有更强的适应市场变化的能力。

面向流程型的运营组织方式和管理模式已经得到许多企业或机构的认可,并得到广泛采用。以组织的工作流程的理念理解、分析和管理企业运营,深入理解业务流程的概念和组织自身的使命,必然会给组织带来很大的变革和发展。

6.3　组织流程的组成与特点

6.3.1　组织流程的组成要素

组织流程是组织一切制度、流程、责任的基础。它包括组织层级关系、组织管理原则、组织职能、组织责任及组织运行规则等系列流程。如果组织结构不合理、组织基础流程不完善,其他管理工作都将无从谈起、组织效率必定低下。如果组织是一个企业,则组织流程称为企业流程,其更关注企业的产品或服务等这些核心目标。

一个组织流程主要由输入和输出、活动、活动间的关系、活动的执行者、活动的实现方式等要素组成。由于组织流程、工作流程与流程没有太多区别,因此在本书中它们的内涵相同,不用区分。

1. 输入和输出

流程的输入和输出是指触发流程执行的总输入和流程最终的输出结果。

2. 活动

流程是由活动组成的,活动是流程最基本的组成。活动是一种变换或处理,它包含几方面的要素。一个活动一般包括输入、活动目标、处理规则、处理手段、资源、输出(反馈)等要素。组织的活动往往要接收来自其他活动或外部的某种输入,在某种规则的控制下,利用某种手段和凭借一定的方法,通过变换、加工或处理等措施将输入转换为特定的输出。

图 6.5 给出了一个活动的基本要素。有些活动支持反馈作用,经过多次循环,直到达到满意的输出结果。活动的执行需要相应的资源支持,如人员、加工设备、信息系统和信息资源等。

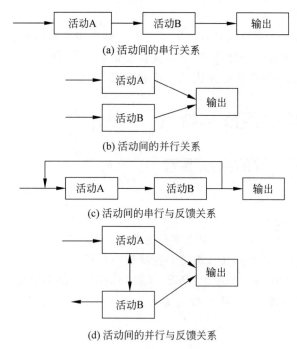

图 6.5 一个活动的基本要素

3. 活动间的关系

流程所包含的一系列活动在逻辑上是相关的和有序的,活动间不同的逻辑关系可能导致不同的结果。活动间的这种逻辑关系是流程的关键要素,反映了活动发生的先后顺序与活动间的相互关系。

一个流程所包含的活动间的逻辑关系可以分为串行关系、并行关系和反馈关系,如图 6.6 所示。活动间的串行关系如图 6.6(a)所示,活动按照活动 A 到活动 B 顺序执行;活动间的并行关系如图 6.6(b)所示,活动 A 和活动 B 可以同时执行;活动间的串行与反馈关系如图 6.6(c)所示,活动按照顺序执行,但输出结果可以反馈给输入;活动间的并行与反馈关系如图 6.6(d)所示,活动 A 和活动 B 同时执行,但活动 A 和活动 B 的结果相互反馈,共同影响输出结果。一个流程中的活动的执行顺序的改变就会导致不一样的流程。因此,流程的管理和重组可以通过活动的改变或活动间顺序的改变来进行。

(a) 活动间的串行关系

(b) 活动间的并行关系

(c) 活动间的串行与反馈关系

(d) 活动间的并行与反馈关系

图 6.6 流程中活动间的逻辑关系

4. 活动的执行者

活动的执行者是指完成部分或全部活动的部门或部门的员工。一个流程可以由不同的活动的执行者一起协作共同完成。同一个活动也可以由不同的执行者完成,也就是说,只要活动的性质不改变,即使不同的执行者来完成,整个流程也不会发生变化。

5. 活动的实现方式

活动的实现方式是指完成活动所采用的技术手段和管理模式。技术手段不同会导致执行的效果不相同,因而会形成不同的流程。例如,相比手工方法,采用信息技术会改变活动完成的方式和输入、输出的信息流向与保存方式等。

6.3.2 组织流程的特点

不同的组织有不同的流程,分析流程的五要素,可以发现组织流程具有以下特点。

(1)目标性。依据流程的定义,流程是为了完成一定的目标或任务而产生的。也就是说,流程的投入将被转换为明确的输出(目标或任务)。这个目标可以是一次满意的客户服务,也可以是一次及时的产品送达,等等。

(2)内在性。要完成任何目标或任务,总要通过一个特定的流程来实现。也就是说,流程无处不在,包含于任何事务或行为中。所有的事务或行为,都可以用这样的句式来描述:"输入的是什么资源,输出了什么结果,中间的一系列活动是怎样的,流程为谁创造了怎样的价值。"这也说明了流程的普遍存在特性。

(3)整体性。在面向流程型的管理模式下,组织的组成元素是流程,而流程的组成元素是活动。单个活动无法构成流程,活动间要通过一定的方式连接共同实现某个目标。流程隐含有一个"流转"的概念,至少两个活动,才能建立结构或者关系,才能进行流转。

(4)动态性。流程总是由一种状态转变为另一种状态,或者是在一个活动完成后再进行另一个活动。流程不是一个静态的概念,它按照一定的时序关系徐徐展开。组织的流程正是通过这种活动(状态)的转变来实现其目标的。

(5)层次性。组成流程的活动本身也可以是一个流程。流程是一个嵌套的概念,流程中的若干活动也可以看作"子流程",可以将其进一步分解为若干新的活动。如果一个流程中的某个活动的粒度较粗,则可以分解该活动,形成下一层流程,还可以根据需要进一步分解组成流程的活动,直到其不可再分为止。

(6)结构性。流程的结构性指的是组成流程的各个活动之间的相互联系与相互作用的方式。流程的结构可以有多种表现形式,如串联、并联、反馈等。这些表现形式的不同,往往给流程的输出效果带来很大的影响。

从价值链的角度来看,组织的运营本质就是其众多流程运营的过程,流程可以分为业务流程和管理流程。

(1)业务流程(Business Process)是企业中一系列创造价值的活动的组合,也称为核心流程。业务流程与企业的基本活动相对应,其所包含的一组活动有一个或多个输入和输出一个或多个结果,这些结果对客户来说是一种增值。也就是说,业务流程为组织创造价值。

(2)管理流程(Management Process)是企业组织通过计划、组织、指挥、控制等职能协调组织资源,完成管理工作以实现管理目标,为生产经营活动提供辅助支撑的流程,也称为辅助流程(保障流程)。例如,在企业层面,管理流程包括战略管理流程与企业治理相关流程等;在各管理职能部门层面,管理流程包括财务管理流程、人力资源管理流程、法务管理流程、行政管理流程、项目管理流程、信息技术管理流程等。管理流程与组织的辅助活动相对应,从客户的角度来看,管理流程不会直接创造价值。

6.4 流程建模

6.4.1 流程识别方法

流程识别不是一件容易的事情。由于组织长期在直线职能制下运行,流程的概念很不清楚。组织的业务需要什么样的流程、每个流程的起点和终点是什么、其间经过哪些环节等,都是难以回答的问题。流程识别是组织流程管理的首要工作。流程的识别有许多方法,常见的方法有时间维流程识别法、生命周期流程识别法、逆推判别法、信息载体跟踪法、价值链流程分析法、供应链流程分析法等。

1. 时间维流程识别法

一般地,组织的许多工作从时间维度上可以分为事前、事中和事后3个阶段。每个阶段都需要执行一系列活动。例如,事前要做计划活动,事中要安排和执行计划活动,事后要统计、分析和总结等活动。因此,可以根据业务工作完成的时间来识别企业流程。例如,识别一个物资管理的流程,事前阶段包括物资计划(需求计划和采购计划等)和签订采购合同等活动;事中阶段包括物资采购和物资存储等活动;事后阶段包括物资结账和物资统计等活动。图 6.7 给出了根据时间维识别的物资管理流程。

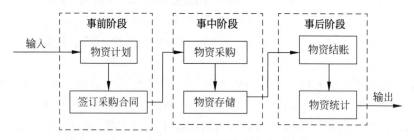

图 6.7　根据时间维识别的物资管理流程

2. 生命周期流程识别法

无论是产品制造型企业,还是服务型或资源型组织,它们的运作周期都可以分为计划、获得、保管和处理4个阶段,每一个阶段都有典型的流程或活动。管理者可以据此识别出这些流程或活动。在计划阶段,其存在的流程或活动有需求调查、设计、度量、控制、核算、市场研究、预测、生产能力计划和评估等。在获得阶段,其存在的流程或活动有采购原材料、补充人员、实施、创建、加工制造、开发、工程施工、生产调度和检测等。在保管阶段,其存在的流程或活动有成品入库、库存管理、维护、保障、跟踪、改进、质量管理、包装和修理等。在处理阶段,其存在的流程或活动有销售、交货、订货服务、发运、车队管理、付款、退休、设备配置和废品处理等。图 6.8 是根据生命周期识别的组织流程和活动。

3. 逆推判别法

逆推判别法是比较常用的一种流程识别方法。逆推判别法通过时间的逆行来识别流程或活动。具体地说,首先确认该流程运行的结果是什么,接着找出与该结果直接相关的事件或人,即寻找流程的终点,然后再根据输入和输出的相应关系,逆向寻找和识别相应的流程。

4. 信息载体跟踪法

随着信息技术的发展和信息系统的广泛应用,信息已经成为组织流程的重要组成要素。

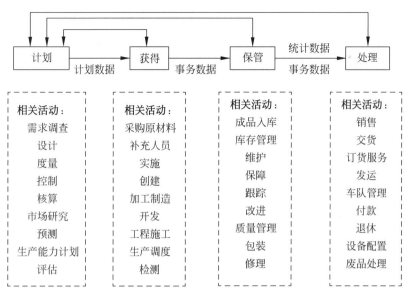

图 6.8 根据生命周期识别的组织流程和活动

伴随工作流程中的物资移动或管理过程,将不断产生各种信息载体(如表单、账本),载体上的信息逐步被流程中的活动处理或加工,产生二次信息、三次信息,完成从数据到信息的演变,最终为流程用户输出有价值的信息。跟踪信息载体的行走路线,以此识别工作流程。信息载体跟踪法识别的流程常常用数据流程图、信息视图等表示。

5. 价值链流程分析法

价值链是企业各种作业支持实现价值目标过程的抽象表示,是从价值的角度入手,重点研究价值目标和增值方式。业务流程具体反映企业的实际运行过程,从客观的角度出发,重点研究各种作业及其相互间的联系。可见,价值链分析须以企业业务流程为基础,而业务流程分析则以价值链为指导。对价值链分析的过程就是将企业整体业务流程(价值链)分解为相互联系的单个的业务流程,再以单个业务流程中的多个价值活动(作业)为分析对象进行分析的过程。

实际上,降低单个价值活动的成本及最终成本的重要因素就是一个业务流程能否为下一个业务流程提供增值、高效的产品或服务,价值链各个环节的创新也就是业务流程的再造。因此,组织需要站在更高的层次、更广阔的视野去观察和理解业务流程,将价值链和业务流程放在一起来分析,或者说从价值链流程分析入手,才可以更好地理解成本,以寻求成本发生的根源,提高降低成本的效率。

价值链流程分析的基础是价值,价值是买方愿意为企业提供给他们的产品或服务所支付的价格,也是代表着顾客需求满足的实现。这决定了价值链流程分析的第一步是价值链分析。价值链分析的实质是对构成价值链的各种价值活动进行价值分析,明确增值的目标和环境,做出具体发展规划,并且分解到企业经营各种作业中去加以实现。企业的人力、物力和财力都是有限的,需要分配在最能产生价值的地方。

价值链分析为寻找企业增值的关键环节提供了途径。在企业增值目标的指导下,价值链可以通过结构化的方法,对各种价值作业进行分析,并通过与竞争对手或发展目标做比较,发现自己的竞争优势和劣势,确定企业发展的关键环节。

企业的关键战略任务是重新安排新的价值链中各角色的作用和它们之间的关系以动员新的联合体和各个角色区创造价值,也即重新构造企业的业务流程。当企业增值的关键环节确定后,具体的实现过程就需要业务流程来完成了。在企业战略发展规划的指导下,通过充分分析业务流程的顾客需求、需求模式、制约因素和效率目标,业务流程将得到最有效的改进。

进一步分析流程的运作,它又是以流程中的作业为基本对象,这样的业务流程增值又可分解为各个作业的增值,即把作业看作最基本的投入产出单位,它的产出是向企业外部或下一作业提供的产品或服务等,它的投入是为其产出所耗用的企业资源或从上一作业获得的产品或服务费等。依据这个层次,价值链流程分析可以分为资源动因分析、作业动因分析和业务流程分析 3 部分。资源动因分析与作业动因分析是通过对作业的识别和计量,作业消耗资源的归集与确认,分析评价各项作业有效的方法;业务流程分析是对作业之间的联系进行分析的方法。

6. 供应链流程分析法

供应链是围绕核心企业,通过对信息流、物流、资金流的控制,从采购原材料开始,制成中间产品以及最终产品,最后由销售网络把产品送到消费者手中的将供应商、制造商、分销商、零售商,直到最终用户连成一个整体的功能网链结构。供应链是一个网络流程,每一个企业可以理解为这个网络中的某一节点。供应链的网络结构决定了其必然错综复杂和变化莫测。由此,整个供应链的流程要比单个企业的流程在范围和规模上更为宽泛。供应链管理是一种持续优化的过程,只有在供应链流程各个环节相互匹配并且持续优化的情况下,整个供应链才能产生增值的效果。

供应链包含所有运行其上的节点企业。从原料供给,经过链条上不同企业的加工制造、组装、分销到达顾客手中。供应链不仅是一条厂商到顾客的物流链、信息链、资金链,更是一条增值链。节点企业、物流、信息流、资金流构成了供应链四个基本要素。其中,物流从厂商的上游向顾客的下游流动,资金流从下游往上游流动,信息流则是双向流动。信息流、物流、资金流是供应链的三大命脉,信息流指挥物流,物流带动资金流。

创造过渡价值的基础是供应链流程应当具备满足顾客需求的能力,即准时、准地、保质、保量运送产品给顾客。这要求一个流程的输出要素应当为另一个流程的输入要素,并且系统应当是与顾客的需求同步的。提高流程的同步水平是供应链流程优化的重要目标,供应链流程优化的目标就是同步和高效。

为了实现流程同步的目标,必须挖掘流程不同步的根源。流程不同步,就是流程各单元间输出要素出现积压、短缺、延时等现象,无法达到准时、准地、保质、保量运送产品给顾客的要求。强化流程单元间的信息沟通、提高信息共享度、强调以顾客为导向的流程驱动、缩短时间延迟和信息波动等,是供应链流程同步的关键。解决流程的效率问题,首先要解决流程同步的问题。流程的同步和高效互为因果,不同步会导致低效,低效反过来会加剧不同步。在使流程更加同步的同时,还应削减不必要的非增值活动、提高供应链流程的柔性和加强资产管理。减少非增值活动可以降低运营成本,例如减少退货环节,可以通过质量管理、预防控制、快速纠错体系得到实现。增强供应链流程的柔性是为了缩短响应时间、降低成本,可以通过优化信息流,准确提供需求信息,实现均衡生产。强化资产管理是为了提高资产利用率,可以通过上下游的紧密合作实现集约化,保证供应链流程的输入、输出要素稳定可靠。

6.4.2 流程表示方法

流程表示是一种流程表达的工具,包括流程图绘制、说明性文字及表格的编制。

流程的表示方法有文字、图表,以及文图表的结合使用。经过参考大量资料,收集到目前使用广泛的表达流程的方法有以下几种。

1. 文字描述法

文字描述法包括纯文字的方式和文字加箭头的方式两种。例如,政府采购流程的文字描述法如下:

(1) 公布采购信息。政府采购机关按照确定的采购项目方法编制采购资料,通过报纸、电视等形式向社会公布采购信息。采购信息主要包括需采购项目的性能规格和数量、供货数量、供货时间、对供应商的一般要求和投标截止时间等。

(2) 供应商申请。供应商根据政府采购机关公布的采购信息,在规定时间内向采购机关提出申请。

(3) 资格审查。政府采购机关对提出申请的供应商进行资格审查。供应商必须具有合法的经营资格,有固定的办公场所,具备完全履行合同的能力,有相应的技术力量和管理经验,有一定的履约业绩,无违法违纪行为。

(4) 确定中标供应商。政府采购机关按照确定的原则和评标方法,对具备资格的供应商进行全面、综合考评,择优确定中标供应商。

(5) 签订采购合同。供应商确定后,政府采购机关、项目使用方和供应商签订采购合同。合同明确采购项目的名称、数量、规格和型号、供货地点和时间,采购价格、付款方式和违约责任等内容。

(6) 合同执行。采购合同按《中华人民共和国经济合同法》有关规定执行。

(7) 项目验收。采购项目完成后,政府采购机关要按合同组织项目验收,如发现问题,按合同有关条款办理。

以文字方式描述流程比较常见,具有应用的广泛基础。文字方式描述法结构化程度低,直观性不强,进行信息系统开发时不易于被直接利用和转化,适合于对流程图的补充说明。研究如何更清晰、明确地表达,从而对所办之事起到切实指导作用,是提高办事效率甚至提升部门形象的有效途径。

2. 流程图

将描述工作内容的文字简化精练一些,并且用框图和箭头连接起来,就构成了流程图。流程图是流程中最常用的表示方法,它利用工程绘图方法,用标准化的图表对流程进行半结构化的描述,直观性强,于推广和接受,能够方便地对核心的业务流程进行识别和改进。

流程图是通过适当的符号记录全部工作事项,用以描述工作活动流向顺序。流程图由一个开始点、一个结束点及若干中间环节组成,中间环节的每个分支也都要求有明确的分支判断条件。所以,流程图对于工作标准化有着很大的帮助。采用流程图构建流程的过程包括流程的目的、地点、顺序、人员和方法分析 5 个操作步骤。

流程图能够表示流程中各活动直接的联系,反映了各流程之间的关系。因此,流程图是分析流程的一种通用语言,在业务调查和流程识别的基础上,对具体的活动进行整理、抽象、概括、核对等,最终绘制而成。下面介绍几种常用的流程图。

(1) 工艺视图。

工艺视图是按照时间的先后顺序或依次安排的加工步骤,用标准化的图形形式表示。工艺视图常用于企业进行产品加工的工艺过程表示。

图 6.9 所示为 GB 1526—1989《中华人民共和国国家标准信息处理、数据流程图、程序流程图、系统流程图、程序网络图和系统资源图的文件编制符号及约定》规定的符号,其特点是形象、直观、易于理解。工艺视图中的活动描述一般用动词、宾语及主谓词组的方式简明表示,活动的执行者可以标注为执行单位或岗位责任者。矩形表示活动,箭头表示活动之间的执行次序。

流程的工艺视图绘制标准可以由国家、行业、企业甚至部门制定,其使用的符号也可以有所扩展。例如,可以增加菱形符号表示判断动作等。

(2) 基本流程图。

基本流程图用矩形框和箭头构建流程工作过程。图 6.10 是某医院的患者出院流程图。

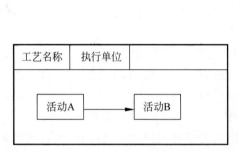

图 6.9 工艺视图

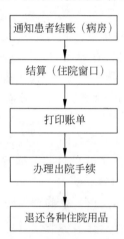

图 6.10 某医院的患者出院流程图

图 6.11 是一个管理评审的流程图。该图增加条件判定和流向变化,是一种符合 ISO 9000 国际标准的流程图表示方法。

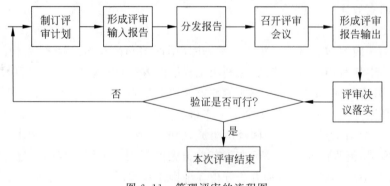

图 6.11 管理评审的流程图

(3) 泳道式流程图。

泳道式流程图可以表示多个部门共同参与的流程。图 6.12 描述的是某配送中心送货作业的流程图,其采用的就是泳道式流程图。泳道式流程图表示兼有工作流程图表方式和描述法方式的优点,能够直观、清晰地展现与流程相关的各项作业关系,并能对作业的各项决策点以及作业工作的内容进行具体说明。泳道式流程图适用于描述多执行者之间协作的复杂的流程,且要求执行者素质较高的情况。例如,车辆调度员发起流程执行,中间经过驾驶员、搬运员进行协作完成货物的检验、拼装和运输,到达目的地并反馈结果。

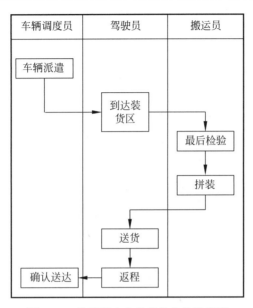

图 6.12　某配送中心送货作业的流程图

（4）解释性流程图。

解释性流程图是一种对基本的流程添加文字解释的流程图。图 6.13 是招聘员工流程的解释性流程图,其中某些活动用粗体表示,描述步骤序号的工作内容,具有自解释的作用。由于流程图中需要选择过程,对选择过程的内容进行说明,这样构成了工作流与说明法组合表示的流程图。

这种说明法也分为不同层级。例如,图 6.13 中,第 1 层采用什么方法弥补空缺（招聘新员工还是内部挖掘）；第 2 层对于招聘新员工方式,识别新招员工类型（作为核心员工还是临时应急）；第 3 层是招核心员工的来源（内招部还是外租）。解释性流程图采用工作流＋说明法的表示流程较好地解决了工作内容的顺序和出现选择情况下的表达问题。

（5）矩阵式流程图。

矩阵式流程图的纵向表示先后顺序,表明解决问题的先后；横向表示承担该工作的部门和职位,表明谁对谁该项任务负责。

矩阵式流程图实质上与泳道式流程图类似,图 6.14 是某单位人力资源规划工作流程图,其采用的就是矩阵式流程图。矩阵式流程图具有较清晰的表达,需要指出的是,图 6.14 中审核项工作内容是不完善的,请读者进一步完善。

（6）价值链流程图。

哈佛大学商学院教授迈克尔-波特于 1985 年提出了一种企业价值链模型。从另一个角度解读,这实际上也是一个流程图,称为价值链流程图。它是一个基于生产利润为目标的工

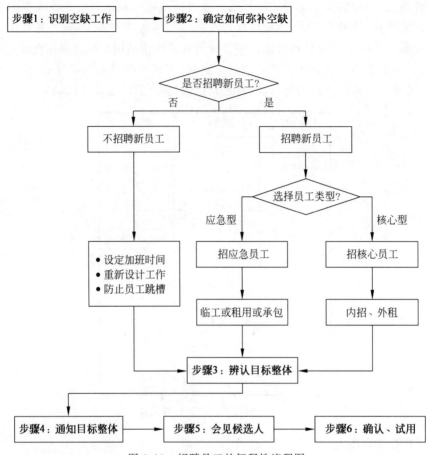

图 6.13 招聘员工的解释性流程图

作行为(职能)流程图。尽管没有明确说明工作内容逻辑,也没有使用箭头,但是不难理解,这显然是一个流程图。图 6.15 是一个价值链的企业业务流程图。

(7) 信息视图(数据流程图)。

信息视图从信息的角度来表示流程。信息是企业流程处理的一个主要对象,组织流程的信息视图着重刻画了企业流程中信息流的处理和变化过程。信息视图绘制符号包括以下 6 种。

- 业务处理单位,也称为数据的原点和终点,表示数据或信息的提供者或接收者,用矩形表示;
- 业务处理描述,用于加工数据或信息,用圆角矩形表示;
- 数据存储,描述数据存储,用开口矩形表示;
- 信息传递,描述数据或信息的流向,也称为数据流,用箭头表示;
- 表格制作,表示以表格的形式输出信息,用半矩形加波浪线表示;
- 收集资料,表示人工动作,用缺角的矩形表示。

从软件开发的角度来看,信息视图是一种表示数据在处理之间的流动过程,因此,信息视图也称为数据流程图,在软件分析中用于描述软件功能的处理过程,重点强调数据在处理之间的流动。

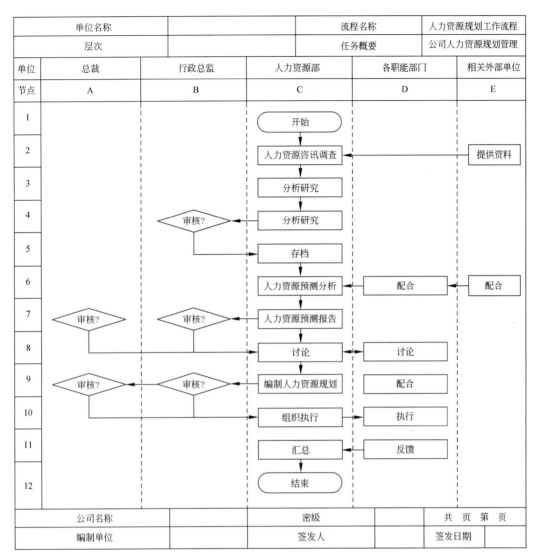

图 6.14 某单位人力资源规划工作流程图

图 6.15 价值链的企业业务流程图

基本的系统的信息视图非常抽象，一般来说，信息视图主要包括以下几方面的内容：明确的活动；每个活动所涉及的主体、部门或岗位；明确的工作步骤；各活动间的主要信息联系；数据的存储。

关于信息视图的绘制将在数据流建模方法中做详细介绍。

6.4.3　流程建模方法

模型是人们对现实世界原型的一种模拟、抽象和简化。组织的业务是由流程构成的，流程模型反映了组织运行的整体结构，向全体员工展示了组织流程的内涵及流程间的关系，是组织认识、理解、分析、评价组织流程的基础。

流程建模是指通过流程设计和流程定义来建立流程模型的活动。它是组织工作流程中最主要的活动之一，所有其他的活动都是基于流程建模的结果来进行的。建立组织流程模型时，需要考虑动因、目标、领域、类型、规模和问题等关键因素。流程建模的结果是获得一个反映工作过程的一定高度或深度抽象的流程模型，同时它也表达了看待流程的一种特定观点。流程模型既可以用很详细的形式表达，也可以用很简单的形式粗略地描述。目前，用于组织流程建模方法有许多。

(1) 数据流建模方法。用数据流描述系统处理过程是一种很直观的方式。在组织流程分析中用它来建立现存或目标系统的数据处理模型，描述数据流被(人工/计算机)处理或者转换的加工过程。

(2) BPMN建模方法。BPMN(Business Process Modeling Notation，业务流程模型和符号)是一种用于捕获、设计、执行、记录、测量、监控和控制自动化以及非自动化流程，以满足组织的目标和业务策略的系统方法。BPMN定义了一个基于流程图的业务流程模型表示方法，用于创建业务流程操作的可视化过程。一个业务流程模型指一个由图形对象组成的网状图，图形对象包括活动和用于定义这些活动执行顺序的流程控制器。通过BPMN，流程可以与业务战略保持一致，由业务部门内部甚至超越组织边界的流程优化，有助于提高组织的运转效率。

(3) Petri网建模方法。Petri网是一种可以用图形表示的组合模型，对于描述、分析具有并发和资源竞争特征的流程建模方法，其由德国Petri博士于1960年提出。Petri网建模法理论具有严密的数学基础、多种抽象层次的通用理论，并在自动控制和计算机科学中得到广泛的应用。Petri网能够很好地描述离散系统的动态过程，并对系统的动态性质等进行分析。

(4) IDEF0/IDEF3建模方法。集成定义功能建模(Integrated Definition Function Modeling，IDFM)法是一套对复杂系统进行建模分析和设计的系统化方法，用于改善制造作业流程。集成定义功能建模法主要应用在信息系统开发过程中，可以直接用于描述流程模型的功能建模方法(IDEF0)和过程(流程)描述方法(IDEF3)等。集成定义建模法适合复杂系统的过程建模。

下面详细介绍数据流建模方法和BPMN建模方法。

6.4.4　数据流建模方法

将数据流用于系统设计时，这些处理或者转换在最终生成的程序中将是若干程序功能模块，其描述称为数据流程图（Data Flow Diagram,DFD）。数据流程图有 4 种基本符号,如图 6.16 所示。

其中,矩形（或立方体）表示数据源点或终点；圆角矩形（或椭圆形）代表变换数据的处理；开口矩形（或两条平行线）代表数据存储；箭头表示数据流。

处理可以是一个加工或一系列加工,甚至可以代表人工处理过程。一个数据存储可以

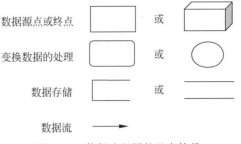

图 6.16　数据流程图的基本符号

表示一个文件或文件的一部分、数据库的元素或记录的一部分等；数据可以存储在磁盘、主存等任何介质上。数据存储是处于静止状态的数据,而数据流是处于活动中的数据。数据源点有时会和终点相同,若只用一个符号代表数据的源点和终点,则至少将有两个箭头与这个符号相连。数据流程图的基本要点是描绘"做什么",而不考虑"怎样做"。数据流程图通常作为与开发人员交流的工具,是系统分析和设计的工具,对更详细的设计也有帮助。

数据流建模方法的步骤分为数据流程图要素分析、构建数据流程图和建立数据字典 3 个步骤。数据流程图要素分析过程根据问题确定数据的源点和终点、数据流、数据存储和处理等。构建数据流程图过程依据数据流程图要素绘制数据流程图。前两个步骤是一个逐步求精的过程,一开始从整体的角度分析数据流过程,然后针对每一个数据流过程进行二次分解,精化数据流程图,直到不能分解为止。建立数据字典是对数据流分析中所涉及的所有要素进行详细的规格描述。

下面以订货系统为例说明数据流程图的构建过程。

设一个工厂采购部每天需要一张订货报表。订货的零件数据有零件编号、名称、数量、价格、供应者等。零件的入库、出库事务通过计算机终端输入订货系统。当某零件的库存数少于给定的库存量临界值时,就应该再次订货。

1. 数据流分析

本例中,数据源点是仓库管理员,负责将入库或出库事务提交给订货系统；数据终点是采购员,接收每天的订货报表；数据流包括事务和订货；数据存储包括订货信息和库存清单；处理包括处理事务和产生报表。

2. 绘制基本系统模型

系统的本质就是将输入转换为输出,任何系统的基本模型都由若干数据源点或数据终点和对数据加工的处理组成。图 6.17 所示为订货系统基本模型的数据流程图。

图 6.17　订货系统基本模型的数据流程图

3. 第一步求精分析

基本系统模型的数据流程图非常抽象,因此需要把基本功能细化,描绘出系统的主要功能。订货系统细化后的数据流程图如图 6.18 所示,可分为"处理事务"和"产生报表"两个主要功能,同时增加了"库存清单"数据存储,并对应出现了"事务""库存信息""订货信息""订

货报表"4个数据流。

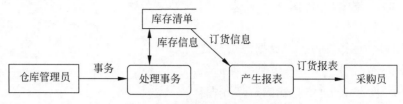

图 6.18　订货系统数据流程图：第一步求精分析

4. 第二步求精分析

对描绘系统主要功能的数据流程图进一步细化。订货系统第二步求精的数据流程图如图 6.19 所示。当发生一个事务时，接收它并按照事务的内容修改库存清单，然后根据库存临界值确定是否订货。考虑入/出库是不同的事务处理，把"处理事务"分为"处理入库"和"处理出库"，增加"处理订货"和"订货信息"来处理多次订货。"产生报表"仅是按一定顺序排列订货信息，按格式打印出来，已没有必要细分。注意，数据流和数据存储的命名必须有具体含义。处理的命名应反映整个处理的功能，通常是由一个动词加上一个具体的宾语组成。

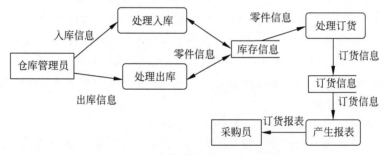

图 6.19　订货系统数据流程图：第二步求精分析

5. 数据描述

订货系统中采用数据字典描述的部分卡片形式的数据定义，如图 6.20 所示。数据字典应能产生交叉参照表，有错误检测、一致性校验等功能。

名字：订货报表
别名：订货信息
描述：每天一次需要订货的零件表
定义：订货报表=零件编号+零件名称+订货数量+价格+1{供应者}3
位置：输出到打印机

名字：零件编号
别名：
描述：唯一标识一个特定零件的关键组成
定义：零件编号=8位字符
位置：订货报表、订货信息、库存

名字：订货数量
别名：
描述：某个零件一次订货的数目
定义：订货数量=[1|2|3|4|5]
位置：订货报表、订货信息

名字：价格
别名：价格范围
描述：某个零件目前参考价格或者上下限
定义：价格=1{零件单价}2
位置：订货报表、订货信息、库存

图 6.20　数据字典卡片方式示例

6.4.5 BPMN 建模方法

随着企业流程管理技术的发展,出现了相应成熟的流程支持工具。BPMN 是一套标准的业务流程建模符号。BPMN1.0 在 2004 年 5 月被提出,并于 2005 年被 OMG 组织接受,2011 年 1 月发布了 BPMN2.0。BPMN2.0 具有企业流程的元模型定义与执行语义功能,以及存储、交换和执行企业流程的功能,其解决了业务人员和开发人员之间的协调问题。

要想顺利的实施 BPMN,一个对它有透彻理解的设计者是必不可少的。同时,设计者还需要兼具业务思维、管理思维和一定的技术思维。实施 BPMN 是一个逐步求精的过程,先构建一个战略流程模型,然后在此基础上进行细化构建详细流程模型。

为了达到预期的目标,需要先建立一个战略层面上的流程,它可能很粗糙,但是它的目的并不是在初期就呈现一个完整详细的视图。它的作用有如下几点:

- 澄清流程的组成部分;
- 为流程确定资源和分配责任;
- 确定关键绩效指标并明确其特征;
- 在对流程着手优化前先对其进行一个大致的回顾。

要对一个流程进行初步建模,需要参考操作流程资料和标准,并要与客户深入交流。例如,当与客户沟通制定一个维修流程时,客户可能会提出以下问题:我们并不总是从业主填写维修单开始的。如果维修的工程量比较大,还得先提出方案,然后交给公司领导审批;如果过了保修期,那还要收取费用;业主如果预约,还得根据预约时间安排工作;报修并不一定是业主提出来的,也可能是在物业巡检时发现问题,由巡检员报修,等等。

与客户沟通非常重要,且要由一个有经验的会议主持人来把握讨论的方向,使得客户方的参会人员对讨论的方案感兴趣。下面以物业维修流程为例说明流程建模过程。

基于上面的流程描述,可以得到一个由业主有维修需求提出的流程。业主填写一个维修单,发单部门(也就是物业行政部)将维修单提交到物业客户服务中心,物业客户服务中心的经办人填写工程单汇总表,然后把维修任务下发到物业维修部,主管分配工作给维修工,维修工执行任务,并会同发单部门验收以确认维修完成。

基于关键信息,可以构建如图 6.21 所示的流程图。基于 BPMN 原则,要先把结束事件

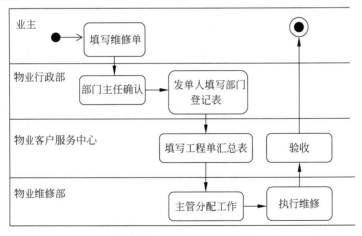

图 6.21 初步的维修流程图

放在需求方的泳道上。

接下来,可以逐步完善这个流程模型。首先是泳池和泳道,根据BPMN的规范要求,每个流程都应当有一个最高的统筹者,负责协调流程中参与的人和系统。因此,应该建模成消息流,把业主分配到另一个池里,如图6.22所示。

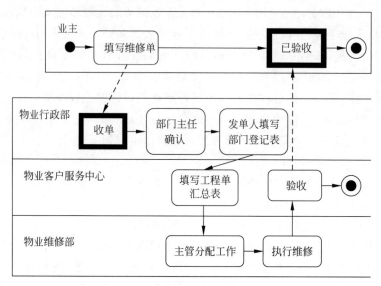

图 6.22 第一次修订的流程图

该流程模型是无法"正常"结束的。如果需要满足该业务需求又不希望通过技术手段生硬地结束,那么就会需要用到边界事件。对于战略模型,为了尽可能简单,通常不会使用多个池,我们的关注点依然应当集中在物业公司的内部流程上。

任务经常出现在战略流程模型中,但是子流程很少出现。在战略流程模型中不会去指定任务的类型,也不使用除了循环之外的标记。子流程应该细化流程模型,在维修流程模型中,我们定义的这些任务对应着非常复杂的操作。但是,从得到的信息来看,可以增加"发单人填写部门登记表"这类任务,对于可能存在复杂逻辑的任务需要做一个子任务标记。

接下来,基于战略流程模型设计操作流程模型。设计操作流程模型就要考虑流程关于人和技术的细节了。在这个层面上的模型,必须按照规范来进行建模。除了规范之外,必须满足精确性,因为客户需要根据这个流程模型安排工作,同时流程也应当尽可能地简单。操作层面的流程模型的核心思想,在于区分编排和协作,每个流程参与者都有自己的一个池。把流程引擎作为一个单独的池,可以让流程开发者更好地关注它。鉴于篇幅有限,这里不再赘述。

6.5 工作流建模

6.5.1 工作流和工作流模型

工作流(Workflow)是指业务过程的部分或整体在计算机应用环境下的自动化,是对工作流程及其各操作步骤之间业务规则的抽象、概括描述。为了实现某个业务目标,利用计算机在多个参与者之间按某种预定规则自动传递文档、信息或者任务。与业务流程相比,工作流更详细、更结构化,包含具体的数据结构和相关应用等。

工作流概念起源于生产组织和办公自动化领域,是针对日常工作中具有固定程序活动而提出的一个概念,目的是通过将工作分解成定义良好的任务或角色,按照一定的规则和过程来执行这些任务并对其进行监控,达到提高工作效率、更好地控制过程、增强对客户的服务、有效管理业务流程等目的。尽管工作流已经取得了相当大的成就,但对工作流的定义还没有能够统一和明确。

有学者将工作流定义为将一组任务组织起来以完成某个经营过程:定义了任务的触发顺序和触发条件,每个任务可以由一个软件系统或多个软件系统完成,也可以由一个人或一组人完成,还可以由一个人或多个人与软件系统协作完成。

1993年工作流管理联盟(Workflow Management Coalition,WFMC)作为工作流管理的标准化组织而成立,标志着工作流技术逐步走向成熟。WFMC对工作流给出的定义:工作流是指一类能够完全自动执行的经营过程,根据一系列过程规则,将文档、信息或任务在不同的执行者之间进行传递与执行。

采用工作流软件,使用者只需在计算机上填写有关表单,会按照定义好的流程自动执行,下一级审批者将会收到相关资料,并可以根据需要修改、跟踪、管理、查询、统计、打印等,大大提高了效率,实现了知识管理,提升了公司的核心竞争力。

工作流已经发展到工作流2.0,其定义是实现工作过程管理的自动化、智能化和整合化。工作流2.0最主要的特征是可以灵便地实现数据整合和数据统计,消除信息孤岛,既能实现OA办公系统内部工作流之间的数据整合,如借款与报销、预算与决算等,又能实现OA办公系统工作流与其他业务系统之间的数据整合,如HR、ERP、CRM等。工作流2.0不但实现OA办公系统内部的数据整合,也实现OA办公系统和第三方应用系统之间的数据整合。

工作流是一个业务过程的全部或部分自动执行。为了实现工作流管理功能,必须将业务过程从现实世界中抽象出来,并用一种形式化方法对其进行描述,其结果称为工作流模型。

1994年,工作流管理联盟发布了工作流管理系统之间互操作的参考模型,并制定了一系列工业标准。与此同时,许多原型系统在实验室里被开发出来。进入21世纪以来,工作流技术已被越来越多的人认可,与之相关的标准规范、工作流引擎及商业产品不胜枚举。人们在开发推广工作流产品的同时,更加注重工作流的理论研究,以推动该项技术走向成熟。

6.5.2 工作流管理系统

工作流管理系统(Workflow Management System,WFMS)是一个实现工作流自动执行的软件系统,它完成工作流的定义、执行和管理,按照在系统中预先定义好的工作流逻辑进行工作流实例的执行。工作流管理系统不是企业的业务系统,而是为企业的业务系统的运行提供了一个软件的支撑环境。

经过对业务、公文流转过程的分析以及抽象,工作流管理系统围绕业务交互逻辑、业务处理逻辑以及参与者3个问题进行解决。业务交互逻辑对应于业务的流转过程,在工作流管理系统中提出了工作流引擎、工作流设计、流程操作来解决业务交互逻辑的问题。业务处理逻辑对应于业务流转过程中的表单、文档等的处理,在工作流管理系统中提出了表单设计工具和与表单的集成来解决业务处理逻辑的问题。参与者对应于流转过程中环节的人或程序,在工作流管理系统中通过与应用程序的集成来解决参与者的问题。

工作流管理系统为方便业务交互逻辑、业务处理逻辑以及参与者的修改,多数通过提供可视化的流程设计以及表单设计工具来实现,为实现工作流管理系统的扩展性,还提供了一系列的 API。

一个完整的工作流管理系统通常由工作流引擎、可视化工作流程设计、流程操作、工作流客户端程序、流程监控、表单设计工具、与表单的集成以及与应用程序的集成 8 部分组成。

1. 工作流引擎

工作流引擎作为工作流管理系统的核心部分,主要提供了对于工作流定义的解析以及流程流转的支持。工作流定义文件描述了业务的交互逻辑,工作流引擎通过解析此工作流定义文件按照业务的交互逻辑进行业务的流转。工作流引擎通常通过参考某种模型来进行设计,通过调度算法来进行流程的流转,通过各个环节调度算法来实现对于环节的流转。

通常,工作流引擎基于调度算法来完成流程的流转,采用的核心调度算法主要有 FSM 和 Petri 网两种。

(1) FSM(Finite-State Machine,有限状态机)。FSM 定义为包含一组状态集、一个起始状态、一组输入符号集、一个映射输入符号和当前状态到下一状态的转换函数的计算模型。当输入符号串时,模型随即进入起始状态,并依赖转换函数改变到新的状态。在有限状态机中,会有许多变量。例如,状态机有很多与动作转换或状态关联的动作,多重起始状态,基于没有输入符号的转换,或者指定符号和状态(非定有限状态机)的多个转换,指派给接收状态(识别者)的一个或多个状态,等等。遵循 FSM 流程引擎通过状态的切换来完成流程的流转。

(2) Petri 网。Petri 网是信息流的一个抽象的、形式的模型,指出系统的静态和动态性质。Petri 网通常表示成图,图中有两类用弧彼此相连的节点(称为地点和变换)和指示其动态性能的标记(称为记号)。遵循 Petri 网流程引擎通过令牌来决定流程的流转。

2. 可视化工作流程设计

工作流程设计为可视化的流程设计工具,用户通过拖放等方式来绘制流程,并通过对于环节的配置来实现环节操作、环节表单、环节参与者的配置。工作流程设计为用户以及开发商提供了快速绘制、修改流程的方式。工作流程步骤设计的好坏决定了工作流管理系统的易用性。软件工作流程设计采用简单易用的可视化流程设计,方便用户快速设计流程,控制流程使用范围、操作权限等。

3. 流程操作

流程操作指所支持的对于流程环节的操作,如启动流程、终止流程、挂起流程、直流、分流(单人办理)、并流(多人同时办理)、联审等,像这些流程操作都是可直接基于引擎所提供的环节调度算法来直接支持的。而在实际的需求中,通常需要对流程进行干涉,如回退、跳转、追加、传阅、办理等,而这些流程操作对工作流引擎来说是不合理的,因此必须单独去实现。流程操作支持的好坏直接决定着一个工作流管理系统的实用性。

4. 工作流客户端程序

工作流客户端程序为工作流系统的表现形式,通常使用 Web 方式进行展现,通过提供待办列表、已办列表、执行流程操作、查看流程历史信息等来展现工作流系统的功能。

5．流程监控

流程监控通过提供图形化的方式来对流程执行过程进行监控，包括流程运转状况、每个环节所耗费的时间等。通过流程监控结果及时进行流程的优化，以提高工作效率。

6．表单设计工具

表单设计工具为可视化的表单设计工具，用户通过拖放的方式来绘制业务所需的表单，并进行表单数据的绑定。表单设计工具为客户以及开发商提供了快速修改表单的方法，表单设计工具的易用与否以及功能的完善与否影响工作流管理系统的易用性。表单设计分为普通采集节点、标准审核节点和数量审核节点。

7．与表单的集成

通常业务流转需要表单来表达实际的业务，因此需要与表单进行集成来实现业务。与表单的集成通常包括表单数据的自动获取、存储、修改，表单域的权限控制，流程相关数据的维护以及流程环节表单的绑定。与表单的集成的好坏影响工作流管理系统是否能提高开发效率。

8．与应用程序的集成

通过与应用程序的集成来完善工作流管理系统的业务，主要涉及与权限系统以及组织机构的集成。流程环节需要绑定不同的执行角色，而流程操作通常需要与权限系统、组织机构进行关联。

一个工作流包括一组活动及它们的相互顺序关系，还包括过程及活动的启动和终止条件，以及对每个活动的描述。工作流管理系统指运行在一个或多个工作流引擎上用于定义、实现和管理工作流运行的一套软件系统，它与工作流执行者（人和应用）交互，推进工作流实例的执行，并监控工作流的运行状态。

WFMC 提出了 5 个接口，并与工作流执行服务一起共同组成了工作流系统。

（1）工作流定义交换接口。其用于在建模和定义工具与执行服务之间交换工作流定义，主要提供数据交换格式和 API。

（2）工作流客户端应用接口。工作流客户端应用该接口访问工作流引擎和工作列表，通过 WAPI 完成。

（3）被调用的应用接口。其用于调用不同的应用系统。

（4）工作流系统互操作接口。其用于不同工作流系统之间的互操作。

（5）系统管理和监控接口。其用于系统管理应用访问工作流执行服务。

工作流管理系统的具体功能包括过程建模与定义、过程创建与工作流控制和人机交互等。

（1）过程建模与定义功能。在建模阶段，主要考虑经营过程分析以及相关信息的模型和定义。利用一个或多个建模技术和工具，完成经营过程（企业流程）分析到计算机可处理的过程定义的转换，所得到的模型就是工作流模型。

（2）过程创建与工作流控制功能。在完成了过程定义后，所得到的工作流模型由工作流执行服务软件进行实例化创建并控制其执行过程。工作流执行服务软件用于对使用工作流模型描述的过程进行初始化，调度和监控过程中每个活动的执行，在需要人工介入的场合完成计算机软件系统与操作人员的交互，从而实现了模型中定义的经营过程与现实世界中的实际过程之间的连接。

（3）人机交互功能。在运行阶段，实现各种活动执行过程中用户与计算机软件系统之间的交互。在工作流管理系统的运作过程中，人和应用（软件）是完成整个经营过程的主体。建模与定义工具、工作流执行服务软件都是为完成经营过程和支持操作人员工作而提供的支撑环境和工具。在整个活动执行过程中，不同操作人员需要完成的工作可以大致分为模型定义、人机交互以及系统运行状况的监控。

6.6 业务流程重组

1. 业务流程重组的概念

业务流程重组（Business Process Reengineering/Redesign，BPR）也称为企业流程再造，该理论是当今企业和管理学界研究的热点。BPR 理论是于 1990 年首先由美国著名企业管理大师汉默（Michael Hammer）提出的，美国的一些大公司，如 IBM、科达、通用汽车、福特汽车等纷纷推行 BPR，试图利用它发展壮大自己。实践证明，这些大企业实施 BPR 以后，取得了巨大成功。

关于 BPR 的定义有较多的提法。有的观点认为，BPR 就是对组织中及组织间的工作流程与程序的分析和设计。有的观点认为，BPR 是使用信息技术从根本上改变企业流程以达成主要企业目标的方法性程序。有的观点认为，BPR 是对企业流程的基本分析与重新设计，以获取绩效上的重大改变。BPR 的奠基人 Michael Hammer 和 James Champy 给出的定义："BPR 是对企业的业务流程作根本性的思考和彻底重建，其目的是在成本、质量、服务和速度等方面取得显著的改善，使得企业能最大限度地适应以顾客、竞争、变化为特征的现代企业经营环境。"

尽管这些观点的表达不尽相同，但它们的内涵是相似的，即 BPR 的实质是一个全新的企业经营过程，这个过程要不受现有部门和工序分割的限制，以一种最简单、最直接的方式来设计企业经营过程，要面向经营过程设置企业的组织结构，以实现企业的重组。中国学者付勇教授认为，业务流程重组关注的要点是企业的业务流程管理，并围绕业务流程展开重组工作，业务流程管理是指一组共同为顾客创造价值而又相互关联的活动。哈佛商学院的 Michael Porter 教授将企业的业务流程描绘为一个价值链。竞争不是发生在企业与企业之间，而是发生在企业各自的价值链之间，只有对价值链的各个环节——业务流程进行有效管理的企业，才有可能真正获得市场上的竞争优势。

在 BPR 定义中，根本性、彻底性、戏剧性和业务流程成为备受关注的 4 个核心内容。

（1）根本性。根本性再思考表明业务流程重组所关注的是企业核心问题。例如，我们为什么要做现在这项工作，为什么要采用这种方式来完成这项工作，为什么必须由我们而不是别人来做这份工作，等等。通过对这些企业运营最根本性问题的思考，企业将会发现自己赖以生存或运营的商业假设是过时的，甚至是错误的。

（2）彻底性。彻底性再设计表明业务流程重组应对事物进行追根溯源。对自己已经存在的事物不是进行肤浅的改变或调整性修补完善，而是抛弃所有的陈规陋习；不是改良、增强或调整业务流程，而是重新构建业务流程。

（3）戏剧性。戏剧性改善表明业务流程重组追求的不是一般意义上的业绩提升或略有改善、稍有好转等,而是要使企业业绩有显著的增长、极大的飞跃和产生戏剧性变化,这也是流程重组工作的特点和取得成功的标志。

(4) 业务流程。业务流程是实现某个价值目标的一系列有先后顺序要求的活动。活动与活动之间在时间和空间上的转移可以有较大的跨度。业务流程就是过程节点及执行方式有序组成的工作过程。

2. 业务流程重组框架

如今迫切需要建立业务流程重组的理论框架,研究业务流程重组的实施策略,包括开发流程分析模型及规范化程序、构造业务流程重组组织体系与管理结构等。这是指导业务流程重组项目成功实施的基础,也是理论走向成熟的需要。

(1) 业务流程重组框架包括了再造过程中的各部分,主要包含以下 3 方面。

① 一系列的指导原则。

② 企业流程再造的过程(一系列的活动和它们的内部关系)。

③ 一系列的方法和工具,以及这些方法和工具在支持业务流程重组过程中的作用。

(2) 业务流程重组框架。

业务流程重组框架涵盖了再造的重要环节,企业自己可以按照框架的内容顺利地完成业务流程重组过程。

图 6.23 描绘了业务流程重组框架,图中上半部分说明了框架的基本结构,包括业务流程重组过程、原则和方法与工具。图 6.23 中下半部分是其工作内容。

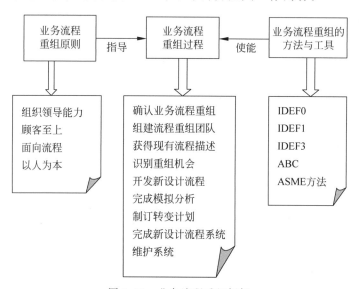

图 6.23 业务流程重组框架

(1) 业务流程重组过程是框架的核心内容包括组成过程的各个活动以及活动之间的关系。

(2) 业务流程重组原则是进行业务流程重组的指导思想,涵盖了管理学家的研究成果和各个实施业务流程重组厂家的实践经验。

(3) 业务流程重组的方法与工具促进了业务流程重组的实践,为业务流程重组提供了具体的分析、设计和实施技术,确保业务流程重组的顺利进行。

业务流程重组框架呈现以下特点。

（1）以客户为中心。全体员工以客户而不是上司为服务中心，每个人的工作质量由客户做出评价，而不是公司领导。

（2）企业管理面向业务流程。将业务的审核与决策点定位于业务流程执行的地方，缩短信息沟通的渠道和时间，从而整体提高对客户和市场的反应速度。

（3）注重整体流程最优化。按照整体流程最优化的目标重新设计业务流程中的各项活动，强调流程中每一个环节的活动尽可能地实现增值最大化，尽可能减少无效的或非增值的活动。

（4）重视发挥每个人在整个业务流程中的作用。提倡团队合作精神，并将个人的成功与其所处的流程的成功当作一个整体来考虑。

（5）强调面向客户和供应商来整合企业业务流程。企业在实施BPR的过程中，不仅要考虑企业内部的业务流程还要对企业自身与客户、供应商组成的整个价值链的业务流程进行重新设计，并尽量实现企业与外部只有一个接触点，使企业与供应商的接口界面化、流程化。

（6）利用信息技术手段协调分散与集中的矛盾。在设计和优化企业业务流程时，强调尽可能利用信息技术手段实现信息的一次处理与共享机制，将串行工作流程改造成为并行工作流程，协调分散与集中之间的矛盾。

因此，较全面的BPR定义应是指通过资源整合、资源优化，最大限度地满足企业和供应链管理体系高速发展需要的一种方法，它更多地体现为一种管理思想，已经远远超出了管理工具的价值，其目的是在成本、质量、服务和速度等方面取得显著的改善，使得企业能最大限度地适应以客户、竞争、变化为特征的现代经营环境。

6.7 业务流程管理

6.7.1 业务流程管理的概念

业务流程重组的概念被提出后，一些企业通过流程重组取得了一定的成绩，但也有大量失败的案例。在随后的实践中，许多学者站在理性和客观的角度对业务流程重组进行了新的思考，他们认为业务流程重组思想不是成熟的思想，存在缺乏实践经验积累、工具不成熟等不足。

随着信息技术的飞速发展和企业流程变革手段的日益成熟，研究人员吸收了业务流程重组的精华，并摈弃其不足，提出了业务流程管理（Business Process Management，BPM）的观点。业务流程管理是在信息技术的支持下，对企业流程活动进行充分、准确的描述，通过持续改善的方式优化和变革流程，使企业流程执行更准确和高效。业务流程管理代表了一种新思想，是对过去有关流程管理理论的创新和发展。

业务流程管理是一套达成企业各种业务环节整合的全面管理模式。BPM涵盖了人员、设备、桌面应用系统、企业级办公系统应用等内容的优化组合，从而实现跨应用、跨部门、跨合作伙伴与客户的企业运作模式。BPM通常以Internet方式实现信息传递、数据同步、业务监控和企业业务流程的持续升级优化。

可以看出,业务流程管理是一种规范化、持续的、不断提升的系统化方法,它放弃了业务流程重组"彻底、根本性"的理念,用"规范化、持续性和系统化"3个关键词替代。业务流程管理并不需要对所有流程进行彻底的重新设计,首先应该对流程进行规范化,然后考虑流程是否需要优化,最后考虑其是否需要重组。因此,业务流程管理本质上是一种以规范化的方式构造卓越业务流程为中心,以持续地提高组织业务绩效为目的的系统化方法。例如,对于符合卓越流程观点的流程,如果其原先没有规范,则将其规范化;如果流程中存在冗余或高成本的活动,则可以对其进行优化设计;对于一些积重难返、效益和效率很差、客户不满意的流程,则需要进行重组。

根据以上分析,业务流程管理与业务流程重组的区别如下。

(1) 业务流程重组强调管理的重新规划,采用革命性对策,不主张改革或者改良,而业务流程管理是一种系统化方法,是持续的、不断提升的动态过程,讲究实效、切实可行。

(2) 业务流程重组的关键词是彻底的、根本的,而业务流程管理的关键词是规范化、持续性、系统化。

(3) 业务流程重组要求对所有流程进行重组,业务流程管理不要求对所有流程进行重组,而是根据现有流程的具体情况对流程进行规范化设计。

(4) 业务流程重组仅在重组层面上进行,业务流程管理可以在规范、优化和重组流程3个层面上进行。

业务流程管理的实质就是构造卓越流程,保证流程是面向客户的流程,流程中所有的活动都应该是增值的活动。业务流程管理保证了企业流程是经过深思熟虑、精心设计的,可以以规范的方式对它进行持续改进,使流程本身始终保持先进。业务流程管理的思想包含了业务流程重组,但是比业务流程重组的概念更广泛,更适合企业的需要。

业务流程管理的优势包括节约时间和成本、改善工作质量、固化业务流程、实现流程自动化、实现团队合作、优化流程和向知识型转变等。

6.7.2 业务流程管理实施层次

业务流程管理按照其变革的程度应该分为业务流程的建立与规范、业务流程优化和业务流程重组3个层次。不同层次的变革分别适用于不同阶段和不同管理基础的企业。

1. 业务流程的建立与规范

在一个企业尤其是中小企业建立的初期,由于企业生存的压力,管理者普遍关注市场和销售,对流程和制度不重视,运作基本靠员工的经验和一些简单的制度,企业的成功往往取决于企业领导的个人能力和一些偶然的机会,例如拥有该行业取得成功所需要的特定资源。处于这个层次的企业,当在解决了生存问题,开始走向规模化时面临着从人治向法治的转变。例如,许多企业推行ISO 9001体系或其他一些基本制度的建设,都是为了解决这个问题。国内的大部分中小企业和一些市场化程度不高的行业中的企业大都属于这个层次。

处于第一层次的企业,面临的最大的问题是无序,通常会出现组织结构不健全、机构因人设岗、权责不清和没有制度流程。这些企业通常没有成型的组织机构,谁熟悉哪一块也就由谁负责该项业务,职能通常会有交叉,企业的运作基本上依赖于人的经验,经常会发生越级指挥事件,同时会表现出高度集权的特点。

从流程管理的角度，这个时期的企业急需的是建立起基本的流程和规范，如业务运作流程、作业指导、岗位说明书、人力资源管理体系等。这个时期的企业不能强求业务流程的精细，关键是明确权责，识别和描述流程，使工作例行化。

2. 业务流程优化

由于企业规模的扩大，组织的机构会逐渐庞大，分工会越来越细，企业官僚化程度也在增加。这时企业面临的最大问题是效率低下。企业组织机构完整，有职责说明和制度流程，但是企业会出现部门间合作不畅、跨部门流程工作效率低下、决策时间长、制度流程没有达到精细化的程度、流程执行不到位等问题。具备这些特点的企业一般是一些迅速膨胀后颇具规模的民营企业和一些国有企业，其业务模式相对稳定，且企业发展较快。

在这个阶段的企业需要解决如何提高企业的效率和反应速度的问题。通常，采用的方法是先对现有流程的绩效进行评估，识别缺失的关键环节和需要改善的环节。然后，针对流程各环节从以下4个角度进行分析。

- 活动是否过于复杂，存在精简的可能性；
- 是否能用更有效率的工具来实现活动；
- 活动的逻辑关系可否进行调整以达到改进目标；
- 是否可以通过改变活动的承担者来使流程更有效率。

然后通过对现有流程的简化、整合、增加、调整等方式来提升流程效率，还可以通过明确流程所有者的形式来监督流程的整体表现，从而避免出现部门间推诿的问题。

一般地，在进行流程优化时关注的是相对底层次的流程的效率和成本等，可以采用一些方法和工具对现有的流程进行改良，同时强调流程的有效执行。业务流程优化的优点是一些局部的变革，对企业的冲击相对较小，相对比较容易实施；缺点是只是一些改良，对一些存在结构性问题的企业往往不能解决根本性问题。

3. 业务流程重组

企业的战略转型期需要对流程进行根本性的变革，全面评估业务流程，根据战略对流程进行重新设计和重组以适应企业的战略，流程重组往往伴随着信息系统的实施、重大的组织变革和业务模式的变革。这个阶段往往是一次重大的管理变革。

这个时候企业的流程本身并没有很多问题，但是往往不能适应新的战略，一般伴随信息系统的实施或者新的战略调整，需要对企业的流程进行全面的评估和战略性思考，同时随着流程的调整需要实施一系列的配套措施。

6.7.3 卓越流程方法

实施业务流程管理不是单纯的技术问题，而是一种思维方式的转变，需要管理模式的创新。卓越流程对一个企业管理者或从事企业管理的人来讲并不陌生，企业发展到一定阶段，需要将一些行为转化成固化的模式或体系。其目的是员工在做一件事情时，能够遵循一定的行为准则去做。这些准则就是企业内部的统一操作平台，而流程就是这个平台的重要表象。

流程已经逐渐成为企业管理者掌握的一项重要管理方法。什么样的流程才是好的流程，才是卓越的流程，需要深入理解业务流程管理方法论。

卓越流程是指企业在最低成本、给客户带来最少不便的情况下，向客户提供标准化的、简洁的、可靠的产品和服务。下面给出卓越流程的一些特点。

(1) 普遍性。卓越流程都是以尽可能简洁的输入,通过内部一定的操作策划,来达到客户最大的满足。流程的本质就是输入、过程实现和输出的综合体。所有围绕流程的思想也都是从这 3 方面考虑的,这是流程最本质的内容之一,所以一个卓越流程与否可从这 3 方面进行分析。

(2) 稳定性。卓越流程不会以最低的价格提供最低满足需求的产品,而是以企业内部标准为依据;不会因为价格低而提供低质量的产品,作为输出结果不是以价格作为标准;不会只在狭窄的范围内选择客户,而是让客户选择产品。

(3) 持续改进性。卓越流程自身就是一套完整的运营体系,以战略目标为输入,以完成战略目标为终止。从这个角度上讲,企业自身就是一个大的流程体系。在实际运作过程中,外部和内部环境不断发生变化,卓越流程一定可以根据这种变化而随时进行调整。这种调整是通过评审、内部审核等办法来自动实现的,对结果进行纠正或预防。

(4) 权威性。卓越流程是企业内部的运营规则,任何人必须按照这个规则执行。凡是违反这些规则的,都必须无条件地进行调整,除非运营规则发生变化;否则,所有员工都必须无条件地服从,尤其是作为企业的高层,必须更加严格遵守,因为企业内部所有的输入从本质上讲都是由企业高层发出的。

(5) 可跟踪性和可控制性。卓越流程重视的是通过过程控制的方法来实现卓越流程的可操作性,所以控制跟踪就是卓越流程带给企业的宝贵的东西。卓越流程都是通过模板或记录的方式来实现这种可跟踪控制的。没有实现可跟踪控制,流程谈不上卓越。

(6) 闭合性。企业内部所有的运作都是以输入为开始,以输出为终止的。所有的输入和输出都不能单一存在,否则就成为内耗的借口,所以卓越流程必须是严格意义上的闭合。

建立卓越流程(Build Excellent Process,BEP)可以分为以下 3 个步骤。

(1) 确定一个项目。组织要进行业务流程重组,需要进行管理模式创新和思维方式转变,必须通过一个项目来开展相关业务、管理模式和流程重组的研究和设计工作。

(2) 构造一个卓越流程。根据业务需求和目标,采用卓越流程方法论,按照规范完成流程的构思、设计、评价和转换等过程,并进行多次循环和流程改进,直到满意为止。

(3) 整合卓越流程到组织结构中。经过反复试验和评价得到满意的卓越流程后,建立正式的流程描述和表示,最后整合到组织的自动化流程引擎中,提供给部门和员工使用。

构建一个卓越流程进一步可以分为战略构思、流程评价、流程构造、组织转换和流程转换 5 个阶段,如图 6.24 所示。

一个称为阶段-活动(Stage-Action,S-A)的框架被提出,用于详细描述建立卓越流程方法中每个阶段的多项活动。下面介绍每个阶段所涉及的内容。

1. 战略构思阶段

要从企业发展的角度,根据企业战略规划并确定启动流程管理,制定企业卓越流程规划的思路和方案。战略构思包括以下活动。

(1) 将企业流程管理纳入战略规划。在战略构想阶段,企业首先要做的是打破原有的职能分工,树立起正确的企业流程观,以企业流程为管理和创新对象,把企业流程管理纳入企业的战略规划。

(2) 建立管理层的统一认识。企业流程管理是一种对企业影响深远的变革,因此必须

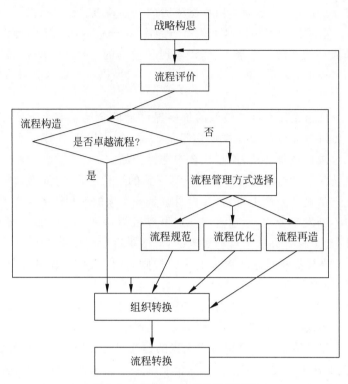

图 6.24 构建一个卓越流程阶段

在管理层达成统一的认识,全力支持企业进行流程管理。企业流程管理的倡导者应该是企业的高层管理者,因为他们具有很高的威望,拥有调动企业资源的权力。

(3) 重新审视企业文化。企业文化对企业流程管理的成败具有决定性的影响,重新审视企业文化,确认企业是否达到了启动企业流程管理的基础。

(4) 重新审视企业流程。在确定进行企业流程管理之前,管理者要根据企业的经营状况做出客观的分析。采用竞争性分析、价值链分析以及关键成功因素分析等技术,精确分析企业的目标,制定企业主要的经营指标,并识别企业的主要流程。

2. 流程评价阶段

依据企业战略规划,对现有企业运行情况和现有流程进行分析和评价,确定存在的问题和具体实施方案。流程评价包括以下活动。

(1) 描述现有流程。通过面谈和问卷揭示流程中的信息流及影响流程的相关因素,采用基于活动的成本分析、数据流程图、过程流图、IDEF0/IDEF3、层次化着色 Petri 网、角色-活动图、事件驱动的过程链等流程建模工具描述现有流程及其结构。采用信息控制网络模型、沟通媒体分析方法等找出流程中的沟通特点、频率及意图。

(2) 确立标杆和绩效标准。企业流程评价阶段最重要的任务就是确立流程管理的标杆和绩效标准。该活动也是流程管理循环的开始和结束。在开始时,通过设立标杆来判断现有流程是否卓越。在进行流程管理后,可以通过绩效目标来判断流程管理的效果,同时不断更新标杆和绩效标准,使企业流程得到提升和发展。

(3) 根据标杆和绩效分析企业流程。根据上一个活动确立的标杆和绩效标准,可以对现有的流程进行详细的分析,并将流程置于不同的企业流程管理层面,以便在接下来的流程构造阶段根据不同的评价情况采取不同的构造策略。

3. 流程构造阶段

首先根据现有流程进行卓越流程评估,确定业务流程管理策略,经过多次改造和优化,直到满意为止。流程构造包括以下活动。

(1) 根据流程评价选择需要构造的企业流程。根据流程评价的结果,决定对企业流程进行规范、优化还是再造,确定需要规范、优化和再造企业流程的名单。

(2) 规范流程。规范流程一般是指绩效较好、基本符合卓越要求的企业流程。规范流程所花费的时间最少,风险也最小。

(3) 优化流程。需要优化的流程一般都是主体上没有大的问题,但存在冗余环节的流程。对流程进行优化,就是要去除冗余的环节,减少时间和成本的消耗。

(4) 再造流程。对于那些给企业经营带来沉重负担、与先进的标准相差太远的流程需要进行再造。这种方式需要的时间更长,而且风险很大。

(5) 选择流程方案。无论是对流程进行规范、优化还是再造,都要设计几种流程方案供选择,企业针对自身的实际情况,选择可行的企业流程方案实施。

4. 组织转换阶段

根据确定的流程方案,对组织结构进行调整、人员培训和流程转换点的转换等。组织转换包括以下活动。

(1) 提出组织转换方案。根据所选择的流程方案,对组织结构进行必要的调整,并提出相应的组织转换方案。

(2) 组织转换方案培训。对员工进行培训,使他们了解自己的新职责和新岗位,以及在企业流程小组中的地位和作用。

(3) 组织转换试点。与流程转换试点同时进行,发现组织设计的问题,并做出相应的调整。

(4) 实施转换。根据调整的情况进行实际转换,正式在新的组织中运行。

5. 流程转换阶段

流程实施前的准备工作,流程试运行和方案调整,正式运行后的学习和绩效评估等。流程转换包括以下活动。

(1) 流程方案培训。新企业流程方案实施前,必须对有关员工进行培训,解释新的企业流程与现有流程的不同,让员工树立以流程为核心的观念。

(2) 流程转换试点。在组织转换方案确定后,对流程转换进行试行,并根据实际发生的情况对企业流程方案进行适当的调整。

(3) 实施流程转换。根据调整的情况实施流程转换。

(4) 学习和评估。根据所确定的标杆和绩效标准的实施情况,不断修改标杆和绩效标准,返回到流程评价阶段,重新开始循环。

6.7.4 业务流程管理系统

信息技术与信息系统是促进业务流程重组和管理的技术基础;反之,业务流程重组和业务流程管理促进信息系统的发展。随着 Internet、企业内部网和电子商务的发展,业务流程重组和管理的理念和实施必然依赖信息技术与信息系统的发展。业务流程管理系统可以帮助用户更科学地管理企业的各个业务环节。通过采用 BPM 可以明显让企业在运营效率、透明度与控制力、敏捷性方面受益。

业务流程管理是一套达成企业各种业务环节整合的全面管理模式，根据业务环境的变化，推进人与人之间、人与系统之间以及系统与系统之间的整合及调整的经营方法与解决方案的 IT 工具。通常以 Internet 方式实现信息传递、数据同步、业务监控和企业业务流程的持续升级优化，从而实现跨应用、跨部门、跨合作伙伴与客户的企业运作。通过对企业内部及外部的业务流程的整个生命周期进行建模，实现自动化管理、监控和优化，使企业成本降低，利润得以大幅提升。

业务流程管理系统(Business Process Management System，BPMS)支持跨部门的业务活动以及管理员工的建模、设计、执行和维护流程，旨在帮助企业优化日常业务流程，从而提高企业员工的工作效率和生产力。BPMS 具有以下作用：

- 支持创建跨越不同部门的复杂业务流程；
- 监控和维护流程以确保高效率；
- 修改现有流程，更加适应企业的发展。

业务流程管理系统具有以下特点：

(1) 可视化流程图解工具。在考虑业务流程管理软件时，最重要的考虑因素是流程图建模。业务流程管理工具中，基于业务步骤的可视化界面建模允许用户专注于业务流程的主要路径，并且在操作时软件会自动处理异常情况。它可以发挥用户和系统的优势，用户知道每次进程应该如何运行，系统可以提供构建路径的方法。

(2) 拖曳设计表单。大多数 BPM 系统使用表单作为流程捕获和编辑数据的方式。业务流程管理工具必须同时照顾到新老用户，并清楚地阐明业务流程，自由拖曳设计表单就是很好的满足新老用户的方式。

(3) 移动支持。业务流程系统需要支持移动化办公，现在用户很难容忍，只能坐在办公桌前访问应用程序。

(4) 与现有软件系统集成。与其他核心软件系统集成的 BPM 系统可以解决数据传输，这些集成应该包括 API 支持、Webhook 以及其他功能。

(5) 强大的报告生成和分析功能。业务流程管理系统需要生成流程统计报告以及分析功能，完成单个步骤和整个项目所需的平均时间、所有未清项目的快照、项目被拒绝或重新路由的频率等。

(6) 流程绩效指标。流程绩效指标是一种工具，可帮助企业发现流程问题，并做出有意义的决策，以改善无效流程。在 BPM 系统中，流程绩效指标是自动捕获的系统数据，由流程管理员评估，以确定是否存在流程建模不佳、流程执行不佳的现象，以此来帮助改进相关的业务流程。

目前，市场上出现了许多 BPMS。例如，IDS Scheer 公司开发了一个战略层面的 ARIS 平台；Oracle 公司开发的 BPMS，支持企业集成为中心的业务流程；IBM 公司开发的 BPMS 支持流程设计、流程集成、流程中心和流程服务等功能；开源 Activity 组件直接采用 BPMN2.0，支持流程建模和基于执行语言的流程设计与管理。

6.8 本章小结

本章首先介绍了流程的基本概念,重点讨论了流程的定义和一般特性。接着介绍了面向职能型和面向流程型的组织流程管理模式及其特点。然后介绍了组织流程的构成,重点讨论了输入和输出、活动、活动间的关系、活动的执行者和活动的实现方式等流程的构成要素;介绍了一般流程的特点与分类和流程建模技术,重点分析了流程的识别方法(包括时间维流程识别法、生命周期流程识别法、逆推判别法、信息载体跟踪法、价值链流程分析法、供应链流程法等)和流程表示方法,重点放在流程的图示法(包括工艺视图、基本流程图、泳道式流程图、解释性流程图、矩阵式流程图、价值链流程图、信息视图等),以及流程建模方法,包括数据流建模方法、BPMN 建模方法、Petri 网建模方法和 IDEF0/IDEF3 建模法。介绍了工作流建模技术,重点讨论了工作流的概念、工作流模型和工作流管理系统。最后介绍了业务流程重组和业务流程管理的思想与概念及框架,重点讨论了业务流程管理的定义、实施层次和卓越流程方法,详细分析了卓越流程构建的特点与步骤框架,以及业务流程管理系统的作用和特点等。

习题

1. 什么是流程?简述流程的特点。
2. 举例说明组织的管理模式与特点,以及流程型与职能型管理模式的差别。
3. 简述组织流程的组成要素和特点。
4. 简述流程识别方法及其特点。
5. 简述流程的两类表示方法及其特点。
6. 什么是流程图?简述流程图操作步骤。举例说明各种流程图表示方法的特征。
7. 运用 BPMN 建模方法,绘制淘宝网电子商务买卖双方购物流程图。
8. 什么是工作流?什么是工作流管理系统?简述工作流管理系统的组成及其功能。
9. 什么是业务流程重组?简述业务流程重组的核心内容和框架。
10. 什么是业务流程管理?业务流程管理与业务流程重组的区别是什么?简述业务流程管理的实施层次。
11. 什么是卓越流程?卓越流程有哪些特点?举例说明构造一个卓越流程的 5 个阶段。
12. 上网浏览行业使用的业务流程管理系统,举例说明它们的使用过程。

第 7 章 商务智能

【学习重点】
(1) 理解商务智能的定义、特点和作用。
(2) 理解商务智能系统的定义、架构、功能和特点。
(3) 理解商务智能分析处理技术——联机分析处理技术和数据挖掘技术。

本章从商务智能的概念开始,介绍了商务智能的定义、特点和作用,商务智能系统的定义、架构、功能和特点,重点阐述了商务智能系统的架构与功能及特点,商务智能分析技术——联机分析处理和数据挖掘方法,最后探讨了典型的商务智能系统。

7.1 商务智能概述

7.1.1 商务智能的定义

商务智能(Business Intelligence,BI)又名商业智能或商业智慧。"商务智能"这个词,大众普遍认为是高德纳(Gartner)公司在 1996 年第一次提出来的。高德纳公司认为,商务智能是一类由数据仓库或数据集市、查询和报表、数据分析、数据挖掘、数据备份和交互等部分组成的,以辅助组织决策为目的的技术及其应用系统,利用它有助于企业在竞争市场中持续保持领先地位。IBM 公司认为,商务智能是基于数据仓库、数据挖掘和决策支持等先进的技术,目的是收集相关信息并进行分析,以发现商业机会和制定相应的战略决策。Oracle 公司认为,商务智能就是在合适的时间提供合适的数据给管理决策人员,以制定正确的决策。SAP 公司认为,商务智能就是收集、存储、分析和访问数据以帮助组织更好地做出决策的技术。

国外一些学者认为,商务智能是一个体系,通过一系列应用的集成,提供商业数据的查询和进行决策支持。也有学者认为,商务智能是一种行为,即在一定的时间内向决策者提供准确、有用的信息,进而有效地支持决策活动。商务智能是一个从大规模数据中发现潜在的、新颖的、有用的知识的过程,旨在支持企业的业务运作和管理决策。

从上面各种各样的商务智能概念陈述中可以看出,商务智能汇集了来自数据库、管理信息系统、统计学、人工智能中的机器学习与模式识别等多个学科的成果,又具有很强的与应用背景密切融合的特征。人们往往从技术与方法、理论与实践等不同的角度给出对商务智能概念的不同理解。

商务智能通常被理解为将组织中现有的数据转换为知识,帮助组织做出明智的业务经营决策的工具。这里,数据包括来自组织业务系统的订单、库存、交易账目、客户和供应商等来自组织所处行业和竞争对手的数据以及来自组织所处的其他外部环境中的各种数据。而商务智能能够辅助业务经营决策,既可以是操作层的决策,也可以是战术层和战略层的决策。为了将数据转换为知识,需要利用数据仓库、联机分析处理工具和数据挖掘等技术。因此,从技术层面上讲,商务智能不是什么新技术,它只是数据仓库、联机分析处理和数据挖掘等技术的综合运用。

根据以上分析,本书总结给出商务智能的定义。商务智能指用现代数据仓库、在线分析处理、数据挖掘和数据展现等技术从大规模数据中发现新颖的、潜在有用的知识的过程,从而做出更优的决策,以实现组织的商业价值。

从上述对商务智能概念的阐述中,本书总结出商务智能包括大规模数据、知识发现、决策支持和商业价值等关键要素。

(1) 大规模数据。随着各种事务处理系统的出现,组织日常业务数据源源不断地被收集,并存储于数据库和数据仓库中,逐渐形成了大规模数据。从数据来源看,这些数据包括组织内部数据和组织外部数据。从数据的结构化程度来看,这些数据分为结构化数据和非结构化数据。

(2) 知识发现。组织日常收集的数据中蕴含着新颖、潜在有用的知识,知识发现的目的是从数据集中发现这些有用的知识,并最终转换为可理解的知识。随着现代信息技术的发展,人们能够对数据进行多层次和多角度的分析以获取潜在有用的知识。知识发现通过聚类分析、多维分析、关联分析、分类分析、高级统计分析等数据挖掘算法,从数据中获得有用的知识。知识发现是信息资源利用从数据和信息层次上升到知识和智能层次的关键纽带,而且这些知识在用于决策时往往帮助组织获得竞争优势。

(3) 决策支持。商务智能能够对企业的各项业务进行准确评估,理解业务的驱动因素,识别对业务产生影响的关键因素,积极推动业务的发展。商务智能可以帮助企业从日常业务数据中得到结论性的、基于事实的和具有可实施性的信息,使企业能够更快、更容易地做出高水平的决策。

(4) 商业价值。商业价值也可以是绩效管理。知识发现的最终落脚点在于优化绩效管理和改善决策水平。商务智能可以从企业的各种应用系统中提取各种基础绩效指标与关键绩效指标,对工作绩效或其他绩效进行跟踪管理,完成对业务流程的优化。例如,商务智能可以从财务和非财务数据、前台和后台操作数据、企业内部生产数据、供应链关系数据,以及组织规划数据和个人业务数据等等进行挖掘分析,得到各种绩效指标,指导组织进行基于绩效的管理和流程优化。

7.1.2 商务智能的特点

商务智能通过数据挖掘技术自动从海量数据中提取出隐含在数据中的有用知识,辅助决策者做出更有价值的决策。商务智能主要的特点如下。

1. 商务智能能够加工数据

商务智能根据业务需要收集数据,对数据进行提炼和加工,最终产生对企业有价值的知识,提高企业的绩效。通过数据整合、数据分析、数据挖掘,以及数据展示等,商务智能实现了数据转换为信息再转换为知识的过程。例如,商务智能对企业资源计划、客户关系管理、供应链管理等业务系统中提取运营数据进行分析,并产生报告,帮助管理者认识现状和预测趋势,从而做出准确的决策。

2．商务智能服务于多层次用户

根据组织管理的安东尼模型,组织的经营活动可以分为战略层、管理层、知识层和作业层4个层次,不同层次的人员都需要进行决策。商务智能作为一种新兴的决策体系,其不同于传统的经理信息系统、决策支持系统的特征是其支持组织内外各类人员进行分析决策,不仅仅包括组织领导层和高层决策者,以及组织内部各部门的管理者,还包括客户、供应商、合作伙伴等组织外部人员。商务智能不仅支持中高层管理人员决策,也支持具体的业务人员、底层管理人员、客户与商业伙伴等决策。

3．商务智能支持管理与决策

商务智能是帮助组织提高决策和管理能力的概念、方法、过程以及软件工具的集合,它不仅能够支持企业的战略管理,还辅助管理者进行绩效管理。商务智能对来自组织内外部的数据进行挖掘分析,将组织所获得的信息转换为知识,进而获得竞争优势,帮助企业提高决策和管理水平。商务智能还从组织多年运营的数据中挖掘出有效的、新颖的模式辅助决策和管理。商务智能相关的产品在管理角色、管理方法、管理职能和管理过程方面融合了越来越多的组织管理理念。

4．商务智能包含智能分析技术

组织的生产经营活动产生了大量结构化和非结构化的数据和信息,商务智能利用数据仓库、数据挖掘、联机分析处理等技术,对这些数据和信息进行收集、整理和分析,以辅助组织做出正确决策,使组织能够采取有效的商务活动,优化商务流程。商务智能是全面提高商务绩效的工具方法和技术的统称,是组织提升智能化决策水平的关键技术,是多种职能分析技术交织在一起的综合分析与应用。

7.1.3　商务智能的作用

商务智能利用组织的内外部数据发现有用的知识,使得决策者从一个新的方向去分析问题并获得决策支持。商务智能的作用如下:

(1) 理解业务。商务智能用来帮助管理层理解业务的推动力量,以及影响业务的趋势特征、非正常情况和业务流程等。

(2) 衡量绩效。商务智能可以用来确立对员工的期望,帮助他们跟踪并管理其绩效。

(3) 改善关系。商务智能能为客户、员工、供应商、股东和大众提供关于企业及其业务状况的有用信息,从而提高企业的知名度,增强整个信息链的一致性。利用商务智能,企业可以在问题变成危机之前对它们加以识别并解决。商务智能也有助于分析客户忠诚度、识别优质客户等。

(4) 创造获利机会。掌握各种商务信息的企业可以出售这些信息来获取利润。但是,企业希望能够找到需要这些信息的客户,并找到合适的信息传递方式。许多保险、租赁和金融服务公司都已经感受到了商务智能的好处。

7.2 商务智能系统

7.2.1 商务智能系统的定义

面对日益增长的海量数据,组织迫切需要从数据中挖掘出有价值的信息和知识,服务于决策。信息技术的不断发展,特别是存储、并行处理器,以及数据挖掘工具、数据仓库管理工具等技术逐渐成熟,为组织解决智能决策提供了可能,促进了商务智能系统(Business Intelligence System,BIS)的发展。商务智能系统可以运用数据仓库、数据挖掘等技术来处理和分析商业信息,并据供个性化的解决方案来帮助用户解决复杂的商业问题,协助决策者进行复杂的数据和信息处理,有助于企业决策者面对复杂多变的市场环境做出敏捷的反应和更好、更合理的商业决策。

视频讲解

综上所述,事务处理系统、经理信息系统、管理信息系统、决策支持系统,以及商务智能系统代表了信息系统发展的不同阶段,它们之间既存在一定的关联性,又存在一定的差别。事务处理系统是面向组织日常业务的信息系统;经理信息系统和管理信息系统是面向管理的信息系统;决策支持系统是面向决策的信息系统,它在组织中可能是一个独立的系统,也可能作为管理信息系统的一个高层子系统而存在。而商务智能系统与经理信息系统、管理信息系统、决策支持系统也都是为了提高组织决策的效能和有效性,但是在使用对象、数据分析与知识发现能力、处理非结构化决策等方面,商务智能系统具有明显的优势。

7.2.2 商务智能系统的架构

组织的内外部信息系统为企业积累了大量的数据,决策者只有对这些数据进行分析和利用,将其转换为知识,才能发现新的市场机会和创新模式。商务智能系统则在这些海量的数据和决策者之间架起了一个桥梁,内部和外部数据经过处理保存在数据仓库中,然后运用联机分析处理和数据挖掘技术从数据仓库中生成各种报表和新知识,通过可视化界面以直观、友好的形式呈现给决策者。

商务智能系统架构是对商务智能系统的构成要素、关键组成部分以及整体结构之间关系的表达,通过识别和理解数据在系统中的流动过程,以及数据在组织中的应用过程来提供商务智能系统应用的框架。目前,商务智能系统架构多种多样,其中最受推崇的当属加特纳(Gartner)公司提出的商务智能系统的架构,如图7.1所示。商务智能系统的架构由交易系统、基础设施、商务智能组件3个层次构成。其中,交易系统层是指组织的业务系统,如企业资源计划系统、客户关系管理系统、供应链管理系统、遗留系统等,这些系统是原始数据的来源地。基础设施层根据数据来源组织这些原始数据,原始数据来自组织的内部数据和外部数据,它们经过 ETL(Extraction,Transition,Loading)工具转换为一致的、集成的数据存放在数据仓库中。商务智能组件层包括数据仓库、联机分析处理、报表查询工具、数据挖掘和可视化界面。联机分析处理和数据挖掘从数据层库中获得灵活的报表显示和发现的新颖的、潜在的新知识,通过可视化界面以直观、友好的形式呈现给决策者。在商务智能系统架构中,还可以纳入组织绩效管理,使其与可视化技术融合,帮助组织将战略和目标转换为计划,并以

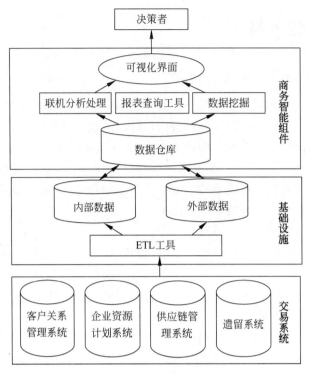

图 7.1 商务智能系统的架构

此监控绩效、分析实际与预期的差距,并进行目标调整和实施。

基于商务智能系统组成架构的分析可见,商务智能系统集成大量数据,对其进行加工并从中提取能够创造商业价值的信息,服务于业务层、知识层和管理层,指导组织经营决策,涉及企业战略管理思想、业务整合和技术体系等层面,是融合了数据仓库、联系分析处理、数据挖掘、可视化等先进技术与创新管理理念的结合体,促进从信息到知识再到绩效的转变,从而实现更好的效益。

7.2.3 商务智能系统的功能

商务智能系统集成了遗留系统、数据仓库、数据挖掘与可视化界面等多种各具特色的数据分析技术来处理业务数据。它对从不同的数据源收集的数据进行提取、转换、重构等操作,并存放在数据仓库或数据集市中,然后使用查询、数据挖掘、联机分析处理等适当的数据分析技术对信息进行分析和处理,使其成为决策者需要的知识,并以友好的方式展示给决策者,以便决策者进行决策。因此,商务智能系统的架构决定了其具有以下功能。

(1) 数据管理。商务智能系统具有从多个数据源中进行数据抽取、转换、装载,以及集成数据的功能,对大量数据进行高效存储与维护等功能。

(2) 数据分析。商务智能系统具有基于联机分析处理、数据挖掘、报表查询等技术的多种数据分析功能,以及终端信息查询和报表生成功能与数据可视化功能。

(3) 知识发现。商务智能系统具有从数据仓库或数据集市中提取决策者感兴趣的知识的功能,提取的知识表示为概念、规则、规律和模型等形式的功能。

(4) 建模优化。商务智能系统具有辅助组织进行优化建模和高效求解功能。

综合来看,商务智能不是一种新技术,而是客户关系管理、企业资源计划及数据库、数据挖掘、数据仓库等技术在组织信息化中的组合运用,是对大量数据的提炼和重新整合,其主要价值在于将组织数据价值转换为组织基于知识的竞争优势。但与传统的经理信息系统及决策支持系统相比,商务智能系统将整个产业作为应用范围,但又不将用户仅局限于组织内部。作为组织商务活动的全新领域,商务智能系统服务的对象是组织的管理与决策,它是由软件技术组件构成的系统化的管理理念和解决方案,而不是静态技术软件工具的简单组合。

7.2.4 商务智能系统的特点

商务智能系统从本质上说是通过分析组织运营数据,获得高价值的知识,使企业能够在需要时采用合适的方法把需要的知识提供给决策者。因此,商务智能系统具有以下特点。

(1) 商务智能系统是一个综合开放的系统。它的开放性表现在面向组织内外部环境,并与外界环境始终保持及时互联。

(2) 商务智能系统拥有强大的数据分析能力。它集成了多种先进的数据分析技术以提高组织决策的效能和准确性。

(3) 商务智能系统能够挖掘数据与发现潜在的知识。商务智能的目标是增强组织的运营与管理能力,挖掘大量数据中的潜在知识并对它们进行对比分析和趋势预测。

商务智能以组织信息资源的开发为目标,建立完善的信息系统架构是商务智能成功实施的基础。商务智能系统的建设是一个复杂的反复迭代的过程,其实现取决于数据的完整性和准确性,项目推进需要分析主题的复杂程度、迫切程度、建设成本等多种因素。因此,商务智能系统的建设应采取统筹规划、分步实施、逐步完成的过程。在具体操作层面,商务智能系统成功实施的关键因素包括管理层的高度重视、健全的项目管理体系和技术过硬的项目实施团队等。

7.3 商务智能分析处理技术

视频讲解

实施商务智能系统,需要建立统一的信息平台,有机整合内外部数据资源,建立一个数据建模、处理和分析的集成环境,构建集中统一的业务数据视图,为管理层提供充分的决策支持服务。实施商务智能系统的过程是:对原始数据进行标准化和 ETL 转换后,将其存放在中央数据仓库、数据集市中或多维数据库中,然后建立数据分析模型,并采用联机数据分析和数据挖掘技术进行分析,最后利用数据展现工具反馈给决策用户。上述过程可以多次执行直到获得满意的决策结果。

7.3.1 联机分析处理技术

1. 联机分析处理技术的概念

随着数据库技术的飞速发展和广泛应用,数据库的数据存储容量越来越大。同时,用户查询的需求变得越来越多,且涉及多表的信息综合和数据分析才能得出查询结果。对于这样的高要求,关系数据库已经不能满足。为此,很多厂商发展其前端产品,通过分散应用逻辑,来解决短时间内响应复杂查询问题,关系数据库之父 Codd 于 1993 年提出了一种用于组织大型商务数据库和支持商务智能的技术——联机分析处理(Online Analytical

Processing,OLAP)技术。

  联机分析处理是一种基于数据仓库的数据分析和处理技术,也可以将它看成是基于数据仓库的一种软件工具。它为支持复杂的分析操作而设计,主要是为组织决策者或者高层管理人员提供决策支持。它针对分析人员提出的各种要求,在大量的数据中进行快速而灵活的查询,最后将查询结果以一种简单明了的形式提供给决策者。例如,某单位的销售人员常常会关心某产品在某个地区的某个门店的某月售出的数量,与去年和前年同期相比,销售额是增加了还是减少了,与预期的销售额相差多少,与其他门店相比又有何不同,等等。这一系列问题就需要通过联机分析处理来解决。

  上述例子说明了商业数据事实上是一种多维数据,即同样的数据,从不同角度来看具有不同的性质,而且这些性质之间具有一定的关系。又如,销售数据、库存数据和计划数据之间相互联系、相互依赖。分析销售模式时,一般要分别对年、季度、月、周等层次的数据进行处理,以寻找可以使其产品和服务与众不同且具有明显竞争力的市场,细分微观市场并得到关于市场定位的计划是最基本的要求。为了满足这些要求,必须采用多维分析,联机分析处理则是多维分析方法之一。

  联机分析处理可以实现多维信息共享,而且可以针对特定问题进行联机数据访问和分析。它可以对信息进行深层次的分析和观察。决策的结果不是单一数据而是多维数据,所以多维数据就成为决策的主要内容。联机分析处理数据库分为多个多维数据集,每个多维数据集由多维数据集管理员组织和设计以适应用户查询和分析数据的方式,从而更易于创建和实验数据透视表和数据透视图。联机分析处理有很多优点,如分析功能灵活、数据操作处理直观、分析结果可视化,这使得对大量繁杂数据的分析变得容易而且高效。

  联机分析处理能够直接仿照用户的多角度思考模式,提前为用户组建多维的数据模型。这些分析角度虽然可以通过报表来反映,但每一个分析的角度可以生成一张报表,各个分析角度的不同组合又可以生成不同的报表,使得分析人员的工作量相当大,而且往往难以跟上管理决策人员思考的步伐。例如,在进行销售数据分析时,可以把时间周期作为维度,也可以把产品类别、分销渠道、地理分布、客户群类作为维度。通过建立多维数据模型,用户可以从各个分析角度快速获取数据,并且可以动态地在各个分析角度之间进行切换,或者进行多角度综合分析,具有极大的分析灵活性。

  2. 联机分析处理技术的分类

  根据数据的存储格式,联机分析处理可以分为关系型联机分析处理(Relational OLAP,ROLAP)、多维联机分析处理(Multidimensional OLAP,MOLAP)和混合型联机分析处理(Hybrid OLAP,HOLAP)3种。

  ROLAP将分析用多维数据存储在关系数据库中,并根据实际需要选择性定义一批实体化视图,将其也同样存储在关系数据库中。但并不是将每个SQL查询都作为实体化视图保存,只有那些使用频率比较高、计算量比较大的查询才被保存为实体化视图。为了提高效率,对于每个针对OLAP服务器的查询,优先利用已经计算好的实体化视图来生成查询结果。同时,用作ROLAP存储器的关系数据库管理系统也针对联机分析处理进行了相应的优化,如并行存储、并行查询、并行数据管理、基于成本的查询优化、位图索引、SQL的OLAP扩展等。

  MOLAP将联机分析处理所用到的多维数据物理上存储为多维数组的形式,形成"多维立方体"的结构。多维数组的下标值或下标值的范围是维的属性值的映射,而汇总数据作为多维数组的值存储在数组的单元中。MOLAP 由于采用了新的存储结构,从物理层开始实现,故又称为物理联机分析处理。而 ROLAP 主要通过一些软件工具或中间软件实现,物理层仍然使用关系数据库的存储结构,故又称为虚拟联机分析处理。

HOLAP 结合了 MOLAP 和 ROLAP 两种结构的优点,对这两种结构进行有机结合,它可以满足用户各种复杂的分析需求。

3. 联机分析处理的基本操作

在多维分析中,通常数据是按照维度,如产品、地区和客户来表示的。维度通常按照层次组织,如按照地区组织的城市、省、国家等。时间也是一种维度,其可以按照年、季度、月、周和天组织。不同的管理者可以从不同的维度去考察这些数据。这种在多个维度上对数据进行综合考察的手段就称为多维查询方式。

联机分析处理展示给用户的是各种各样的多维视图,下面介绍几个相关的基本概念。

(1) 维。维是指人们观察数据的特定角度,其反映问题的某一类属性,这些属性的集合构成一个空间维或位置维等。

(2) 维的层次。维的层次是指人们在从某个特定角度(即某个维)观察数据时,可以根据细节程度描述一个维的各个方面。例如,可从上、中、下等同层次来描述空间维。

(3) 维的成员。维的成员指维的一个取值,是对数据项在某一维上位置的描述。例如,"某年某月某日"描述了时间维的一个成员。

(4) 度量。度量是指多维数组的取值。例如,销售额、利润等。

联机分析处理基于多维视图对数据进行操作,其主要的多维分析操作有钻取、切片、切块和旋转等。

(1) 钻取。钻取即通过改变维的层次,变换分析的粒度。它分为向下钻取和向上钻取两种。向上钻取是在某个维上将底层次的细节数据概括到高层次的汇总数据,或者减少维数;而向下钻取则与向上钻取相反,它从汇总数据深入细节数据进行观察,或者增加新维。

(2) 切片。切片即在某个维度上选取特定的值,在此维度值保持不变的情况下,通过其他维对数据进行展现。例如,从数据的多维立方体中"切"出一个截面。

(3) 切块。切块即限定一个或多个维度的取值范围而得到的数据展现结果。例如,从多维立方体中"切"出一个立方数据块。

(4) 旋转。旋转即变换维度的方向,在表格中重新安排维度的放置。例如,行列互换,以获取所需的分析视角。

例如,可以基于时间、地区和产品类型三个维度对其中的产品销售金额和成本进行查看。可选择不同粒度的时间,如年、月等;选择不同的产品类型,如电视、冰箱、洗衣机等;选择不同的地区,如江苏省、河南省、海南省等,也可以是江苏省南京市、江苏省苏州市、江苏省无锡市等。

4. 联机分析处理的功能

根据前面的分析,联机分析处理主要实现以下一些功能。

(1) 展示数据的多维逻辑视图。

(2) 交互式查询进行数据分析。交互式查询方法包括细分较低级别的详细数据或较高级别的概括数据。

(3) 提供分析和建模功能。根据已有的决策分析模型确定合适的变量和比率等并进行计算。

(4) 生成概括数据和聚集的级别。总结在每个维度的交叉点上的概括数据和聚集级别。

(5) 趋势分析、统计分析和预测。建立相应的分析与预测模型,然后执行分析工作。

(6) 检索并显示以二维或三维表格、图形表示的数据。商业用户需要从不同的角度来分析数据,可以容易地变换基准轴。

(7) 迅速响应查询。只有这样才能保证与商业活动同步,从而具有实际应用价值。

(8) 多维数据存储引擎。按照阵列存储数据,这些阵列是商业维度的逻辑表示。

随着数据仓库和联机分析处理技术的不断成熟,联机分析处理在组织中的应用前景也越来越广阔。但是,联机分析处理通常是运用已有的知识如业务规则和商务规律来建立决策分析模型,并通过数据仓库进行多维度的预测和回溯分析,是一种验证型知识的获取方法。而数据挖掘作为商务智能的核心技术,其对海量数据进行分析以发现隐藏的潜在的有用知识,因此是一种发现型知识的获取方法。

7.3.2 数据挖掘技术

近年来,商务智能的大量应用从早期的以联机分析处理为主、以数据挖掘知识发现为辅模式,转向联机分析处理和数据挖掘知识发现并重的模式。在信息分析处理方面,联机分析处理对数据进行多维度的综合分析;在知识发现方面,数据挖掘对数据进行深入的、智能化的挖掘分析,以寻找潜在的知识。

当前已经有丰富的数据挖掘应用案例。在商业领域,通过对客户进行细分和细致的行为描述来获得有价值的客户,提高市场活动的响应效果,降低市场推广成本,有效增加客户数量等。在金融业领域,采用数据挖掘可以帮助银行和保险公司进行交叉销售,以增加销售收入,定制个性化的金融和保险服务,有效识别金融和保险中的欺诈行为等。在社会治理方面,采用数据挖掘可以预测流感的发病率,预报国内旅游热点,构建社会治理预防机制,监控和管制污染源等。在社会情绪方面,采用数据挖掘可以分析股市涨跌和网民情绪的相关性,根据网络舆情预警群体性事件,预测候选人得票概率等。

1. 数据挖掘的发展

数据挖掘的起源得益于 20 世纪下半叶多个学科的快速发展。首先是随着数据库技术的发展和应用、数据的不断积累,简单的查询和统计已经无法满足企业的商业需求,因此需要新的方法挖掘新知识。同时,人工智能得到巨大发展并进入机器学习阶段。数据库和人工智能的结合促进了知识发现学科的出现,而数据挖掘正是知识发现的核心内容。21 世纪以来,数据挖掘已成为一门发展比较成熟的交叉学科,同时也伴随着信息技术的发展日渐成熟。数据挖掘融合了数据库技术、人工智能、机器学习、统计学、信息检索、高性能计算、模式识别、神经网络、空间数据分析和数据可视化等多个领域的理论和技术,是 21 世纪以来对人类社会有重大影响的十大新兴技术之一。

2. 数据挖掘的定义

作为一个多学科交叉领域,数据挖掘的定义多种多样。例如,数据挖掘就是对观测到的庞大数据集进行分析,目的是发现未知的关系和以数据拥有者可以理解的且有价值的新颖方式来总结数据。数据挖掘是数据库知识发现过程的一个基本步骤。数据挖掘是从大量数据中挖掘有趣模式和知识的过程。数据挖掘是从大型数据库中将隐藏的预测信息抽取出来的过程。数据挖掘是从一个数据库中自动地发现相关模式。

上述定义将数据挖掘视为知识发现或是知识发现的一个基本过程。本书总结了这些定义。所谓数据挖掘是指从数据库的大量数据中揭示出隐含的、先前未知的并有潜在价值的信息的非平凡过程。数据挖掘是一种决策支持过程,它主要基于人工智能、机器学习、模式识别、统计学、数据库、可视化技术等,高度自动化地分析企业的数据,做出归纳性的推理,从中挖掘出潜在的模式,帮助决策者调整市场策略,减少风险,做出正确的决策。知识发现过程由3个阶段组成:数据准备、数据挖掘、结果表达和解释。数据挖掘可以与用户或知识库交互。

3. 数据挖掘的方法

对于不同的知识类型和决策分析要求,数据挖掘提供一系列方法,包括关联分析、分类分析、聚类分析和时间序列分析等。

1) 关联分析

关联分析用于发现关联规则。关联是指在两个或者两个以上变量之间存在某种规律,但关联并不一定意味着因果关系。关联规则是同一事件中出现的不同项目的相关性,关联分析是挖掘关联规则的过程。关联规则模式属于描述型模式。

关联分析是数据中一种简单但很实用的规则发现,最早由 Agrawal、Imielinski 和 Swami 提出。关联分析所发现的规则展示属性与值频繁地在给定数据集中一起出现的条件。关联分析就用于发现事务数据集中背后隐含的某一种或者多种关联关系。发现关联规则的算法属于无监督学习的方法。

关联分析广泛应用于购物篮或事务数据分析中。例如,超市利用前端收款机收集和存储了大量的购买事务记录的售货数据。关联规则也可以用于商品货架布置、销售配货、存货安排、购物路线设计、商品陈列设计、交叉销售以及根据购买模式对客户进行分类等方面。比较经典的关联规则是啤酒和尿布的故事,沃尔玛超市通过关联分析挖掘到这一规律后,把尿布和啤酒摆放在一起出售,使两者的销量都增加了。关联规则也广泛应用于其他领域。例如,信用卡公司、银行和股票交易所等,可以通过关联规则确定客户的主要来源。

关联分析的任务是在大规模数据集中寻找具有频繁项集和关联规则形式的关系。Apriori 算法和 FP-Growth 算法是关联分析的常见算法,它们都是基于支持度的剪枝技术。当然,关联分析算法往往会产生大量的规则,而其中很大一部分规则可能是人们不感兴趣的。因此,评价关联模式质量的标准是非常重要的,常见的评价标准有基于统计论据建立的标准和通过主观论据建立的标准。

2) 分类分析

分类分析是商务智能中重要且应用广泛的决策方法。分类是找出数据中描述和区分数据类别或概念的模型,以便能够使用该模型来预测类标号未知的对象的类标号的过程。分类被广泛用于客户的分类、客户的属性和特征分析、客户的购买趋势分析和预测客户对促销活动的反应预测等。例如,一个汽车零售商根据客户对汽车喜好的不同将其划分成不同的类,这样营销人员就可以按照客户所属的类将新型汽车的广告手册邮寄到他们手中,从而大大增加了商业机会。在实际生活中,与信用风险定级一样,生物辨别、图书分类、航班旅客类别、疾病诊断、行业划分、产品类型和人口统计等都是分类分析的例子。

分类分析包括分析已知数据建立分类模型和利用分类模型进行预测两个步骤。根据已知数据属性与给定类别之间对应关系建立分类模型也称分类器。预测过程通过建立的分类器对新数据的类别进行分类。用于建立分类模型的已知数据称为训练集，训练集的每条记录称为一个训练样本，也称为包含着若干属性的属性向量，其中一个有类别标号的属性称为类别属性。使用所获得的分类器对测试集(另外一组没有分类标号的数据)样本对分类器的分类准确率进行估计时，如果一个分类器的准确率经测试被认为是可以接受的，那么就可以使用此分类器对未来数据对象进行分类分析。由于训练样本集需要事先人工进行标识类别才能建立一个分类器，因此分类分析是一种有监督分类法。

分类方法主要包括决策树归纳算法、贝叶斯分类方法、基于规则的分类、基于最近邻的分类等。这些方法都使用学习算法来确定分类模型，分类模型能够很好地拟合输入数据中的类标号和目标属性集的联系。通过学习算法确定的分类模型不仅能很好地拟合已知数据，还能对未知样本的类标号进行准确的预测。

3) 聚类分析

聚类分析是把数据样本集合分为多个类的过程。聚在同一个类中的样本相似度较高，在不同类中的样本差别较大。聚类是一种无监督分类法，即在没有预先对数据样本进行事先分类标记的情况下，把给定的数据集分成多个类。

聚类分析已广泛应用于模式识别、图像处理和市场研究等数据挖掘领域。聚类分析是一种分类的多元统计分析方法，目前已出现的聚类分析方法有基于划分的方法、基于层次的方法、基于密度的方法、基于网格的方法、基于模型的方法，以及模糊聚类法等。聚类方法的选择取决于聚类数据类型、聚类类别的数目和应用场合。一个好的聚类方法可以产生高质量的聚类结果，这些通过聚类得到的类应具有高的类内数据的相似性和高的类间数据的差异性。一般地，聚类分析要有良好的可伸缩性，能够处理不同类型的属性，发现任意形状的类。此外，聚类分析能够有效地处理噪声数据、异常数据和高维数据，产生满足用户指定约束的聚类结果，且聚类结果是可解释、可理解和可用的。

在聚类分析中，通常采用的规则是将"距离"较近的点或"相似系数"较高的点归为同一类，将"距离"较远的点或"相似系数"较低的点归为不同的类。对于同一个数据集，当采用不同的聚类算法时可能会产生不同的聚类。聚类的划分是通过聚类算法实现的。通过聚类分析可以发现数据中事先并不知晓的群组，这是聚类分析的突出优点。聚类分析主要应用在商业中的市场细分等领域，人们也经常采用聚类分析技术来实现对抽样框的分层。另外，聚类分析可以作为其他算法(如特征化、属性子集选择和分类)的预处理步骤，之后这些算法将在通过聚类所检测到的簇和所选择的属性或特征上进行操作。

聚类分析的依据是原始数据，事先没有任何有关的类的信息可供参考。也就是说，聚类分析前所有个体或样本所属的类是未知的，类的个数一般也是未知的。因此，聚类分析并不是纯粹的统计方法，它不像其他多元统计分析方法那样需要从样本去推断总体。聚类分析一般都不涉及有关统计量的分布，也不需要进行显著性检验。聚类分析更像是一种建立假设的方法，而对假设的检验还需要借助其他统计方法。聚类分析简单直观，通常用于探索性研究，其分析的结果可以提供多个可能的解，最终解的选择需要依据研究者的主观判断和后续的分析。聚类分析还可以用于离群点检测，其常用于保险欺诈检测、信用卡欺诈检测，以及对其他电子商务中犯罪活动的监控。

聚类分析与分类分析的不同之处是，分类分析需要对训练数据按照事先定义的分类标准确定类别，是一种监督学习的方法；而聚类分析则是将数据按照对于特定测度的相似度进行聚合，并没有事先给数据确定类别，是一种无监督学习的方法。

在商务分析中，聚类能帮助市场分析人员从客户数据库中识别不同的客户群，刻画不同的客户群特征，并能应用于客户群分类、客户购买趋势预测、市场细分等方面。客户细分的关键是找出客户的特征，一般可以从客户的自然特征和消费行为入手。在大型统计分析工具出现之前，客户细分方法主要是采用单一变量的分组方法和采用多个变量的交叉分组方法。例如，采用单一变量的分组方法，根据消费频率变量将客户划分为高频客户、中频客户和低频客户。采用多个变量的交叉分组方法，用性别和收入变量进行交叉细分。而基于多方面特征的聚类分析的客户细分比只考虑单个特征的客户细分更有意义。

4）时间序列分析

时间序列是按时间顺序的一组数字序列，即由在不同时间上的观测值或事件组成的序列。一方面，时间序列数据不是数理统计中通过实验得到的，而是一组真实的数据。既然是真实的数据，其能够反映某一现象的统计指标，因而，时间序列能够反映某一现象的变化规律。另一方面，时间序列数据是随时间变化的动态数据。

时间序列数据库则是一种有时间标记的序列数据库。现实中这些时间序列数据都是通过数据收集工具自动获取的，数据量非常大。时间序列数据是包含时间属性的一种特殊的序列数据，其与 Web 访问序列数据不同，如股票涨停序列数据是时间序列数据。

时间序列分析的基础是惯性原则，即在一定条件下，被预测事物的过去变化趋势会延续到未来。时间序列分析运用统计分析和数据挖掘技术从时序数据库中找到系统的发展趋势等，有助于对系统的分析或者对系统变化的预测。例如，利用某地区近几年的月平均降雨量对未来的月降雨量进行预测。此外，时间序列分析还可以发现突变以及离群点。

时间序列建模基本步骤包括：

（1）用观测、调查、统计、抽样等方法取得被观测系统时间序列动态数据。

（2）根据动态数据做相关图进行相关分析，求自相关函数。相关图能显示出变化的趋势和周期，并能发现跳点和拐点。跳点是指与其他数据不一致的观测值。如果一个跳点是正确的观测值，则在建模时应考虑跳点的影响；如果其是一个反常现象，则应把跳点调整到期望值。拐点则是指时间序列从上升趋势突然变为下降趋势的点。如果存在拐点，则在建模时必须用不同的模型去分段拟合该时间序列，如采用门限回归模型。

（3）辨识合适的随机模型，进行曲线拟合，即用通用随机模型去拟合时间序列的观测数据。对于短的或简单的时间序列，可用趋势模型和季节模型加上误差来进行拟合。对于平稳时间序列，可用通用 ARMA 模型（自回归滑动平均模型）及其特殊情况的自回归模型、滑动平均模型或组合 ARMA 模型等来进行拟合。当观测值多于 50 个时一般都采用 ARMA 模型。对于非平稳时间序列则要先将观测到的时间序列进行差分运算，化为平稳时间序列，再用适当的模型去拟合这个差分序列。

时间序列分析是定量预测方法之一。它包括一般统计分析（如自相关分析、谱分析等）、统计模型的建立与推断，以及关于时间序列的最优预测、控制与滤波等内容。经典的统计分析都假定数据序列具有独立性，而时间序列分析则侧重研究数据序列的互相依赖关系。后者实际上是对离散指标的随机过程的统计分析,所以又可看作随机过程统计的一个组成部分。例如,记录了某地区第一个月、第二个月,……,第 N 个月的降雨量,利用时间序列分析方法,可以对未来各月的雨量进行预报。

时间序列依据其特征,有以下几种表现形式,并产生与之相适应的分析方法。

(1) 长期趋势变化。受某种基本因素的影响,数据依时间变化时表现为一种确定倾向,它按某种规则稳步地增长或下降。分析长期趋势变化的方法有移动平均法、指数平滑法、模型拟合法等。

(2) 季节性周期变化。受季节更替等因素影响,序列随固定周期规则性的变化,也称商业循环。常常采用季节指数方法分析季节性周期变化的数据。

(3) 循环变化。周期不固定的波动变化。

(4) 随机性变化。由许多不确定因素引起的序列变化。

时间序列分析主要有确定性变化分析和随机性变化分析。确定性变化分析包括趋势变化分析、周期变化分析、循环变化分析等,常用的方法有趋势拟合法、平滑法和时间序列预测法等。随机性变化分析需要建立随机时间序列模型,常用的模型有自回归模型、滑动平均模型、自回归滑动平均模型等。

时间序列分析常用在国民经济宏观控制、区域综合发展规划、企业经营管理、市场潜力预测、气象预报、水文预报、地震前兆预报、农作物病虫灾害预报、环境污染控制、生态平衡、天文学和海洋学等方面。例如,时间序列分析可应用于股票市场分析、销售预测、自然灾害预测、过程与质量控制等。

7.4 商务智能应用与发展

7.4.1 商务智能应用

随着信息技术的发展以及大数据分析能力的加强,大量的商务智能方法、系统和应用不断涌现,商务智能已成为信息系统领域和企业信息化部署的重点。目前国内外商务智能的一些成熟应用领域有生产制造、金融、电信、生物与医学等领域。下面介绍其相关应用。

1. 在制造企业中的应用

随着信息化浪潮席卷全球,越来越多的制造企业实施了企业资源计划、客户关系管理、人力资源管理、供应链管理等应用系统,并逐步形成了自己的基础数据库。这使得制造企业所生成的业务数据更庞大、数据的整合程度更高。而商务智能方法与数据挖掘技术的采用,则为充分利用这些数据提供了工具和方法。

产品质量控制始终是制造企业所面临的一个核心问题。随着生产规模的扩大、生产流程的日益复杂,企业所需调度和使用的原材料和设备等也不断增加,这都对如何有效控制产品质量提出了挑战。如何在复杂的生产过程中将影响产品质量的关键因素提炼出来,并对可能造成故障的关键参数进行控制,就成为每个制造企业必须面对的问题。商务智能方法在此领域中逐渐得到关注和重视,并被不断地集成在相应的生产控制系统中。采用分类分析方法,对造成残次品的因素进行分析,找到影响质量的关键因素。采用关联规则分析方法,对各个因素之间的关联关系进行分析,提炼出这些因素之间关联,有针对性地对其进行调整和控制。

对于大型制造企业,其生产的零件成千上万,每个零件的加工流程都各不相同。由于大量零件都是在长期的生产运作过程中不断添加的,因此随着企业的不断运作,企业内经常会存在生产流程冗余和冲突的情况。针对这种情况,企业希望通过优化技术来提高生产效率,同时降低运作成本。由于零件数量通常很大,且这些零件的特征、工艺、流程及对设备的要求各不相同,因此难以采用传统的方法对它们进行处理。采用聚类分析方法可以基于整合的企业资源计划系统进行优化分析。

此外,商务智能还可以辅助制造企业进行库存分析、配送分析、采购与供应商分析、预测等。例如,借助于商务智能方法,管理者制订库存计划,明确合理的库存需求,规划库存位置,帮助减少运输距离;配送中心管理业务量,合理安排进出库,优化调度配送和运输过程,制订合理的装载计划和运输路线计划;对生产需求进行科学预测,及时补货和组织生产等。

2. 在零售与营销中的应用

零售业是商务智能快速应用和发展的领域之一。零售业系统每天生产诸如客户购买历史记录、货物进出记录、消费和服务记录等信息,也有客户广泛参与社交网络生成的如在线评论、博文、舆情等企业外部数据。利用商务智能方法分析这些数据,不仅可以获得商品的关联关系,还可以及时获得一定的知识和规则,为进一步营销提供决策支持。将聚类分析、分类分析、关联分析,以及时间序列分析运用到零售业中,有助于发现客户购买行为、购买模式和购买趋势等。由此可见,在零售业采用商务智能可以改进服务质量,取得更好的客户忠诚度和满意度,提高商品销量比率,设计更好的运输与分销策略,降低组织的成本。

组织向原有客户销售新的产品和服务的过程(称为交叉销售)中,首先需要对原有客户的数据进行分析,然后结合新产品和服务等信息进行预测。采用商务智能方法进行交叉销售分析,挖掘原有客户的潜力。采用关联规则分析方法,得出"啤酒和尿布"的关系,通过挖掘得到关联规则,指导货架摆放和商品组合方式,以提高销售量。

利用数据挖掘工具和统计模型研究数据仓库的数据以分析客户的购买习惯、广告成功率和其他战略性信息。利用数据仓库,检索近年来的销售数据,预测季或月销售量;对商品品种和库存的趋势进行分析,确定降价的商品,并对数量和运作做出决策;利用数据挖掘对客户群体进行分类,了解"哪些客户更可能购买哪类产品",从而可以有针对性地进行营销。

客户信息是商务智能应用最丰富的来源。客户数据反映了客户的个性化行为、客户的付款习惯、信用等级、最近一个月的购买行为和购买商品的序列消费的金额、客户投诉情况、客户购买次数等。通过商务智能对这些信息进行系统的分析和转化,对客户信息的归纳和回归分析,可以提炼忠诚客户的关键特征;时间序列分析可以得出忠诚客户的购买模式。此外,商务智能还可以对客户需求进行管理和分析,对客户价值进行测定及提供交叉销售和销售推荐建议等。

3. 在金融业的应用

保险和银行等金融机构是应用信息系统最早、最成熟的领域之一。由于银行和金融系统对数据质量的要求很高,经过长时间的运作,银行和金融机构中拥有大量的且相对比较完整、可靠和高质量的数据,这有利于进行系统化数据挖掘和商务智能分析。

客户信用分析是银行的核心业务之一。由于银行的贷款面很广,且很大程度上依靠贷款服务人员来进行判断,这不利于风险控制。因为影响客户贷款偿还和信用的因素非常多且复杂,有许多因素对贷款偿还能力和客户信用等级造成不同程度的影响。采用特征选择和属性相关性计算,有助于识别重要因素和非相关因素。采用聚类分析和分类分析对客户收入水平、受教育水平、贷款期限、负债率等进行分析,发现影响当前所在地区用户贷款偿还能力取决于收入水平和负载率等关键因素,这可用于指导审批新的贷款客户。

客户管理具体内容包括客户划分和客户获利分析。根据客户获利性和生命阶段的时间数据采用聚类分析和分类分析对目标市场客户归类,建立以客户为中心的战略,帮助组织识别优质客户。分析这些客户需要哪些产品和服务,将不同的客户与相应的营销活动结合起来,改善客户关系,提高投资回报率。对客户进行获利性分析,组织根据客户的盈利性进行产品定价并为客户提供差异化服务。

金融欺诈是影响金融系统健康的主要风险之一。金融欺诈包括恶意拖欠、身份盗用、洗黑钱、非法账户等。从传统上来看,金融欺诈一般都是不同于一般业务模式的异常模式,但由于金融交易量太大、自动化程度高且隐藏在数据中,因此难以发现。将多个数据库的信息集成起来,然后采用离群点分析和关联关系分析工具,甄别出不同于一般业务模式的异常模式,有助于调查人员聚焦可能的线索,做出相应的预防处理。

4. 在电信行业的应用

随着电信行业竞争的日益激化,电信运营商面临的问题与日俱增,它既要减少服务成本,也要不断升级服务,增加运营收入。同时,电信行业要快速应对市场的动态变化,进行技术革新与风险防范。目前国内主要的电信运营商相继建设的大规模的业务支持系统,从运营数据中获得反映市场状况的有效信息,适时推出新的业务,争夺有限的客户资源,减少客户流失率。

分析呼叫详细记录可以识别网络中的呼叫信息,商务智能实现客户服务与营销个性化、精细化,提升客户满意度,提高经营分析结果的可实施能力,加强大客户、集团客户、新业务等方面的分析能力。商务智能分析新客户和产品服务使用记录,确定高收益的产品和服务,预测未来的产品和服务需求。商务智能分析客户服务的历史记录和交流渠道,形成详细、完整的客户描述,从而制定有针对性的营销策略。

7.4.2 商务智能发展

随着以社会性、虚拟性、移动性、个性化和极端数据为典型特征的新兴技术与应用的不断涌现,商务环境表现出动态变化的特征。在这样的形势下,商务智能领域的创新也在不断加速,并越来越紧密地与移动商务系统、Web 2.0、云计算、大数据、物联网等技术及应用融合在一起,日益显示出其强大的生命力和巨大的商业价值。

1. 基于移动商务的商务智能

移动商务加强了组织和客户的互动,基于移动商务的商务智能是商务智能在移动商务领域的应用,一般通过移动终端采集相关数据,经商务智能系统查询与分析、联机分析处理或数据挖掘把结果显示在移动终端,为用户提供个性化的信息,辅助员工做出决策。基于移动商务的商务智能具有智能性、移动性、个性化和主动性的特点。基于移动商务的商务智能是商务智能应用的新趋势,使用户可以随时随地在移动终端上提交、查询和分析数据,同时组织获得相应的分析报告,实现实时、动态的管理。

2．基于社会网络的商务智能

社交网络、博客/微博、视频共享和音乐社区等社会网络应用不断冲击着传统商务和基于商务的观念，以崭新的方式创造出巨大的商业价值。用户通过社交网络可以创造海量数据，为商务智能分析提供数据来源。组织通过与用户群体的密切互动，实现企业与用户群体的协同发展。各种社会网络应用也开始与商务智能相互融合，建立在 Web 2.0 应用基础上的社会化商务智能，在新产品营销、个性化服务等方面日益呈现出难以估量的价值，成为受组织青睐的新技术和实施营销与沟通战略的工具。

通过对社会传播和关系强度进行分析以辨识舆论引导者，并通过引导者开展营销。通过分析用户评价内容和挖掘信任关系以获取用户的行为偏好，进行社会化推荐等。采用对海量互动关联文本的数据挖掘和话题识别，可以确定客户需求和关注点，从而辅助组织进行准确决策。

3．基于物联网、云计算和大数据的商务智能

以物联网、云计算和大数据为代表的新技术给社会带来了很大的冲击。随着大数据技术的发展，支持大量的、多样的数据也成为对商务智能应用的主流需求。商务智能要支持对云数据、流数据、非结构化数据的分析，还要支持社会网络分析、情感分析、机器学习等新技术，并带来新的挑战和产生新的商业价值。

7.5 常见的商务智能系统

随着商务智能的发展，一些商务智能系统应运而生。商务智能系统使得企业的业务报表数据的收集与呈现更容易，辅助产品、销售、市场等部门的员工进行科学决策，缩短了员工获取报表的时间，整合信息系统中的多源异构信息，可以多维分析与联机处理在线事务，为企业提供相关数据并精确制订各种计划等。下面介绍一些常用的商务智能系统。

7.5.1 SPSS Modeler

SPSS Modeler 是 IBM 公司基于 CRISP-DM 模型开发的一个利用数据挖掘技术进行预测分析的商务智能系统，可以为决策者提供辅助性决策信息，并更方便地集成到现有商务系统中，从而改进商务活动的决策过程。

SPSS Modeler 提供各种获得新的信息及开发预测模型的机器学习、人工智能和统计学的建模方法，如文本分析、实体分析、决策管理与优化等。每种建模方法都适用于解决特定类型的问题。SPSS Modeler 在单机和联机模式下均能工作，联机模式可以快速地传输和处理大规模的数据集。SPSS Modeler 支持在云环境下运行。SPSS Modeler 具有以下优点。

(1) 访问各种数据源，如数据仓库、数据库、Hadoop 分布或平面文件，以便从数据中发现隐含的模式。

(2) 在影响点及时向决策者和系统提供具有预测性、资源敏感性和战略一致性的决策信息。

(3) 利用自动建模功能，一般分析人员无须专业技能即可迅速构建准确的模型，而专业分析人员能够利用先进的预测建模功能创建最复杂的流分析。

(4) 提供处理从简单的描述性分析问题到复杂的优化问题的统一平台，解决业务问题。

(5) 支持在数据库内部进行挖掘(尽量避免数据移动),可以在更短时间内分析大量数据,充分利用现有的 IT 设施。

(6) 系统部署方便,且可与其他 IBM 解决方案的开放平台集成,可以弥合分析和行动之间的差距。

SPSS Modeler 可以以独立的应用程序工作,也可以 SPSS Modeler Server 客户端的形式工作,或以服务器集群客户端的形式工作。SPSS Modeler 可以通过直接输入服务器名或在"服务器登录"对话框中搜索服务器列表或服务器集群列表查找的方式连接服务器。

SPSS Modeler 的基本操作对象包括节点、数据流、节点选项板、SPSS Modeler 管理器和工程工具。

(1) 节点。节点是指各种数据处理功能。基本的数据处理过程通常包括打开数据源、添加新字段、按照新字段中的值选择记录和在表中显示结果。要将节点添加到流工作区,可在节点选项板中进行操作。

(2) 数据流。SPSS Modeler 进行数据挖掘包括数据读入、数据操纵和数据显示 3 个步骤。这一步骤序列称为数据流,它是通过一系列节点处理数据的过程,这一系列节点间的连接指明数据的流动方向。因此,SPSS Modeler 是以数据流为驱动的商务智能软件。在 SPSS Modeler 中,数据流创建后,可以对其进行保存、添加注解等操作,并可以将其添加到工具中。在"流属性"对话框中,可以进行日期和时间设置、优化、参数及脚本等各项操作,并能查看与数据流操作有关的消息,以及报告数据流操作的错误消息等。

(3) 节点选项板。节点选项板中的每个选项卡都包括一组对应数据流操作阶段的节点,如源、记录选项、字段选项、图形、建模、数据库建模、输出、导出和 SPSS Statistics 等。

(4) SPSS Modeler 管理器。SPSS Modeler 管理器中包括流管理器、输出管理器和模型管理器。流管理器处理数据流。输出管理器能够显示、保存、重命名和关闭数据流操作所生成的表格、图形、报告等形式的输出结果。模型管理器具有强大的功能,它包括所有的模型块。利用模型管理器能够直接浏览操作结果,或对添加到数据流工作区中的数据流展开分析。

(5) 工程工具。工程工具是一组与数据挖掘任务相关的文件,利用它可以创建和管理数据挖掘工程,包括 CRISP-DM 管理器和类管理器。CRISP-DM 管理器是一个跨行业数据挖掘标准流程组织工具。类管理器则按照所创建对象的类别组织工程,能够获取数据、流、模型等详细而全面的目录结构。

SPSS Modeler 建模过程包括构建流、浏览模型、评估模型和记录评分 4 个过程。构建流的目的是创建流文件,包括读取数据源节点、指定数据类型与建模角色等字段、指定生成模型块的建模节点和指定查看评分结果以评估模型的表节点与分析节点。浏览模型以规则集的形式查看模型的详细信息。规则集是一组根据不同的输入字段值将数据集中的各条记录分配给相应子节点的规则。每个决策树终端节点将返回优良或不良的预测值。评估模型将这些原始记录的预测值与实际值进行比较来分析评估模型的准确度。记录评分从已知结果的记录中发现模式,然后用此模式对未知结果的记录进行预测。

7.5.2 SAS

SAS(Statistical Analysis System)于 1966 年由美国北卡罗来纳州立大学开发。自 20

世纪 70 年代以来，SAS 在统计分析和数据建模等方面发展迅速，推出了一系列广受市场欢迎的产品。20 世纪 90 年代以后，SAS 软件研究所利用其在数据处理方面的优势进入商务智能软件市场，推出了数据仓库解决方案。当前，SAS 软件研究所已经成为全球最大的商务智能软件与服务供应商之一，在商务智能领域有着举足轻重的地位。

SAS 利用其在统计分析和数据挖掘方面的先进技术，为客户在欺诈侦测、员工流动、客户获取与维持、网络销售、市场细分和投资组合分析等领域提供了全面的技术支持，其客户群体覆盖了许多大型企业。SAS 的不足之处在于要求用户熟悉 SAS 编程语言，而且在数据处理方面需要一定的专业背景，因此其使用难度大。SAS 具有如下特点。

(1) 功能强大，且统计分析方法齐、全、新。SAS 提供了从统计变量计算到各种类型统计推断、回归参数估计以及数据相关性分析的多种分析支持，基本涵盖了当前最新的统计分析方法。

(2) 使用简便，操作灵活。SAS 使用一个通用的数据步骤产生数据集，之后通过调用不同的过程完成各种数据分析工作。SAS 的编程模块高度集成，其编程语句简洁、短小，通过简单的语句组合即可完成复杂的运算。SAS 的输出结果以简明的英文给出提示，使用的统计术语规范易懂。

(3) 提供联机帮助功能。SAS 可以随时为用户提供帮助支持。

SAS 采用模块化结构，其模块包括 Base SAS、SAS/STAT、SAS/GHAPH、SAS/TTSV、SAS/EM、SAS/ACCESS。其中，Base SAS 模块是 SAS 的核心，其他模块都是在 Base SAS 的基础上运行的，用户可以根据实际需要进行定制，形成一个面向用户的 SAS 系统。

(1) Base SAS。Base SAS 是 SAS 的基础模块，主要负责数据导入与管理、人机交互管理，协调并调用其他具有特定功能的 SAS 模块等。Base SAS 为 SAS 的数据库提供了丰富的数据管理功能，还提供了基于标准 SQL 的数据操作。利用 Base SAS 可以从原始数据生成简单列表或复杂的统计报表。Base SAS 还具备基本的描述性统计、推断性统计与相关性分析等功能。

(2) SAS/STAT。SAS/STAT 基本上覆盖了所有的实用数理统计分析方法，是 SAS 应用最广泛的标准模块之一。它为用户提供了超过 80 个数理统计过程，可以根据数据的特点，利用合适的统计模型进行回归分析，如正交多项式回归、岭回归、Lasso 回归、Logistic 回归、非线性回归等。在多元统计分析方面，SAS/STAT 为主成分分析、典型相关分析、判别分析和因子分析等提供了许多专用过程。SAS/STAS 可以处理实型数据、有序数据和属性数据，并能够产生各种高效、准确的统计模型和诊断信息。在方差分析方面，SAS/STAT 为多种试验设计模型提供方差分析工具，为同方差和异方差模型提供检验。SAS/STAT 还设计了针对一般线性模型和广义性模型的专用过程。此外，SAS/STAT 支持对数据进行探索性分析，能够依据不同的聚类准则对聚类方法进行评价和筛选。

(3) SAS/GHAPH。SAS/GHAPH 将数据及其包含着的深层信息以多种图形，如直方图、圆饼图、屋形图、散点图、曲线图、三维曲面图、等高线图及地理图等生动地呈现出来。它提供一个全屏幕编辑器及多种设备程序，支持广泛的图形输出设备以及标准的图形交换文件。

(4) SAS/TTSV。SAS/TTSV 是企业全面 IT 服务性能评估和管理的软件，这些 IT 服务包括计算机系统、网络系统、Web 服务器和电话系统等。SAS/TTSV 对不同来源的数据进行整理和组织,并将其存放于性能数据仓库中,用图形用户界面或批处理的方式产生组织任意层面的报告。

(5) SAS/EM。SAS 建立以采样、探索、修正、建模、评估为基础的五步流程,简称为 SEMMA。SAS/EM 通过 SEMMA 进行模型评价,并将从优选模型中获取的评分公式应用于新数据。此外,SAS/EM 提供的可视化工具,使得用户可以快速、方便地对各类模型评价指标进行比较和查询。

(6) SAS/ACCESS。SAS/ACCESS 提供了与当前主要数据库软件的接口。用户利用 SAS/ACCESS 对各类外部数据库进行统一操作。SAS/ACCESS 所提供的接口是透明的、动态的,可以在一定程度上避免因数据库改变对用户造成的不良影响。用户无须关心各类数据库的物理存储模式和方法,而只需要在 SAS 中建立对外部的描述(即 VIEW)文件,便可以将此文件当作真正存储有数据的 SAS 数据集来使用。目前,SAS/ACCESS 支持的数据库主要有 IML-DL/I、ADABAS、SQL/DS、Rdb、Oracle、DB2、Sybase、Informix、DBF/DIF、Ingres 等。

一般来说,现代企业在复杂的环境中往往需要完整的商务智能解决方案,以满足各类商务数据分析与处理的需求。SAS 软件研究所对 SAS 模块进行组合,将大量可重复使用的组件、自动代码整合成一整套商务智能解决方案——SAS BI Server,其组成模块包括 SAS/AF、Base SAS、SAS Add-In for Microsoft Office、SAS BI Dashboard、SAS BI Portlets SAS Environment Manager、SAS/GRAPH 等。SAS BI Server 进一步巩固了 SAS 在商务智能领域的领先地位。

SAS BI Server 进一步强化了各类信息技术对系统的支持,包括仪表盘(Dashboard)、透视图、报告模板管理、报告自动生成、高级数据探视、微软数据整合、向导分析和元数据库管理等。这种技术使商务智能技术得以整合。此外,SAS BI Server 可以确保信息技术具有满足不同类型客户的能力,使各级用户能够以较低成本快速、轻松地取得信息,并做出合理的决策。SAS BI Server 的主要功能包括提供仪表盘和基于网络的报告视图、集成微软办公软件、数据查询和分析、商业元数据管理等。

SAS BI Server 具有以下优势。

(1) 提高决策与业务效率。企业的 IT 管理者通过部署 SAS BI Server,可以利用前期的投资,将商务智能功能快速整合到现有的环境中,以尽可能地为决策者提供符合商业利益的信息等,让决策者将注意力集中在战略目标上,从而使信息技术成为企业发展的推动力量。

(2) 确保数据具有一致性和可靠性。SAS BI Server 对元数据进行共享,同时集中管理数据、业务规则和安全信息,使不同业务逻辑下生成的数据具有一致性和可靠性。SAS BI Server 提供的可靠结果,使用户可以很容易地追本溯源。这一方面有利于减少核对报表结果是否正确这些重复性的工作;另一方面通过验证报告或结果的有效性,使 SAS BI Server 在商务智能领域得到更加广泛的应用。此外,每个用户都能使用最新的集中化数据视图,使得数据对所有用户都保持同步。

(3) 在完整的商务智能平台上使企业运营得以整合和标准化。SAS BI Server 服务于企业运营的各个环节,使之得以整合和标准化,也使用户不必维护多个商务智能解决方案。利用 SAS BI Server,管理者可以查看仪表盘,用户组可以查看或创建报表,分析师可以使用高级数据探索功能,IT 员工可以部署、管理和维持企业级解决方案。

7.5.3 SAP 商务智能系统

SAP 商务智能系统是 SAP 公司为现代商务智能提出的高效解决方案,也是 SAP 新一代技术集成平台——网络编织器(NetWeaver)的核心组件之一。SAP 商务智能系统提供了数据仓库功能、商务智能平台和一整套商务智能工具,它通过对企业业务数据的报告、分析和判读,帮助企业做出有事实依据的商业决策。

SAP 商务智能系统以企业数据仓库、商务智能平台和业务浏览器套件为核心,组合相关功能模块,提供一个成熟的解决方案。

(1) 企业数据仓库。SAP 商务智能系统提供了管理企业数据仓库的核心工具,即数据仓库管理平台,为企业数据库提供数据的抽取、转换和装载功能。此外,SAP 商务智能系统集成了企业数据仓库构建、运用数据存储及数据集市的功能,可以实现数据的清理和存储。

(2) 商务智能平台。商务智能平台作为技术的基础架构提供了各种分析技术,包括 OLAP 处理器、元数据存储库、商务智能系统集成计划、分析进程设计器及数据挖掘、报告等功能。

(3) 业务浏览器套件。SAP 商务智能系统业务浏览器套件 BEx 提供了灵活的报表和分析工具,具有数据查询、报表生成以及业务逻辑分析等功能,为企业的日常经营、战略决策等业务决策提供支持。业务浏览器支持对 SAP 商务智能系统数据仓库中的信息进行多形式、多用户的访问,可以使用企业门户、局域网或者移动技术。业务浏览器套件通过电子邮件等多个渠道发布商务智能系统中的内容,这些内容既可以是对历史数据预计算的文档,也可以是当前数据的链接。

(4) 其他功能模块与二次开发。SAP 商务智能系统还提供一系列用于系统日常管理的工具包,构成了完整的应用体系。SAP 商务智能系统提供的开发工具包支持开发者进行二次开发。

SAP 商务智能系统是传统商业智能工具的代表之一,在业内建立了强大、全面的合作伙伴社区,拥有多家合作伙伴。SAP 商务智能系统的主要客户是 SAP ERP 用户,价格较高,不适用于中小企业。从产品体系架构上看,SAP 商务智能系统是由一系列收购的工具组成,不同的商务智能功能适用于不同的场景。虽然其有着比较强大的联机分析处理功能,显示方式与 Excel 一样操作直观、易于学习,但报表效果较差且单一。

7.5.4 IBM Cognos

IBM Cognos 是传统商业智能工具的领先者,自从被 IBM 公司收购以后,便成为业内唯一完整整合所有商务智能功能的商业智能平台。IBM Cognos 在国内占有很多市场份额,功能全面,学习者众多。IBM Cognos 集成度较低,每种应用都对应单独的使用界面,但 SDK 开放程度不足,许多功能无法二次开发,所提供的 Web API 相当有限,没有真正的 Web 客户化能力,不能嵌入现有系统中。IBM Cognos 的快速用户新建报表能力并不强大,可以在分析的基础上添加表头构成报表,B/S 下可以将分析结果作为报表进行保存。IBM Cognos 的联机分析处理功能很强大,操作反应速度快,Web 页面访问条件查询报表时操作不便。对于旋转、切片、钻取操作,IBM Cognos 都支持,功能也很强大,但用户较难接受,易用性不强。当然,在熟练使用后,可以做的分析很多,支持任意角度的分析操作。IBM Cognos 图表样式较少,联机分析处理模式下不能制作列表,且只能进行简单的过滤查询操作。

IBM Cognos Enterprise 是一个开放的企业级商务智能平台,它是一个可以影响组织制定决策、分配资源、预测和规划未来的业务方式,并能为组织提供具有竞争优势的解决方案。

IBM Cognos Enterprise 能够支持 IBM Cognos BI 在演示层、应用层和数据层3个不同层面上,提供所有的商务智能系统功能。

IBM Cognos BI 是一个商务智能解决方案,它提供查询、报表、分析、仪表盘和记分卡等功能,可以通过规划、方案建模、预测分析等功能对其进行扩展。它可以在人们尝试了解业绩并使用工具做出决策时,为人们提供思考方式和工作方式方面的支持,以方便人们搜索和组合与业务相关的所有内容,并与之进行交互。IBM Cognos BI 的主要功能如下。

(1) 查询和报表功能。该功能根据事实为用户提供决策信息。

(2) 仪表盘。该功能以支持用户决策的方式来访问内容,进行交互操作,以及进行个性化设置。

(3) 分析功能。利用该功能可以进行多维访问和信息分析,有利于用户做出正确的决策。

(4) 协作功能。利用该功能,可以在决策过程中,通过通信工具和社交网络推动用户之间的意见交流。

(5) 记分卡功能。利用该功能可以通过自动化方式捕获、管理和监控业务指标,并与战略和运营目标进行比较。

7.5.5 Oracle BIEE

Oracle BIEE 是传统商业智能产品,整个商业智能解决方案和 Oracle 产品线紧密地绑定在一起,不够开放。Oracle BIEE 是由一系列收购而来的独立产品组成的,不同的商务智能功能需要不同的工具,通常都有着不同的操作界面和相对对立的后端平台,用户经常需要在不同的工具间切换。不同工具间的操作风格也略有差异,用户需要花时间来学习和适应。

由于 Oracle BIEE 本身没有联机分析处理服务器,当用户需要进行联机分析处理分析时,系统需要将数据从数据库服务器中完全取出,抽取到其他联机分析处理服务器进行处理。对于维度上的汇总分析的操作,Oracle BIEE 需要发送数据到数据库服务器端去执行,而当数据量比较大时,一般的关系数据库对这种汇总请求的处理效率是比较低的。所以执行维度汇总分析的操作时,Oracle BIEE 会对数据库产生较大的压力。Oracle BIEE 支持常见的图表,满足企业日常图表的需要。Oracle BIEE 报表美观程度好,但对于复杂报表,Oracle BIEE 的支持程度并不好。

另外,Oracle BIEE 的一些功能需要第三方集成,会增加企业在网络安全方面和客户端维护方面的成本。

7.5.6 Tableau

Tableau 是桌面系统中最简单的商业智能工具软件,用户只需要简单配置,通过快捷方便地操作,就可以做出数据分析。Tableau 的理念是,对数据易于简单操作,用户更能透彻

理解自己所在业务领域中的行为。整体来看,Tableau 具备以下优势:

(1) 学习成本低,可以快速上手;

(2) 对于不太掌握统计原理的使用者,也能完成非常有价值的分析,做到 IT 人员和数据分析专家才能完成的工作;

(3) 系统功能丰富,数据可视化独具特色,大数据处理速度也非常快。

Tableau 虽然具备强大的分析功能,但是数据抓取功能较弱,数据处理能力差,因此使用 Tableau 需要事先准备好数据,可以认为其是面向数据分析师的前端工具。

7.5.7 FineBI

FineBI 是由帆软公司推出的,在国内口碑和发展不错,有时候和 FineReport 组合构成企业完整商业智能解决方案推给用户,能面向企业不同阶层提供方案,是相当有竞争力的。FineBI 通过大数据引擎 FineIndex,可以自动建模,操作非常方便,用户只需在控制面板中进行简单拖曳操作,便能制作出丰富多样的数据可视化信息,进行数据钻取、联动和过滤等操作,以及自由分析数据。FineBI 面向企业 IT 部门、业务人员,提供企业级管控下的业务人员自助式数据分析,向下帮助 IT 做好数据管控,向上充分利用底层数据,支撑前端业务数据应用。与 Tableau 面向数据分析师不同,FineBI 面向普通的业务人员,数据分析过程更人性化、更简单和易用,并为企业提供了全面的数据管理和用户管理策略。

7.5.8 Qlikview

Qlikview 曾是连续 7 年全球增产速度最快的 BI 产品。与 Tableau 的侧重点不同,Qlikview 是一个完整的商业智能软件,可以让 IT 人员和业务人员构建和部署强大的数据分析应用。Qlikview 的主要特点是开发和使用简单,但与 Tableau、FineBI 相比,操作性能差一些。总的来说,它可以让自助数据分析和所有信息都有一个灵活的、直观的展现。

Qlikview 通过 AQL 架构提供灵活、强大的分析能力时,AQL 架构改变了需要 OLAP 超立方体多维数据结构的需求。Qlikview 的缺陷也很明显,受限于用户数和设计报表的复杂程度,只能用于少数管理层人员。对于广大的中层管理者,其没有解决报表问题。

7.6 本章小结

本章介绍了商务智能的概念、要素、特点和作用,阐述了商务智能系统的定义、架构、功能、特点。本章深入分析了商务智能的主要技术,包括联机分析处理技术和数据挖掘技术。最后,讨论了商务智能的应用、发展趋势和典型的商务智能系统。

习题

1. 给出下列缩写的中英文全称:BI、BIS、ETL、OLAP、MOLAP、ROLAP、HOLAP。
2. 什么是商务智能?给出商务智能的要素、特点和作用。
3. 什么是商务智能系统?给出商务智能系统的架构、功能和特点。
4. 举例说明商务智能与经理信息系统、决策支持系统的区别与联系。

5．商务智能的主要技术有哪些？举例说明它们的主要区别。
6．什么是联系分析处理？给出联机分析处理的操作和功能。
7．什么是数据挖掘？给出数据挖掘的主要方法及其原理和作用。
8．举例说明商务智能的主要应用。
9．试说明商务智能与新技术融合的主要应用和趋势。
10．简述商业化的商务智能系统软件及其功能。

第 8 章 供应链管理与客户关系管理

【学习重点】

（1）理解供应链管理的定义、发展、特点、活动与内容、分类，供应链管理系统的定义、信息需求、功能，以及全球供应链系统等。

（2）理解客户关系管理的定义、特点与作用，客户关系管理系统的定义、功能和分类。

本章从供应链管理和客户关系管理的基本概念出发，介绍供应链管理与供应链管理系统的定义、功能，客户关系管理与客户关系管理系统的定义、特点与作用，重点阐述了供应链管理系统的定义、信息需求、功能和全球供应链，客户关系管理系统的定义、功能和分类。

8.1 供应链

8.1.1 供应链的定义

供应链是指围绕核心企业，从配套零件开始，制成半成品以及最终产品，最后由销售网络把产品送到客户手中，将供应商、制造商、分销商直到最终用户连成一个整体的功能网络。这个网络连接多个组织及整个业务流程。经过供应链的双向材料流、信息流和资金流，联结供应商、制造商、分销中心、零售商和客户，从生产源头到消费点，为他们提供产品和服务。

供应链的概念是从扩大生产概念发展来的，它将企业的生产活动进行了前伸和后延。例如，日本丰田公司的精益协作方式中就将供应商的活动视为生产活动的有机组成部分而加以控制和协调。哈理森将供应链定义为执行采购原材料，将它们转换为中间产品和成品，并且将成品销售到用户的功能网链。美国的史蒂文斯认为，通过增值过程和分销渠道控制从供应商到用户的流就是供应链，它开始于供应的源点，结束于消费的终点。因此，供应链就是通过计划、获得、存储、分销、服务等这样一些活动而在顾客和供应商之间形成的一种衔接，从而使企业能满足内外部顾客的需求。

在供应链"企业 A—企业 B—企业 C"中，企业 A 是企业 B 的原材料供应商，企业 C 是企业 B 的产品销售商。如果企业 B 忽视了供应链中各要素的相互依存关系，而过分注重自身的内部发展，生产产品的能力不断提高，但如果企业 A 不能及时向企业 B 提供生产原材料，或者企业 C 的销售能力跟不上企业 B 产品生产能力的发展，那么可以得出这样的结论：企业 B 生产力的发展不适应这条供应链的整体效率。

8.1.2 供应链的基本要素和流程

1．供应链的基本要素

一般来说，构成供应链的基本要素包括供应商、产品制造企业、分销企业、零售企业和消费者。

（1）供应商。供应商是指给生产厂家提供原材料或零部件的企业。

（2）产品制造企业。产品制造企业是产品生产的最重要环节，负责产品生产、开发和售后服务等。

（3）分销企业。分销企业为实现将产品送到经营地理范围内每一个地方而设的产品流通代理企业。

（4）零售企业。零售企业将产品销售给消费者。

（5）消费者。消费者是供应链的最后环节，也是整条供应链的唯一收入来源。

2．供应链的基本流程

供应链的基本流程一般包括物资流通、商业流通、信息流通、资金流通等，它们各自有不同的功能以及不同的流通方向。

（1）物资流通。物资流通主要是物资（商品）的流通过程，这是一个发送货物的程序。该流程的方向是由供货商经由厂家、批发与物流、零售商等指向消费者。由于长期以来企业理论都是围绕产品实物展开的，因此物资流通被人们广泛重视。许多物流理论都涉及如何在物资流通过程中在短时间内以低成本将货物送出去。

（2）商业流通。商业流通主要是买卖的流通过程，这是接受订货、签订合同等的商业流程。该流程的方向是在供货商与消费者之间双向流动的。商业流通形式趋于多元化，既有传统的店铺销售、上门销售、邮购的方式，又有通过互联网等新兴媒体进行购物的电子商务形式。

（3）信息流通。信息流通是商品及交易信息的流程。该流程的方向也是在供货商与消费者之间双向流动的。过去人们往往把重点放在看得见的实物上，因而信息流通一直被忽视。甚至有人认为，物流落后同它们把资金过分投入物资流通而延误对信息的把握不无关系。

（4）资金流通。资金流通就是货币的流通，为了保障企业的正常运作，必须确保资金的及时回收，否则企业就无法建立完善的经营体系。该流程的方向是由消费者经由零售商、批发与物流、产品制造企业等指向供货商。

8.2 供应链管理

视频讲解

8.2.1 供应链管理的定义

供应链上下游包含由原料供货商、供应商、制造商、仓储商、运输商、分销商、零售商以及终端客户等多个主体组成的系统。

供应链管理（Supply Chain Management，SCM）就是指对整个供应链系统进行计划、协调、操作、控制和优化的各种活动和过程，其目标是将顾客所需的正确的产品，能够在正确的时间,按照正确的数量、质量和状态送到正确的地点,并使这一过程所耗费的总成本最小。显然,供应链管理是一种体现着整合与协调思想的管理模式。它要求组成供应链系统的成员企业协同运作,共同应对外部市场复杂多变的形势。但一般供应链只是打通上下游企业,无法管理二级以上的上下游企业,整个供应链打通是一个非常庞大的体系,需要多节点合作。

供应链管理的经营理念是从消费者的角度,通过企业间的协作,谋求供应链整体最佳化。成功的供应链管理能够协调并整合供应链中所有的活动,最终成为无缝连接的一体化过程。

企业应该尽可能地选择供应链伙伴作为信息化合作对象,实施供应链信息化。这是因为企业的根本目标在于追求自身利润的最大化,而这一目标的实现,是通过很好地满足下游企业的需求来实现的,在这一过程中,还必须依赖于上游企业的供应。对于供应链中的一个节点企业来说,它很关心来自上游的供应信息和下游的需求信息。如果能够充分了解这些信息,它就能有的放矢地进行生产、运输和销售等方面的安排。

8.2.2 供应链管理的发展

供应链管理的发展经历了物流管理、价值增值管理和网链管理3个阶段。

1. 物流管理阶段

早期的观点认为,供应链是指将采购的原材料和收到的零部件,通过生产转换和销售等活动传递到用户的一个过程。因此,供应链仅仅被视为企业内部的一个物流过程,它所涉及的主要是物资采购、库存、生产和分销诸部门的职能协调问题,最终目的是优化企业内部的业务流程、降低物流成本,从而提高经营效率。

2. 价值增值管理阶段

进入20世纪90年代,人们对供应链管理的理解又发生了新的变化。首先,由于需求环境的变化,原来被排斥在供应链之外的最终用户、消费者的地位得到了前所未有的重视,从而被纳入了供应链管理的范围。这样,供应链管理就不再只是一条生产链了,而是一个涵盖了整个产品运动过程的增值链管理。

3. 网链管理阶段

随着信息技术的发展和产业不确定性的增加,企业间关系正在呈现明显的网络化趋势。与此同时,人们对供应链的认识也正在从线性的单链转向非线性的网链,供应链管理的概念更加注重围绕核心企业的网链关系,即核心企业与供应商、供应商的一切向前关系,与用户、用户的用户及一切向后的关系。供应链管理的概念已经不同于传统的销售链,它跨越了企业界限,从扩展企业的新思维出发,并从全局和整体的角度考虑产品经营的竞争力,使供应链管理从一种运作工具上升为一种管理方法体系、运营管理思维和模式。

供应链管理是一种集成的管理思想和方法,它执行供应链中从供应商到最终用户的物流的计划和控制等职能。从单一的企业角度来看,供应链管理是指企业通过改善上下游供应链关系,整合和优化供应链中的信息流、物流、资金流,以获得企业的竞争优势。

8.2.3 供应链管理的特点

供应链管理是企业保持强势竞争不可或缺的手段。无论是制造行业、商品分销或流通行业,掌握供应链管理都将助力企业掌控所在领域的制高点。供应链管理是一种先进的管理理念,它的先进性体现在是以顾客和最终消费者为经营导向的,以满足顾客和消费者的最终期望来生产和供应的。除此之外,供应链管理具有以下几个特点:

(1) 供应链管理把所有节点企业看作是一个整体,实现全过程的战略管理。

传统的管理模式往往以企业的职能部门为基础,但由于各企业之间以及企业内部职能部门之间的性质、目标不同,造成相互的矛盾和利益冲突,各企业之间以及企业内部职能部门之间无法完全发挥其职能效率。

供应链是由供应商、制造商、分销商、销售商、客户和服务商组成的网状结构。链中各环节不是彼此分割的,而是环环相扣的一个有机整体。供应链管理把物流、信息流、资金流、业务流和价值流的管理贯穿于供应链的全过程。它覆盖了整个物流,从原材料和零部件的采购与供应、产品制造、运输与仓储到销售各种职能领域。它要求各节点企业之间实现信息共享、风险共担、利益共存,并从战略的高度来认识供应链管理的重要性和必要性,从而真正实现整体的有效管理。

(2) 供应链管理是一种集成化的管理模式。

供应链管理的关键是采用集成的思想和方法。它是一种从供应商开始,经由制造商、分销商、零售商,直到最终客户的全要素、全过程的集成化管理模式,是一种新的管理策略。它把不同的企业集成起来以增加整个供应链的效率,注重的是企业之间的合作,以达到全局最优。

(3) 供应链管理提出了全新的库存观念。

传统的库存思想认为库存是维系生产与销售的必要措施,是一种必要的成本。因此,供应链管理使企业与其上下游企业之间在不同的市场环境下实现了库存的转移,降低了企业的库存成本。这也要求供应链上的各个企业成员建立战略合作关系,通过快速反应降低库存总成本。

(4) 供应链管理以最终客户为中心,这也是供应链管理的经营导向。

无论构成供应链的节点的企业数量多少,也无论供应链节点企业的类型、层次多少,供应链的形成都是以客户和最终消费者的需求为导向的。正是由于有了客户和最终消费者的需求,才有了供应链的存在。而且,也只有让客户和最终消费者的需求得到满足,才能有供应链管理的更大发展。

8.2.4 供应链管理的活动与内容

通过对供应链管理的定义与特点分析,相对于依赖自然资源、资金和新产品技术的传统管理模式,供应链管理以最终客户为中心,将客户的服务、满意度和成功与否作为管理的出发点,具有多方面的优势。但是,由于供应链是一种网状结构,一旦某一局部出现问题,它会立即扩散到全局,因此在供应链管理的运作过程中要求各个企业成员对市场信息的收集与反馈要及时、准确,以做到快速反应,降低企业损失。而要做到这些,供应链管理还要有先进的信息系统和强大的信息技术作为支撑。

根据供应链管理的概念,它涵盖着从原材料的供应商开始,经过工厂的开发、加工、生产至批发、零售等过程,最后到达用户之间有关最终产品或服务的形成和交付的每一项业务活动。因此供应链管理的内容也涵盖了生产理论、物流理论和营销理论三大理论。

供应链管理的主要活动包括商品开发制造、商品配送和商品销售等活动。商品开发制造活动包括商品的规划、设计、商品化、需求预测与生产计划、商品生产与质量管理等。商品配送活动包括销售途径、按时配送和降低物流成本等。商品销售活动包括销售、及时的商品补充、销售数据和销售额的管理、了解问题和确定活动方针等。

供应链管理实现了企业在战略和战术上对企业整个作业流程的优化。其整合并优化了供应商、制造商、零售商的业务效率,使商品以正确的数量和品质、在正确的地点、以正确的时间和最低的成本进行生产和销售。

随着移动网络不断迭代,供应链已经进入了移动时代。移动供应链是利用无线网络实现供应链的技术。它将原有供应链系统上的客户关系管理功能迁移到手机。移动供应链系统具有传统供应链系统无法比拟的优越性。移动供应链系统使业务摆脱时间和场所局限,随时随地与公司进行业务平台沟通,有效提高管理效率,推动企业效益增长。移动供应链系统就是一个集移动技术、智能移动终端、VPN、身份认证、地理信息系统、Web Service、商业智能等技术于一体的移动供应链产品。

供应链管理包括计划管理、采购管理、制造管理、配送管理、退货管理5大基本内容。

(1) 计划管理。计划管理是SCM的策略性部分,通过制定策略来管理所有的资源,以满足客户对产品的需求。好的计划是建立一系列的方法监控供应链,使它能够有效、低成本地为顾客提供高质量和高价值的产品或服务。

(2) 采购管理。采购管理能为企业的产品和服务提供货品和服务的供应商,与供应商建立一套定价、配送和付款流程并创造方法监控和改善管理,把对供应商提供的货品和服务的管理流程结合起来,包括提货、核实货单、转送货物到企业的制造部门并批准对供应商的付款等。

(3) 制造管理。制造管理安排生产、测试、打包和准备送货所需的活动,是供应链中测量内容最多的部分,包括质量水平、产品产量和工人的生产效率等的测量。

(4) 配送管理。配送称为"物流"。配送管理调整用户的订单收据、建立仓库网络、配送人员提货并送货到顾客手中、建立货品计价系统、接收付款。

(5) 退货管理。退货是供应链中的问题处理部分。退货管理建立网络接收客户退回的次品和多余产品,并在客户应用产品出问题时提供支持。

8.2.5 供应链管理的分类

供应链管理的出现使得企业制定决策的范围从优化部门绩效扩大到了优化企业绩效,又进一步扩大到了优化整个供应链的绩效。因此,供应链管理可以分为内部供应链管理、供应商关系管理和客户关系管理3部分。内部供应链管理关注企业内部运作,供应商关系管理关注企业与上游供应商的关系管理,而客户关系管理关注企业与下游客户的关系管理。

1. 内部供应链管理

内部供应链管理关注企业内部的运作,包括计划和履行客户订单时所涉及的所有业务过程的管理。内部供应链管理具体的业务过程包括战略计划、需求计划、供应计划、订单履行和现场服务等。

(1) 战略规划完成供应链的网络设计,包括设施的位置和产能计划。

(2) 需求计划包括预测需求及分析定价和促销等需求管理工具对需求的影响。

(3) 供应计划将需求计划生成的需求预测和战略规划所设定的可用资源作为输入,然后制订满足该需求的最优计划,完成工厂计划和库存计划。

(4) 订单履行将用户的每一个订单与特定的供应源和运输方式联系起来,完成运输管理和仓储管理功能。

(5) 现场服务提供售后服务,确定零部件的库存水平以及安排客服对话服务。

内部供应链管理的目标是满足客户关系管理生成的客户需求,因此内部供应链管理与客户关系管理关系密切。在进行需求预测时,内部供应链管理与客户关系管理互动,了解客户行为信息。内部供应链管理与供应商关系管理也比较密切,供应计划、订单履行和现场服务都依赖于供应商,可以随时了解供应生产产品所需的零部件。

2. 供应商关系管理

供应商关系管理关注企业与供应链上游的供应商之间的互动,为内部供应链管理提供供应商信息。其主要活动如下:

(1) 合作设计。该活动旨在通过企业和供应商之间进行合作改进产品设计,包括产品制造的通用性和易于生产性、协同设计等,提高产品设计零部件的快速响应能力。

(2) 采购。该活动包括供应商认证、供应商选择、合同管理以及供应商评估等。采购活动需要分析来自供应商的成本,根据关键指标对供应商进行评估,帮助改善供应商的绩效和选择供应商,这些关键指标包括交付时间、可靠性、质量和价格等。采购需要进行合同管理,以便跟踪企业许多复杂的细节,如大批量采购的价格优惠和供应商绩效分析等。

(3) 谈判。该活动包括报价请求、设计和执行拍卖等,目标是为供应商达成包含指定价格和交付信息的有效合同,满足企业需求。

(4) 购买。该活动实现实际的原材料或半成品采购,包括创建、管理和购买订单的批准。

(5) 供应链合作。该活动是指通过预测、产品计划和库存级别等方面的合作提升供应链绩效,目标是确保供应链各个环节制订共同计划。

3. 客户关系管理

客户关系管理是指企业与下游客户关系的管理,其与内部供应链管理和供应商关系管理密切相关,将三者整合在一起,可以显著提高供应链绩效。关于客户关系管理将在后面详细介绍。

8.3 供应链管理系统

8.3.1 供应链管理系统的定义

供应链管理系统是基于协同管理的思想,配合供应链中各实体的业务需求,使操作流程和信息系统紧密配合,做到各环节无缝链接,形成物流、信息流、单证流、商流和资金流五流合一的领先模式,实现整体供应链可视化、管理信息化、整体利益最大化、管理成本最小化,从而提高总体水平。

供应链管理系统可以分为供应链计划系统和供应链执行系统。供应链计划系统帮助企业规划供应链,而供应链执行系统则帮助企业执行供应链流程。通过供应链计划系统,企业可以将现有的供应链模型化,预测生产产品的需求,制订最优的采购与生产计划。

(1) 供应链计划系统。供应链计划系统根据客户的订单需要从其他供应商采购原生产计划外的原材料或不同的原材料,制订新的生产计划并更改生产日期,运输前需要重新安排运输计划。供应链计划系统可以调整生产计划和分销计划,并使更改后的信息在供应链成员间共享,以协调他们的工作。

(2) 供应链执行系统。供应链执行系统管理分销中心和仓库产品的流向,以最高的效率将产品运输到指定的地点。供应链执行系统还可以追踪产品的实体状态,管理所有供应链成员的原材料、库存、运输和财务信息。

随着信息技术的发展,互联网工具使信息流成为可能,客户的实际需求或购买行为触发供应链中的事务发生。基于客户订单情况,产品生产和交互工作相应地开展,沿着供应链向上,从零售商到分销商,再到生产商,最后到供应商,称为拉式模型,如图 8.1 所示。只有按照订单生产的产品沿着供应链向下,才能一直到达零售商。

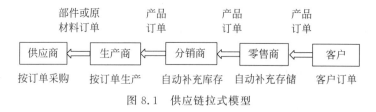

图 8.1 供应链拉式模型

借助互联网技术,供应链管理采用多链策略和并行供应链,信息在供应链成员间同时多方向传递。根据生产日程改变或订单变化,供应链成员可以进行相关调整,最终形成供应链网络。

通过供应链管理系统,企业可以优化内外部的供应链,并向管理层提供更加精确的生产、存储和运输信息。通过安全和集成的供应链管理系统,企业可以使供需匹配,从而降低库存,改善配送服务,加快产品上市时间,有效利用企业资源。借助于供应链管理系统,企业不仅可以降低运营费用,还能提高销售量,增加销售收入。

8.3.2 供应链管理系统的信息需求

为了适应供应链管理的优化,必须从与生产产品有关的第一层供应商开始,环环相扣,直到货物到达最终用户手中,根据供应链特性改造企业业务流程,使各个节点企业都具有处理物流和信息流的自组织和自适应能力。要形成贯穿供应链的分布式数据库的信息集成,从而集中协调不同企业的关键数据。所谓关键数据,是指订货预测、库存状态、缺货情况、生产计划、运输安排、在途物资等数据。

为便于管理人员迅速、准确地获得各种信息,应该充分利用电子数据交换(EDI)、因特网等技术手段,实现供应链的分布数据库信息集成,达到共享采购订单的电子接收与发送、多位置库存控制、批量和系列号跟踪、周期盘点等重要信息。

例如,思科公司是运用因特网实现虚拟供应链,超过 90% 的公司订单来自因特网,而思科的工作人员直接处理的订单不超过 50%。思科公司通过公司外部网连接零部件供应商、分销商和合同制造商,以此形成一个虚拟的、适时的供应链。当客户通过思科公司的网站订购一种典型的思科产品(如路由器)时,所下的订单将触发一系列的消息给其生产印制电路板的合同厂商,同时分销商也会被通知提供路由器的通用部件(如电源),组装成品的合同制造商通过登录到思科公司的外部网并连接至其生产执行系统,可以事先知道可能发生的订单类型和数量。信息整合也使整个供应链上的企业都能共享有用的信息。

供应链管理中的信息必须准确,能够及时获取合适的类型和共享等,这将有利于制定科学的决策,信息所描述的事实至少没有错误。要想制定科学的决策,管理者需要的是易获取的、最新的信息。信息必须是适当的类型,能够满足企业的需要。供应链管理中的信息必须对供应链的所有成员共享,才能制定最优决策,最大化供应链绩效。

若供应链的所有成员都能够获得及时、准确的信息,客户需求的不确定性也就随之降低。如果库存量、日程安排、数据预测和货运等相关信息能够动态共享,那么供应链的所有成员就能够根据动态信息及时调整采购、生产与配送计划。供应链管理系统可以为供应链成员提供这些信息,支持成员做出更合理的计划安排。

8.3.3 供应链管理系统的功能

供应链管理系统的功能包括供应商管理、商品管理、采购管理、仓储管理、订单管理、合同管理、风险管理和支付管理等。

(1) 供应商管理。供应商管理涵盖供应商入驻、认证、考察、合作、绩效评估全流程业务,挖掘优秀供应商、淘汰劣质供应商。

(2) 商品管理。商品管理包括自定义规格属性,使得库存、订单、结算清晰明了,管理各渠道商品的审核,确保商品管理灵活高效。

(3) 采购管理。采购管理涵盖了物资采购管理、订单管理、订单变更、退货管理等。通过询价、比价及合同管理的规范化,提升信息化高度集成。

(4) 仓储管理。仓储管理通过入库、出库、库存管理与作业模式提高仓储管理数据准确性,有效控制并跟踪仓库业务的物流。

(5) 订单管理。订单管理包括企业采购订单自动生成、订单状态实时更新、及时对账,简化企业采购审批流程和及时进行订单管控。

(6) 合同管理。合同管理为使用电子签名的电子合同,确保签约主体的真实可靠,大大提高了工作效率。

(7) 风险管理。数字化采购将应用数据捕捉和采集技术,基于大数据进行前瞻性预测分析,实时洞察潜在的风险。

(8) 支付管理。支付管理满足企业多样化的支付方式,提供灵活专业的资金结算,支持大额网关支付、退款、安全保障、差错处理等服务。

8.3.4 全球供应链系统

随着越来越多的企业进入国际市场,企业将业务外包和签订供应商,将产品销售至国外。其供应链也扩展到多个国家或地区,供应链也成为全球供应链。全球供应链跨越的地理范围更广,时间差异更大,其成员通常来自多个国家或地区。全球供应链需要支付额外的运输费、库存费和地方税务费,也可能因不同地区、不同国家规章制度和文化的差异而受到限制。这些因素都影响了企业在全球市场中接收订单、规划、判断仓储规模,以及管理入厂和出厂的物流方式。

借助互联网,企业能够管理全球供应链的众多环节,如采购、运输、通信和国际财务等。全球化不仅催生了诸如仓库管理外包、运输管理,还促进了第三方物流商的供应链服务管理。通过基于互联网的物流服务系统,第三方物流商可以为企业了解全球供应链提供更加广阔的视角。

网络化的供应链管理信息系统,尤其是利用 Internet/Intranet 将企业内分离的采购、库存、制造和配送等流程整合在一起,提升了其供应链管理的协作水平。此外,为了协调并管理外部供应链流程,经过授权的供应商、分销商、物流商和零售商也可以进入企业内部的 Intranet,协调与合作伙伴共享的外部供应链,如图 8.2 所示。

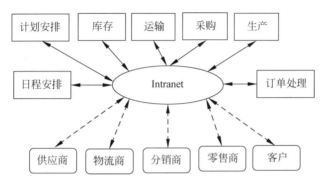

图 8.2 网络化的供应链管理

通过网络化的供应链管理信息系统,供应链中的所有成员都可进行实时交流,利用最新的信息调整采购、运输、生产、库存以及计划安排与日程安排等。

【例 8.1】 戴尔公司的供应链系统

戴尔公司(以下简称戴尔)以"直接经营"模式著称,其高效运作的供应链和物流体系使它在全球 IT 行业不景气的情况下逆市而上。戴尔在全球的业务增长在很大程度上要归功于戴尔独特的直接经营模式和高效供应链,直接经营模式使戴尔与供应商、客户之间构筑了一个称为"虚拟整合"的平台,保证了供应链的无缝集成。

事实上,戴尔的供应链系统早已打破了传统意义上"产品制造企业"与"供应商"之间的供需配给。在戴尔的业务平台中,客户变成了供应链的核心。直接经营模式可以让戴尔从市场得到第一手的客户反馈和需求,生产等其他业务部门便可以及时将这些客户信息传达到戴尔原材料供应商和合作伙伴那里。这种在供应链系统中将客户视为核心的"超常规"运作,使得戴尔能做到 4 天的库存周期,而竞争对手大都还徘徊在 30~40 天。这样,以 IT 行业零部件产品每周平均贬值 1% 计算,戴尔产品的竞争力显而易见。

在不断完善供应链系统的过程中,戴尔还敏锐捕捉到互联网对供应链和物流带来的巨大变革,不失时机地建立了包括信息搜集、原材料采购、生产、客户支持及客户关系管理,以及市场营销等环节在内的网上电子商务平台。在网站上,戴尔和供应商共享包括产品质量和库存清单在内的一整套信息。与此同时,戴尔还利用互联网与全球超过 113 000 个商业和机构客户直接开展业务,通过戴尔先进的网站,用户可以随时对戴尔的全系列产品进行评比、配置、并获知相应的报价。用户也可以在线订购,并且随时监测产品制造及送货过程。

戴尔在电子商务领域的成功实践使"直接经营"插上了腾飞的翅膀,极大增强了产品和服务的竞争优势。基于微软 Windows 操作系统,戴尔经营着全球大规模的互联网商务网站,覆盖80个国家和地区,提供27种语言或方言、40种不同的货币报价,每季度有超过9.2亿人次浏览。

随着中国全面融入全球贸易体系进程的加快,激烈的国际竞争对中国企业提出了前所未有的挑战。在信息化为显著标志的后工业化时代,供应链在生产、物流等众多领域的作用日趋显著。戴尔模式无疑对中国企业实施供应链管理有着重要的参考价值,我们在取其精华的同时,还应根据自身特点,寻找提升竞争力的有效途径。

8.4 客户关系管理

8.4.1 客户关系管理的定义

客户关系管理的方法在注重4P[产品(Product)、价格(Price)、渠道(Place)、促销(Promotion)]关键要素的同时,反映出在营销体系中各种交叉功能的组合,其重点在于赢得客户,即营销重点从客户需求进一步转移到客户关系保持上。

1999年,Gartner Group Inc公司提出了客户关系管理的概念。在早些提出的ERP概念中,强调对供应链进行整体管理。而客户作为供应链中的一环,为什么要针对它单独提出一个客户关系管理概念呢?原因之一在于,在ERP系统的实际应用中人们发现,由于ERP系统本身功能方面的局限性,也由于信息技术发展阶段的局限性,ERP系统并没有很好地实现对供应链下游(客户端)的管理,针对4C[消费者(Customer)、成本(Cost)、便利(Convenience)、沟通(Communication)]因素中的客户多样性,ERP系统并没有给出良好的解决办法。另外,到20世纪90年代末期,互联网的应用越来越普及,客户信息处理技术(如数据仓库、商业智能、知识发现等技术)得到了长足的发展。结合新经济的需求和新技术的发展,Gartner Group Inc公司提出了客户关系管理的概念。从20世纪90年代末期开始,客户关系管理市场一直处于一种爆炸性增长的状态。

客户关系管理是指企业为提高核心竞争力,利用相应的信息技术以及互联网技术协调企业与客户间在销售、营销和服务上的交互,从而提升其管理方式,向客户提供创新式的个性化的客户交互和服务的过程。其最终目标是吸引新客户、保留老客户以及将已有客户转为忠实客户,从而拥有更多的市场。

客户关系管理是一个获取、保持和增加可获利客户的方法和过程。客户关系管理既是一种崭新的、国际领先的、以客户为中心的企业管理理论、商业理念和商业运作模式,也是一种以信息技术为手段,有效提高企业收益、客户满意度、员工生产力的具体软件和实现方法。

客户关系管理的实施目标就是通过全面提升企业业务流程的管理来降低企业成本,通过提供更快速和周到的优质服务来吸引和保持更多的客户。作为一种新型管理机制,客户关系管理极大地改善了企业与客户之间的关系,实施于企业的市场营销、销售、服务与技术支持等与客户相关的领域。

随着移动网络的部署,客户关系管理已经进入了移动时代。移动客户关系管理将原有客户关系管理系统上的客户资源管理、销售管理、客户服务管理、日常事务管理等功能迁移到手机上。它既可以像一般的客户关系管理产品一样,在组织的局域网里进行操作,也可以在员工外出时,通过手机进行操作。移动客户关系管理主要实现了经常出差在外,以便随时随地掌握组织内部信息的所提供的手机版管理软件,管理员只需下载手机版软件,然后将其安装在手机上就可以直接使用了,同时使用申请的组织名和账户名就能直接使用该系统,这样管理员不仅可以随时查看信息,而且也可以通过手机给组织内部人员下达工作指示,同时还可以使用平台所提供的所有功能。

综上所述,客户关系管理体现为企业新业态管理的指导思想和理念,是创新的企业管理模式和运营机制,是企业管理中信息技术、软硬件系统集成的管理方法和应用解决方案的总和。

8.4.2 客户关系管理的特点与作用

客户关系管理以客户为中心,从销售、营销和客户服务 3 个层面分析客户需求、客户价值和客户服务等。客户关系管理具有以下特点。

1. 虚拟化

运用互联网对客户进行关系管理有其虚拟化的特征。借助于互联网所独有的处理信息量大的特点,将距离较远的顾客集合在互联网上,对其进行售后服务及产品的使用调查,让其对产品及企业都有进一步的认识,企业甚至可以让顾客参与产品的使用与设计之中。因此,对于客户关系管理的虚拟化特征表现在其可以利用互联网进行长距离的交流与接触,销售企业也可以利用这一渠道和客户直接建立联系,摆脱中介的困扰,节约资金投入。

2. 交易费用低

对于客户的管理体系可以采用信息化的处理技术及方法来确定商业信息,因此,客户关系管理可以很轻松地变成数字化来进行。而且,这一数字化的处理要求也符合各自的需要。同时,互联网的使用费用也比传统的管理体系应用费用低。因此,无论企业规模的大小,都可以在其中找到对应的管理办法,从而降低成本投入,还可以更好地维护客户关系,帮助企业营造利益价值,促进企业发展,进而推动社会进步。

3. 全球化

基于互联网的沟通是全球性的,而且可以将整个世界的信息都进行传递与交换。因此,在互联网上对客户进行管理,就可以使其不再受地域的禁锢,也就是说,利用互联网对客户关系进行管理有其全球化的特征。

4. 节奏加快

企业对于客户进行管理所需要的信息量很大,利用互联网进行信息的传递与管理是最方便、快捷的管理模式,这些都对客户关系管理、提高企业效率、加快信息进步起到了特有的作用。

根据以上客户关系管理的特点分析,其具有以下作用:

(1) 提高市场营销效果;
(2) 为生产研发提供决策支持;
(3) 提供技术支持的重要手段;
(4) 为财务金融策略提供决策支持;
(5) 为适时调整内部管理提供依据;
(6) 使企业的资源得到合理利用;
(7) 优化企业业务流程;
(8) 提高企业的快速响应和应变能力;

(9) 改善企业服务,提高客户满意度;

(10) 提高企业的销售收入;

(11) 推动企业文化的变革;

(12) 与信息管理集成,可以快速与客户沟通。

客户关系管理与知识管理存在密切的关系。企业启动知识管理的根本目的是增加收益和利润,维持企业的关键能力和专家知识,改善客户服务。一方面,客户关系管理可以应用知识管理思想来提高管理质量和效率。例如,在已实施客户关系管理的企业中,客户信息经整理和分析转换为客户知识,并在企业内部共享,使营销决策和资源分配建立在客户知识基础上。另一方面,企业在客户关系管理中实施知识管理使每个员工都能够做出最佳决策,不断建立和提高客户的忠诚度,并获得效益。例如,客户关系管理利用知识管理手段,企业能够预测客户需求变化,从而快速应对市场变化,及时把握商业机会,使企业更具竞争力。

8.5 客户关系管理系统

视频讲解

8.5.1 客户关系管理系统的定义

客户关系管理系统是指以客户数据管理为核心,利用现代信息技术,为组织建立一个客户各种交互行为的信息收集、管理、分析和利用的信息系统。客户关系管理系统记录企业在市场营销和销售过程中与客户发生的各种交互行为,以及各类有关活动的状态,提供各类数据模型,为后期的分析和决策提供支持。

客户关系管理系统支持记录与管理企业与客户交易和交往的信息,并分析客户的价值和特征,动态地跟踪客户的需求、状态、订单和意见等,实现对客户的自动化管理。客户关系管理系统具有以下特征。

(1) 综合性。客户关系管理系统具有对客户服务、销售和营销管理自动化和优化的需求的综合处理能力,实现了与客户进行随时随地的高效沟通的途径,使企业具备电子商务和客户服务相结合的企业经营模式。

(2) 集成性。客户关系管理系统已经与 ERP 系统、SCM 系统、CIMS、财务等系统集成,彻底改变了企业的管理模式和业务流程,实现企业各部门、各个子系统动态协作和无缝链接。

(3) 智能化。现代客户关系管理系统通过加强基于数据库的数据挖掘能力,实现对市场和客户的智能分析功能,为管理者决策提供依据和参考。客户关系管理系统提供产品定价方式和产品组合方式,帮助企业提高市场占有率和客户忠诚度,以及发现新的商业机会。

(4) 先进性。客户关系管理系统涉及数据库技术、数据挖掘技术、多媒体技术等多种技术,并与呼叫中心、营销平台、移动设备和电子商务系统等有机结合,形成一个统一的客户关系管理环境。这些不同的技术和规则的功能模块要结合成统一的客户关系管理系统,需要不同类型的资源和专门的技术支持。因此,客户关系管理系统具有高技术的特征。

8.5.2 客户关系管理系统的功能

客户关系管理系统使客户能够以多种方式与企业接触。例如,呼叫中心、面对面沟通、传真、移动销售、电子介质、互联网及其他营销渠道等。企业要协调这些沟通渠道,以保证客户能够随时随地与企业沟通,并且保证来自不同渠道的信息完整、准确一致。企业的各个部门也必须能够通过这些接触方式与客户进行沟通,其中的营销、销售和客服部门与客户关系最为密切,这也是客户关系管理系统的主要功能。

客户关系管理系统的功能可以归纳为 3 方面:市场营销中的客户关系管理、销售过程中的客户关系管理、客户服务过程中的客户关系管理,以下简称为营销、销售和客服功能。

1. 营销功能

客户关系管理系统在市场营销过程中,可有效帮助市场人员分析现有的目标客户群体,如主要客户群体集中在哪个行业、哪个职业、哪个年龄层次、哪个地域等,从而帮助市场人员进行精确的市场投放。客户关系管理有效分析每一次市场活动的投入产出比,根据与市场活动相关联的回款记录及举行市场活动的报销单据计算,可以统计出所有市场活动的效果报表。客户关系管理系统的营销功能主要包括营销活动管理、渠道销售管理、事件管理、市场规划、营销运作和营销分析等。

(1) 客户关系管理系统的营销功能能够集成基于 Web 与基于传统模式的营销宣传、策划和执行能力;

(2) 实时跟踪正在实施的营销活动,并对其进行分析和评价的能力;

(3) 合理配置营销宣传品与物资的能力;

(4) 跟踪、分配与管理有效需求客户与有价值客户的能力,以及提供个性化服务的能力。

营销包括一系列决策,客户关系管理的营销分析有助于改进定价、产品盈利能力、客户盈利能力等方面的决策。

2. 销售功能

销售功能是客户关系管理系统中的主要组成部分,主要包括潜在客户、客户、联系人、业务机会、订单、回款单、报表统计图等模块。业务员通过记录沟通内容、建立日程安排、查询预约提醒、快速浏览客户数据有效缩短了工作时间,而大额业务提醒、销售漏斗分析、业绩指标统计、业务阶段划分等功能又可以有效帮助管理人员提高整个公司的成单率、缩短销售周期,从而实现最大效益的业务增长。

客户关系管理系统的销售功能主要有账户管理、销售意向管理、订单管理、销售规划、现场销售、销售分析以及个性化推荐等。

销售关注的是对客户进行实际销售,包括向谁销售及销售哪些产品等。客户关系管理系统为销售人员提供自动化和个性化的配置以改善销售流程。

3. 客服功能

客服功能主要是用于快速、及时地获得问题客户的信息及客户历史问题记录等,这样可以有针对性并且高效地为客户解决问题,提高客户满意度,提升企业形象。客户关系管理系统的客服功能主要包括客户反馈、服务支付、满意度管理、退货管理、服务规划、呼叫中心与服务和服务分析等。

应用客户反馈中的自动升级功能,可让管理者第一时间得到超期未解决的客户请求,解决方案功能使企业所有员工都可以立刻提交给客户最为满意的答案,而满意度调查功能又可以使最高层的管理者随时获知企业客户服务的真实水平。有些客户关系管理软件还会集成呼叫中心系统,这样可以缩短客户服务人员的响应时间,对提高客户服务水平也起到了很好的作用。

集成了客户关系管理思想和先进技术成果的客户关系管理系统,是企业实现以客户为中心战略导向的有力助手。一个完整、有效的客户关系管理系统的基本架构应当包含以下4个子系统。

(1) 客户合作管理系统。客户关系管理系统要突出以客户为中心的理念,首先应当使客户能够以各种方式与企业进行沟通交流,而客户合作管理系统就具备这项功能。

(2) 业务操作管理系统。企业中每个部门都需要与客户进行接触,而市场营销、销售、客户服务部门与客户的接触最为频繁,因此,客户关系管理系统需要对这些部门提供支持,业务操作管理系统便应运而生。业务操作管理系统主要实现了市场营销、销售、客户服务与支持3种基本功能。

(3) 数据分析管理系统。在数据分析管理系统中,将实现数据仓库、数据集市、数据挖掘等工作,在此基础上实现商业智能和决策分析。此系统主要负责收集、存储和分析市场、销售、服务及整个企业的各类信息,对客户进行全方位的了解,为企业市场决策提供依据,从而理顺企业资源与客户需求之间的关系,提高客户满意度,实现挖掘新客户、支持交叉销售、保持和挽留老客户、发现重点客户、支持面向特定客户的个性化服务等目标。

(4) 信息技术管理系统。由于客户关系管理的各功能模块和相关系统运行都由先进的技术进行保障,因此对于信息技术的管理也成为客户关系管理系统成功实施的关键。

客户关系管理系统可以从企业内部获取客户数据,并进行整合分析,将分析结果传送到企业的各个子系统和客户,方便与客户进行互动和开展营销活动。有效的客户关系管理系统可以为企业提供完整的客户信息,帮助企业提升销售和客户服务质量。客户关系管理系统具有以下作用。

(1) 维护老客户、寻找新客户。研究表明,开发一个新客户付出的成本是维护一个老客户的5倍,而企业通过建立客户关系管理系统能够对客户信息进行收集、整理和分析,并实现内部资源共享,能有效提高服务水平,保持与老客户的关系。客户关系管理系统依托于先进的信息平台和数据分析平台,能够帮助企业分析潜在客户群和预测市场发展需求,有助于企业寻找目标客户、及时把握商机和占领更多的市场份额,是企业不断开拓新客户和新市场的重要帮手。

(2) 避免客户流失。很多企业的客户资源是分散积累的,这直接导致客户信息记录的不完整,价值不高。同时由于销售人员的流动,客户资源会不断流失。而客户关系管理系统能够帮助决策人准确得知客户整体推进状况和存在的问题,从而及时开展业务指导和策略调整,避免客户无故流失。

(3) 提高客户忠诚度和满意度。客户关系管理系统可以帮助企业详细地了解客户的资料,促进企业与客户的交流,协调客户服务资源,给客户最及时和最优质的服务。同时能够帮助建立起与客户长久且稳固的互惠互利关系,对提高客户忠诚度和满意度作用明显。

(4) 降低营销成本。企业通过客户关系管理系统对内能够实现资源共享,优化合作流程,对外能够增加对市场的了解,有效预测市场发展趋势,不仅能够提高企业运营效率,而且能极大降低运营成本。

(5) 掌握销售人员工作状态。移动客户关系管理系统能够使负责人准确掌握销售人员的位置、工作状态,防止出现工作散漫、不投入工作的情况,有利于企业进行绩效考核,提高销售人员的工作效率。

8.5.3 客户关系管理系统的分类

随着行业的不断发展,企业的需求逐渐开始多样化,为满足用户的需求,客户关系管理系统的供应商便逐渐开始侧重开发,以便凸显自身的优势,所以这才形成了目前的3大类型——运营型、分析型和协作型。

1. 运营型客户关系管理系统

运营型客户关系管理系统也称为操作型客户关系管理系统,它要求与客户直接发生接触的各方面自动化,通过自动化来改善与客户接触的流程,进而提高工作效率以及客户满意度,为提升企业绩效提供支持。例如,销售自动化、客户服务自动化和营销自动化等需要运营型客户关系管理系统自动完成销售、客服和营销过程。运营型客户关系管理系统工作过程如图8.3所示。

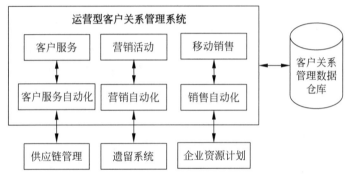

图8.3 运营型客户关系管理系统工作过程

运营型客户关系管理系统工作过程实现自动化和流程化,系统经由各种渠道的客户接触点的融合,使前台与后台无缝连接,提供自动化的服务流程,确保各个部门的业务人员共享客户资源,为客户提供营销、销售和客服的自动化服务。

运营型客户关系管理系统面向营销、销售、客服等操作层面的工作,主要是应用现代信息技术解决"以客户为中心"所带来的一系列问题,包括销售信息管理、销售信息分析、销售过程定制、销售过程监控、销售预测、营销活动的环境分析、信息管理、计划预算、项目追踪、成本核算、回报预测、效果评估、客户服务请求,以及投诉反应机制的建立、分配、解决、跟踪、反馈和同访等。

2. 分析型客户关系管理系统

分析型客户关系管理系统通常也称为"后台"客户关系管理,它不需要直接同客户打交道,其作用是分析和理解发生在前台的客户活动,主要是从运营型客户关系管理系统应用所产生的大量交易数据中提取各种有价值的信息,为企业的经营管理和决策提供有效的量化依据。

分析型客户关系管理系统主要面向客户数据分析,针对企业的业务需求,设计相应的数据库和数据仓库,利用商业智能和竞争情报技术,对大量交易数据进行分析,对将来的趋势做出必要的预测或寻找某种商业规律。如图8.4所示,分析型客户关系管理系统获得客户互动数据库、客户数据库和产品数据库,结合营销活动和商业智能进行各种分析和决策活动。

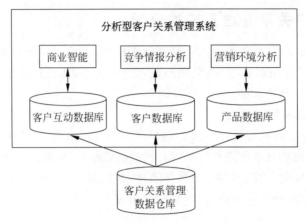

图 8.4　分析型客户关系管理系统工作过程

作为一种企业决策支持工具,分析型客户关系管理系统用来指导企业的生产经营活动,提高经营决策的有效性。分析型客户关系管理系统的一个重要输出是客户对于企业的终身价值。计算客户的价值主要基于客户收入、为获得客户与服务客户而支出的成本、企业与客户保持关系的预期时间长短 3 方面。

分析型客户关系管理系统主要基于来自运营型客户关系管理系统所产生的与客户接触的数据,以及组织收集的客户数据和其他来源的数据,综合并构建基于历史数据的数据仓库。分析型客户关系管理系统分析这些数据,可以确定客户购买模式,建立细分市场并进行营销活动管理。

3. 协作型客户关系管理系统

协作型客户关系管理系统提供企业与客户直接互动功能。协作型客户关系管理系统主要用于实现多元化的沟通方式,特别是对于银行等金融机构,部门有营业网点、网上银行、手机银行和客户数据中心等,这些都需要通过客户关系管理软件将它们集成在一起,以保证不管用户在哪个终端请求服务,机构和客户都能得到完整、精准且统一的信息。

协作型客户关系管理系统由呼叫中心服务、电话服务、Web 站点服务、电子邮件服务、传真与信件服务和访客服务等部门组成。协作型客户关系管理系统参与对象包括企业客户服务人员和客户。例如,通过电话指导客户修理设备的过程,在修理设备活动当中需要员工和客户同时参与,他们之间的关系是协作型关系。而运营型客户关系管理系统和分析型客户关系管理系统只是企业单方面的活动,客户并未直接参与。由于在协作型客户关系管理系统中,员工和客户要同时完成某项工作,要求客户关系管理系统必须能够帮助员工快速、准确地记录客户请求内容,以及快速找到解决问题的方案。

从对以上 3 种类型的客户关系管理系统的分析可以发现,运营型客户关系管理系统和协作型客户关系管理系统主要解决企业内部工作效率和交易数据采集问题,并不具备信息分析的能力;而分析型客户关系管理系统具备信息分析能力,因而其价值最大。此外,这 3 种类型的客户关系管理系统各自侧重于某一方面,因此都是不完全的。要实现企业与客户的联动机制,往往需要将这 3 种相互补充的客户关系管理系统结合在一起。一个完整的客户关系管理系统在实际应用中并没有严格意义的运营型、协作型和分析型之分。

【例 8.2】 SAP 的客户关系管理系统的应用

SAP 的客户关系管理应用系统的忠诚度管理模块为像乐高集团这样的消费型产品公司提供整体基础,用以改进它们的客户关系。

SAP 的忠诚度管理模块协助客户实现多重目标。客户可以使用该模块实施客户忠诚度计划,以更好地与最佳客户互动,无论客户选择哪种沟通渠道:电话、零售商店、售货亭或者第三方经营的网上商店。其他的 SAP 的客户关系管理模块也能够支持通过移动电话或社交网络工具进行的交易。另外,客户关系管理的整体基础架构都具有可扩展性,能够支持大量交易。已有的成功案例包括许多已使用忠诚度管理模块的企业已经能够为数以百万计的客户提供支持与服务。

SAP 的忠诚度管理模块只需短短三个月便能完成实施。通常情况下,像乐高集团这样的客户还能够获得来自 SAP 顾问或任何一家 SAP 实施合作伙伴的支持。

已实施 SAP 的忠诚度管理模块的企业(如消费品包装公司、公用事业、零售商以及其他公司)能够快速获得投资回报的部分原因在于其应用程序与其他 SAP 企业组件的内在集成。此集成能够为企业提供完整的端到端自动化流程以及全方位的客户视图。员工拥有关于客户和客户活动(如客户的所有购买历史和互动记录)的完整信息。

SAP 的忠诚度管理模块的最大价值在于其能够分析客户忠诚度计划的绩效并对这些计划加以优化。实时忠诚度分析工具和仪表盘能够为企业提供关键洞察力,从而优化企业战略。及时的洞察力能够帮助采取中期调整措施、实现更精确的目标定位以及个性化的客户回馈。除此之外,企业能够为客户忠诚度计划的成员提供各种混合搭配的客户回馈(礼品、现金、优惠券等)。付诸实施洞察力能够帮助企业提高客户关系所带来的收入和盈利能力。

【例 8.3】 乐高集团的个性化营销

乐高集团是根据客户特定需求来划定客户并进行个性化营销的。据调查,7 岁男孩玩相同的乐高玩具至少出于两种原因:一种是角色扮演,喜欢把自己装扮成他刚刚用积木建好的宇宙飞船的船长;另一种是建造,喜欢根据所附的参考示意图进行搭建。鉴于此,乐高集团对"角色扮演者"提供与其乐高玩具配套的录像带和故事书;对建造者提供更多的参考图,甚至单独提供一套参考图书目录。

8.6　本章小结

本章首先介绍了供应链管理的定义,深入阐述了供应链管理的发展和特点,重点介绍了供应链管理的活动和内容,分析了供应链管理的计划、采购、制造、配送和退货 5 大基本内容和应用范围等。接着介绍了供应链管理系统的定义,分析了供应链管理系统的信息需求、功能及其网络化发展趋势,并对戴尔公司的供应链系统进行了案例分析。然后介绍了客户关系管理的定义,重点讨论了客户关系管理的特点及其作用。最后介绍了客户关系管理系统的定义和特征,重点分析了客户关系管理系统的营销、销售和客户 3 大功能以及系统基本结构和作用,并给出了运营型、分析型和协作型 3 大客户关系管理系统的类型及其特点等。

习题

1. 什么是供应链管理？简述供应链管理的特点。
2. 举例阐述供应链的组成要素和基本流程，简述供应链管理的基本内容。
3. 什么是供应链管理系统？其基本组成系统包括哪些？简述供应链管理系统的信息需求、核心功能。举例说明供应链管理系统的网络化趋势。
4. 什么是客户关系管理？简述其特点。
5. 举例阐述客户关系管理与知识管理的关系。
6. 什么是客户关系管理系统？简述其主要思想和特点。
7. 举例说明客户关系管理系统的基本功能和基本架构。
8. 分析客户关系管理系统的3大类型及其区别与联系。
9. 请调研当地的制造企业，了解企业供应链管理的过程和发展目标，以及企业与供应链上下游企业之间的地理距离和协作方式，现有供应链管理信息系统营销情况和存在的问题。
10. 请调研当地的制造企业，了解企业客户关系管理的应用情况，客户关系管理系统的应用情况、功能和给企业带来的益处。
11. 乐高集团需要什么类型的客户关系管理系统？乐高集团如何应用客户关系管理系统为客户提供个性化定制？

第 9 章 信息系统规划

【学习重点】
(1) 理解信息系统战略的基本概念。
(2) 理解信息系统规划的内容、组织和过程。
(3) 理解信息系统规划方法。

本章从信息系统战略开始,介绍组织战略与信息化战略、信息系统战略规划,重点阐述信息系统规划的内容、组织和过程,以及信息系统规划方法——关键成功因素法、企业系统规划法和战略目标集转移法,最后介绍基于流程的信息系统规划和可行性分析的基本内容以及信息系统规划方案的具体内容等。

9.1 信息系统战略

视频讲解

9.1.1 组织战略

一种战略就是设计用来开发核心竞争力、获取竞争优势的一系列综合的、协调的约定和行动。如果选择了一种战略,组织即在不同的竞争方式中做出了选择。对于组织实施的战略,竞争对手不能复制或因成本太高而无法模仿时,它就获得了竞争优势。只有当竞争对手模仿其战略的努力停止或失败后,一个组织才能确信其战略产生了一个或多个有用的竞争优势。此外,组织也必须了解,没有任何竞争优势是永恒的。竞争对手获得用于复制该组织价值创造战略的技能的速度,决定了该组织竞争优势能够持续多久。

组织战略是对组织各种战略的统称,其中既包括竞争战略,也包括营销战略、发展战略、品牌战略、融资战略、技术开发战略、人才开发战略、资源开发战略等。组织战略是层出不穷的,例如信息化就是一个全新的战略。

组织战略虽然有多种,但基本属性是相同的,都是对组织的谋略和整体性、长期性、基本性问题的谋划。组织战略定义为组织在市场经济竞争激烈的环境中,在总结历史经验、调查现状、预测未来的基础上,为谋求生存和发展而做出的长远性、全局性的谋划或方案。

组织战略并不抽象,是由愿景使命、政策环境、预期目标和确保目标实现的策略组成的。组织战略包括管理层战略、业务层战略和职能层战略 3 个层次,不同层次又包括不同类型的战略。管理层战略包括加强型战略、一体化战略、多元化战略、防御型战略;业务层战略包括成本领先战略、差异化战略、成本积聚战略、目标积聚战略;职能层战略包括生产战略、研发战略、营销战略、财务战略、人力资源战略、信息管理战略等。

组织制定战略的流程包括战略分析、战略选择和战略实施与控制3个过程。

1. 战略分析

战略分析在于总结影响组织发展的关键因素,并确定在战略选择步骤中的具体影响因素。它包括以下3方面。

(1) 确定组织的使命和目标。把组织的使命和目标作为制定和评估组织战略的依据。

(2) 对外部环境进行分析。外部环境包括宏观环境和微观环境。

(3) 对内部条件进行分析。战略分析要了解企业自身所处的相对地位,具有哪些资源以及战略能力;了解组织有关的利益相关者的利益期望,在战略制定、评价和实施过程中,这些利益相关者会有哪些反应。

2. 战略选择

战略选择阶段所要解决的问题是"组织向何处发展"。其步骤分为制订战略选择方案、评估战略备选方案和选择战略。

(1) 制订战略选择方案。根据不同层次管理人员介入战略分析和战略选择工作的程度,将战略形成的方法分为自上而下、自下而上和上下结合3种形式。自上而下形式先由组织最高管理层制定组织的总体战略,然后由下属各部门根据自身的实际情况将组织的总体战略具体化,形成系统的战略方案。自下而上形式中,最高管理层对下属部门不做具体规定,但要求各部门积极提交战略方案。上下结合形式中,最高管理层和下属各部门的管理人员共同参与,通过上下级管理人员的沟通和磋商,制定出适宜的战略。3种形式的主要区别在战略制定中对集权与分权程度的把握上。

(2) 评估战略备选方案。评估战略备选方案通常使用两个标准:一是考虑选择的战略是否发挥了组织的优势,克服了劣势;是否利用了机会,将威胁削弱到最低程度。二是考虑选择的战略能否被组织利益相关者所接受。

(3) 选择战略。选择战略是指最终的战略决策,即确定准备实施的战略。如果用多个指标对多个战略方案的评价产生不一致时,确定最终的战略可以考虑把组织目标作为选择战略的依据,或者提交上级管理层审批,或者聘请外部机构确定,或者作为战略政策和计划。

3. 战略实施与控制

战略实施与控制就是将战略转化为行动。其主要涉及以下一些问题。

(1) 在组织内部各部门和各层次如何分配使用现有的资源。

(2) 为了实现组织目标,还需要获得哪些外部资源以及如何使用。

(3) 为了实现既定的战略目标,有必要对组织结构做哪些调整。

(4) 如何处理出现的利益再分配与组织文化的适应问题,如何通过对组织文化的管理来保证组织战略的成功实施。

9.1.2 信息化战略

信息化战略是建立在企业整体发展战略的基础上的,以信息技术为工具优化生产流程,改善客户管理关系,实现组织的管理提升和资源的优化和再造的一种系统的、全面的规划。信息化不但对组织提供服务支持,而且为现有战略提供决策支持,所以信息化被归为组织的一个职能部门。因此,信息化战略就成为组织战略中职能战略的一个组成部分,可以说信息化战略是组织战略的一个职能战略。

目前,国内不少组织的信息化开发和应用陷入了不同程度的困境,致使组织的信息化项目处于上下两难的尴尬局面,甚至成为组织的包袱。造成这种现象的原因很多,最重要的是缺乏科学的战略规划。

信息化战略作为组织战略的一个有机组成部分,必须服从并服务于组织总体战略及长远发展目标。无论组织采取何种整体战略,战略的制定和实施都必须以一个高效、可靠的信息化为基础。只有从组织发展全局考虑,把组织作为一个有机整体用系统的、科学的、发展的观点根据组织发展目标、经营策略和外部环境以及组织的管理体制与管理方法,对组织信息化进行系统的、科学的规划,才能对组织整体战略实施提供最大限度的信息保障。

9.2 信息系统战略规划

信息系统战略是组织信息化建设要实现的目标以及实现目标的方法、策略和措施的总称。信息系统战略与生产、研发、营销、财务等战略同处职能层。信息系统规划是基于组织发展目标经营战略制定的、面向信息化发展愿景的、关于信息系统的整个建设计划。信息系统规划是过程,而信息系统战略是信息系统规划的结果。

信息系统战略是关于组织信息系统长远发展的目标,是为实现组织战略而采取的基于信息技术的战略方案。信息系统战略是组织战略的一个组成部分,应该服从于组织战略。信息系统战略必须要有的放矢,且与组织战略保持一致。信息系统在组织战略规划中的作用是提供良好的信息服务。信息系统战略规划的目的如下:

(1) 保证信息系统开发符合组织战略目标,使系统能真正成为提高组织竞争力的有力工具;

(2) 保证信息系统满足组织各部门对信息的需求;

(3) 为领导对系统开发决策提供依据;

(4) 明确系统开发的优先顺序。

要确立与组织战略目标相一致的信息系统战略规划目标,并以支撑和推动组织战略目标的实现作为价值核心。信息系统战略规划的范围要紧密围绕如何提升组织的核心竞争力来进行,其目标的制定要具有强有力的业务结合性,深入分析和结合组织不同时期的发展要求,将建设目标分解为合理可行的阶段性目标,并最终转化成业务目标的组成部分。

信息系统战略规划是指为满足组织经营需求和实现组织战略目标,以高层领导、信息化技术专家和用户为代表根据组织总体战略的要求,对信息系统的发展目标和方向所制定的基本谋划。信息系统战略规划就是对组织信息化建设的一个战略部署,最终目标是推动组织战略目标的实现,并达到总体成本最低。

信息系统战略规划是组织根据自身的实际情况对信息化建设进行一个全局的观察和分析,最根本的作用在于为信息系统建设提出一个纲要性的目标和指导,使得对信息系统建设与业务的结合考虑得更缜密细致,目的性和计划性更强。

信息系统战略规划从组织战略出发,构建组织基本的信息架构,对组织内外信息资源进行统一规划、管理与应用,利用信息控制组织行为,辅助组织进行决策,帮助组织实现战略目标。

9.3 信息系统规划的内容、组织和过程

信息系统规划是将组织目标、支持组织目标所必需的信息、提供这些必需信息的信息系统，以及这些信息系统的实施等诸要素集成的信息系统方案，是面向组织中信息系统发展远景的系统开发计划。信息系统规划是系统生命周期中的第一个阶段，也是系统开发过程的第一步，其质量直接影响着系统开发的成败。

9.3.1 信息系统规划的内容

信息系统规划是信息系统实践中的主要问题，也是现在管理信息系统研究的主要课题之一。现代企业用于信息系统的投资越来越多，如宝钢投资已多达亿元。信息系统的建设是一个投资巨大、历时很长的工程项目，规划不好不仅自身会造成损失，而且会引起企业更大的间接损失。通常人们就有一种认识，假如一个操作错误可能损失几万元，那么一个设计错误就可能损失几十万元，一个计划的错误就可能损失几百万元，而一个规划错误的损失则可能达到千万元，甚至上亿元。所以，应克服那种"重硬、轻软"的片面性，把信息系统规划摆到重要的战略位置上。

信息系统规划的主要内容包括以下几方面。

1. 现有系统的基本情况

组织现有系统的基本情况包括以下几方面。

(1) 组织概况及存在的问题；

(2) 组织的总体目标及基本策略；

(3) 组织的外部环境，如产业状况、法律法规、客户及供应商状况等；

(4) 组织的内部限制，如经营理念等；

(5) 组织面临的风险和可承受的风险；

(6) 各方对信息系统目标的看法。

2. 现有资源状况

组织现有的系统资源包括以下几方面：

(1) 清查现有系统资源，如硬件和软件及应用系统等；

(2) 分析现有系统运行情况及相关费用；

(3) 对现有系统的组织策略和运行情况等进行评估，这些系统包括应用系统、数据库管理系统、应用软件等；

(4) 了解组织业务流程的现状、存在的问题，为企业流程再造提供依据；

(5) 分析现有系统的运行组织及其人员设置的合理性。

3. 信息系统总体方案设想

信息系统总体方案包括以下几方面：

(1) 确定用户类型和他们的信息需求；

(2) 信息系统的总体目标和子目标；

(3) 确定信息系统的功能规划、流程规划和数据规划；

(4) 确定支持信息系统运行的硬件、软件和网络规划；

（5）确定子系统的开发顺序，选择开发形式，如自行开发、外包编程、购买软件包和外包开发；

（6）确定信息系统整体开发方法，制订进度计划；

（7）制订资源计划，包括资金支持和开发人员的安排。

4．信息系统的可行性与风险分析

信息系统的可行性与风险分析包括以下几方面：

（1）经济可行性，从经济角度对系统的开发、运行和维护等方面的成本、进度等进行分析；

（2）技术可行性，从技术角度对系统的分析、设计、实现、测试、运维等方面分析技术上是否可以实现；

（3）管理可行性，从组织结构、人员能力和组织文化等管理方面分析系统实施的可行性；

（4）风险分析，需要对信息系统开发的风险进行展望，并提出应对预案。

5．预测信息技术的发展

网络通信、数据存储、数据处理技术的推陈出新，将影响信息系统的性能。因此，对新技术兼收并蓄，有助于提升信息系统的先进性。

9.3.2 信息系统规划的组织

信息系统规划需要建立相应的组织机构来保证信息系统规划的顺利启动。

1．信息系统规划领导小组

信息系统规划领导小组由一把手负责，成员包括来自各部门的业务骨干，他们完成有关数据及业务调研和分析工作。

2．人员培训

为了确保信息系统规划的科学性与前瞻性，需要对高层管理者、系统分析人员和规划领导小组成员进行培训，使他们掌握制定信息系统战略的方法。

3．确定信息系统规划的进度安排

确定信息系统规划工作各个阶段的时间安排，明确规划执行进度和过程管理，确保规划进展顺利。

9.3.3 信息系统规划的过程

信息系统规划的过程包括以下步骤。

1．规划准备工作

规划准备工作主要是启动规划前的组织安排，主要任务如下：

（1）确定规划年限和规划方法，如 5 年规划、10 年规划等；

（2）确定采用集中式规划还是分散式规划，以及是进取的规划还是保守的规划；

（3）邀请信息系统规划专家成立信息系统规划领导小组，落实信息系统规划工作环境，启动信息系统规划等工作。

2．初步调查

初步调查的内容包括用户需求分析、组织的概况、组织的对外关系、现有系统的概况及存在的问题、各类人员对信息系统的态度、信息系统开发所需的资源情况、各方对信息系统目标的看法等。

3. 现有系统战略回顾

对正在实施的信息系统战略的目标、开发方法、功能结构、财务情况、面临的风险程度和政策进行回顾,发现不足和明确改进方向。

4. 定义约束条件

根据组织或组织部门的财务资源、人力及物力等方面的限制,定义信息系统的约束条件和政策要求。

5. 明确战略目标

根据对现有系统的回顾和约束条件分析的结果确定组织目标、信息系统目标,明确信息系统应该具有的功能、服务范围和质量等。

6. 信息系统方案设想和提出未来大纲

该过程提出信息系统的整体框架、总体技术路线、信息系统建设路线以及各个子系统的计划。

7. 选择开发方案

根据组织内外的限制条件和约束,确定信息系统项目开发的顺序。优先选择好处最大、组织需求最为紧迫、风险适中的信息系统项目进行开发。确定信息系统整体开发顺序、开发策略和开发方法等。

8. 可行性分析

可行性分析从经济可行性、技术可行性和管理可行性3方面分析信息系统方案是否可行。

9. 实施进度安排

该过程需要估计项目成本和开发周期以及人员需求,编制项目的实施进度计划和投入等。

10. 编写规划文档

为信息系统规划编制文档,与用户、开发人员、使用人员以及信息系统规划领导小组的领导交流意见,并根据意见进行规划完善文档。

11. 批准规划

信息系统规划最后需要经过最高管理者(如总经理)批准方可生效。

整个规划过程需要反复修订,直到多方满意,并由负责人签字批准就可以执行。

9.4 初步调查

9.4.1 初步调查的内容

初步调查是信息系统规划的主要步骤,其为设想信息系统方案提供依据。通常信息系统的使用者在系统开发之前就有一个粗略的目标,希望信息系统能达到某些要求或某种功能,软件开发人员要通过与使用者反复交流,确定一个较为明确、可行的系统目标。

用户提出开发信息系统的需求后,信息系统的初步调查随之启动。初步调查的目的包括明确信息系统的目标、对现有系统进行调查和检查是否具备开发信息系统的基本条件。

初步调查的范围要广,但不一定很详细,初步调查的内容包括以下几方面。

1. 用户需求分析

初步调查就是从用户提出信息系统开发请求的想法和对信息系统的期望入手,考察用户对信息系统的需求和预期要达到的目标。例如,某制造型企业由于业务扩大,原来由人工编制的生产计划和库存管理方式已不能满足生产的需要,因而提出利用计算机完成上述数据处理工作。企业管理者通常提出开发请求,因为他们对管理问题的感受最深。然而,管理者对问题的认识往往是感性的、模糊的,这就要求系统分析人员与企业管理者密切合作,一起提炼和定义问题,逐步明确问题和量化管理。

2. 组织单位的基本概况

组织的基本概况包括组织性质、组织结构、规模、发展历史、生产过程、厂区布局、系统目标、人力、物力、设备和技术条件、管理体制、经营状况、个性经济指标的完成情况等。

3. 组织的外部关系

组织的外部关系包括以下对象:

(1) 组织与之打交道的或有业务关系或从属关系的外部实体,如供应商、客户、竞争对手、政府部门等;

(2) 组织与外部实体相互之间的物资或信息的来往关系;

(3) 对该组织的活动有明显的影响的环境条件,如自然环境和社会经济环境等。

4. 现有系统的概况及存在的问题

现有系统的概况及存在的问题包括功能、流程、基础数据、人员、管理方式、工作效率、规章制度等的概况及存在的问题。

5. 相关人员对信息系统的期望

相关人员包括企业高层管理者,以及管理部门、基层单位和有业务联系的外单位的相关人员。需要了解他们对现有系统的满意程度和希望如何改变以及他们对系统有什么样的期望等。

6. 信息系统开发所需的资源

要了解开发信息系统需要投入多少人力、需要何种技术水平及管理水平、需要多少物资和设备、需要花费多长时间,了解现有设备使用情况等。

7. 各方面对信息系统目标的看法

针对企业管理部门初步提出的信息系统的吞吐量、响应时间、容错能力、审核能力和使用方法等方面的要求,需要了解企业高层管理者以及基层单位、有业务联系的外单位的相关人员对现有系统是否满意、希望如何改变以及上述看法的理由。

9.4.2 初步调查的方法

在初步调查阶段,需求分析员要与客户碰头协商,决定系统中需要什么信息。通常由客户决定最初的会谈,以后的会谈可在前次会谈的过程中决定。会谈工作要持续到需求分析员确信所有来自客户和产品未来使用者的信息都已完全明确了为止。会谈有两种形式,即非正式会谈和正式会谈。

1. 非正式会谈

非正式会谈将提出一些可自由回答的问题来鼓励会谈人员表达自己的想法。初次会谈时，往往没有人知道说什么或者问什么。双方均担心所说的话被误解，双方均在考虑最终谈话将导向何处，双方均希望能够控制事情的进程并获得成功。

一般地，非正式会谈时可以询问客户为什么对目前的系统不满意，了解问题的性质、需要解决的方案、所需的人数和能力，同时关注客户的目标和收益。

非正式会谈也是与客户建立友好与融洽关系的主要时机。由于双方在行业领域的不同，而初次见面还没有彼此了解对方，讲话都比较慎重，以免发生不愉快的事情。一般都是从其他话题入手，如天气、爱好、新闻等开始聊天，建立融洽的气氛，才开始转到项目的事情上来。

一般建立融洽的气氛之后，双方就系统项目的基本情况展开讨论，解释一些专业术语和交流不同的理解，分析业务的基本要求和现状，进一步引出存在的问题，需要信息系统完成什么要求，以及企业的预算和期望等。一旦双方建立信任关系，双方可讨论信息系统方面的本质问题和规模等。

经过初步接触，双方可约定下一次会谈的时间和主要议题。非正式会谈一般持续时间比较短，2~4小时即可。非正式会谈的目的是了解项目的背景、规模、约束和要求等。

2. 正式会谈

正式会谈将提出一些事先准备好的议题。例如，如何刻画某个解决方案的成功之处，该解决方案强调了什么问题，解决方案的应用环境，等等。会谈者要准备一份有关会谈结果概要的书面报告，以便进一步陈述或者增加忽略的项目。

对于任何大中型系统，通常有不同类型的最终用户。例如，一个银行自动柜员机（ATM）系统项目的相关人员就包括：

（1）接受系统服务的当前银行客户；

（2）银行间自动柜员机有互惠协议的其他银行的代表；

（3）从该系统中获得管理信息的银行支行管理者；

（4）负责系统日常运转和处理客户意见的支行柜台职员；

（5）负责系统和客户数据库集成的数据库管理者；

（6）负责保证系统信息安全的银行信息安全管理者；

（7）将该系统视为银行市场开拓手段的银行市场开发部；

（8）负责硬件和软件维护及升级的硬件和软件维护工程师。

上述众多的项目相关人员说明，即便是一个相对简单的系统，也会有许多不同的视点需要考虑。因为从不同视点观察一个问题，可以得到不同的解决方法。然而，视点之间不是完全孤立的，一些视点之间也会存在重叠。

对多个视点（客户）分析的关键是发现众多视点的存在，并提供一个框架发现不同视点提出的需求之间的冲突。一个视点可以有以下几种情况。

（1）数据源或数据接收者。该视点用于产生或者接收数据。分析过程包括视点的识别、产生或者接收了什么数据，以及采取了什么处理过程。

（2）一个表示框架。一个视点被看成是一种特别的系统模型类型，如实体关系模型、数据流图等。不同分析方法会对被分析的系统有不同的理解。

(3) 服务接收者。该视点被看成是系统之外的一个成分,接收来自系统的服务。

视点可以给服务提供数据或者控制信号。分析过程就是检查不同视点接收的服务,收集这些信息以解决需求冲突。

面向多视点的需求分析过程如下:

(1) 视点识别。包括发现接收系统服务的视点和发现提供给每个视点的特别服务。

(2) 视点组织。包括组织相关的视点到层次结构中,通用的服务放在较高的层次,并被较低层次的视点继承。

(3) 视点文档编写。包括对被识别的视点和服务描述的精炼。

(4) 视点系统映射。包括在面向对象设计中通过封装在视点中的服务信息识别对象。

例如,图9.1所示为银行自动柜员机系统部分视点的服务层次关系。当服务被子视点"客户"继承时,与"客户"视点相关的通用服务被"账户持有者"和"外部客户"继承。接着就是发现所提供服务的详细信息,即服务所需的数据,以及这些数据如何使用。需求视点的导出来自每个相对应的项目相关人员,每个服务需要与相关视点对应的最终用户一起讨论,当视点为另外的一个自动化系统时,就要和视点专家一起讨论。

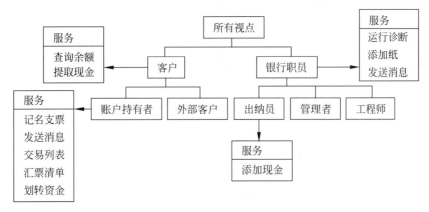

图 9.1　银行自动柜员机系统部分视点的服务层次关系

9.5　信息系统规划方法

9.5.1　信息系统规划方法概述

企业战略的制定方法有多种,如面向市场竞争环境分析的五力模型、面向组织竞争力的SWOT分析法、面向产品市场分析的波士顿矩阵、面向多元化行业定位的麦肯锡GE阵。这些方法也适用于信息系统战略的制定和规划,下面介绍信息系统规划方法。

1. 基于底层数据的信息系统规划方法

该类信息规划方法以数据为中心,关注数据的准确性和一致性,涉及数据实体的识别和抽取,以及数据库的逻辑设计。但该规划方法不适用于企业战略分析。基于底层数据的信息系统规划方法代表性的有企业系统规划法和战略系统规划法等。

2. 基于决策信息的信息系统规划方法

该规划方法以战略决策信息为核心,侧重于处理企业战略与信息系统战略的关系。但该方法不适用于业务过程建模。其代表性的方法有战略目标集转移法、关键成功因素法等。

3. 基于业务流程管理的信息系统规划方法

基于业务流程管理的信息系统规划方法分析业务流程的价值创造过程，对业务流程进行梳理和优化，创造最大价值，达到增强企业竞争力的目的。其代表性的方法有业务流程再造、价值链分析法等。

4. 基于供应链管理的信息系统规划方法

基于供应链管理的信息系统规划方法将内部流程管理向企业的上游和下游拓展，依托供应链的优势提升企业竞争力。以价值链成分为研究对象，通过分析价值链成分的风险和收益，制定相应的决策。其代表性的方法有战略网格模型法等。

本节主要介绍常用的关键成功因素(Critical Success Factors，CSF)法、企业系统规划(Business System Planning，BSP)法和战略目标集转移(Strategy Set Transformation，SST)法。

3 种方法的区别是：CSF 法能抓住主要矛盾，使目标的识别突出重点。用这种方法所确定的目标和传统的方法衔接得比较好，但是一般最有利的只是在确定管理目标上。SST 法从另一个角度识别管理目标，它反映了各种人的要求，而且给出了按这种要求的分层，然后转换为信息系统目标的结构化方法。它能保证目标比较全面，疏漏较少，但它在突出重点方面不如前者。BSP 法虽然也首先强调目标，但它没有明显的目标引出过程。它通过管理人员酝酿"过程"引出了系统目标，企业目标到系统目标的转换是通过组织/系统、组织/过程以及系统、过程矩阵的分析得到的。这样可以定义出新的系统以支持企业过程，也就把企业的目标转换为系统的目标，所以识别企业过程是 BSP 战略规划的中心，绝不能把 BSP 法的中心内容当成 U/C 矩阵。

把这 3 种方法结合起来使用，称为 CSB 法即(CSF、SST 和 BSP 结合)。这种方法先用 CSF 法确定企业目标，然后用 SST 法补充完善企业目标，并将这些目标转换为信息系统目标，用 BSP 法校核两个目标，并确定信息系统结构，这样就补充了单个方法的不足。当然这也使得整个方法过于复杂，而削弱了单个方法的灵活性。可以说迄今为止信息系统战略规划没有一种十全十美的方法。由于战略规划本身的非结构性，因此可能永远也找不到一个唯一解。进行任何一个企业的规划均不应照搬以上方法，而应当具体情况具体分析，选择以上方法中可取的思想，灵活运用。

9.5.2 关键成功因素法

关键成功因素法是信息系统开发规划方法之一，是由 Ronald Daniel 开发的。关键成功因素是在探讨产业特性与企业战略之间关系时常用的观念，是在结合本身的特殊能力，对应环境中重要的要求条件，以获得良好的绩效。关键成功因素法是以关键成功因素为依据来确定系统信息需求的一种信息系统总体规划的方法。在现有系统中，总存在着多个变量影响系统目标的实现，其中若干因素是关键的和主要的(即成功变量)。

关键成功因素是指对企业成功起关键作用的因素。关键成功因素法就是通过分析找出使得企业成功的关键因素，然后再围绕这些关键因素来确定系统的需求，并进行规划。关键成功因素是由行业、企业、管理者以及周围环境形成的，其具有以下特点：

(1) 关键成功因素是少量的、易于识别的、可操作的目标；

(2) 关键成功因素可以确保企业的成功;

(3) 关键成功因素可以决定企业的信息需求。

关键成功因素的重要性置于企业其他所有目标、策略和目的之上,寻求管理决策阶层所需的信息层级,并指出管理者应特别注意的范围。若能掌握5~9项重要因素,便能确保相当的竞争力,它是一组能力的组合。如果企业想要持续成长,就必须对这些关键领域加以管理,否则将无法达到预期的目标。同一个产业中的个别企业会存在不同的关键成功因素。关键成功因素有4个主要的来源。

(1) 产业的结构。不同产业因产业本身特质及结构不同,而有不同的关键成功因素,此因素是决定于产业本身的经营特性,该产业内的每一企业都必须注意这些因素。

(2) 竞争策略、产业中的地位及地理位置。企业的产业地位是由过去的历史与现在的竞争策略所决定的,在产业中每一企业因其竞争地位的不同,而关键成功因素也会有所不同。对于由大企业主导的产业而言,指导企业的行动为产业内小企业带来重大的问题,所以对小企业而言,大企业竞争者的策略,可能就是其生存的竞争的关键成功因素。

(3) 环境因素。外在因素的变动,都会影响每个企业的关键成功因素。例如,在市场需求波动大时,存货控制可能就会被高层主管视为关键成功因素之一。

(4) 临时因素。大部分是由组织内特殊的理由而来,这些是在某一特定时期对组织的成功产生重大影响的活动领域。

关键成功因素是通过与企业高层管理者的面谈得到的,因为他们日常总在考虑什么是关键成功因素。关键性能指标(Key Performance Indicators,KPI)是对关键成功因素状况的量化指标,也是管理者把控关键成功因素的依据。一个关键成功因素对应若干关键性能指标。

例如,对某超市从竞争因素、环境因素的分析,主要的关键成功因素包括定价、季节性商品促销和广告效力,对应的关键性能指标分别是各种产品系列的库存更新率、今年与去年同期产品的库存分析和各种产品系列所占有的市场份额。

关键成功因素和关键性能指标与企业目标以及信息系统之间的关系密切。企业管理者将围绕企业目标,关注关键性能指标,把握关键成功因素状况。如果信息系统规划合理,信息系统将覆盖核心业务,关键性能指标和对应的关键成功因素状况可以通过信息系统及时得到。

企业的信息需求是由关键成功因素决定的。关键成功因素法基本步骤如下。

(1) 了解企业目标;

(2) 识别关键成功因素;

(3) 识别关键成功性能指标;

(4) 定义数据字典;

(5) 确定信息系统需求。

识别关键成功因素是关键成功因素法的主要环节,其主要过程包括了解企业目标,分析与哪些因素相关,并识别出直接相关因素和实现目标的主要影响者。关键成功因素法采用鱼刺图进行。鱼刺图又称因果分析图、因果图、特征图或树枝图。因果分析图形像一条有骨有刺的鱼,故称鱼刺图。用鱼刺图方法分析事故,可以使复杂的原因系统化、条理化,可以将主要原因清楚表示出来,从而为明确预防对策提供依据。

鱼刺图以事故内容为主线,从人为(如安全管理、操作者等)和物资条件(如环境因素、操作对象等)两大因素,分析按从大到小、从粗到细、由表及里层层深入进行,如图9.2所示。

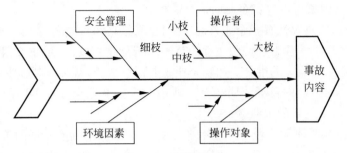

图 9.2 鱼刺图结构

鱼刺图绘制方法具体步骤如下:
(1) 确定所分析的特定问题或事故,写在图的右边,画出主干,箭头指向右端。
(2) 确定造成事故的因素分类项目,如管理者、操作者、材料、方法、环境等画出大枝。
(3) 确定对应项目造成事故的原因,画出中枝。
(4) 原因层层展开,画出细枝、更细……
(5) 标明造成事故的主要原因。
(6) 注明鱼刺图的名称。

【例 9.1】 提高产品竞争的鱼刺图

企业的目标是提高产品竞争力,影响产品竞争力的关键因素包括降低成本、提高质量和市场服务 3 个,要降低成本则考虑降低原材料价格和员工裁减,要提高质量则需要进行员工技能培养、健全奖惩制度和改善客户反馈处理,完善市场服务需要开发新服务项目和疏通商业渠道等。根据上述关键成功因素分析,绘制出如图 9.3 所示的鱼刺图。

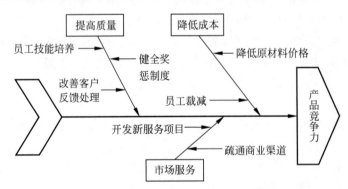

图 9.3 绘制提高产品竞争力的鱼刺图

根据关键成功因素分析以及绘制的鱼刺图,下面对这些因素给出其关键性能指标。表 9.1 展示了具体的关键性能指标。

数据字典用于描述关键成功因素的数据格式,可以对其进行定量化描述。例如,"降低原材料价格"采用价格值来描述,"价格"可以使用数值来表示。"员工数""奖惩金额""渠道数""项目数"等这些关键性能指标可以用数值型来精确表示。"技能评估"可以采用定性方式表示,可以采用"高、中、低"表示,"客户评价"可以采用定性方式表示,可以采用"非常不满意、不满意、基本满意、满意、非常满意"表示。

表 9.1 关键成功因素法的关键性能指标

企业目标	关键因素	关键成功因素	关键性能指标
提高产品竞争力	降低成本	降低原材料价格	价格
		员工裁减	员工数
	提高质量	员工技能培养	技能评估
		改善客户反馈处理	客户评价
		健全奖惩制度	奖惩金额
	市场服务	疏通商业渠道	渠道数
		开发新服务项目	项目数

通过数据字典分析,可以获取信息系统需求。根据以上分析,企业需要的信息系统有客户智能系统、客户需求与评价系统、财务控制系统、客户关系管理系统、盈利分析与决策系统、员工评价系统等。

9.5.3 企业系统规划法

企业系统规划(Business System Planning,BSP)法是 IBM 公司在 20 世纪 70 年代提出的,旨在帮助企业制定信息系统的规划,以满足企业近期和长期的信息需求,它较早运用面向过程的管理思想,是现阶段影响最广的方法之一。

企业系统规划法的基本思想是要求所建立的信息系统必须支持企业的目标,能够表达所有管理层次的要求,向企业提供一致性信息,对组织机构的变革具有适应性实质。企业系统规划法把企业的目标转换为信息系统战略的全过程。

企业系统规划法是从企业的目标入手,逐步将企业的目标转换为管理信息系统的目标和结构,从而更好地支持企业目标的实现。

企业系统规划法是一种能够帮助规划人员根据企业目标制定出信息系统战略规划的结构化方法。通过这种方法可以确定出未来信息系统的总体结构,明确系统的子系统组成和开发子系统的先后顺序;能够对数据进行统一规划、管理和控制,明确各子系统之间的数据交换关系,保证信息的一致性。

企业系统规划法的优点在于利用它能保证信息系统独立于企业的组织机构,使信息系统具有对环境变更的适应性。即使将来企业的组织机构或管理体制发生变化,信息系统的结构体系也不会受到太大的冲击。

用企业系统规划法制定规划是一项系统工程,其主要的工作步骤如下。

(1) 准备工作。

首先成立由最高领导牵头的工作委员会,下设一个信息系统规划小组,并提出工作计划和确定信息系统规划的范围以及期望的目标。信息系统规划小组由企业最高层管理者担任组长,小组成员包括系统分析员、资深管理者,也可以聘请信息系统专家作为顾问。

(2) 调研。

规划小组成员通过查阅资料,深入各级管理层,了解企业有关决策过程、组织职能和部门的主要活动和存在的主要问题。

(3) 定义业务过程。

业务过程又称企业过程(流程)或管理功能组,是指为了高效地管理企业资源而进行的逻辑上相关的一组决策和活动的集合。企业资源包括协调性资源(计划和控制)、关键性资源(产品和服务)和支持性资源(人员、原材料、资金、设备等)。定义业务过程是系统规划方法的核心。任何资源都具有产生、获取、服务和归宿 4 阶段的生命周期。

① 协调性资源产生过程包括战略规划和管理控制。协调性资源的战略规划包括经济预测、组织计划、政策开发、人力资源开发、发展目标制定和产品设计计划等过程。协调性资源的管理控制包括市场/产品预测、薪酬计划、员工培训计划、运营计划、预算和绩效评价等过程。

② 关键性资源的产生过程包括市场计划、质量预测、作业计划和能力计划。其获取过程包括工程设计、产品开发、质量检查和生产调度;其服务过程包括库存控制、质量控制、包装和存储;其最终归宿包括销售、质量报告和发运等。

③ 支持性资源的产生过程包括人员、原材料、资金和设备等计划。支持性资源的人员通过人事计划和工资管理过程产生,如人员通过招聘和专业培养等渠道获得,人员需要培训和人事管理服务,人员最终可能会离职、解雇和退休等。支持性资源的原材料通过需求计划和物资清单过程产生,通过采购和入库过程获得,需要库存控制服务,最终以回收和应付款项结束。支持性资源的资金通过财务计划、成本计划和投资计划等过程产生,通过拨款和应收账款来获取,需要银行业务、成本核算、管理会计和财务分析等服务过程,最后以应付款项和分配管理结束。同样,支持性资源的设备由更新计划产生,通过采购、基建和接收过程获得,其需要维修和改装等过程服务,最后以折旧和报废过程结束。

(4) 业务过程重组。

业务过程重组是在业务过程定义的基础上,找出哪些过程是正确的,哪些过程是低效的,需要在信息技术支持下进行优化处理,还有哪些过程不适合采用计算机信息处理,应当取消。为了确保业务过程的完整性和一致性,把同一类型的业务过程归类,删除重复的业务过程。在此基础上,可以得到初步的业务流程,绘制初步的业务流程如图 9.4 所示。

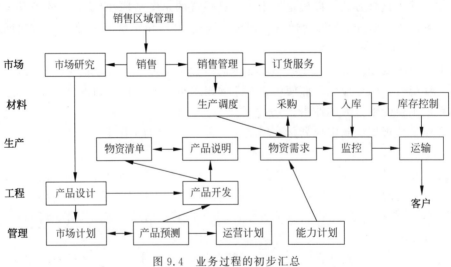

图 9.4 业务过程的初步汇总

例如,"采购"过程的任务是以合适的价格及时地获得符合质量要求的物资,具体包括选择和评价供应商、安排和实现订货、接收和检验物资等细节进行描述。"采购"过程依据"物资需求"过程产生的信息完成物资采购活动，并调用"入库"过程。

（5）定义数据类。

数据类是指支持业务过程所必需的逻辑上相关的数据。对数据进行分类是按业务过程进行的，即分别从各项业务过程的角度将与该业务过程有关的输入数据和输出数据按逻辑相关性整理出来归纳成数据类。

识别企业数据类的方法有实体法和过程法两种。

识别企业中的实体，再根据实体发现数据。企业中的实体包括客户、产品、物资、资金及人员等客观事物。每种实体又可以用4种类型的数据，即计划型、统计型、文档型、事务型数据来描述。表9.2是一个企业数据定义的实体/数据矩阵。

表 9.2 企业数据定义的实体/数据矩阵

数据类型	产品	客户	设备	物资	资金	人员
计划型	产品计划	市场计划	设备计划	物资计划	预算	人员计划
统计型	产品需求	销售历史	利用率	需求历史	财务统计	人员统计
文档型	产品规范	客户档案	设备档案	物资特征	会计报表	员工档案
事务型	订货退货	运输记录	使用记录	采购记录	应收业务	工作记录

过程法利用以前识别的业务过程，分析每个过程输入数据、输出数据，以及处理过程等。过程法可以采用输入-处理-输出图来表达，并归纳数据类。例如，"市场计划"过程的输入数据包括客户、产品和销售行业，输出是销售分析报表。

（6）分析企业与系统的关系和评价企业问题。

组织/过程矩阵可以描述企业与系统的关系。组织/过程矩阵水平方向列出业务过程，垂直方向列出部门。若某个部门主要负责某个业务过程，则对应的矩阵元素记为 *；若某个部门主要参与某个业务过程，则对应的矩阵元素记为×；若某个部门是某个业务过程的部分参与者，则对应的矩阵元素记为 /。

在信息系统分析阶段，可以按照业务过程对企业做进一步调查。同时，规划小组需要征询企业高管对企业战略的看法，并根据收集的材料评价企业的问题，最后把问题和业务过程关联起来，建立问题/业务过程矩阵。问题/业务过程矩阵的行为过程中，列为问题，矩阵元素的数字表示这种问题出现的次数，如表9.3所示。

表 9.3 企业问题/业务过程矩阵

数据类型	过程							
	市场	销售	工程	生产	物资	财务	人事	管理
市场/客户选择	3	3						3
预测质量	4						5	
产品开发				4		2		1

（7）定义信息系统总体结构。

定义信息系统总体结构的目的是刻画未来信息系统的框架和相应的数据类，其主要工作是划分子系统，具体实现可利用 U/C 矩阵。

U/C矩阵用来表达过程与数据两者之间的关系。矩阵中的行表示数据类,列表示具体过程,并以字母U(使用)和C(产生)来表示过程对数据类的使用和产生。U/C矩阵是管理信息系统开发中用于系统分析阶段的一个重要工具。U/C矩阵是一张表格。它可以表示数据/功能模块的系统化分析结果。它的左边第一列列出系统中各功能的名称,数据类下面第一行列出系统中各数据类的名称。表中在各功能与数据类的交叉处,填写功能与数据类的关系。

尽量把产生数据的业务过程和使用数据的业务过程划分在一个子系统中,从而减少子系统直接的数据交换。根据数据的产生和使用建立U/C矩阵(U表示使用,C表示产生),来描述支持某一过程需要的数据、过程所形成的数据,以及数据的使用者。表9.4显示出某金属材料公司的初始U/C矩阵。

表9.4 初始U/C矩阵(1)

过程	物资需求	合同	进货	销售	库存	财务	进销存费用	计划	价格	客户	供应商	物资	职工	薪酬
市场预测	C			U						U				
需求分析	C									U				
采购计划	U			U				C			U			
合同登记		C									U			
合同执行		U	U								U			
合同统计		U									U	U		
开入库单			C			C			U		U			
核价		U	U						U					
进货验收		U	U											
开发货单				C						U	C			
客户服务				U						U				
销售分析				U						U	U			
可供资源					U							C		
库存管理					C	C						U		
库存控制					U							U		
会计记账				U	U	C	U							
财务结算				U	U		C							
应收款分析						U								
人员计划													U	
人员招聘													C	
员工考评														U

接下来需要对过程和数据进行聚合。例如,对表9.4做重新排列,把功能按功能组排列,然后调换"数据类"的横向位置,使得矩阵中C最靠近对角线,如表9.5所示。

将U和C最密集的地方框起来,给框起个名字,就构成了子系统。落在框外的U说明了子系统之间的数据流,如表9.6所示。这样就完成了划分系统的工作。根据以上的分析与处理就得到了相应的子系统,它们依次是采购管理、合同管理、进货管理、销售管理、库存管理、财务管理和人力资源管理子系统。

表 9.5 U/C 矩阵聚合

过程	数据类												
	物资需求	计划	合同	供应商	进货	价格	销售	客户	物资	库存	财务	进销存费用	职工	薪酬
市场预测	C						U	U						
需求分析	C							U						
采购计划	U	C							U	U				
合同登记			C	U										
合同执行			U	U	U									
合同统计			U	U							U		C	
开入库单				U	C	U		C		U	U			
核价				U		U	U							
进货验收				U	U									
开发货单							U	C	C					
客户服务							U	U						
销售分析							U	U						
可供资源									C	U				
库存管理					U				U	C		C		
库存控制														
会计记账				U	U		U	U			C	U		
财务结算				U	U		U	U			C	C		
应收款分析											U			
人员计划													C	U
人员招聘													C	C
员工考评													U	U

表 9.6 初始 U/C 矩阵(2)

过程	数据类												
	物资需求	计划	合同	供应商	进货	价格	销售	客户	物资	库存	财务	进销存费用	职工	薪酬
市场预测	C						U	U						
需求分析	C							U						
采购计划	U	C							U	U				
合同登记			C	U										
合同执行			U	U	U									
合同统计			U	U							U		C	
开入库单				U	C	U		C		U	U			
核价				U		U	U							
进货验收				U	U									
开发货单							U	C	C					
客户服务							U	U						
销售分析							U	U						
可供资源									C	U				
库存管理					U				U	C		C		

续表

过程	数据类													
	物资需求	计划	合同	供应商	进货	价格	销售	客户	物资	库存	财务	进销存费用	职工	薪酬
库存控制									U	U				
会计记账				U	U		U	U			C	U		
财务结算				U	U		U	U			C	C		
应收款分析											U			
人员计划													C	U
人员招聘													C	C
员工考评													U	U

采用过程-数据聚合法得到的子系统内部数据联系紧密，独立性高，便于维护、设计和调试。

(8) 确定总体结构中的优先顺序。即对信息系统总体结构中的子系统按先后顺序排出开发计划。

(9) 完成 BSP 研究报告，提出建议书和开发计划。

9.5.4 战略目标集转移法

战略目标集转移(Strategy Set Transformation，SST)法是由 William King 提出的一种确定信息系统战略目标的方法。

SST 认为组织的战略目标由组织的使命、目标、战略和其他影响战略的相关因素组成。其中，影响战略的因素包括发展趋势、组织面临的机遇和挑战、管理的复杂性、改革面临的阻力、环境对组织目标的约束等。

战略目标集转移法的基本步骤如下。

1. 识别组织战略目标

组织战略目标是组织发展的宏观框架，分为组织使命、组织目标、组织战略、组织支撑因素 4 方面。

组织使命是对组织存在价值的长远设想，是组织最本质、最宏观的内核。组织目标是组织在确定时限内应该达到的境地和标准，目标是根据组织使命指定的，通常表现为层次结构，包括总目标、分目标和子目标。组织战略是为了实现既定目标所确定的对策和举措。组织支撑因素包括发展趋势、机遇和挑战、管理复杂性、环境对组织的约束等。

2. 组织战略目标转换为信息系统战略目标

制定信息系统战略目标必须以组织战略目标为依据。首先，根据组织目标确定信息系统目标；然后，对应组织战略集的元素识别相应信息系统战略约束；最后，根据信息系统目标和约束提出信息系统战略。

战略目标集转移法的思想是分析利益相关者，识别出组织的战略目标，并将其转换为信息系统战略目标，如图 9.5 所示。

例如，根据利益相关者的分析，确定了企业的目标包括高质量产品生产、保持客户满意度、改善现金流、年增收入 10%、对社会贡献的义务、消除生产中的隐患等。企业的战略包

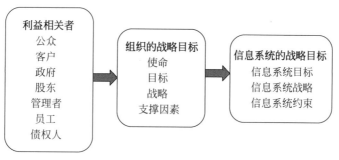

图 9.5　战略目标集转移法的基本步骤

括拓展新业务、改进信贷、开发新产品等,企业支撑因素包括管理水平高、企业改革要求、管理权力的高度分散、提高管理者的信息管理经验、积极响应政府协调等。根据企业战略集,运用战略目标集转移法确定信息系统目标,包括改善会计效率、产品质量信息获取、获得新业务机会信息获取、企业目标评估的信息获取、企业目标实现水平评估的信息获取、企业目前运行情况的信息获取、政府指导要求报告生成、快速响应客户咨询等。最后,得出信息系统战略,包括使用模块化设计方法、提高不同管理层的信息系统、利用互联网提供实时服务能力和满足企业内外用户的需要。

9.6　基于流程的信息系统规划

以流程重组为基础的信息系统规划是组织对信息系统建设与应用的全面谋划,是组织信息化建设的纲领和指南,是信息系统建设的前提和基础。在信息系统规划期间,对组织核心流程进行梳理和诊断,并根据新的计算机背景对流程进行优化,甚至重组。重组后的流程通过计算机实现,这样的信息系统才有生命力。

业务流程的基本类型相对稳定,当基本业务不变时,组织的核心流程的类型也不变,变化的只是其构成细节。因此,基于流程的信息系统规划摆脱了以现行职能部门为基础的分工式流程的局限。从流程的视角看待企业,对组织现有流程进行部分改进,缺乏流程重组的理念。业务流程重组推动了组织系统规划法的进一步发展,对业务流程管理与信息系统规划带来新的思路。

9.6.1　规划目标

组织信息化必然会影响组织运作模式,需要进行业务流程重组,并确定业务流程优化目标,然后重新设计规划方案。信息系统的规划与组织变革密切相关,组织为了适应不断变化的环境,寻求新的发展,引进新产品新技术,或者拓展新市场等,都需要进行变革。业务流程重组作为一种理念,对信息系统规划产生非常重要的影响。

业务流程重组就是重新设计和安排组织的整个生产、服务和经营过程,使之合理化。通过对组织原来生产经营过程的各个方面、每个环节进行全面的调查研究和细致分析,对其中不合理、不必要的环节进行彻底的变革。在具体实施过程中,对原有流程进行全面的功能和效率分析,发现其存在问题。根据组织现有的业务流程,绘制细致、明晰的业务流程图,并分析现行业务流程的问题,确定流程再造的切入点,确定信息系统的目标,进而进行信息系统规划。

信息系统的目标可以分为局部开发与应用、组织内部应用集成、业务流程重组和组织网络信息化重构 4 个层次来确定。不同的层次对组织管理的挑战也不同,关注点也不同,如图 9.6 所示。其中,局部开发与应用和组织内部应用集成关注效率,而业务流程重组和组织网络信息化重构关注经营能力。层次越高,组织潜在的收益越大,但组织变革的程度也越深,风险就越高。

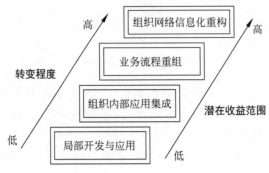

图 9.6 信息系统的目标层次

局部开发与应用的目标运用信息技术优化重点增值的组织运作,目的是提高一个职能部门的工作效率。局部开发与应用目标的主要优势是适合开发相对简单的信息系统,对组织变化的阻力最小。其不足之处是类似组织复制的可能性小,缺乏组织学习。局部开发与应用的目标也在管理上带来了挑战:如何确定与组织成功最密切的领域,如何从局部数据管理上升到信息,再上升到知识管理。

组织内部应用集成的目标运用信息技术创造无缝流程,反映技术集成性和组织相关性,目的是提高多个职能部门之间的协作效率和效益。组织内部应用集成的目标的主要优势是支持全面质量管理,优化企业流程,以提高效率和改善提供客户服务的能力。其不足是针对传统运作规则而进行的改善,只能发挥有限的作用。组织内部应用集成的目标关注流程上的集成和技术上的集成,无法考虑整体业务流程优化。

业务流程重组的目标将核心流程重组以提升组织的竞争力,运用信息技术能力作为将来提升组织能力的使能器,目的是提高组织范围内的工作效率和效益,实现内部管理模式和组织的变革。业务流程重组的主要优势是以重组业务流程新的商业模式,为客户提供该价值服务,提高组织竞争优势。其不足是流程重组可能受到来自企业内外部的阻力。业务流程重组的目标要明确流程重组的原则,处理好跨部门信息基础设施建设和流程重组所带来的变化管理。

组织网络信息化重构的目标通过组织间信息系统,与业务伙伴联系,提供产品和服务,提高开发信息系统的能力以及合作和控制能力等,目的是提高跨组织业务重组能力,初步形成网络化组织。组织信息化重构的目标的主要优势是提高企业在更大范围和领域内的竞争能力,优化组织关系,使组织保持灵活快速的反应能力,以满足个性化的用户需求。其不足之处是要处理好组织的合作方式,尤其是组织的差异化的竞争力,促进组织的信息系统完善和从外部学习的能力。组织信息网络化重构的目标要明确组织信息化重构的原则和提升信息化重构的重要性,以及调整绩效衡量标准。

9.6.2 规划内容

基于流程的信息系统规划需要考虑流程的基本功能、流程处理需要的输入和输出数据，以及流程与业务的关系。信息系统规划从流程规划入手，识别数据并依据流程与数据的关系，通过聚类确定信息系统的功能，确保信息系统目标的实现。基于流程的信息系统规划内容包括流程规划、数据规划、功能规划和实施规划等。

1. 流程规划

流程规划的主要任务是采用价值链分析等工具，识别组织核心流程以及需要重组的流程，提出基于信息技术的业务流程重组思路，形成系统性的流程规划方案。流程规划首先要梳理流程重组的观念，规划人员要有创新的基本信念，重塑组织文化、经营机制和组织形式，为组织改革和流程重组打下基础。然后，规划人员要对现有流程尤其是关键流程进行分析，并提出流程重组的思路。最后，规划人员要组建流程管理机构，制定组织内部流程运转规则和流程之间的关系规则，建立与组织文化相适应的政策，鼓励员工积极参与组织改革。

2. 数据规划

流程规划完成以后，接下来就是规划流程所需要的数据。流程规划会涉及各种与流程相关的数据，然后定义数据类。数据类是指支持业务过程所需的逻辑上相关的数据。识别数据类的方法可以采用实体法和过程法实现。

3. 功能规划

功能规划的任务是确定信息系统的功能。对数据类与业务过程之间的关系进行分析，采用 U/C 矩阵识别子系统，并制定系统总体逻辑结构规则，确定功能模块。

4. 实施规划

根据信息系统的目标和总体布局，对应于项目的优先顺序进行资源分配，并根据应用项目的优先顺序来具体实施。

9.6.3 规划方法

采用基于价值链分析，思考价值链中的活动是否存在业务流程重组的必要性和可行性，并考虑经过重组的业务流程对信息技术的需求，最终为信息系统战略和目标的制定提供依据。

价值是企业或组织的一切活动的核心，企业寻求利益最大化。价值管理就是寻求包含利润在内的价值活动。企业价值活动包括基本活动和辅助活动。基本活动包括内部物流、生产作业、外部物流、市场与销售和服务 5 个活动，辅助活动包括采购、技术开发、人力资源管理和企业基础设施等活动。价值活动不是孤立的活动，它们相互依存，构成一个系统，并形成一条价值链。企业或组织的竞争优势来自价值活动的有效组合，以及价值链的优化，企业竞争取得成功也得益于合理的价值链设计。

信息系统通过改变价值活动的进行方式来影响价值链，因为价值链上的每一个环节都有物理处理前后可能存在信息处理的部分，包括信息的获取、处理和传输，并通过信息技术来实现。表 9.7 给出了基本活动的价值分析和信息技术的支持作用。

表 9.7 基本活动的价值分析和信息技术的支持作用

流程环节	任 务 描 述	可能的信息系统	信息技术的支持作用
内部物流	物资的进货和存储运输,并分配给制造部门	库存自动管理	加速物资调拨,联机订货,保证安全库存,减小持有成本
生产作业	将物资转换为最终产品	过程控制,制造控制	自动化生产线,改善产品质量,缩短订货响应时间,服务创新
外部物流	存储配送产品	物流配送系统	迅速、可靠地将产品或服务运送到客户,在线查看物流信息
市场与销售	促销和销售过程	在线订购系统	收集和处理客户和市场资料,辅助产品与营销策略设计
服务	维护或增加产品价值的服务性活动	在线客户服务系统和安装与维护管理	预测维修,降低维修费用,提高客户满意度

表 9.8 给出了支持活动的价值分析和信息技术的支持作用。

表 9.8 支持活动的价值分析和信息技术的支持作用

流程环节	任 务 描 述	可能的信息系统	信息技术的支持作用
企业基础设施	支持整个价值链,如高层管理、计划、财务、会计、法律服务、政府事务和质量管理	电子邮件、办公自动化	组织结构分散化,管理控制、协调企业战略与激励机制、企业管理、质量管理
人力资源管理	招聘、雇用、培训和开发人力资源	人事管理系统、招聘管理系统	方便查看企业员工资料与业绩,有利于人事决策
技术开发	改善产品和制造过程	计算机辅助设计与制造系统	大量数据处理能力,产品设计质量与速度
采购	购买需要投入的物资	在线查看供应商存货规划和供应商管理系统	大范围即时最优价格,与供应商相连的库存管理

信息系统对价值链的流程环节是有用的。当信息系统用于增加价值的流程环节时,直接导致价值增加,当信息系统用于减少价值的流程环节时,相应的流程变得更有效,或者能够更好地满足客户的需求,从而减少价值的损失。

研究企业的业务流程,必须以客户为中心,确定哪些流程环节时增加价值最多的,然后分析其在价值链的位置,确定各个流程环节在价值链的关键环节。分析流程的价值环节,可以通过客户对各个环节的评价来进行,并最终得出客户所接受的产品或服务价值的贡献。

例如,企业的活动分为基本活动和支持活动两类,客户分别从这两类活动中评价其价值的贡献。基本活动包括内部物流、生产产品或服务、运输产品或提供服务、销售产品或服务和售后服务活动,客户可以通过打分的方式确定价值贡献比率。支持活动包括采购管理、研发管理、人力资源管理和其他(管理、财务、法律)活动。

除了确定增加价值的流程环节,确定减少价值的流程环节也是很重要的。价值减少最多的关键环节,通常也是最需要信息系统支持的流程环节。例如,可能出现缺货状况,影响客户对企业的满意度,通过销售环节的信息系统有效提高销售的效率,如发货、配送等信息管理,及时发现问题和提高服务意识。

9.7 可行性分析

可行性分析决定了信息系统能否立项。可行性分析的输入是系统的一个框架描述和高层逻辑模型,输出是一份可行性分析报告,给出需求工程和系统开发是否值得做的具体建议和意见。可行性分析报告让部门了解到需求执行下去所需要花费的成本和代价,帮助用户对需求进行重新评估。可行性分析主要回答3个问题:系统是否符合机构的总体要求?系统是否可以在现有的技术条件、预算和时间限制内完成?系统能否把已存在的其他系统集成?

可行性分析的内容包括信息评估、信息汇总和报告生成。信息评估找出上述问题的信息,分析和澄清问题。信息汇总是建立系统的逻辑模型和探索解决方案,并从技术可行性、经济可行性、管理可行性3方面研究每种方案的可行性。报告生成是是否要开发系统的意见和建议、可能的系统范围的修正、预算和时间的调整意见,或者对高层需求的建议等。

9.7.1 经济可行性分析

经济可行性分析是分析开发信息系统所需的总成本和系统开发成功之后所带来的总收益,然后对总成本和总收益进行比较,当总收益大于总成本时,这个项目才值得开发。

从资源配置的角度衡量项目的价值,评价项目在实现区域经济发展目标、有效配置经济资源、增加供应、创造就业、改善环境、提高人民生活等方面的效益。

在估计信息系统费用时,分析人员主要考虑计算机软硬件设备及网络设备、系统开发人员与系统运行人员、材料及其他易耗品的费用、信息系统引起的额外管理费用和信息系统的软硬件维护费用等。

信息系统经济效益的估算不易量化,难以用金钱直接衡量。例如,信息系统提高效率,减少了时间费用;提高库存管理,减少了资金费用;提高客户管理效率,提升了客户满意度和忠诚度,等等。这类经济效益只能由管理人员根据经验进行估计。通常,可以从以下几方面考虑信息系统的经济效益。

(1) 提供了哪些以前不能提供的信息?
(2) 信息质量(如准确度、效率)有哪些提高?
(3) 完成了哪些以前不能或不易做的或不能及时做的信息处理工作?
(4) 使用者查询信息的方便程度有怎样的提高?
(5) 节省了多少人力?
(6) 为高层管理者的决策提供了哪些帮助?
(7) 使本企业与外部单位的关系得到了什么改善?

9.7.2 技术可行性分析

技术可行性是指现有的技术条件能否满足信息系统开发的要求,信息系统所涉及的关键技术是否成熟以及是否存在重大的技术风险,所需要的物理资源是否具备或能否得到,等等。在进行技术可行性分析时,主要从信息系统项目实施的技术角度,合理设计技术方案,并进行比选和评价,需要注意以下几方面的问题。

(1) 考虑信息系统开发所涉及的技术问题。信息系统开发涉及多种开发技术、软件和硬件平台、网络结构、系统布局、输入输出、数据安全技术,应该客观分析这些技术对信息系统功能和性能的支持程度和可操作性。

(2) 尽可能采用成熟的技术。采用成熟技术开发信息系统具有较高的成功率。成熟的技术经过长时间和大范围地使用、补充和优化,其稳定性、可操作性、经济性都要比新技术好。鉴于此,在能够满足信息系统开发需要、适应信息系统发展的条件下,应该尽量采用成熟的技术。

(3) 慎重使用新技术。新技术对于解决某些特定问题,或者确保信息系统具有更好的适应性时非常有用,但是在选用新技术时需要全面分析所选技术的成熟度。

(4) 考虑系统开发人员的能力。在使用某些技术时,如果系统开发人员没有掌握这种技术,那么就要考虑撤销这种技术的使用。

9.7.3 管理可行性分析

分析项目对社会的影响,包括政治体制、方针政策、经济结构、法律法规、道德、宗教、民族、妇女儿童及社会稳定性等。制订合理的项目实施进度计划、设计合理的组织机构、选择经验丰富的管理人员、建立良好的协作关系、制订合适的培训计划等,保证项目顺利执行。

管理可行性分析可以从组织内部和外部两方面,通过分析组织是否具备接受和使用信息系统的条件来分析信息系统的社会可行性。

1. 从组织内部分析信息系统

(1) 调查高层管理者对信息系统的态度。如果他们对信息系统有误解甚至抵触,则说明开发信息系统的条件暂不成熟,最好先做好宣传和解释工作,或者寻找阻力最小的部门先突破。

(2) 查看组织的各项规章制度是否完善,原始数据是否齐全。如果业务流程仍未定型,管理制度还在变动,甚至原始数据也不齐全,那么再先进的信息系统也难以发挥作用。

(3) 在特定的环境下,分析信息系统能否有效地支持工作并方便用户使用,需要考虑以下几方面的问题。

- 手工业务流程、信息系统的流程,以及这两种流程的相近程度和差距;
- 信息系统业务的专业化程度;
- 信息系统能否满足用户的使用要求;
- 信息系统操作的方便程度;
- 用户的实际能力。

2. 从组织外部分析信息系统

(1) 分析信息系统是否会为社会效益带来负面影响,是否与道德、法律、制度相抵触,是否会引发败德行为。

(2) 考虑业务伙伴的信息化现状。有些企业的信息系统建设需要按照供应链上强势企业的标准来调整本组织的信息化战略。

(3) 信息系统上线后,相关报表、票证格式的改变是否得到有关部门的认可,将直接影响组织的利益。

9.8 信息系统规划方案

信息系统规划结果需要整理成信息系统规划方案,可以用文字、图表来表示的信息系统开发指南。信息系统规划方案包括以下内容。

1. 引言

引言部分主要给出信息系统的名称、项目来源、信息系统的目标和基本功能描述等。

2. 现有信息系统概况

现有信息系统概况主要介绍现有的信息系统的运转状况、对企业目标的帮助。其主要内容包括企业目标和战略、业务概况和存在的主要问题等。

3. 新信息系统的总体方案

新信息系统的总体方案部分描述了对信息系统进行的简要说明,分析对企业的意义和影响,提出主要方案及若干辅助方案。新信息系统的总体方案部分具体内容如下:

(1) 信息系统的目标。描述信息系统的长远目标和近期目标,以及系统开发步骤等。

(2) 信息系统的概念框架。对信息系统建模,分析系统处理过程、数据需求等。

(3) 信息系统的功能规划。该部分描述系统的功能、绘制系统详细功能图、进行业务流程规划、绘制流程图、进行数据规划和确定数据库。

(4) 信息系统的平台规划。该部分描述信息系统所涉及的软件、硬件、网络设计方案等。

(5) 信息系统开发方式。其确定信息系统开发采用自行开发、合作开发还是购买软件包。

(6) 信息系统开发计划。其说明进度计划安排和项目组织构建等。

(7) 信息系统开发预算。其说明系统开发的总经费,以及细分的平台投资、系统集成费、人工费、不可预见费等具体费用等。

(8) 信息系统开发组织设计。该部分说明信息系统开发组织设计方案和机构设计,包括企业高层管理者、业务骨干、信息中心人员和开发方技术人员等。

4. 可行性分析

可行性分析包括经济可行性分析、技术可行性分析和管理可行性分析。经济可行性分析从成本、收益以及两者之间的关系来分析信息系统的可行性。技术可行性分析对提出的信息系统主要开发技术进行分析系统实现的可行性。管理可行性分析从企业内部和外部的社会环境入手来分析机构、组织、人员、运行和技术等方面的管理可行性。

5. 方案的比较

该部分比较分析多个方案,并以此给出信息系统开发的计划。

6. 结论

该部分对可行性结果做出结论,并予以解释。结论包括下列内容之一:

(1) 立即启动;

(2) 需要增加资源才能启动;

(3) 需要推迟到某些条件具备之后才能启动;

(4) 需要对目标进行某些修改才能启动;

（5）不能或没有必要启动。

信息系统规划方案完成后，需要进行审核。在审核信息系统规划方案的会议上，除了企业高层管理者、部门管理者、系统开发人员参加之外，还应该邀请有经验的专业人士参加。由于信息系统开发费用和经济效益的估算，在很大程度上依靠经验，因此邀请有经验的专业人员共同审核信息系统规划方案，有助于发现各种问题，并做出尽可能符合实际的判断。

审核信息系统规划方案的结果要么是各方同意信息系统规划方案，按照方案的建议进行开发；要么是对方案的内容有异议，对某些方面的判断不统一。

如果同意信息系统规划方案，则可以立即启动信息系统开发。也可能是需要追加资源，或者等待时机成熟再进行信息系统的开发。

如果对方案存在异议，则求同存异，把存在异议的地方留到详细调查分析时解决。

9.9 本章小结

本章首先介绍了信息系统战略，重点分析了组织战略的概念以及战略分析、战略选择和战略实施与控制 3 个过程，给出了信息化战略的概念以及与组织战略的关系。其次介绍了信息系统战略规划，重点介绍了信息化战略的概念和信息系统战略规划的目的和内容。再次介绍了信息系统规划的内容、组织和过程，重点介绍了现有系统的基本情况、现有资源状况、信息系统总体方案设想、信息系统的可行性与风险分析、预测信息技术的发展等内容，以及信息系统规划的组织和过程等。接着介绍了信息系统初步调查的内容和方法，重点介绍了初步调查的内容，以及非正式会谈和正式会谈的初步调查方法。随后介绍了信息系统规划方法，重点阐述了信息系统规划的方法及其优缺点，分析了常见的关键成功因素法、企业系统规划法和战略目标集转移法的具体过程与内容。然后介绍了基于流程的信息系统规划，重点介绍了基于流程的信息系统规划的目标、内容及方法，特别提出了基于价值链的流程活动环节分析，还重点介绍了可行性分析的内容，包括经济可行性、技术可行性和管理可行性 3 方面。最后介绍了信息系统规划方案的撰写，包括规划方案的内容和审核等。

习题

1. 什么是组织战略？简述战略规划的过程。
2. 什么是信息化战略和信息系统战略规划？简述信息系统战略规划的目的和内容。
3. 举例说明信息系统战略规划的内容、组织与过程。
4. 简述信息系统初步调查的内容与方法，举例阐述非正式会谈和正式会谈方法的区别。
5. 简述信息系统规划方法。举例说明关键成功因素法和战略目标集转换法的步骤。
6. 阐述关键成功因素法、企业系统规划法和战略目标集转换法的区别。
7. 什么是基于流程的信息系统规划？简述其目标、内容及方法。
8. 举例阐述基于流程的信息系统规划的步骤。简述基于价值链的流程环节识别过程。
9. 简述可行性分析的内容。简述信息系统规划方案的内容。
10. 对信息系统规划方案如何审核？审核结论有哪些？

第10章 信息系统实施

【学习重点】
(1) 理解外购与外包的概念和服务选择。
(2) 理解信息系统版本管理的概念和模型。
(3) 理解信息系统转换的方式与特点、运行管理和信息道德管理。

信息系统实施是将新系统付诸实现的过程。在实施阶段,其主要活动包括根据系统设计所提供的控制结构图、数据库设计、系统配置方案及详细设计等资料,编制和调试程序,创建完整的管理系统,并进行系统的调试和新旧系统切换等工作,将逻辑设计转换为实际的物理系统。本章介绍信息系统实施的任务、组织和培训等管理工作,重点介绍外购与外包的概念和服务选择、信息系统试运行与系统转换方式及特点,最后介绍系统运行管理的目标与内容、组织管理与安全管理等。

10.1 信息系统实施的任务

信息系统的实施是将系统设计的结果付诸实践,建立计算机硬件环境和软件环境,编写和调试计算机程序,组织系统测试和各类人员的培训,完成系统的切换并最终交付使用。从信息系统的生命周期来看,系统实施阶段已经到了系统研制开发的后期,它是前面各阶段工作的延伸和目的。

信息系统实施的任务是根据用户确认的设计方案,实现具体的应用信息系统,包括安装系统软件和培训用户使用等。信息系统实施的主要任务包括:

(1) 物理系统的建立。根据信息系统设计方案购置计算机硬件和软件,安装计算机软件系统,建立网络环境和环境参数配置等。

(2) 建立数据库系统。包括建立数据库系统环境、配置数据库系统环境、建立数据库表结构及文件和导入基础数据等。

(3) 程序的编制与调试。进行程序设计,实现设计报告中的功能并装配成系统,然后进行系统调试等。

(4) 培训系统操作人员。制订培训计划和安排培训内容,编写培训手册和具体操作环境设置等。

(5) 系统试运行。经过系统确认后,进行上线运行,根据设计参数观察系统可靠性和稳定性等。

(6) 新旧系统切换。系统试运行一段时间以后，如果确认没有问题，则可以采用逐步切换的方式进行新旧系统切换。

(7) 系统维护。系统正式运行后，则进入系统维护阶段。系统运行中可能会出现一些问题需要进行修改或完善，并进行一个较小的开发过程。

(8) 系统评价。系统正式运行以后，还需要对系统工作效果和设计要求进行评价，进行经验总结，为后续新系统的开发提供指导。

10.2 信息系统的外购/外包

视频讲解

10.2.1 外购

外购是指组织从某一个供应商那里成套地购买所需的各种系统的行为。信息系统的外购就是购买能够满足信息系统功能要求的软件、硬件或程序模块。这些软件、硬件或程序模块通常都是现成的、通用的，由供应商直接提供。

信息系统外购的优点包括以下方面：

(1) 缩短信息系统的开发时间。在外购方案中，软件的设计、编程和测试均已完成，并拥有完整的文档资料，可以节省编程、调试程序和测试程序的时间，加快信息系统的开发进度。

(2) 节省在能源方面的花费，增加在同行业的竞争力，更高效地利用土地、资金、人力、技术和资源等。

(3) 提高信息系统的可靠性。外购的信息系统经过开发商的严格测试，因此信息系统的可靠性能够得到保证。

基于上述优点，购买现成的信息系统的外购行为应该成为企业信息化工作的首选。信息系统外购方案的实施包括以下工作。

1. 明确信息系统的各项功能

(1) 回顾信息系统设计方案。根据信息系统分析和设计报告，明确待购软件的功能。此外，考虑信息系统的运行环境，进一步审视信息系统设计方案。例如，跨组织信息系统的实施需要考虑其下属部门在当地的税收政策，外购的信息系统应该具有处理不同税率和税务数据以及币种汇兑的功能。

(2) 估计信息系统的规模。根据信息系统分析和设计报告，确定信息系统的规模和业务处理量。信息系统的规模既要适应业务处理量，又要留有一定的冗余。因此，需要预测未来的业务量及其增长趋势，以此估算信息系统的规模，从而为外购服务提供支持。

(3) 明确环境条件的限制。各种环境条件会或多或少给信息系统的运行带来影响。在信息系统分析阶段已经调查了企业管理的各种条件及其给信息系统运行带来的限制。当在信息系统实施阶段采用外购方案时，还需要考虑系统平台的兼容性，以及设备的配置、运行速度和容量等。

2. 确定信息系统的供应商

在选择供应商时，要关注对方是否愿意对企业自己已开发的软件进行适当的改动。当企业的开发力量不够时，可以采用招标的方式，将整个信息系统实施过程外包给供应商来进行。这样可以加快进度和提高效率,但是要控制好风险。

3. 评估待购信息系统的功能

尽可能获得外购服务供应商及其软件产品的有关信息,如企业信誉、承诺服务、软件产品介绍等。同时,要关注或走访使用过其软件产品的企业。如果有可能,最好先试用外购服务供应商提供的软件产品。

4. 购买信息系统

信息系统软件产品通常带有许可证,其中的许可条款规定了它的使用范围。购买信息系统时应针对其许可条款与供应商进行洽谈,定期支付费用,达成维护协议。当信息系统出现问题时,向供应商寻求支持。当信息系统升级时,供应商会与用户联系,免费或以优惠价提供新版本。

10.2.2 外包

外包(Outsourcing)是指企业动态地配置自身和其他企业的功能和服务,并利用企业外部的资源为企业内部的生产和经营服务。外包是一个战略管理模型,企业为维持组织竞争核心能力,且因组织人力不足,可将组织的非核心业务委托给外部的专业公司,以降低营运成本、提高品质、集中人力资源和提高顾客满意度。

外包方式主要有合同业务管理方式和委托方式。

(1) 合同业务管理方式纯粹是一种外包方购买第三方服务模式,第三方(承包方)负责全部或大部分投资和业务管理工作,并承担投资风险。外包方根据第三方完成业务的绩效和合同约束购买其服务,不用负责第三方的投资风险,合同终止则合作终止。

(2) 委托方式是一种外包方将业务连带完成业务所需要的设施委托给第三方经营的方式,主要有承包、租赁、特许管理和BOT(建设-营运-移交)特许管理4种合作模式。无论采用哪种模式,委托方都承担投资风险,即使是BOT特许管理模式,表面上第三方进行投资,实际上这些投资将连本带息以折旧费形式全部计入经营成本,由外包方在特许合同期内全部返还。

信息系统的外包是将全部或部分信息系统,在规定的服务水平基础上,以合同的方式委托给服务提供商,由服务提供商提供和管理用户所需的信息服务。

外购与外包是不同的概念。外购侧重产品本身,由于购买一次完成,供应商的后续服务在整个项目中所占的比重较小。而外包意味着使用外部组织来管理和维护企业的内部数据,用户购买的是信息系统的使用权,由外包服务供应商来履行建设、运行和维护信息系统的职责。

外包方案可以通过市场化的方式降低信息系统实施的时间和成本,同时将部分风险转嫁给外包服务供应商。由于外包业务与需求方自身的经营活动紧密相关,外包服务供应商对外包业务的执行情况直接影响需求方的运营绩效。因此,外包服务供应商既要懂技术,还要了解需求方的业务。需求方有权要求外包服务供应商按照自身业务特点,对现有的成型软件进行修改,甚至重新开发。另外,通过外包将信息系统控制权移交给外包服务供应商,需求方能腾出更多的时间和精力集中到核心业务上,以增强自身的竞争力。

如果采用外包方案,则可以将信息系统的开发和维护任务都交付给外包服务供应商,因此在实施外包方案时重点应放在对供应商的选择上。供应商的选择过程如下:

(1) 分析企业战略,确定外包需求;
(2) 根据外包需求,确定外包项目;
(3) 拟定标书,对外公布需求;
(4) 外包服务供应商参加投标,完成标书初评;
(5) 专家进行方案评审;
(6) 选择外包服务供应商;
(7) 实施信息系统外包。

10.2.3 外购/外包服务的选择

外购/外包服务的选择要考虑信息系统的性能与效率和供应商的服务水平两方面。

1. 信息系统的性能与效率

在选择外购/外包服务时,要关注外购/外包系统能否满足本单位业务系统对信息系统功能和性能的需求。此外,还要关注外购/外包服务供应商提供的外购/外包方案是否具备应变能力,即应对环境发生变化时的能力。有的信息系统长时期运行以后,运行效率会随数据量的增加而下降,因此在选择外购/外包服务时也需要关注。

2. 供应商的服务水平

外购/外包服务供应商的信誉会影响其所承诺的各种服务,如售后服务、技术咨询、响应速度等。

对于外购方案,选择信誉好的供应商,能够获得周全的售前服务、售中服务和售后服务。例如,有些供应商不仅负责安装、调试和测试系统,还会根据环境设置系统参数,或提供免费的培训。能否为客户提供长期的技术支持,是评价外购服务供应商服务水平的重要标准。

对于外包方案,在选择供应商时应该重点考虑其所提供服务的稳定性以及对紧急情况的响应速度。供应商应该具备有效的保障数据安全和进行系统整合的策略,以防范系统可能遇到的病毒或黑客攻击。供应商应该提供完善的数据备份机制,以便在故障发生后能够以最快的速度进行数据恢复。

任何一个外购/外包服务供应商都会不断地完善系统的功能和性能。因此,选择外购/外包服务供应商的主要指标之一是能否为用户提供系统的升级和更新服务。

10.3 信息系统实现

系统实现是管理信息系统开发工作的最后一个阶段。它是将信息系统设计的结果变成可实际运行的系统的过程。

10.3.1 信息系统实现的组织

在进行程序设计之前,程序员需要明确程序实现的目的,了解信息系统的总体结构以及数据库设计等。信息系统实现以下内容:

(1) 信息系统的目的与功能;
(2) 信息系统的总体结构及模块划分;
(3) 程序设计应该实现的功能;

（4）程序的前后调用关系，调用中传递的各种数据；

（5）程序实现涉及的数据库、数据文件以及相关文件的格式要求；

（6）程序详细的逻辑处理过程和特殊的要求；

（7）程序设计将要采用的计算方法、处理精度等。

系统实现的主要工作包括人员培训、系统平台的建立、数据库的建立、应用程序设计与编码、程序测试与系统调试、试运行、现场布局调整与系统移入、组织机构调整、系统切换、文档整理与验收（鉴定）。

实现阶段形成的文档主要有系统平台及其设备的相关资料、数据库源模式清单、程序流程图及源程序清单、系统调试书、使用说明书、维护手册、系统验收（鉴定、评审）书等。

10.3.2 信息系统实现的管理

信息系统实现是按照设计实现系统的过程，包括编码、安装调试和测试等工作。

1．编码管理

编码工作的任务包括实现软件设计功能，运用程序设计语言编写出风格好、程序效率高和代码安全的计算机程序。这反映在软件编码的可追踪性和完备性上，软件编码的独立性、数据规则、处理规则、异常处理规则和表示法规则反映在项目软件过程的编程风格中。

编码工作的要求包括：

（1）遵循开发流程，在设计的指导下进行代码编写；

（2）代码的编写以实现设计的功能和性能为目标，要求实现设计所要求的功能，达到设计所规定的性能；

（3）程序具有良好的结构，提高程序的封装性，减低程序的耦合程度，程序可读性强和易于理解；

（4）软件的可测试性好，便于调试和测试，易于使用和维护，具有良好的修改性和扩充性，可重用性强，移植性好，占用资源少，以低代价完成任务；

（5）软件在不降低程序可读性的情况下，尽量提高代码的执行效率。

信息系统编码管理的主要目的是控制软件编码的工作进度，监督软件编码的编程风格和质量，使软件编码工作能可靠、高效地实现软件设计的目标，同时符合承建单位的软件过程规范的要求。

信息系统编码管理的活动内容主要包括：

（1）促使承建单位将合适的软件编码方法和工具集成到项目定义的软件过程中；

（2）保证承建单位依据项目定义的软件过程，对软件进行开发、维护、建立文档和验证，实现满足软件需求的软件设计；

（3）跟踪和记录软件产品的功能和质量。

2．安装调试管理

（1）安装调试费用的预算。

要想使软硬件设备安装调试工作顺利实施和完成，必须事先认真做好安装调试费用预算工作。安装调试费用包括运输费、安装费、调试费和其他费用。

管理部门应根据软硬件设备的体积、具体装运对象的数量和质量，安排不同运输能力的车辆,并确定各种运输车辆的车次。然后,按相应运输车辆的吨每公里运费、被运物的搬运里程计算运输费用,也可根据运输车辆的台班费定额和使用台班计算运费。在预算运输费用时,还要估算装卸、捆扎费等,因为这些也是运输过程必然发生的费用。

根据待安装软硬件的种类列出相应的安装基座、所用材料及人工使用量,参照工程预算定额计算其费用。

在软硬件设备调试过程中,除了设备运行必需的动力(如电力等)外,还需一定量的耗材。调试费一般由电力费、材料费、人工费、管理费等组成,各组成费应按各自的单价和用量计取。

其他费用包括设备初到时的保管费、管理费等,其预算应根据实际情况进行。

(2) 人员组织与技术培训。

软硬件设备一般精密且昂贵,初次安装调试中的技术工作必须由供应厂商派出的技术人员负责。信息系统建设单位应该安排尽可能周密的工作计划。例如,选配操作人员,成立安装调试协调组。选配操作人员时,应注意选择业务熟练、反应灵活、责任心强的人员。在进行安装调试之前,建设单位的技术负责人应协助厂商方面的安装调试工程工作,并选配设备操作人员进行岗位分工和现场技术培训。岗位分工的目的是明确各操作人员在调试阶段及日后使用设备时的职责。培训的目的是让操作人员了解待调设备的基本结构、技术性能、安装调试操作步骤、运行管理方法及安全注意事项等,从而使他们做到心中有数,避免盲目安装。

(3) 信息系统基础设施安装。

安装过程中,应随时对信息系统主机的各组成部件及附属设备做外观质量检查。安装现场要由专人负责指挥。吊装笨重装置时,必须采取相应安全防范措施。安装人员要全部配戴安全帽,安装工作要按顺序进行。安装要分工协作,如机械部分由机械人员负责安装,电气部分由电气人员负责连接。安装后,应对设备安装的完整性、合理性、安全性等进行检查。

(4) 信息系统调试。

调试过程是指对安装好的信息系统尽快进行调试。调试前,要再次检查安装的完整性、合理性、安全性等,以便调试工作安全、顺利进行。调试主要是试验信息系统的工作质量、操作性能、可靠性能、经济性能等。

(5) 撰写安装调试技术报告。

撰写安装调试技术报告是信息系统初次安装调试后进行技术、资产及财务验收的主要依据之一,是一项必须做好的工作。安装调试报告应以读者能再现其安装、调试过程,并得出与文中相符的结果为准则。设备安装调试技术报告作为一种科技文件,其内容比较专业,应详略得当、主次分明。在安装调试技术报告的结尾,要向曾给安装调试工作以帮助、支持或指导的人及部门致以谢意。

3. 测试管理

(1) 单元测试。

单元测试也称模块测试。在模块编写完成且无编译错误后就可以进行。单元测试的内容包括软件单元的功能测试,软件单元的接口测试,软件单元的重要执行路径测试,软件单元的局部数据结构测试,软件单元的语句覆盖和分支覆盖测试,软件单元的错误处理能力、资源占用、运行时间、响应时间等方面的测试。单元测试的成果为单元测试报告,其包括测试记录、测试结果分析;软件问题报告单和软件修改报告单;与软件修改报告单一致的、经过修改的全部源程序代码;回归测试的测试记录和测试结果。

(2) 集成测试。

集成测试也称组装测试,是指对将模块按系统说明书的要求组合起来的子系统进行测试。当被集成的软件单元无错并通过编译、代码审查、单元动态测试并达到测试要求,已置于软件开发单位的配置管理受控库,已具备了集成测试计划要求的软件组装测试和测试工具时,可进行集成测试。

集成测试是验证软件单元组装过程和组装得到的软件部件,重点检查软件单元之间的接口。测试的主要内容包括:

- 在把各个模块连接起来时,穿过模块接口的数据是否会丢失;
- 一个模块的功能是否会对另一个模块的功能产生不利影响;
- 各个子功能组合起来,能否达到预期要求的功能;
- 全局数据结构是否存在问题;
- 单个模块的错误是否会导致数据库错误。

集成测试的结果包括集成软件测试报告、软件使用说明、所有软件问题报告单、软件修改报告单和修改的全部源程序代码。

(3) 确认测试。

确认测试又称有效性测试,其任务是验证软件的有效性,即验证软件的功能和性能及其他特性是否与用户的要求一致。

软件需求说明书描述了全部用户可见的软件属性,是软件确认测试的基础。在确认测试阶段需要做的工作包括有效性测试及软件配置复审。有效性测试是在模拟的环境下,运用黑盒测试的方法,验证被测软件是否满足需求说明书中列出的需求,通过实施预定的测试计划和测试步骤,确定软件的特性是否与需求相符,确保所有的软件功能需求得到满足、所有的软件性能达到要求、所有的文档正确且便于使用。同时,对其他软件需求,如可移植性、兼容性、出错自动恢复、可维护性等,也都要进行测试,确认是否满足。

软件配置复查的目的是保证软件配置的所有成分都齐全,各方面的质量都符合要求,具有维护阶段所必需的细节,而且已经编排好分类的目录。除了按合同规定的内容和要求,由人工审查软件配置之外,在确认测试的过程中,应当严格遵守用户手册和操作手册中规定的使用步骤,以便检查这些文档资料的完整性和正确性,必须仔细记录发现的遗漏和错误,并且适当地补充改正。

确认测试的结果为确认测试报告,其包括所有的软件确认测试结果、所有软件问题报告单、软件修改报告单、与软件修改报告单相一致的经过修改和回归测试的全部源程序代码以及经过修改的软件产品使用说明书。

(4) 系统测试。

系统测试是将通过确认测试的软件作为整个信息系统的一个元素,与计算机硬件、外设、支持软件、数据和人员等其他系统元素结合在一起,在实际运行环境下,对信息系统进行一系列的组装测试和确认测试。

系统测试的目的在于通过与信息系统的需求做比较,发现软件与信息系统不符合或与之矛盾的地方。系统测试的测试用例应根据需求说明书来设计,并在实际使用环境下运行。根据软件的安全性等级和软件规模等级,选择进行信息系统的功能性测试、可靠性测试、易用性测试、效率测试、维护性测试和可移植性测试。

系统测试一般由专门委托的测试机构进行,需要对所有软硬件进行以功能为主的测试工作,需要对测试情况进行记录并进行错误的修改与回归测试,在测试完成后要根据测试全过程的情况编写正式的系统测试报告。

系统测试的成果为系统测试报告,其包括测试记录、测试结果分析、软件问题报告、软件变更报告和回归测试的测试记录。

10.4 版本管理

视频讲解

版本是记录特定对象各个可选状态的快照,版本管理的任务就是对对象的历史演变过程进行记录和维护。一个版本就是一个系统实例,在某种程度上有别于其他系统实例。各种系统版本可能有不同的功能、性能,或者是修改了系统错误,或者可能有相同的功能,只是为了适应不同的软硬件配置而设计的。发布版本是分发给用户的系统版本。一个系统的版本比发布版本多得多,这是因为很多版本是为内部开发或测试而创建的。

10.4.1 版本管理的概念

版本管理是为满足不同需求,对同一产品或系统进行局部的改进和改型所产生的产品或系统系列的变更情况进行记录、跟踪、维护和控制的过程。版本管理的主要功能有:

(1) 集中管理档案和安全授权机制。档案集中地存放在服务器上,经系统管理员授权给各个用户。用户通过登入(Check In)和退出(Check Out)的方式访问服务器上的文件,未经授权的用户则无法访问服务器上的文件。

(2) 软件版本升级管理。每次登入时,在服务器上都会生成新的版本,任何版本都可以随时检出编辑。

(3) 加锁功能。在文件更新时保护文件,避免不同的用户更改同一文件时发生冲突。

(4) 版本内容比较。提供不同版本源程序的比较。

根据实际应用背景选择合适的版本间的拓扑结构,并至少应包括新版本的生成和统一协调管理各个版本。

有效记录不同版本的演变过程及对不同版本进行有效管理,以尽可能少的数据冗余记录各版本。同时,还要保证不同版本在逻辑上的一致性和相对独立性,一个版本的产生和消失不会对其余版本的内容产生影响。版本切换时,指定了新的当前版本后,必须保证对象的映像和指定的版本保持一致。版本发布管理是标识和跟踪一个软件系统各种版本和发布的过程。

版本管理主要是为版本的标识、编辑和检索等设计一个规程,以保证版本信息的有效管理。一般地,版本标识的内容包括版本号、基于属性的标识和基于变更的标识。

版本发布管理负责确定发布时间、分发渠道、编制和管理发布文档,以及协助安装新的版本。发布的版本不仅仅是本系统的可执行代码,还包括配置文件、数据文件、安装程序、电子和书面文档、包装和相关宣传。

10.4.2 版本管理的模型

版本管理的主要模型包括线形版本管理模型、树形版本管理模型和有向无环图版本管理模型3种,如图10.1所示。

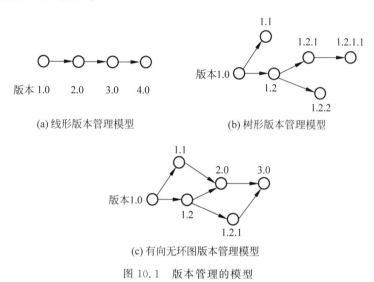

图 10.1　版本管理的模型

1. 线形版本管理模型

线形版本管理模型是按版本出现的先后次序排列的一种简单模型。一个对象的版本聚集在一起组成一个版本集,版本集中的元素之间满足 successor-of 的有序关系。版本集中的元素是全序关系,新元素只能朝一个方向上增加,除最新版本外,其余版本均是只读版本,如图 10.1(a)所示。

2. 树形版本管理模型

树形版本管理模型中各版本的出现呈现树形结构。同样,一个对象的版本聚集的版本集中的元素之间满足 successor-of 的有序关系。但版本集中的元素是半序关系,即一个版本可以有多个后继版本。因此,可以有多个最新版本。同样,除最新版本外,其余版本均是只读版本。这种模型可以反映设计过程中以某一中间版本为基础,选择多种设计方案而形成多个设计结果的情况,如图 10.1(b)所示。

3. 有向无环图版本管理模型

有向无环图版本管理模型中各版本的出现呈现无循环图的结构。同样一个对象的版本聚集在一起组成一个版本集,版本集中的元素之间满足 successor-of 的有序关系。版本集中的元素是半序关系,即一个版本可以有多个后继版本,因此,可以有多个最新版本。但是一个版本可以有多个前驱版本。同样,除最新版本外,其余版本均是只读版本。这种模型可以表达由多个设计部分合成一个完整对象的情况,即由多个设计版本融合出一个新版本的情况,如图 10.1(c)所示。此模型是较为完善的模型,线形及树形模型是它的特例。

10.4.3 版本管理的方法

版本管理的常用方法有向前版本管理法、向后版本管理法、有限记录版本法、关键版本法和设计版本的重新组织等方法。

1. 向前版本管理法

向前版本管理法只完整地存储原始版本数据,后继的版本仅存储与前驱版本的差。这种方法的优点是数据冗余少,生成新版本简单;缺点是对原始版本以外的所有版本的访问都必须依据一定的算法临时生成相应的版本,比较烦琐。

2. 向后版本管理法

与向前版本管理法正好相反,该方法只完整存储最新版本数据,其他版本只存储其与后继版本之间的差。因此同样数据冗余少,而且一般情况下对新版本的访问频度较高,效率比向前版本管理法高。其缺点是每次生成的新版本都是完整的版本,比较费时和复杂,访问新版本以外的版本时也必须依据一定的算法临时生成相应的版本。

3. 有限记录版本法

为减少数据冗余,实际应用中不大可能保存每个对象的所有版本。有限记录版本法为每个对象保留有限数量的不同版本进行版本管理,在新版本生成时,系统自动废除一些旧版本,这样可以重用其占有的空间,从而不会扩大数据库所占用的总空间。

4. 关键版本法

在信息系统开发过程中产生的诸多版本中,其重要性是有很大差别的。因此,根据各数据库在整个产品设计过程中的重要性,可以将版本分为关键版本和非关键版本,在生成数据库的新版本之时,可以废除某个非关键版本,以减少其所占有的存储空间,但不允许系统自动废除某一关键版本。

5. 设计版本的重新组织

重新组织的方法是利用已有的多个数据库版本融合出一个新的数据库版本。充分利用数据库中已经存储的大量历史数据来生成数据库的新版本是有可能的和有价值的。

版本集和选择的概念用于减少数据冗余和实现版本间的引用和比较。版本集是通过修改一个已存在的实体而产生的版本,同一实体的不同版本实质上是相似的。而选择则是通过创建一个新的实体以表示相同功能的实体而产生的,两个选择之间可能没有任何共同之处。可以看出,版本集和选择虽然都与实体相关联,但两者间存在很大的差别,应该采用不同的方式实现。若版本之间只是部分的修改,且修改多集中在一些记录上,可以采用"记录级版本"的方法。若两个选择之间的差别较大,应采用"文件级版本"的方法。

在记录级版本法中,用一个唯一的记录标识来标识每条物理记录,并作为该记录在数据库中的物理地址。一个版本文件由历史索引、当前版本文件和旧版本文件3个内部文件支持。这3个文件组织成一个树形结构,其中历史索引是根,其孩子是记录级版本顺序号,不同的版本顺序号通过键与当前版本文件和旧版本文件连接,表示版本的变迁情况。

在文件级版本法中,每个选择用一个文件的命名集合来表示,对集合中每个文件,在文件名后用一个后缀序号表示。如:

cmp.1——表示原始版本。

cmp.2——表示对上一个版本修改后的版本。

……

对于每个文件下,可以采用子序列 1.1、1.2、1.3 的形式加以扩充。

信息系统是 C/S 结构最典型的应用领域之一。在 C/S 结构的信息应用系统中,客户端负责用户界面和 I/O 处理，服务器端负责数据处理和存储。

C/S 数据库体系中一般采用版本的不同类型实现版本管理，即多种语义版本模式，由公有数据库、若干项目数据库和若干私有数据库组成。这种版本模式可用 3 种不同的语义类型加以区分。

（1）发布版本。发布版本驻留在公有数据库中，不能删除和修改保护权限。其他对象对发布版本的使用是安全的。

（2）工作版本。与发布版本一样，工作版本也是不能修改的。但它可由创建者来修改，可以驻留在私有数据库中，也可以驻留在项目数据库中。工作版本通过检验进入公有数据库后，就成为发布版本。

（3）过渡版本。过渡版本驻留在私有数据库中，禁止该私有数据库外的其他对象访问。一个过渡版本可以从工作版本或发布版本中派生出来，也可以通过自动升级成为工作版本。

10.5 人员培训

对系统使用人员和系统维护人员的培训是系统投入应用的重要前提。需要进行培训的系统使用人员包括系统操作人员、硬件及软件系统维护人员、管理决策人员、档案管理员等。对于尚未掌握计算机基本知识的人员，还要进行计算机基本知识方面的培训。

10.5.1 培训内容

对人员的培训，总体包括下列内容：
- 系统的总体方案；
- 系统网络的操作与使用；
- 系统的功能结构；
- 计算机的操作与使用；
- 数据库系统、开发工具等系统软件；
- 系统事务型业务功能的操作和使用方法；
- 系统维护型功能的操作和使用方法；
- 系统统计分析型功能的操作和使用方法；
- 系统的参数设置；
- 系统初始数据输入功能的操作和使用方法；
- 可能出现的问题及解决方法；
- 汉字的输入方法；
- 系统的使用权限与责任；
- 系统的文档管理规范。

并不是系统的所有使用人员都要进行上述全部内容的培训。根据工作岗位的不同选择不同的内容进行培训，既可以节省宝贵的时间，也便于系统的安全与管理。

维护人员应该具有丰富的计算机知识，否则他们将不能胜任系统维护的工作。管理决策人员的主要工作是分析决策，制定未来的发展战略，他们一般不进行具体业务的操作，关注的是综合性的统计信息。因此，管理决策人员除了要了解系统的业务功能结构外，更要重点掌握统计分析功能的操作和使用方法。

10.5.2 培训实施

1. 系统操作人员的培训

系统操作人员的培训应该与编程调试同步进行。编程工作一旦启动,系统操作人员就能够腾出时间进行培训。编程与测试完成后,信息系统就将投入试运行。如果用户对系统操作人员的培训尚未完成,会影响整个信息系统的实施。经过培训的系统操作人员能够更有效地参与系统测试工作。在培训过程中,系统操作人员对用户的需求会有更清楚的了解和理解。系统操作人员培训内容如下:

(1) 信息系统概貌及其整体结构。
(2) 信息系统使用的关键术语。
(3) 信息系统的分析原则、设计思想、解决问题的步骤等。
(4) 信息系统运行的平台、所用的软件工具。
(5) 信息系统的操作与使用,包括数据/文本的输入、相关信息的输出等。
(6) 信息系统操作中的各种注意事项。
(7) 信息系统中有关数据的收集、过滤、审核、统计等方法。
(8) 信息系统运行过程可能出现的故障及其排除方法。
(9) 信息系统文档资料的分类和检索方式。

2. 系统维护人员的培训

系统运行维护的任务可以归结如下:

(1) 维护系统的正常运行。其包括各种数据的收集与整理、输入、处理及处理结果的分发、计算机病毒的检测与清除和机房的管理等。
(2) 记录系统的运行情况。在系统运行的同时,需要进行系统运行情况的记录,这是未来进行系统维护修改和系统分析评价的基础。系统的运行记录应该做到及时、准确、连续和完整。
(3) 系统的软硬件维护。在系统的运行中,需要不断地进行系统的修改和维护,包括系统的硬件维护、软件维护和相关配套软件维护。

系统的运行与维护主要由系统维护人员来负责,因此需要对他们进行以下培训:

(1) 项目的背景以及对企业目标的支持。
(2) 信息系统的功能、总体结构和详细结构。
(3) 熟悉信息系统开发中的各种文档资料。
(4) 信息系统流程和所涉及的技术问题。
(5) 对各种问题的解决方法。
(6) 信息系统的输入、处理、输出、流量、负载和通信问题等。

10.6 信息系统试运行与转换

10.6.1 信息系统试运行

用户和系统开发人员必须参与计算机设备的安装,以确保计算机设备安装到位。信息系统安装以后,安装人员应该对其进行测试,以确保信息系统能够正常运行。

信息系统试运行包括以下工作。

(1) 对信息系统进行初始化,并输入原始数据记录。例如,在财务信息系统中,除了初始化信息外,还需要输入各个账户的期初数据,并要确保借贷平衡。

(2) 在信息系统试运行过程中,详细记录信息系统运行的数据和状况。

(3) 对信息系统的实际数据输入方式,从数据输入的方便性、效率性、安全性、可靠性、错误处理机制等方面进行考察。

(4) 将新的信息系统的输出结果与现行系统的处理结果进行核对。

(5) 对信息系统的实际运行指标,如运算速度、传输速度、查询速度、输出速度等进行测试。

10.6.2 系统转换

系统转换指的是系统开发完成并进行试运行之后新旧系统之间的转换,即终止旧系统的使用,将新系统交付使用,把新系统的控制权交给最终用户。

系统转换工作主要包括以下3部分内容:

(1) 完成新系统基础数据的准备,完成必要的旧系统文件到新系统文件的转换。

(2) 将系统有关资料转交给用户,移交系统的控制权。

(3) 协助用户实际使用新系统。

新系统的数据准备包括数据的整理和录入。数据的整理指数据的分类与编码、标准化与规范化、历史数据的格式转换、数据统计方法和统一的数据统计口径等。数据的录入指进行系统的初始化、输入初始数据记录、将整理好的数据输入计算机。数据准备的工作量很大,而且数据准确性要求很高,应该给予高度的重视。

系统进行转换通常包括直接转换、并行转换和逐步转换3种方式。

1. 直接转换方式

直接转换方式在完成系统测试后且确认新系统没有问题的情况下,选定某一时刻终止旧系统的使用并启用新系统。采用直接转换方式,一般可以节省时间,并能减少经费支出。但是,这种转换方式具有一定的危险性,一旦新系统出现了预想不到的问题,就会影响系统的正常工作。所以,该方式一般只适用于处理过程比较简单、初始数据量不是很大的信息系统。

直接转换方式是成本最小的一种系统转换方式,用户在任何时刻只需要操作和维护一个系统。但是,直接转换的风险比较大,因为无论测试和培训做得多么细致,新系统运行后总会遇到在调试与测试过程中没有遇到过的困难。一旦新系统无法运行,会对组织的工作造成很大的损失。

2. 并行转换方式

并行转换方式是在旧系统停止使用之前就开始新系统的使用,新系统和旧系统同时工作一段时间,在确认新系统正常工作一段时间之后再终止旧系统的使用。新旧系统运行期间需要对它们的输出进行比较,并调整它们之间的差异。当新系统的输出确认正确时,便可以撤销旧系统,以新系统代替旧系统。

采用并行转换方式不会因系统交付使用而引起系统工作的中断。另外,新旧系统同时工作，可以随时进行比较，对新系统运行的正确性和效率给出恰当的评价。但是，该方式需要投入的经费比较高，而且工作量也比较大，适用于非常重要的系统的切换。并行转换方式的优点是安全、可靠、风险低。如果新系统不能正常工作，旧系统将作为备份系统来使用，并行转换方式适合于金融等行业的信息系统的转换。

3. 逐步转换方式

逐步转换方式也称为分段转换方式，它是直接转换方式和并行转换方式两种方法的结合。其特点是新系统分阶段逐步交付使用。逐步转换方式是指新系统按阶段或模块投入运行，是逐步替代旧系统的。

逐步转换方式克服了直接转换方式和并行转换方式的不足，既能顺利地将新系统交付使用，也不会发生过高的转换费用。但是，采用这种方式转换时，一部分新系统和另一部分旧系统同时工作，这样就增加了新旧功能和数据的衔接问题，这些问题在进行系统设计和实施转换时就应充分考虑。逐步转换方式一般在大型系统交付使用时采用，可以保证新旧系统的顺利转换，并降低转换的费用。

10.6.3 用户验收

用户验收包括系统验收和文档验收两部分。

1. 系统验收

用户按照信息系统分析阶段提出的需求逐项验收，以确保信息系统的特性符合当初的要求。用户不仅要对信息系统的运行效率进行评估和验收，还要对信息系统的可维护性、容错性等进行验收。

系统验收是由用户来主持的验收过程。除了对信息系统的有效性进行验收外，还要对信息系统安装、运行环境、相关配置和配套设施等方面进行验收。系统验收过程以用户为主，系统开发人员也应参加。当用户认为信息系统的功能与相关需求存在差距时，双方就需要协商，妥善地解决所发现的问题。

2. 文档验收

开发信息系统产生了诸多文档资料，如规划报告、需求说明书、用户操作手册等。用户除了验收信息系统外，还要对文档进行验收。系统开发人员应该提供有关信息系统开发过程的详细文档。

用户验收文档具有法律效力，如果在用户签署验收文档后系统又出现问题时，则通过文档来区分、排除或减少系统开发人员和用户的责任。

10.7 信息系统运行管理

10.7.1 信息系统运行管理的目标与内容

1. 信息系统运行管理的目标

从用户验收和启用信息系统后，对系统的管理和维护就成了信息化工作的主要任务。信息系统运行管理的目标就是对信息系统的运行进行实时控制，记录其运行状态，并进行必要的修改与扩充，以便使信息系统真正满足管理与决策的需要。

缺乏科学的组织与管理，信息系统不会自动地为管理工作提供高质量的信息服务，而且系统本身也会陷入混乱。系统的管理工作也不能与计算机设备的管理工作等同起来。信息系统的任务是为管理服务、以向组织提供必要的信息为目标、以能够满足管理人员的信息需求为标准。计算机管理与维护工作只是这项工作的一小部分，仅提供了硬件保证，真正做到向管理人员提供信息还需要做许多软件操作、数据收集、成果提供等工作。因此，信息系统的运行管理与维护工作必须由了解系统功能与目标的信息管理专业人员负责。

2. 信息系统运行管理的内容

信息系统的运行管理工作是系统研制工作的继续，是系统能否达到预期目标的根本，主要包括日常运行的管理、运行情况的记录和对系统运行情况的检查与评价。

（1）信息系统日常运行的管理。信息系统投入使用后日常运行的管理工作量巨大，通过信息系统必须完成数据的收集、例行的信息处理与服务、计算机的运行与维护、系统安全管理4项任务。数据的收集一般包括数据收集、数据校验及数据录入3项子任务。完成例行的信息处理与服务工作包括例行的数据更新、统计分析、报表生成、数据的复制与保存、与外界的定期数据交流等。计算机的运行与维护包括设备的使用管理、定期检修备品配件的准备与使用、各种耗材的使用与管理、电源及工作环境的管理等。系统安全管理是日常工作的重要部分，是为了防止系统外部对系统资源不合法的使用和访问，保证系统的软硬件和数据不因偶然或人为的因素而遭受破坏、泄露、修改和复制等。

（2）信息系统运行情况的记录。在信息系统的运行过程中，管理人员需要收集和积累资料，这些资料包括有关工作数量的信息、工作的效率、系统所提供的信息服务的质量、系统的维护修改情况和系统的故障情况等。对于信息系统来说，各种工作人员都应该担负起记载运行信息的责任。操作人员应该记录软硬件的运行与维护情况。数据校验人员应该记录数据收集的情况，包括各类错误的数量和分类。数据录入人员应该记录录入的速度、数量和出错率等。

（3）对系统运行情况的检查与评价。信息系统在其运行过程中除了不断进行大量的管理和维护工作外，还要在高层领导的直接领导下，由系统分析员或专门的审计人员会同各类开发人员和业务部门经理共同参与，定期对系统的运行状况进行审核和评价，为系统的改进和扩展提供依据。系统评价考虑系统是否达到预定目标、目标是否需做修改、系统的适应性与安全性和社会经济效益评价3部分。对系统定期进行各方面的审计与评价，实际上是看系统是否仍处于有效适用状态。如果审计结果是系统基本适用但需要做一些改进，则要做好系统的维护工作。一旦审计结果确认系统已经不能满足各项管理和决策需求，不能适应企业或组织未来的发展，则必须提出新的开发需求，开始另外一个新系统的生命周期，整个开发过程又回到系统开发阶段。

10.7.2 信息系统运行管理的组织

在信息系统投入运行之前，首先要解决的是信息系统运行管理的组织问题，它是信息系统运行的重要保证。

1. 组织机构设置

信息系统运行管理由组织的信息管理机构来负责，组织机构可以是组织职能部门中设立的下属计算机部门，也可以是设立的信息中心，或者设立的由首席信息官负责的信息机构。

在组织的有关职能部门设立计算机部,这容易导致信息孤岛现象的产生,不利于信息系统整体资源的调配和利用,使得信息系统的效用下降。

在组织中设置信息中心统一负责组织信息系统的运行管理。信息中心的地位与其他职能部门平行,使组织能够共享信息系统的信息资源。设立信息中心有利于集中管理、资源共享,很好地发挥了信息中心的作用,强化了信息系统对管理者的决策支持作用。

在组织中设置首席信息官全面负责的信息系统的运行管理。组织信息化主要是保证组织内部信息流的畅通,提高组织的管理效率,建立包含多个子系统的办公自动化系统。组织信息化成熟的标志,应当是整个业务流程的信息化,从采购、库存、销售到客户管理。随着组织信息化进程的加快,首席信息官将掌握更多的资源,也会起到更大的作用。毫无疑问,首席信息官将是一个可以用信息技术提升企业竞争力的重要角色。

2. 人员配置与管理

信息系统是信息技术与管理结合的人机系统,其管理工作需要由具有不同知识水平及技术背景的人员来完成。信息系统运行的管理人员包括首席信息官、系统维护与管理人员、一般管理人员和系统操作人员等。

首席信息官通过指导对信息技术的利用来实现组织的目标,其具备技术和业务过程两方面的知识,常常是将组织的技术调配战略与业务战略紧密结合在一起的最佳人选。首席信息官负责组织信息化的规划、管理正在开发或实施的信息系统、负责信息系统的正常运行和维护、建立与实施组织内信息系统使用的指南和制度、向组织各职能部门提供信息技术服务,以及信息系统研究与开发等。

系统维护人员或系统管理人员负责信息系统的软硬件、数据库和网络等维护工作。一般管理人员负责安排日程的维护和培训工作。系统操作人员大多数都在各职能部门工作,负责各职能部门的信息系统操作和日常管理。

对信息系统运行人员的管理包括明确规定的任务和职权范围,以及在各项业务活动中应担负的责任,即要有明确的授权。要对每个岗位的工作进行定期的检查及评价,并要有相应的评价指标,这些指标应该尽可能是定量的,以便检查和比较。对工作人员进行培训,以便使他们的工作能力不断提高,工作质量不断改善,从而提高整个信息系统的运行效率。

10.7.3 安全管理

信息系统的安全方案是为发布、管理和保护信息资源而制定的法律法规和措施的总和,是对信息资源使用、管理规则的正式描述,是组织内所有人员都必须遵守的规则。信息系统受到的安全威胁包括操作系统与防火墙的不安全性、来自内部人员的安全威胁、缺乏有效的监督机制和评估网络系统的安全性手段以及系统不能对病毒有效控制等。

1. 影响信息系统安全的因素

信息系统是组织的重要组成部分,如果信息系统安全出现问题则会对组织产生巨大的影响。影响信息系统安全的主要因素包括自然与不可抗拒因素、硬件与物理因素、电磁波因素、软件因素、数据因素、人为与管理因素,以及其他因素等。

从影响信息系统安全的因素中不难看出,信息系统安全既包括物理实体的安全,也包括软件、数据、信息技术和非技术的人为因素引起的安全隐患。因此,信息系统的安全管理不仅是一个技术性问题,还是一个需要法律、制度、人的素质等因素相互配合的复杂系统工程。

信息系统安全保障措施可以分为技术性和非技术性两大类。技术性安全保障措施是指通过采取与信息系统直接相关的技术手段防止安全事故的发生。非技术性安全保障措施是指利用行政管理、法律保证和其他物理措施防止安全事故的发生,它是施加于信息系统之上的措施。在信息系统安全保障措施中,技术性安全保障措施所占的比例很小,而更多的则是非技术性安全保障措施。两者是相互补充的关系,虽然技术是保障信息系统安全不可缺少的手段,但严格的管理和制度才是信息系统安全的根本保障。因此,信息系统的安全保障还取决于信息系统运行管理制度的建立和执行效果的好坏。

2. 信息系统的安全管理措施

信息系统的实体性安全措施主要包括场地环境设备设施、供电、信息存储设备等安全管理措施。

信息系统的技术性安全管理措施是指在信息系统内部采用技术手段,防止对信息系统资源的非法使用和对信息资源的非法存取操作。加密措施是为了防止存储媒体被非法复制、窃取,以及信息传输线路被窃听而造成机密数据的泄露。在信息系统中应该对机密数据采取加密的存储和传输等安全保密技术措施。

存取授权控制是指为了确保共享资源情况下信息的安全,即使合法用户进入信息系统,其所使用的资源和对信息系统的使用程度也应受到一定的限制。信息系统通过授权对用户进行安全控制,防范人为的非法越权行为,又不会因误操作而对职权外的数据产生干扰。

网络防火墙技术措施是指保证组织的计算机网络不受"黑客"攻击的一种网络安全措施。防火墙起到隔离组织内外部网络的屏障,用于防范来自被保护网络范围以外的威胁与攻击。

信息系统的安全性主要体现在高保密性、可控制性、易审查性、抗攻击性4方面。但信息系统的安全性问题不仅是社会和技术问题,还是经济问题。安全保障措施必然要增加信息系统的维护费用。安全性越高,对信息系统的投资也越大。

3. 信息系统运行的安全管理制度

信息系统运行的安全管理制度是系统运行环境安全的保证。信息系统进入长期的使用、运行和维护期后,为保证信息系统运行期的安全工作,就必须明确规定人员的职权范围和责任,建立和健全信息系统管理体制。

企业管理者和信息管理部门的负责人不仅要关心监督信息系统运行,还要对各类管理人员的工作进行检查和监督,这样才能保证信息系统为企业各级管理者服务,充分发挥信息资源的作用。

信息系统运行的安全管理制度包括机房管理制度、系统管理制度、信息系统运行的日志与档案管理制度等。

4. 信息系统的业务连续性计划与灾难恢复

信息系统的业务连续性是一套基于业务运行规律的管理要求和规章流程,它使一个组织在突发事件面前能够迅速做出反应,以确保关键业务功能可以持续,而不造成业务中断或业务流程本质的改变。信息系统的业务连续性建设包括高可用性、持续运行和灾难恢复3方面。

一般来说,信息系统实施业务连续性计划应该包含业务连续性计划方针描述、业务影响分析、确定预防控制、制定恢复策略、业务连续性计划制订、业务连续性计划测试与培训及演习、业务连续性计划维持7个关键步骤。

信息系统的风险管理通常包含两方面。

(1) 通过风险控制方法和技术,如采用防火墙、访问控制、硬件冗余等技术,来减少灾难的发生。

(2) 灾难恢复,即在信息系统中构架灾难恢复技术和措施,以便在灾难发生时尽快恢复信息系统服务,保障组织业务的连续性,减少灾难带来的损失,将损失控制在可接受的范围之内。因此,严格地说,信息系统灾难恢复是指信息系统恢复数据的能力。

目前,组织应用越来越依赖信息技术,因此一旦信息系统失效,组织应用就会受到严重的影响。因此这里的"灾难"是指任何可能对信息系统产生危害并导致信息系统失效一段时间的安全威胁。灾难恢复计划可以看成是业务连续性计划的一部分,也就是信息系统业务连续性计划的重要组成部分。

10.8 本章小结

本章首先介绍了信息系统实施的主要任务,介绍了信息系统外购和外包的概念,重点分析了外购和外包的优缺点以及它们的不同点、外包的方式与外购和外包的选择过程等。其次介绍了信息系统实现,包括信息系统实现的组织和管理,重点讨论了信息系统编码的管理、安装调试管理和测试管理等。再次讨论了版本管理,包括版本管理的概念、版本管理的模型和版本管理的方法等。接着介绍了信息系统人员培训工作,包括培训的内容和培训实施过程等。然后介绍了信息系统试运行和信息系统转换及用户验收,重点讨论了系统转换的方式及其特点和用户验收内容等。最后,介绍了信息系统运行管理,包括信息系统运行管理的目标与内容、信息系统运行管理的组织和安全管理等。

习题

1. 信息系统实施的主要任务有哪些?
2. 什么是信息系统外购?简述其优缺点。举例说明外购实施的具体工作。
3. 什么是外包?简述其优缺点。举例说明外购和外包的区别。
4. 举例阐述外购和外包服务选择要考虑的方面。
5. 简述信息系统实现的内容和信息系统测试管理的内容。
6. 什么是版本管理?简述版本管理的主要功能和发布版本的内容。
7. 举例阐述版本管理的模型及其特点,简述版本管理的方法及其特点。
8. 举例说明信息系统人员培训内容和实施。
9. 简述信息系统试运行的工作。举例说明系统转换的方式及其优缺点。
10. 举例说明用户验收的内容。
11. 简述信息系统运行管理的内容。举例阐述信息系统运行结构组建的类型及其优缺点。

第11章 管理信息系统实验

【学习重点】
(1) 理解各个实验的目的、基础知识和内容。
(2) 理解各个实验要求的具体系统或工具的特点与功能。

本章按照实验目的、基础知识、实验内容和实验报告撰写要求4方面介绍每个实验的过程及要求。

11.1 事务处理系统实验

11.1.1 实验目的

通过学习典型的事务处理系统,了解系统的基本功能、特点和用途。

11.1.2 基础知识

事务处理系统所提供的信息是组织的实时信息,是对组织运营状况的直接反映,有效提高了作业层管理者的工作效率,减少了事务处理的差错。特定情况下,事务处理系统可以完全取代作业层的手工操作。

事务处理系统存在于企业的各个职能部门,它是进行日常业务处理,完成记录、汇总、综合、计算、分类、数据检索等功能,产生文件、管理报告、账单等,定期生成常规的报表供检查与监督,也可能生成特别报告。事务处理系统是为组织的操作层次服务的基本商务系统,因此是企业联系客户的纽带,也是其他信息系统的基础。

事务处理系统的优点是保持应用程序的完整性。任何应用程序的关键是要确保它所执行的所有操作都是正确的,如果应用程序仅仅是部分地完成操作,那么应用程序中的数据,甚至整个系统将会处于不一致状态。事务处理系统可以帮助组织降低业务成本,提高信息准确度,提升业务服务水平。

11.1.3 实验内容

下载或登录一个自己熟悉的事务处理系统,例如超市收银系统、公共自行车系统、图书馆管理系统、教务管理系统、电子商务系统、ATM系统等。理解这些系统的功能,结合实际操作系统的某些功能,如超市收银系统的销售结算功能,公共自行车系统的借车、还车功能,图书馆管理系统的借书、还书功能,教务管理系统的选课功能,电子商务系统的下单功能,ATM 系统的取款、存款、转账等功能等。

基于一个具体功能的业务处理过程,通过操作具体系统功能实现事务的处理,理解事务处理系统工作的原理,并总结事务处理系统的特点和用途。

下面介绍一个校园卡系统中的校园卡充值服务功能。

(1) 打开中信银行 App 并登录,如图 11.1 所示。

(2) 选择"我的"→"全部"→"便民缴费",如图 11.2 所示。

图 11.1 中信银行 App

图 11.2 "便民缴费"功能

(3) 点击"云缴费"图标,找到账单"镇江-校园卡充值"选项,如图 11.3 和图 11.4 所示。

图 11.3 进入"云缴费"功能

图 11.4 校园卡充值功能

(4) 设定缴费金额,点击"下一步"按钮,如图 11.5 所示。
(5) 确定缴费打印的账单,点击"下一步"按钮,如图 11.6 所示。

图 11.5 设定缴费金额

图 11.6 确定缴费金额

(6) 输入"交易密码"和"短信验证码",点击"确认"按钮,如图 11.7 所示。
(7) 显示"交易成功"则充值完成,如图 11.8 所示。

图 11.7 银行卡转账界面

图 11.8 交易成功结果

11.1.4　实验报告

根据对系统的具体操作过程的体会撰写实验报告。报告模板如下：
(1) 该事务处理系统的名称；
(2) 给出具体功能的事务执行过程；
(3) 描述具体操作过程，包括文字描述和相应的操作截图；
(4) 描述事务输入和输出数据的格式和保存方式(批处理方式、联机方式)；
(5) 给出该事务处理系统的结构组成；
(6) 总结该事务处理系统的特点；
(7) 给出该事务处理系统的用途。

11.2　管理信息系统实验

11.2.1　实验目的

通过学习典型的管理信息系统，了解管理信息系统的基本功能、特点和用途。

11.2.2　基础知识

管理信息系统是企业或组织的一个应用信息系统，管理信息系统的定义随着计算机技术和通信技术的进步也在不断更新。管理信息系统是由人和计算机设备或其他信息处理手段组成并用于管理信息的系统。管理信息系统的作用包括以下几点：

(1) 管理信息是重要的资源。对企业来说，人、物资、能源、资金、信息是5大重要资源。人、物资、能源、资金这些都是可见的有形资源，而信息是一种无形的资源。以前人们比较看重有形的资源，进入信息社会和知识经济时代以后，信息资源就显得日益重要。因为信息资源决定了如何更有效地利用物资资源。信息资源是人类与自然的斗争中得出的知识结晶，掌握了信息资源，就可以更好地利用有形资源，使有形资源发挥更好的效益。

(2) 管理信息是决策的基础。只有通过对客观情况、客观外部情况、企业外部情况、企业内部情况的了解才能做出正确的判断和决策。所以，决策和信息有着非常密切的联系。过去一些凭经验或者拍脑袋的决策经常会造成决策的失误，明确的信息是决策正确的基础。

(3) 管理信息是实施管理控制的依据。在管理控制中，以信息来控制整个生产过程、服务过程的运作，也靠信息的反馈来不断地修正已有的计划，依靠信息来实施管理控制。有很多事情不能很好地控制，其根源是没有很好地掌握全面的信息。

(4) 管理信息是联系组织内外的纽带。企业跟外界、企业内部各职能部门之间的联系也是通过信息互相沟通的。因此要沟通各部门，使整个企业能够协调地工作就要依靠信息。所以，管理信息是组织内外沟通的一个纽带，没有信息就不可能很好地沟通和步调一致地协同工作。

因此，管理信息系统的作用是，根据企业管理需求，完成各种数据的输入、处理和输出，不断地对组织的数据进行更新，并进行数据的处理，按照预设的报表要求，通过分类、汇总、排序、计算及数据的析取和分析等工作,按照管理者的查询要求,输出各种形式的报表,如周期报表、定制报表、异常报表和详细报表等。

11.2.3 实验内容

下载或登录一个自己熟悉的管理信息系统,例如股票信息分析系统、发票管理系统、招聘管理系统、成绩管理系统、电子商务订单管理系统、个人银行管理系统、12306订票管理系统、ERP系统等。

基于一个具体的管理信息系统的查询、统计、分析、预测等功能,通过操作具体系统功能实现信息管理,理解管理信息系统工作的原理,并总结管理信息系统的特点和用途。

例如,致远互联企业数字化协同运营平台结构如图11.9所示。

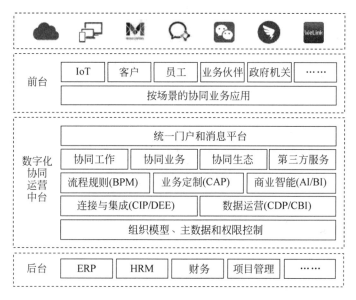

图11.9 致远互联企业数字化协同运营平台结构

例如,生产计划通过为企业管理层和制造商提供整个生产流程的详细生产步骤和指导方针,以达到对企业生产的全方位管控。多数企业在生产计划中存在问题,例如,没有明确的生产日期和顺序安排,采购不知道怎么订购物资,不知道什么时间到料;没有计划安排,等生产要上线了,发现物资还不齐,只能停工待料或临时换产。没有计划的生产,采购为了省事或是所谓的"降低采购成本",很有可能过量采购,造成库存材料积压。生产部门面对多部门沟通,得不到及时有效的解决,就抱怨、推诿和扯皮,造成部门间关系恶化。没有提前计划好的生产安排,物资到位不及时,生产不顺利,必然导致无法按期交付,引起客户不满意。图11.10是泛普软件的企业预生产计划。

泛普软件的ERP可以有效提高生产计划。例如,系统全方位统筹把控销售订单、客户需求等信息,制订物资需求、采购计划、生产调度等的精准计划安排。系统的应用提高了生产计划流转和管理上的效率,避免数据出现失误的情况。在销售合同签订后,系统自动生成生产计划,所有业务信息全部自动关联,无须任何重复录入,将工作量和出错率降到最低。在系统中添加生产计划,可以勾选计划来源、关联单据等,对应单据的产品清单、物资清单、

基本信息							
*单据主题：	转自维修单：青岛伟通节能科技有限公司的产品维修情况	单据编号：	YSC2021040007	*来源单据类型：	新增维修处理	来源单据：	青岛伟通节能科技有限公司的产品维修情况
制单人员：	罗丹			制单日期：	2021-04-01		青岛伟通节能科技有限公司
备注：							

预生产计划明细 导出							
序号	*产品名称	产品编号	规格型号	单位	*本次计划数量	*交货日期	备注
1	离合器	010023	A16	个	1	2021-04-16	
2							
3							

图 11.10　泛普软件的企业预生产计划

起止日期、生产数量、单位成本等全部自动关联，在提高生产计划效率的同时，完整、精准、无缝地传达生产所有需求，有助于销售、采购、生产、车间、仓储、物流等部门和人员协同工作。图 11.11 是泛普软件的企业生产计划。

基本信息						
关联预生产计划：	生产面包饼干	*单据主题：	转自预生产计划：生产面包饼干	单据编号：	SCJH2021040001	
自动生成订单：	否	制单人员：	罗丹	制单日期：	2021-03-30	
备注：						

生产计划明细 导出										
序号	*产品名称	产品编号	规格型号	单位	*数量	物资清单	*计划开工日期	*计划完工日期	*交货日期	备注	关联预生产计划
1	三辉麦风香奶面包	050039	450	包	100	三辉麦风香奶面包物资清单	2021-04-17	2021-05-19	2021-05-21		生产面包饼干
2	好丽友鲜莓派	050040	12枚276g	盒	100	好丽友鲜莓派物资清单	2021-04-17	2021-05-19	2021-05-21		生产面包饼干
数量合计：	300									

附件			
文件名称		上传人	上传时间
相关附件.xlsx		罗丹	2021-04-13 16:53

图 11.11　泛普软件的企业生产计划

例如，使用 12306 订票系统或安装手机 App 进行网上订票、车票管理、信息服务等功能。图 11.12 是查询车票界面。

如果没有直达路线，系统会进行"接续换乘"服务，如图 11.13 所示。

如果选择"耗时最短"选项，则系统列出最短耗时的多种组合路线，如图 11.14 所示。

如果乘坐某车次的高铁，则系统会实时显示该车次的运行情况，如图 11.15 所示。

12306 系统功能非常强大，可以进行用户车票管理、历史信息统计分析等。

第11章　管理信息系统实验

图11.12　查询车票界面

图11.13　"接续换乘"服务

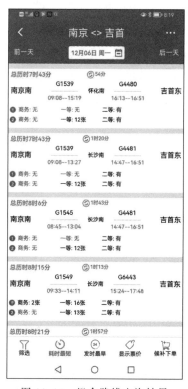

图11.14　组合路线查询结果

图11.15　车次实时运行情况

11.2.4 实验报告

根据实际操作系统功能的体会撰写实验报告,实验报告模板如下:
(1) 该信息管理系统的名称;
(2) 给出该信息管理系统某功能的具体实现过程(基本流程);
(3) 给出具体功能的操作过程;
(4) 描述具体功能的数据或报表的格式;
(5) 给出该信息管理系统的结构组成;
(6) 总结该信息管理系统的特点;
(7) 给出该信息管理系统的用途。

11.3 办公自动化系统实验

11.3.1 实验目的

通过学习典型的办公自动化系统,了解办公自动化系统的基本功能、特点和用途。

11.3.2 基础知识

办公自动化可以通过特定流程或特定环节与日常事务联系在一起,使公文在流转、审批、发布等方面提高效率,实现办公管理规范化和信息规范化,降低企业运行成本。办公自动化系统有效利用信息资源,利用工作流技术高效地处理办公事务信息和提高工作效率,并支持辅助决策。

我国办公自动化技术的发展可分为4个阶段。

(1) 第一阶段(1980—1999年),文件型办公自动化。最早的办公自动化实现了"无纸化办公"形式的转变。一方面实现了企业的信息交流和共享;另一方面建立了企业审批及流程雏形,从而形成了办公自动化(OA)的概念。

(2) 第二阶段(2000—2005年),协同型办公自动化。这一阶段主要以工作流为中心,在文件型办公自动化的基础上增加了公文流转、流程审批、文档管理、会议管理、资产管理等实用功能。在实现个人办公自动化的基础上,该阶段的办公自动化系统完善了各个职能部门之间的沟通和信息共享机制,建立了企业内部的协同工作环境,将办公自动化拓展到企业的全部办公机构,确保所有员工均可实现办公自动化,并能够根据各自的授权了解需要的信息,完成自己的工作任务。

(3) 第三阶段(2006—2010年),知识型办公自动化。随着办公自动化系统应用的逐步深入,企业和用户的要求也不断提高,办公自动化系统的发展也随之派生出全新气象,形成了以"知识管理"为主要思想、以"协同"为工作方式、以"门户"为技术手段,整合了企业内信息资源的"知识型办公自动化系统"。办公实际上是一个管理过程,电子商务时代带来的企业事务处理对象瞬息万变,这就要求作为企业的办公自动化系统能够提供足够的灵活应变和开放交互能力。

(4) 第四阶段(2011年及以后),智能型办公自动化。随着企业组织流程的不断固化和改进、知识的积累和应用以及技术的创新和提升,最终的办公自动化系统将会全面脱胎换骨,全新的"智能型办公自动化系统"将成为未来的发展方向,智能型办公自动化系统能够提供决策支持、知识挖掘、商务智能等服务,并且更关注企业的决策效率。

办公自动化系统具有自动化处理企业各项事务、各类文件和决策的特点。实现一个办公自动化系统,涉及的主要技术包括办公门户网站、信息交换、公文传输、传输加密、业务协同机制和工作流等技术。办公自动化系统的优点如下:

(1) 节省工作成本,利于文件流转。与过去对纸质文件的审阅方式相比,通过办公自动化系统处理收发文件及共享信息资源可以节省大量纸张,降低办公成本。管理者可直接在办公自动化系统上阅读、审批和修订电子文件,并保留阅读和修改的痕迹,解决了过去因反复修改文件草稿而浪费大量纸张的问题。电子文件在办公自动化系统上可同时向多人传阅,缩短了文件传阅的周期,杜绝了纸质文件丢失的可能性。

(2) 方便检索查阅,促进信息共享。办公自动化系统中的公用文档、公共信息和通知公告等功能模块是各部门共享信息资源的平台,员工可通过办公自动化系统及时了解组织的最新信息,有利于部门之间的沟通与合作。办公自动化系统强大的条件检索功能为员工快速查找文件资料提供了极大的便利,提高搜集文件资料的效率。

(3) 增强监控能力,提高行政管理水平。办公自动化系统能及时有效地监控各个部门、各位员工的日程安排、办文情况以及会议室、车辆和办公用品的使用情况,并具有催办、督办和自动提醒的功能。一方面防止了延误业务办理时间的情况;另一方面有利于管理员的全局监控,及时发现问题并及时协调解决。此外,在办公自动化系统上处理的流程步骤都留有审批痕迹,具有可追溯性,方便日后的查阅和管理。

(4) 提高工作效率,打造优秀团队意识。办公自动化系统的信息传递、日程安排等功能模块,极大地提高了员工之间的协作效率与沟通能力,打造了凝聚力较强、工作效率较高,且具有快速反应能力的优秀团队。通过设立工作论坛等模块,更及时有效地加强了管理层与员工之间、员工与员工之间的交流和互动,员工之间互相取长补短,共同学习和进步,促进了业务水平的提高,增强了团队合作精神。

(5) 实现自动办公,构建科学管理模式。办公自动化系统的使用,全面推进了办公自动化,借助先进的计算机和网络信息技术,实现了高效、安全、规范地处理办公室内的事业性业务,大幅度提高工作效率和服务质量。同时,为各级管理人员进行宏观管理提供了高效、便利的服务,为科学决策提供了参考依据,从而构建一套科学的管理模式。

随着信息技术的不断发展与应用,尤其是网络技术和人工智能技术的发展和普及,办公自动化系统朝着平台化、网络化、智能化和人性化的方向发展。例如,WPS Office 与互联网的完美交互,实现了移动化办公。现在的办公自动化系统都是与互联网高效交互,是办公自动化系统的追求目标,这将对企业市场竞争力的提高和市场地位的上升起到决定性的作用。随着办公自动化系统的广泛应用,企业积累了大量的业务数据,办公自动化系统提供决策支持、知识挖掘、商业智能化等比较全面系统的服务。随着办公自动化系统功能不断扩展,每个企业的需求也是不尽相同的,客户要求拥有更加人性化、多样化的系统,使得不同的企业人群得到满足。同时,办公自动化系统与企业中已有的管理信息系统集成,向无缝集成协同办公平台发展。

11.3.3 实验内容

下载或登录一个自己熟悉的办公自动化系统,例如蓝凌办公自动化系统、78OA 办公系统、泛普 OA 办公系统等。学习和了解系统的主要功能,可以试用该系统,完成一些基本功能操作和分析。图 11.16 是蓝凌办公自动化系统的主要功能。

(a) 主要功能1

(b) 主要功能2

图 11.16　蓝凌办公自动化系统的主要功能

基于一个具体的办公自动化系统的流程管理、人事管理、合同管理、费控管理等功能,通过操作具体系统功能实现办公信息管理,理解办公自动化系统工作的原理,并总结办公自动化系统的特点和用途。例如,某高校的办公自动化系统提供统一的门户网站,通过事务中心登录,可以进入学校的事务中心平台,如图 11.17 所示。教师、学生可以通过该平台完成各种事务的处理。

图 11.17　某高校办公自动化系统门户平台

例如,很多企业开一次比较大的会议十分麻烦。一般都需要提前很长时间去计划,安排出席人员和会议室等，然后由经理的助理去负责通知到每个参会人员，协调时间等。并且，实际开会时又会有各种影响因素，最后会议的时间因为各种的拖沓而被延长了。图11.18是泛普软件的会议室管理。

序号	会议室名称	可容纳人数	会议室地址	配置资源
1	三楼小会议室	15	三楼308	投影仪，无限网络，白班
2	公司VIP会议室	30	三楼305	水，无线网络，投影仪，记号笔
3	四楼小会议室	10	403号	投影仪，白板，签字笔
4	一楼中会议室	20	一楼大厅	有黑板，投影仪
5	三楼大会议室	50	3楼	投影仪，音箱，白板，录音笔

图11.18　泛普软件的会议室管理

图11.19是泛普软件的会议列表。

会议主题	会议室	主持人	主办部门	与会人员	会议日期	开始时间	结束时间	申请人	会议状态
2020年12月份工作总结及2021...	四楼小会议室	胡雷	综合管理部	陈凯明,侯海轩,何磊,罗...	2020-12-23	15:00	17:00	张研	已结束
2021年上半年部门经理例会	三楼大会议室	张小东	人事行政部	陈凯明,程星宇,侯海轩,...	2021-06-25	14:00	16:00	张研	已结束
5月份工作总结会议	三楼大会议室	李菁菁	总经办	投资发展部,商务部,质...	2021-05-06	14:30	18:00	张研	已结束
营销部工作例会	三楼大会议室	方可心	审计部	何磊,柳琳	2021-05-07	09:30	11:30	张晓	已结束
市场部X项目启动会议	一楼中会议室	胡建	研发部	程星宇,顾方可,罗丹,林...	2021-05-15	09:30	10:00	张晓	已结束
2021年五月份财务部门第一次...	一楼中会议室	张研	财务部	何磊,柳琳	2021-04-24	15:00	16:00	张晓	已结束
关于最近收到的捐赠资金分配会	一楼中会议室	陈一凡	企管部	陈凯明,李华,张小东	2021-04-24	09:00	11:30		

图11.19　泛普软件的会议列表

11.3.4　实验报告

针对一个具体的办公自动化系统的操作使用体会撰写实验报告。报告模板如下：
（1）该办公自动化系统的名称；
（2）该办公自动化系统的基本功能处理的具体过程(基本流程)；
（3）详细描述具体功能的操作过程，包括文字描述和相应的操作截图；
（4）给出该办公自动化管理系统的结构组成；
（5）总结该办公自动化管理系统的特点；
（6）给出该办公自动化系统的作用。

11.4　知识管理系统实验

11.4.1　实验目的

通过学习典型的知识管理系统，了解系统的基本功能、特点和用途。

11.4.2　基础知识

企业知识管理的实质就是对知识链进行管理，使企业的知识在运动中不断增值。一个企业要进行有效的知识管理，关键在于建立起一个适合的知识管理体系。一般地，知识管理系统具有以下作用。

（1）知识管理系统构建企业知识库，对纷杂的知识内容（包括方案、策划、制度等）和格式分门别类管理。

（2）知识管理系统充分发动单位每个部门、每位员工等贡献自己所掌握的企业知识，积少成多，聚沙成塔。

（3）知识管理系统重视企业原有知识数据，进行批量导入，纳入管理范畴。

（4）知识管理系统能够帮助企业评估知识资产量、使用率、增长率。

（5）知识管理系统创建企业知识地图，清晰了解企业知识分布状况，提供管理决策依据。

（6）知识管理系统构建知识权限体系，对不同角色的员工开放不同级别的知识库，保证企业知识安全。

（7）知识管理系统注重版本管理，文件资料从初稿到最后一版，均有版本记录保存并可查。

（8）知识管理系统让知识查询调用更加简单，充分利用知识成果，提高工作效率，减少重复劳动。

（9）知识管理系统依据知识库构建各部门各岗位的学习培训计划，随时自我充电，成为"学习型团队"。

（10）知识管理系统提供知识问答模式，将一些知识库中缺少的经验性知识，从员工头脑中挖掘出来。

（11）知识管理系统支持异地协同，通过互联网获取知识库内容，为异地办公提供知识支持。

（12）知识管理系统易于管理人员不断变动的遗留知识。知识管理系统是积累知识资产、支撑"企业常青"和"人才成长"的基础平台。

实施知识管理系统的关键包括以下内容。

- 制定企业知识管理战略，建立知识创新激励机制，塑造知识共享的企业文化氛围；
- 设置知识主管专门负责企业知识管理工作，开发知识创新能力；
- 与企业的业务流程相结合，调整企业知识结构；
- 建立企业知识管理系统，管理知识生产、交换、整合和内化；
- 对知识管理体系制定评价方法和原则，以期改进。

11.4.3 实验内容

下载或登录一个自己熟悉的知识管理系统，基于一个具体的知识管理系统的知识累积、分享学习、应用、评价反馈等功能，通过操作具体系统功能实现知识管理，理解知识管理系统工作的原理，并总结知识管理系统的特点和用途。例如，蓝凌知识管理系统提供知识沉淀、分享学习、知识应用、评价反馈等功能，如图 11.20 所示。

三友集团借助于蓝凌知识管理平台构建了知识管理系统及其管理流程，如图 11.21 所示。每个流程不仅沉淀了可统计的记录与信息，更积累了可复用的知识与经验。三友集团通过流程知识化打造"高附加值、高效能"的知识化流程，通过知识中心集中分享各领域知

图 11.20 蓝凌知识管理系统功能规划

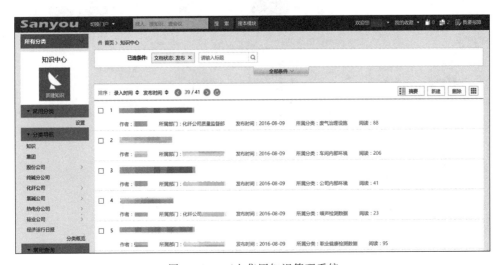

图 11.21 三友集团知识管理系统

识,推进企业执行力不断优化与提升,助力企业高绩效运营。

例如,泛微知识管理系统的内容引擎平台为用户提供了丰富的应用功能,包含文档多级管理、知识地图展现、移动文档管理等,全面支持企业知识积累、分享、利用和创新的全过程内容管理与控制。该内容引擎平台提供了强有力的后台支撑,包括多级目录设定、文档存储、多级权限控制、全文检索、安全控制、信息集成等,确保实现和实时管理各类丰富的前端应用。该内容引擎平台提供移动互联时代所不可或缺的移动适配架构,除了PC端应用外,同时提供所有移动设备的自适应,确保用户在移动端可以体验各类丰富的移动内容管理应用。

中国人寿保险公司采用泛微知识管理系统平台搭建了以服务为导向的知识化信息平台,该平台为用户提供统一的各层级新闻门户与知识库,搭建用户与公司各类系统之间的桥梁，为用户整合所有协作、邮件、流程、计划任务、日程管理等个人项目。图11.22是中国人寿保险公司知识化信息平台界面。

图11.22　中国人寿保险公司知识化信息平台界面

11.4.4　实验报告

根据使用具体的知识管理系统的使用体会撰写实验报告。报告模板如下：
（1）该知识管理系统的名称；
（2）该知识管理系统功能操作的具体过程（基本流程）；
（3）针对具体功能，详细展示操作过程；
（4）给出该知识管理系统的组成结构；
（6）总结该知识管理系统的特点；
（7）给出该知识管理系统的用途。

11.5　社交媒体信息系统实验

11.5.1　实验目的

通过学习和使用典型的社交媒体信息系统，了解社交媒体信息系统的基本功能、特点和用途。

11.5.2 基础知识

1. 社交媒体信息系统涉及的技术

社交媒体信息系统涉及多个关键技术，包括情景再现、信息提取和趋势分析等。情景再现整合社交媒体数据的直接信息，结合时间、空间对事件的图片、文字等信息进行查询，展示事件发生情景。信息提取利用实时信息分类方法，提取和分类事件的状况与应对等信息，并标注在地图上。趋势分析通过分析微博的数量变化和空间分布，揭示事件趋势和公众关注点。

（1）情景再现。在社交活动中，各种信息（如照片）使得公众报道事件越发重要。因为图片给人们最直观的感受，特别是在事件发生时，图片能够描述发生的情景，客观反映各种场面，为分析和决策提供直接的证据。情景再现是采用"图片＋描述"方式，通过图片、文字描述事件在空间上的最新发展状况。社交媒体具有很强的时效性，加上人们对事件的最新动态具有很强的敏感性。敏感事件可以抽象为地理空间上的地理现象，社交媒体数据具有位置信息，可利用地图的可见范围来约束事件情景的范围。由此可见，情景再现实质上是多维信息查询，包括时间、空间、图片信息三个维度。多维度查询也很好地缓解了在浏览器端绘制时的效率问题和压力问题，特别是空间的限制，大大地提升地图交互能力。

（2）信息提取。微博的大部分信息以文本的形式存在。从文本自身特点来看，文本短小且信息杂乱，包括事件状况、评论、商家广告等多种多样信息。从信息流来看，微博文本是实时获取的，具有实时变动性。从海量、实时的社交媒体数据中提取文本信息，当文本积累一定量后，训练初步模型。取出数据库的所有文本，把每条微博文本看成一个文档，即得到文档集。采用中文分词器分词，获得分词后的文档集。设定好主题个数后，采用随机模拟的 Gibbs Sampling 算法，得到各个文档的主题和各个主题的单词分布（即词库）。如此，文档集的大部分文档被标记了。将单词为特征、主题为类别的文档集输入监督算法做训练，调优并得到初步信息分类模型。模型训练好后，新的微博文本经与上文相同的文本预处理，得到文本的所有特征（单词），输入训练好的信息分类模型，输出所属主题；同时结合 LDA（一种文档主题生成模型）生成的主题词库，判断文本的主题类型，并标注在地图上。考虑信息采集速率，与上个模型相隔数小时后，取出所有文本，重复学习过程重新得到模型和词库，以适应微博话题随时间的变化，提取新的应急信息。

（3）趋势分析。人们除了关注事件的最新情况和处理信息，还要了解事件的发展趋势。系统从时间趋势和空间分布两方面来表现事件的趋势。社交媒体数据可以被用来甄别事件在时间上的发展趋势，甚至做出预测。为揭示突发事件时间发展趋势，我们统计每小时的微博总数、用户参与数、转发数，通过观察趋势线的最高点和拐点来发现趋势。另外，词云图利用中文分词技术处理一定时间内的微博内容并统计高频词汇，找出人们讨论的热点话题以及其随时间的变化。微博数据携带位置信息，反映了突发事件的空间分布。系统使用了聚类分析和核密度估计来发现事件空间分布规律。聚类分析通过对微博点在空间距离上做聚类，以便寻找事件在空间的分布状态；核密度估计很好地反映了事件在空间上的热点区域，有利于发现问题区域所在。

2. 社交媒体信息系统的主要功能

（1）查看、浏览图片功能。采用"图片＋描述"形式，通过缩略图、大图与地图联动来展示事件的情景。当单击图片时,地图中心会移动到图片对应的坐标点,并弹出信息框,包括发布者、微博内容、发布时间和经纬度等。当单击地图上的点时,该点对应的图片出现在图片框。添加按时间、热度排序的功能,便于查看最新、最热门的图片。

(2) 定位信息功能。利用实时信息分类方法,提取并分类好微博文本的信息。采用表格形式展现信息,每个表格与一个主题关联,主题以标签的形式表现在网页中。当单击相应标签时,表格内容随之发生改变。每条文本与地图联动,当单击表格中文本时,地图中心会移动到文本对应的坐标点,方便定位信息,展开应对措施。

(3) 时空趋势分析功能。利用图表,统计每小时的微博总数、用户参与数、转发朋友圈数量,以及趋势,使用放大窗口查看曲线的局部细节等。当单击曲线上的拐点时,在地图上会加载和显示具体的数据。通过切换不同图层(热点图和聚类图),可查看微博的空间分布情况。

(4) 发现热点话题功能。系统采用词云图和柱状图来展现最新微博的高频词汇,反映最近一段时间内事件的话题变化。除了多种表现形式,数据可视化还要考虑多图层绘制效率问题、大数据量的渲染压力问题。例如,可以采用图层控制、矢量绘制点、使用 JSON 包装处理结果等方法处理上述问题。

11.5.3 实验内容

下载或登录一个自己熟悉的社交媒体信息系统,如微信平台、微博、社区、百度贴吧、百度文库、科技博客(例如新浪创事记、腾讯科技、网易科技、猎云网、钛媒体、虎嗅网、创业家、21 世纪商业评论、极客公园等),以及全球社交媒体数据营销管理平台等。

基于一个具体的社交媒体信息系统的查询、统计、分析、预测等功能,通过操作具体系统功能实现社交媒体信息管理,理解社交媒体信息系统工作的原理,并总结社交媒体信息系统的特点和用途。例如,电商宝 SCRM 聚聊客服平台集成了企业微信+社群、公众号+小程序、抖音企业号同屏聚聊,实现了一个客服对接全渠道客户。企业微信+社群平台实现了多微信账号+社群管理,是一个安全、易用的客服系统,其功能包括聚合聊天、一号多聊、客户标签、员工监管、定时群发等,能够支持客户沉淀和遵循规则不封号。公众号+小程序粉丝管理平台可缩短操作路径,提升沟通效率,使粉丝及客户私信及时查看不遗漏,营销应用/图文消息快捷发送,降低精准粉丝流失率。抖音企业号助力企业用户玩转抖音,快速接入抖音企业号对话,多客服协同处理,意向客户/私信即时回复,提高客服成单率。图 11.23 是电商宝 SCRM 平台的组成关系。

现在品牌会员管理逐渐成熟,很多企业都在尝试如何将电商零售渠道会员管理、微信个人号管理、微信公众号管理与现有的客户关系管理系统实现互通和融合,将企业分散的用户数据信息与微信社交体系(包括个人号、公众号、小程序)及电商平台实现整合,实现全渠道客户管理和品牌营销体系。即 SCRM 就是电商/零售会员管理、微信社交体系和客户关系管理,实现"会员通""营销通""服务通"。

电商宝 SCRM 高度体现顾客、会员管理的新理念。整体的新 IT(信息技术)体系,体现顾客管理中心理念,支持企业以更多的入口实现更便利的会员注册,并能帮助企业逐步实现顾客精准画像。图 11.24 是电商宝 SCRM 的架构。

聚客 SCRM 电商行业采用电商宝 SCRM 丰富了营销应用,主要包括以下做法。

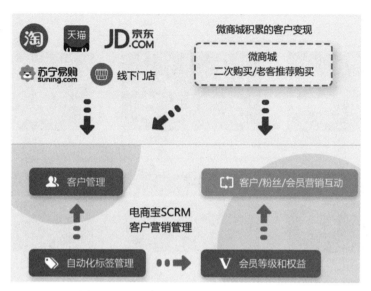

图 11.23　电商宝 SCRM 平台的组成关系

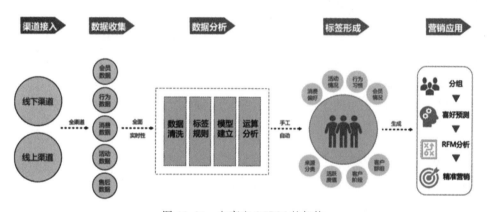

图 11.24　电商宝 SCRM 的架构

(1) 建立素材库、常用话术库。企业微信可在微盘中查找企业或个人存储的素材。内容同样无法追踪效果,仅支持文字快捷回复。在聚客 SCRM 中,可存储文字、图片、视频、网页、小程序、文件等素材,素材可见范围灵活设定,支持客户端快速搜索调用,如图 11.25 所示。基于企业微信的会话存档功能,聚客 SCRM 支持消息查询与追踪功能、敏感词和敏感行为提醒功能,有效监督员工服务水平与质量。在企业微信聊天侧边栏,可快速调取素材库中整理的素材。支持快捷回复批量导入导出,支持话术分组和快速搜索调用。

(2) 红包及转账收款。企业微信员工无法发红包和转账给微信好友,好友无法收发红包和转账给企业用户,只能通过微信商业版小程序收款和二维码收付款。聚客 SCRM 支持为客户发送红包,可自动关联订单,发送记录详情,支持导出进行财务对账,满足企业营销所需,有效增强客户归属感。

(3) 聚客 SCRM 企业微信打通客户数据与订单。聚客 SCRM 可以实现企业微信侧边工具栏全渠道电商平台订单打通。

- 支持发送红包给企业微信外部联系人,可关联订单发送、红包金额与数量可限制;

图 11.25 建立素材库、常用话术库

- 可导入多平台店铺的订单数据,快速查询客户的购买历史;
- 支持商品推送,一键发送商品详情页面给客户,提升客户购物体验。

聚客 SCRM 打通多平台数据,支持多维度、多方式地筛选客户,助力商家实现精准营销,为企业决策提供数据支持。基于企业微信 API 合规开发,聚客 SCRM 提升了企业微信在引流、接待、营销、支付、店铺管理等多方面的能力,助力商家高效聚客引流,精细化运营客户,构建私域流量池。

11.5.4 实验报告

根据使用社交媒体信息系统的体会撰写实验总结报告。报告模板如下:
(1) 该社交媒体信息系统的名称;
(2) 该社交媒体信息管理功能处理的具体过程(基本流程);
(3) 描述具体功能的操作过程;
(4) 描述社交媒体数据的格式;
(5) 给出该社交媒体信息系统的组成;
(6) 总结该社交媒体信息系统的特点;
(7) 给出该社交媒体信息系统的用途。

11.6 电子政务系统实验

11.6.1 实验目的

通过学习和使用典型的电子政务系统(E-Government System,EGS),了解电子政务系统的基本功能、特点和用途。

11.6.2 基础知识

1. 电子政务系统的概念

电子政务(E-Government Affairs,或简称为 E-Government)是指政府机构在其管理和服务职能中运用现代信息技术,实现政府组织结构和工作流程的重组优化,超越时间、空间和部门分隔的制约,建成一个精简、高效、廉洁、公平的政府运作模式,全方位地向社会提供优质、规范、透明的服务,同时实现管理手段上的变革。

从信息交互的结构来看,电子政务系统主要包括政府部门内部办公系统、政府间办公系统和对外服务系统 3 部分,如图 11.26 所示。

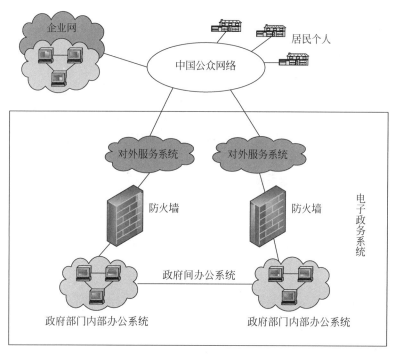

图 11.26 电子政务系统的组成部分

政府部门内部办公系统借助于 Intranet 实现办公自动化、管理信息化等。政府间办公系统通过虚拟专用网(Virtual Private Network,VPN)等进行通信、信息共享和事务协作等。政府部门与社会实体间的对外服务系统借助于互联网进行信息服务和事务处理,加强群众监督,提高办事效率,并促进政务公开等。

电子政府是利用以 Internet 网为主的现代信息网络技术构建的一个"虚拟政府",使社会实体包括企业和民众能在网上随时随地接受各类政府服务。电子政务的重点在于"政务",即政务的电子化,而电子政府的重点则在于"整个政府"的电子化。从长远来看,电子政务是电子政府的一个重要阶段,而电子政府则是电子政务发展的长期目标,代表了电子政务发展的高级阶段。

电子政务的服务对象包括企业、社会公民和其他政府部门等。电子政务不但改变了传统政府的面貌,而且为提高政府工作效率提供了一个良好的手段,同时还提高了政府运作的透明度,提高了政府在公众中的形象。广义的电子政务的范畴应包括所有国家机构在内,而狭义的电子政务主要包括直接承担管理国家公共事务、社会事务的各级行政机关。

按照电子政务的服务对象,可以将广义的电子政务分为政府和社会公民(Government to Citizen,G2C)电子政务、政府和企业(Government to Business,G2B)电子政务、政府间(Goverment to Government,G2G)电子政务3种类型。

政府和社会公民电子政务包括了政府和民众之间可以通过电子手段进行的一切活动。其主要内容包括教育培训服务、就业服务、电子医疗服务、社会保险服务、公民电子税务、电子证照等。

政府和企业电子政务表示政府出售商品和服务给企业,以及企业出售商品和服务给政府。政府和企业电子政务的主要领域如政府电子化采购和政府剩余物资的拍卖。

通过政府间电子政务,上下级、不同地方政府、不同政府部门之间实现了快捷方便的网上协作,以整体的形象提供"一站式"服务。

2. 电子政务建设

电子政务是一个系统工程,应该符合3个基本条件。

(1) 电子政务是必须借助于电子信息化硬件系统、数字网络技术和相关软件技术的综合服务系统。其中,硬件部分包括内部局域网、外部互联网、系统通信系统和专用线路等;软件部分包括大型数据库管理系统、信息传输平台、权限管理平台、文件形成和审批上传系统、新闻发布系统、服务管理系统、政策法规发布系统、用户服务和管理系统、人事及档案管理系统、福利及住房公积金管理系统等数十个系统。

(2) 电子政务是处理与政府有关的公开事务、内部事务的综合系统。其除包括政府机关内部的行政事务以外,还包括立法、司法部门以及其他一些公共组织的管理事务,如检务、审务、社区事务等。

(3) 电子政务是新型的、先进的、革命性的政务管理系统。电子政务并不是简单地将传统的政府管理事务原封不动地搬到互联网上,而是要对其进行组织结构的重组和业务流程的再造。因此,电子政府在管理方面与传统政府管理有显著的区别。

电子政务主要有以下内容。

(1) 政府从网上获取信息,推进网络信息化。

(2) 加强政府的信息服务,在网上设有政府自己的网站和主页,向公众提供可能的信息服务,实现政务公开。

(3) 建立网上服务体系,使政务在网上与公众互动处理,即"电子政务"。

(4) 将电子商业用于政府,即"政府采购电子化"。

(5) 充分利用政务网络,实现政府"无纸化办公"。

(6) 政府知识库。

相对于传统行政方式,电子政务的最大特点就在于其行政方式的电子化,即行政方式的无纸化、信息传递的网络化、行政法律关系的虚拟化等。

11.6.3 实验内容

下载或登录一个自己熟悉的电子政务系统,进行实际功能操作,分析其基本内容和作用,以及用途等。例如,蓝凌电子政务系统平台、企达电子政务信息网、中华人民共和国人民政府门户网站、中华人民共和国教育部政府门户网站、地方政府网、中国国家知识产权局门户网站网等。

基于一个具体的电子政务系统的浏览、查询、统计、分析等功能,通过操作具体系统功能实现政府信息管理,理解电子政务系统工作的原理,并总结电子政务系统的特点和用途。

下面给出的是蓝凌电子政务系统平台介绍。图 11.27 是蓝凌电子政务系统试用入口。

图 11.27　蓝凌电子政务系统试用入口

图 11.28 是蓝凌电子政务系统基本功能。

图 11.28　蓝凌电子政务系统基本功能

图 11.29 是蓝凌电子政务系统基本结构。

蓝凌电子政务系统核心功能包括电子公文、会议管理、督查督办、协同办公、数据中台和统一访问门户等。

如果需要了解电子政务服务,可以登录一些政府网站和事业单位服务平台了解电子政务系统的功能和应用。例如,通过网站浏览政策法规和通知通告,下载各种文件和表格,通过留言板提交意见和投诉等。

图 11.29　蓝凌电子政务系统基本结构

11.6.4　实验报告

根据使用具体的电子政务系统或平台的体会,撰写总结报告。实验报告模板如下:
(1) 电子政务系统简介;
(2) 电子政务系统核心功能处理过程(基本流程);
(3) 选择某个功能进行操作,给出具体的操作过程,通过文字和截图记录操作过程;
(4) 描述核心功能的输入和输出数据的格式,或者报表样式等;
(5) 总结该电子政务系统的特点;
(6) 总结电子政务系统的发展趋势。

11.7　流程设计实验

11.7.1　实验目的

通过学习和使用具体的流程设计工具,了解流程设计工具的基本功能、特点和用途。

11.7.2　基础知识

1. 流程图

在企业中,流程图主要用来说明某一过程。这一过程既可以是生产线上的工艺流程,也可以是完成一项任务必需的管理过程。为了快速、简单、准确地了解某一过程,我们绘制流程图来说明生产线上的工艺流程或者是完成一项任务必需的管理过程。为了便于识别,以下是绘制流程图的习惯做法。

- 事实描述用椭圆形表示；
- 行动方案用矩形表示；
- 问题用菱形表示；
- 箭头代表流动方向。

流程图是由一些图框和流程线组成的，其中图框表示各种操作的类型，图框中的文字和符号表示操作的内容，流程线表示操作的先后次序。流程图是揭示和掌握封闭系统运动状况的有效方式。

对现有流程的梳理、完善和改进的过程，称为流程的优化。流程优化是提高工作效率的根本，也是控制工作失误和降低成本的关键，以便在衡量绩效的关键指标（如质量、成本、速度、服务）上取得重要提高。

良好的业务流程设计是保证企业灵活运行的关键。清晰地定义业务流程之间的接口，可以降低业务之间的耦合度，使得对局部业务流程的改变不会对全局的流程产生灾难性的后果。

2．建模

对整个企业的业务流程进行建模是一个相当复杂而有挑战性的工作，但是并不代表没有方法可循。一般来说，建模需要处理好以下 3 方面。

（1）建立流程。主要的业务流程是由直接存在于企业的价值链条上的一系列活动及其之间的关系构成的。一般来说包含了采购、生产、销售等活动。辅助的业务流程是由为主要业务流程提供服务的一系列活动及其之间的关系构成的，包括管理、后勤保障、财务等活动。

（2）层次关系。业务流程之间的层次关系反映业务建模由总体到部分、由宏观到微观的逻辑关系。这样一个层次关系也符合人类的思维习惯，有利于企业业务模型的建立。一般来说，可以先建立主要业务流程的总体运行过程，然后对其中的每项活动进行细化，建立相对独立的子业务流程以及为其服务的辅助业务流程。业务流程之间的层次关系一定程度上也反映了企业部门之间的层次关系。为使所建立的业务流程能够更顺畅地运行，业务流程的改进与企业组织结构的优化是一个相互制约、相互促进的过程。

（3）合作关系。企业不同的业务流程之间以及构成总体的业务流程的各个子流程之间往往存在着形式多样的合作关系。一个业务流程可以为其他的一个或多个并行的业务流程服务，也可能以其他的业务流程的执行为前提。可能某个业务流程是必须经过的，也可能在特定条件下是不必经过的。在组织结构上，同级的多个部门往往会构成业务流程上的合作关系。

业务流程的优化过程实质上是管理再造或优化的实施过程，企业战略定位的变化和战略思路的改进最终都在业务流程中体现；反过来，可以利用流程优化的手段来规范和提升管理体系。

3．流程绘制工具

流程绘制工具多种多样，例如 Microsoft Visio（以下简称 Visio）、StarUML 和 WPS 绘图工具等。本节介绍 Visio 工具。

Visio 包含了大量的模板，并提供了完全开放的图形平台架构，用户可以自己定义新的图元并把它们加入模板中，也可以自己归类和重组模板。同时，用户也可以从网络上下载、更新模板库。Visio 平台的最大特色就是"拖曳式绘图"。下面介绍 Visio 的主要特性。

（1）拖曳式绘图。这是 Visio 和其他绘图软件的最大区别之处。只要用鼠标把需要的图元拖曳到绘图区中，就生成了该图元的一个实例，并且可以对它进行其他的编辑操作。

(2) 提供了适应不同行业设计需求的解决方案,为不同的设计用户定制了对应的模板库和图纸初始化,方便用户快速地进入工作。

图 11.30 所示的窗口左边列出了可供选择的解决方案目录,每个目录中可以选择的模板库显示在右边,并且带有相应的图形提示。

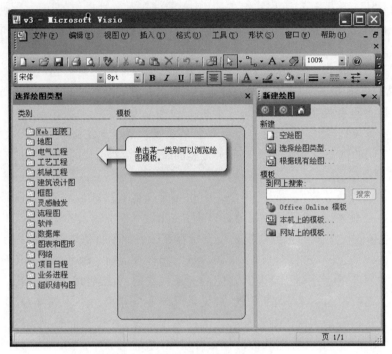

图 11.30　可供选择的解决方案

(3) 完全兼容 Office 系列的其他产品,如 Microsoft Word、Microsoft PowerPoint 等。成为 Office 系列软件一员后的 Visio 更是实现了和其他 Office 产品的无缝接合,用户可以非常方便地将 Visio 图形插入这些产品中进行编辑和整合。

(4) 所有 Visio 产品都具备开放式的程序架构,支持自定义智慧图元。用户可以为特定的工作制定不同的图元,并可以在图形符号列表中修改和设置特定的图元行为,甚至可以像 Microsoft Excel 一样通过输入公式来确定图元行为程序。

(5) 完善的网络应用。可以方便地将超链接加入 Visio 的图形和绘图页中。这样,用户可以方便地按照预定的路线跳转到其他绘图页、其他文件或 Web 站点。在 Visio 中,也可以迅速地将设计好的图样转换为 HTML 格式或进行 Web 发布,以便在公司内部或 Internet 上展示。

正确安装与启动 Visio 后,首先启动如图 11.31 所示的主界面,该界面的主窗口内包括"选择绘图类型"和"新建绘图"两部分。

主界面支持用户通过多种方式开始 Visio 的绘图编辑工作。您可以选择任意目录中的一个模板开始设计,这时 Visio 系统会为您打开对应的图形库,并设定好恰当的页面大小;也可以选择已有的一幅图样为模板开始新的设计,Visio 系统将给原有图样复制作为当前设计的底稿;当然,还可以打开已有的图样继续以前的编辑工作或建立一幅全新的空白图样。

左边的"类别"和"模板"两部分合称"选择绘图类型",展示了当前系统中可以应用的各类解决方案。单击某个目录后,"模板"区中将显示该目录下包含的各个模板名称和缩略示

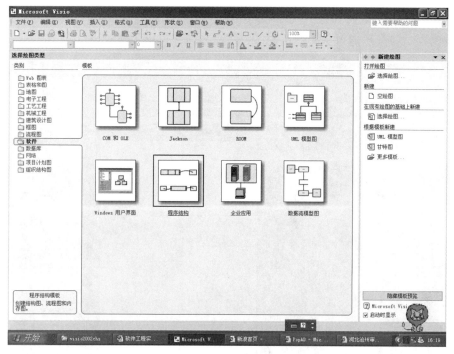

图 11.31　Visio 主界面

意图。如果包含的模板较多,无法在一屏内显示,可以拖动右边的滚动条进行浏览。单击某一模板后,在左下角的模板简介区中会给出对应模板的简要介绍。

窗口右边的部分称为"新建绘图"栏,是 Office XP 系列的特征之一,也是 Visio 的新特征。任务栏中列出了当前状态下可以进行的各项操作,只需要单击某一项目就表示进行该项操作。Visio 图样的操作步骤如下:

(1) 启动 Visio,选择某个类型的解决方案,并确定应用该方案的哪个样板。

(2) 打开样板后,样板会自动打开相应的一个或多个模板,设置绘图页、绘图比例和页面尺寸。样板预先建立的绘图页一般大致符合该类型图样设计的度量系统,并且其中的文本、线条和填充效果也都符合创建该类图样的习惯。这就大大减少了用户的工作量,加快了制图速度。也可以调整这些设置以满足特殊的制图需要。

(3) 从模板中向绘图页里拖曳添加图形。必要的情况下可以打开其他样板中的模板以获得特定图形,也可以使用 Visio 提供的绘图工具自己进行绘制。

(4) 调整所添加的图形。使用标尺或图形页面调整图形的尺寸,借助网格线或是定位导线调整图形的位置。此外,"对齐"和"分布"命令可以用于多个图形组件的快速分布对齐。

(5) 将图形进行组合或连接,使相关的图形结合成整体,便于统一编辑。

(6) 为图形添加文字说明。

(7) 存储文件并输出。

11.7.3　实验内容

1. 使用 Visio 绘制程序流程图

选择"文件"→"新建"→"流程图"→"基本流程图"命令进入流程图编辑区,如图 11.32

所示。若是启动 Visio 时,系统自动进入"选择绘图类型"对话框,等待用户选择。单击右边的"流程图"标签页,然后单击左边的"基本流程图"图标可进入编辑窗口。

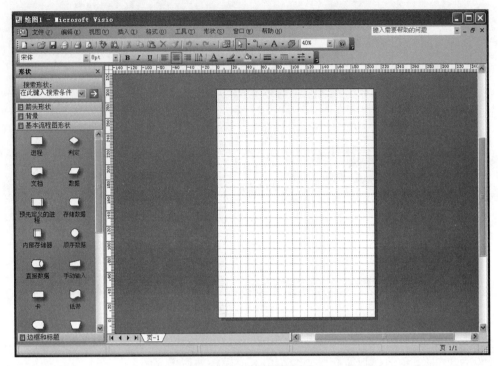

图 11.32　流程图编辑区

流程图编辑窗口分为左右两部分,左部分是形状工具栏,用户可以选择需要绘制的图形对象形状。右部分是基本流程图编辑区,用于放置绘制的图形。

基本流程图形状工具栏提供了箭头形状、背景和基本流程图形状 3 个形状工具标签页,其中基本流程图形状是用得最多的标签页,我们重点介绍基本流程图形状工具的使用和流程图的绘制方法。

基本流程图形状工具提供了 26 种基本形状,其中用得最多的是进程、判定、终结符、动态连接线和批注工具。绘制一个图形的步骤如下:

(1) 选中左边一个图形工具。

(2) 按住这个工具,拖放到右边的图形编辑区。

(3) 移动到合适的位置释放图形。

(4) 在图形的控制点上用鼠标调整图形的大小和旋转方向。图形的 8 个控制点用于调整图形的大小,而在图形外部的圆形控制点可调整图形的旋转方位,如图 11.33 所示。鼠标放在圆形控制点,系统提示"旋转形状",拖动圆形控制点可确定旋转角度,还可以调整图形中心的"旋转中心"位置。

(5) 调整好形状和方位后,双击该图形,系统出现闪烁的光标,等待用户输入文字。输入完成后,在任意地方单击即可。当然也可以选中文本进行字体设置。

(6) 重复上述(1)~(4)步绘制多个图形。

注意:绘制动态连接线时,会出现一个虚的箭头线,其中无箭头的线两端在靠近已有图

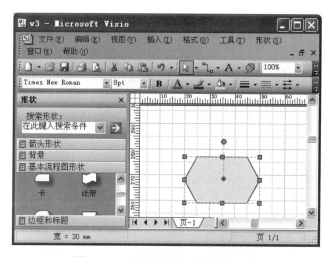

图 11.33　调整图形大小和旋转方位

形的控制点(图形上有"×"的记号)时,出现加亮的红色矩形,表示要与这个图形建立连接。这个功能非常方便,可以精确定位,而且当拖动图形时,箭头线也跟着调整。要调整箭头线的位置,需要拖动箭头线上的控制点,反复几次可以达到满意的结果。

图 11.34 是一个简单流程图的示例。

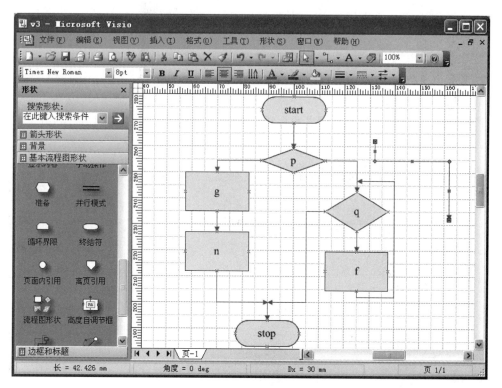

图 11.34　一个简单流程图的示例

2. 使用 Visio 绘制数据流图

选择"文件"→"新建"→"软件"→"数据流模型图"命令进入数据流图编辑窗口,如

图 11.35 所示。单击右边的"软件"标签页,然后单击右边的"数据流模型图"图标可进入编辑窗口。

图 11.35 数据流图编辑窗口

数据流模型图窗口分为左右两部分,左部分是形状工具栏,用户可以选择需要绘制的图形对象形状,这里只有 4 个形状,分别是进程、接口、数据存储和数据流,它们也是绘制数据流图的基本符号,分别对应数据流模型的处理或加工、数据源点或终点、数据存储和数据流。右部分是数据流图编辑区,用于放置绘制的图形。

数据流模型图绘制步骤和方法类似于前面的步骤,这里不再赘述。下面绘制一个订货系统的数据流图,这里的数据源点和终点分别是仓库管理员和订货员,处理或加工是处理事务和产生报表,数据存储是库存信息和订货信息,数据流分别是事物、库存信息、订货信息和订货报表。图 11.36 给出订货系统的基本数据流图。

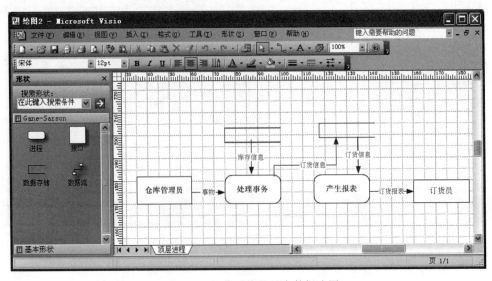

图 11.36 订货系统的基本数据流图

绘制一个数据流符号,处于选中情况下,数据流图形中间有一个"×"外带一个矩形框的控制点。双击这个控制点,可输入数据流名称。这里有一个遗憾的地方就是数据存储时不能输入数据存储名称,替代的办法就是使用流程图中的批注来注释。

11.7.4 实验报告

根据使用具体的流程图绘制工具的体会,撰写实验报告。实验报告模板如下:
(1) 流程绘制平台简介;
(2) 流程设计过程(基本流程);
(3) 针对某业务过程进行流程设计和绘制操作,给出具体的操作过程和相应的操作截图;
(4) 总结流程绘制工具的特点;
(5) 总结流程绘制工具的发展趋势。

11.8 供应链管理系统实验

11.8.1 实验目的

通过学习典型的供应链管理系统,了解供应链管理系统的基本功能、特点和用途。

11.8.2 基础知识

供应链管理系统实现整体供应链可视化、管理信息化、整体利益最大化、管理成本最小化,从而提高总体水平。供应链管理系统是全方位的企业管理应用软件,可以帮助企业实现整个业务运作的全面自动化。供应链管理系统的主要作用是将企业与外界供应商和制造商联系起来。

供应链管理系统主要包括以下功能。

(1) 供应链管理系统能帮助连接企业全程供应链的各个环节,建立标准化的操作流程;
(2) 各个管理模块可供相关业务对象独立操作,同时又通过第四方物流供应链平台整合连通各个管理模块和供应链环节;
(3) 缩短订单处理时间,提高订单处理效率和订单满足率,降低库存水平,提高库存周转率,减少资金积压;
(4) 实现协同化、一体化的供应链管理。

使用供应链管理系统可以获得以下价值:

(1) 数据传输安全,保证随时掌握情况。系统将企业管理与外围企业管理有机地结合在一起,解决了因供应商分散不集中、产品品种太多、订单过于频繁等情况而导致的品牌营运商与供应商之间存在的沟通问题、数据传输及时性问题、数据安全性问题、数据完整性问题等,整合品牌运营商与上游资源,实现效率的极大提升。

(2) 信息沟通及时,生产发货完美整合。品牌营运商通过供应链管理系统发布需求信息,从而使供应商能及时组织生产、发货等工作;能通过供应链管理系统知道货品从供应商到门店的整个物流过程。同时供应商也能通过供应链管理系统了解到自己所生产货品在门店的库存及销售情况,从而达到了供应商与营运商之间的互动。

(3) 缩短生产周期,降低企业运营成本。企业采用供应链管理系统可以解缩短与供应商的业务洽谈时间、大幅度减少采购成本。供应商也能通过系统了解自己的产品的应用情况,好做出合理的补货策略。

(4) 促进愉快合作,建立良好的供应商关系。通过改善与供应商的业务处理流程,与供应商进行协同办公,进行密切的信息交换,加强了对例外事件管理的能力和响应速度,与供应商建立稳固、长期的伙伴关系。

供应链管理系统包括以下功能。

(1) 统一管理,全局管控。灵活的管控政策,可以实现统一运营和价格、信用、营销活动等的全局管控。既可以实现统一销售、生产和采购,也可以指定特定组织执行灵活的销售、采购政策。供应链管理系统功能包括集中采购和销售、采购价格管控、销售价格和信用管控、供应商供货控制、客户营销控制等。

(2) 实时预警,风险可控。针对供应链各环节关注点,提供风险预警服务。如采购到货、库存短缺料、超储预警等。供应链管理系统主要功能包括采购预警,临近采购到货或超期未到货时及时发送预警报警消息;多维度库存预警,有效指导企业及时发现短缺物资,及时采购;多维度库龄分析,全景展示物资在库时长,有效指导采购政策;全局库存可视预警,核心企业可以实时掌握产业链全局动态,及时制定营销策略等。

(3) 社会化协同,产业链稳定。通过采购社会化交易网络、营销全渠道运营网络、社会化协同制造等服务,帮助产业链核心企业构建产业互联网运营平台,为产业链上下游供应商、生产商、分销商提供服务,保证产业链和供应链稳定。供应链管理系统主要功能包括采购/销售计划、订单协同、收发货协同、开票、收付款协同等。

11.8.3 实验内容

下载或登录一个自己熟悉的供应链管理系统,例如甄云科技、思爱普 SAP、金蝶、用友,以及百度爱采购等。图 11.37 是供应链管理系统的主要功能。

采购		库存		销售	
请购	采购订单	入库管理	出库管理	销售订单	发货
到货	税票匹配	调拨	盘点	销售发票	销售价格
采购发票	采购结算	批次管理	库存调整	销售信用	入库管理
供货目录	采购价表	采码管理	库存工作台	内部交易规则	内部交易结算

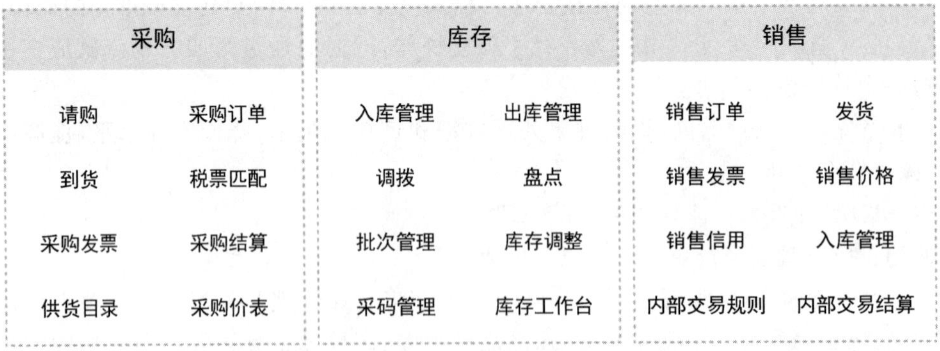

图 11.37 供应链管理系统的主要功能

图 11.38 是泛普软件的供应商管理中的新建供应商档案功能。

图 11.39 是建立的供应商联系人列表。

图 11.40 是供应商级别分布信息。

基本信息

*供应商名称:	上海阮建制造有限公司	供应商编号:	030006	*供应商类别:	工程材料供应商	*供应商等级:		
*所在省份:	上海市	*所在市区:	普陀区	*所属行业:	工程行业	联系人:		
部门:	销售部	职务:	销售部经理	性别:	男	生日:		
籍贯:	浙江	办公电话:	3242344	手机号码:	1593243242	家庭电话:		
微信:	56879687	QQ:	423436600	电子邮箱:	423436600@qq.com	邮编:		
公司地址:		法人代表:	张子飞	注册资本(万元):	300	人员规模:		
公司简介:								

业务情况

合作情况简介:	

财务信息

开户银行:	中国农业银行后海路支行	账户名称:		银行账号:	6172817289390280000	纳税人识别号:	
地址:	重庆市云海路107号	电话:	876-2838292				
账期(天):	0	每月几号结算:	0				

图11.38　新建供应商档案功能

供应商联系人列表

供应商名称	联系人姓名	性别	生日	手机号码	办公电话
成都昱峰材料有限公司	龙波	男	1987-03-02	1893292012	6382829
陕西兴鑫材料有限公司	李海洋	男	1983-04-02	1831292010	3211233
浙江优德有限公司	张子飞	男	1973-04-02	1780003912	5421113
江苏嘉程有限公司	柯英	女	1987-03-02	1323243244	5222222
四川旭日材料有限公司	李振	女	1983-04-02	1593243242	4214521
安徽科威金属有限公司	黄敏	女	1973-04-02	1343423423	4213467
广西浩泰有限公司	张云雷	男	1993-04-02	1533243242	5324555
北京信德科创自动化技术有…	刘健	男	1996-07-19	1573324323	9288922
上海力新仪器有限公司	胡学辉	男	1987-03-08	1874234324	2436677
成都肯格设备有限公司	邓琴	女	1983-04-09	1893432442	3114565
江苏苏领医疗器材有限公司	杨彪	男	1980-04-03	1562342343	6643223
上海生物医学工程有限公司	林康平	男	1992-08-09	1334353455	6788864
济南神康医疗器械设备有限…	刘云	男	1991-08-02	1804324324	3345788
湖北欣盛医疗器械有限公司	马飞	男	2021-07-18	1782342342	2436673
广州华淼医疗器械有限公司	夏云	女	1983-07-19	1563423424	6744457
兰州达然医疗设备有限公司	张载豪	男	1980-04-03	1472343242	

图11.39　供应商联系人列表

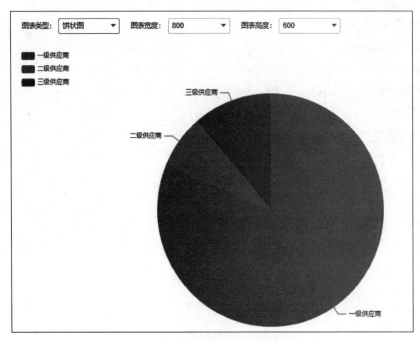

图 11.40 供应商级别分布信息

图 11.41 是采购申请列表,可以清晰地看到采购申请编号、采购申请主题等信息,还可以新增采购申请。

图 11.41 采购申请列表

图 11.42 是采购合同执行进度表。

采购数量统计包括采购分类分布、供应商区域分布、供应商行业分布等。图 11.43 用柱状图更直观地显示供应商行业分布信息。

图 11.42 采购合同执行进度表

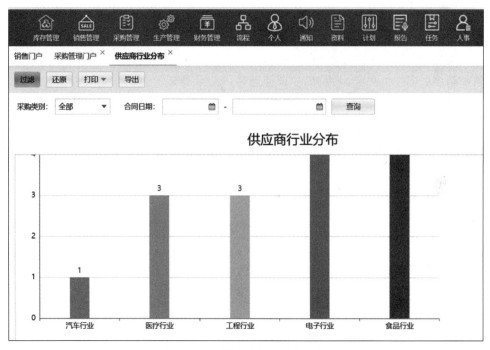

图 11.43 供应商行业分布信息

11.8.4 实验报告

根据具体使用供应链管理系统的体会,撰写总结报告。报告模板如下:
(1) 该供应链管理系统的名称;
(2) 该供应链管理系统功能处理的具体过程(基本流程);
(3) 具体功能的操作过程,包括文字描述和相应的操作截图;
(4) 描述该供应链管理数据或报表的格式和保存方式;

(5) 给出该供应链管理系统的组成,包括输入、处理和输出部分;
(6) 总结该处理功能的特点;
(7) 给出该供应链管理系统的用途。

11.9 客户关系管理系统实验

11.9.1 实验目的

通过学习典型的客户关系管理系统,了解客户关系管理系统的基本功能、特点和用途。

11.9.2 基础知识

客户关系管理是指对企业与客户间的关系进行管理,通过及时互动获得客户的信任,进而达到互利互惠的目的。客户关系管理是一个获取、保持和增加可获利客户的方法和过程。客户关系管理反映出在营销体系中各种交叉功能的组合,其重点在于赢得客户。

客户关系管理系统是一个支持企业与客户交互、分析客户数据、进行产品营销和客户服务的软件系统,为客户和企业进行快速交流提供通道。

直到今天,云计算的全球化使得传统客户关系管理软件已逐渐被 Web 客户关系管理超越。越来越多的客户倾向于采用 Web 来管理客户关系管理等业务应用程序。作为解决方案的客户关系管理,它集合了当今最新的信息技术,它们包括 Internet 和电子商务、多媒体技术、数据仓库和数据挖掘、专家系统和人工智能、呼叫中心等。作为一个应用软件的客户关系管理,凝聚了市场营销的管理理念。市场营销、销售管理、客户关怀、服务和支持构成了客户关系管理软件的基石。

11.9.3 实验内容

下载或登录一个自己熟悉的客户关系管理系统,例如泛普软件、客户无忧、思爱普 SAP、金蝶、用友,以及销氪等。基于一个具体的客户关系管理系统,通过操作系统的具体功能实现客户关系管理,理解客户关系管理工作的原理、特点和用途。

当产品及品牌的感觉价值迅速降低并且导致价格低落时,企业对客户需要做出快速反应,实现高效的客户管理,将是其在市场上成功的关键。做好客户关系管理能够使企业在激烈的市场竞争中保持住原有的客户,并且在此基础上开发出更多的客户关系。客户关系管理中客户的保持与开发是非常重要的,与企业的利润息息相关。客户关系管理系统包括客户信息管理、跟进点评管理、客户联系人管理、客户数量统计、客户跟进统计和联系人统计等功能。

多数企业在客户关系管理中存在问题。例如,客户资料混乱,客户维护困难,不能随时了解客户需求苦恼;销售人员离职带走分配给销售员的客户资料信息,导致客户的流失,管理不统一;当销售人员外出,无法追踪到业务人员的真实情况时,也无法对业务进行追踪;无法以客户为中心,缺少互动性;同一客户会有多个销售人员跟踪,大大降低了客户对企业的好感。图 11.44 是待分配客户列表。

泛普软件的 ERP 能够有效提高企业对客户的管理。例如,用系统记录客户资料,跟踪、

序号	客户编号	客户名称	所在省份	所在市区	联系人姓名	领用状态	申请人员	领用时间			
1	02001	成都第七人民医院	四川省	成都市	柯英	未领用		2021-06-22 17:11	申请	指派	公用
2	02002	江西魅医医疗美容...	江西省	萍乡市	李振	未领用		2021-05-29 17:50	申请	指派	公用
3	02005	浙江第一人民医院	浙江省	杭州市	刘健	未领用		2021-03-24 00:00	申请	指派	公用
4	02007	北京朝阳区中西医...	北京市	朝阳区	邓琴	未领用		2021-03-24 00:00	申请	指派	公用
5	02008	江苏汇通民族医院	江苏省	南京市	杨彪	待审批	钟凯	2021-03-24 00:00	同意	否决	
6	02009	浙江蓝安医美	浙江省	杭州市	林康平	未领用		2021-05-08 14:56	申请	指派	公用
7	02010	宁波艺星医疗美容...	浙江省	宁波市	刘云	未领用		2021-03-24 00:00	申请	指派	公用
8	03021	广东祥林工程项目...	广东省	珠海市	黄山	未领用		2021-03-24 00:00	申请	指派	公用
9	03022	宁波永健工程有限...	浙江省	宁波市	苏博	未领用		2021-03-24 00:00	申请	指派	公用
10	03023	四川隆威工程集团...	四川省	成都市	张林辉	未领用		2021-03-24 00:00	申请	指派	公用
11	03024	上海广德智工程有...	上海市	静安区	柯明远	未领用		2021-03-24 00:00	申请	指派	公用
12	03028	浙江安宏工程建设...	浙江省	湖州市	刘健	未领用		2021-03-24 00:00	申请	指派	公用
13	040008	北京重通电子设备...	北京市	石景山区	陈晓	未领用		2021-03-24 00:00	申请	指派	公用
14	040010	广州佳讯制造有限...	广东省	广州市	刘梦婷	未领用		2021-03-24 00:00	申请	指派	公用
15	040011	深圳市龙海环宇自...	广东省	深圳市	李家豪	未领用		2021-03-24 00:00	申请	指派	公用
16	040012	张家港市电子设备...	广东省	广州市	席自强	未领用		2021-03-24 00:00	申请	指派	公用
17	040013	南京明辉电子产品...	江苏省	南京市	卓云	未领用		2021-03-24 00:00	申请	指派	公用

图 11.44　待分配客户列表

服务、维护客户统计记录在系统上，确保客户资源掌握在企业手里；通过 ERP 系统可以让销售人员将相应的客户资料统一上传到系统；这样既能保证客户资料掌握在企业手里，也能减少销售人员离职后，导致客户的流失；通过 App 连接考勤，通过定位打卡情况，掌握销售人员的真实情况，并且登记客户跟进情况，掌握业务进度；在系统中记录与客户沟通的商务联系，建立直观展示商机动态；在 ERP 系统中将所有客户信息上传在公共池，由企业统一给业务人员分配客户任务，可以帮助企业保持跟进的效率同时防止员工之间销售出现撞单，管理者也能方便查看商机状态。图 11.45 是客户跟进记录列表。

图 11.46 是泛普软件的跟进次数排行。

WPS 客户关系管理同样能够提供上述功能，而且能够提供更细致的客户信息的管理。例如，打开工作台即可观看对应的客户状态，便于统计客户数量，减少客户遗漏情况，如图 11.47 所示。

通过销售漏斗，根据不同的阶段给予不同的接待服务，给予更好的指导，对此做出统计便于管理层对每个客户的服务状态拥有详细的了解，便于下一步的商机方案，如图 11.48 所示。

同时，系统会展示最近发生的商机变化信息，如图 11.49 所示。

销售简报和业务指标可以督促销售部门的工作人员，可以让他们更加积极地对待客户，减少商家无意义的管理费用消耗，如图 11.50 所示。

客户拜访可以知道客户在经历这次销售之后对品牌的售后需求，或者是因为信任重新进入页面，对品牌有更加深入的了解，如图 11.51 所示。

遗忘客户的记录可以更好地记录客户的资源，用过产品的客户会比未接触产品的客户具有更好的新产品引入的效果，如图 11.52 所示。

销售人员	客户名称	洽谈时间	客户联系人	跟进内容
钟凯	江西旷达集团	2021-04-15 17:34:27	董子成	对方在经过详细了解后，意向很高，说回去需要
钟凯	大连重工绍兴前进齿轮箱有限公司	2021-04-15 17:33:54	何子乐	有竞争对手发了一些资料给他，目前客户有点犹
钟凯	青岛市海菱电子有限公司	2021-04-15 17:32:58	赵立春	比较顺利，约定下周二再谈一次，最后再确认下
钟凯	青海庞通接插件	2021-04-15 17:32:08	张成虎	已经将合同电子版发给他了，对方正在敲定合同
钟凯	上海新安汽车隔音毡总厂	2021-04-15 17:31:43	李思思	沟通的比较顺利，回复和领导申请下
钟凯	厦门延富医疗卫生服务中心	2021-04-15 17:30:49	张云雷	见面会谈，对方想再将价格压低一点，同时在我
钟凯	重庆心星悦视频批发部	2021-04-15 17:22:09	刘欢	沟通的比较愉快，已经将合同发过去了
罗丹	深圳义力电子科技有限公司	2021-04-13 17:43:48	李茜	微信详聊，客户还在对比考察我们的产品
张研	四川旭日工程项目管理有限公司	2021-04-13 17:26:14	侯海明	在外面谈，想要来公司考察
张研	云南斯科维工程有限公司	2021-04-13 17:21:17	侯海志	第二次跟进，进展比较顺利
张研	云南斯科维工程有限公司	2021-03-27 16:19:59	侯海志	第二次跟进，在走合同流程了
张研	云南斯科维工程有限公司	2021-03-26 18:13:41	侯海志	这个客户感觉比较爽快，谈得比较愉快，他还
张研	温州市东欧汽车零件厂	2021-03-26 18:12:39	胡子家	进入谈合同的阶段，但是对方有些条件需要加
张研	贵州连阳工程管理公司	2021-03-26 18:12:06	马志伟	将文件整理发过去，对方还在考虑中
张研	浙江弘华自动化有限公司	2021-03-26 18:11:10	夏安琪	对方有点犹豫，有其他竞争对手在跟进
张研	青岛梵隆方向盘有限公司	2021-03-26 18:10:32	周星辰	见面商谈，意向很大
张研	福建优智医疗器械有限公司	2021-03-26 18:09:58	王志远	谈的非常好，即将进入谈合同阶段
张研	重庆心星悦视频批发部	2021-03-26 18:09:34	刘欢	第一次打电话没接
张研	飞鹏车辆配件有限公司	2021-03-25 18:21:31	沈腾盛	客户比较满意，等下次的商谈

图 11.45　客户跟进记录列表

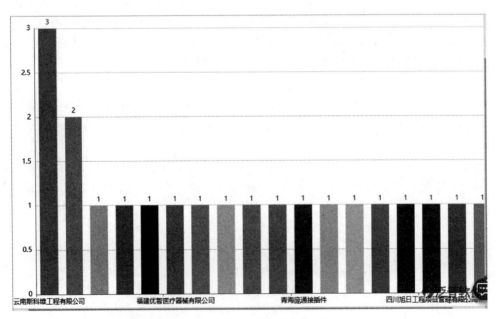

图 11.46　泛普软件的跟进次数排行

第11章 管理信息系统实验

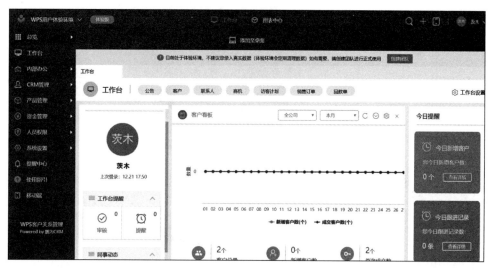

图 11.47 工作台

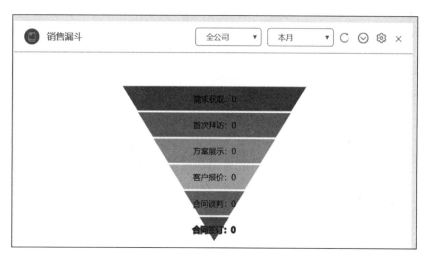

图 11.48 销售漏斗

阶段	阶段名称	商机数量	商机金额/万元
1	需求获取	0	0.00
2	首次拜访	0	0.00
3	方案展示	0	0.00
4	客户报价	0	0.00
5	合同谈判	0	0.00
6	合同签订	0	0.00

0个 新增商机数　　0.00万 新增商机额　　0个 已成交商机

0.00% 商机转化率　　0个 已失败商机　　0个 无跟进商机

图 11.49 客户商机信息

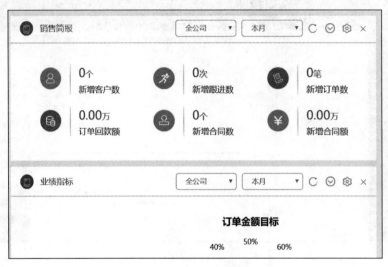

图 11.50　销售简报和业务指标

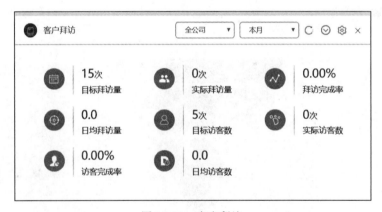

图 11.51　客户拜访

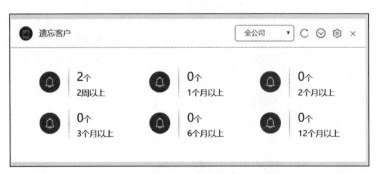

图 11.52　遗忘客户的记录

拥有了销售报表，可以了解当前销售情况状态下人们对于销售服务的态度，更好地揣测客户的心意，也就便于管理层做出统计与决策。图 11.53 以仪表盘直观地显示业绩指标信息。

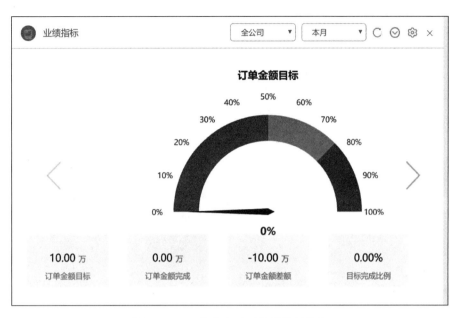

图 11.53　以仪表盘显示业绩指标信息

11.9.4　实验报告

根据实验系统的体会撰写实验报告。报告模板如下：
（1）该客户关系管理系统的名称；
（2）该客户关系管理系统功能处理的具体过程（基本流程）；
（3）某具体功能的操作过程，包括文字描述和相应的操作截图；
（4）描述该客户关系管理数据或报表的格式和保存方式；
（5）给出该客户关系管理系统的组成；
（6）总结该客户关系管理系统功能的特点和用途。

11.10　本章小结

本章安排 9 个实验，分别是事务处理系统、管理信息系统、办公自动化系统、知识管理系统、社交媒体信息系统、电子政务系统、流程设计实验、供应链管理系统和客户关系管理系统。每个实验包括实验目的、基础知识、实验内容和实验报告 4 部分。

习题

1. 完成事务处理系统实验报告。
2. 完成管理信息系统实验报告。
3. 完成办公自动化系统实验报告。
4. 完成知识管理系统实验报告。

5. 完成社交媒体信息系统实验报告。
6. 完成电子政务系统实验报告。
7. 完成流程设计实验报告。
8. 完成供应链管理系统实验报告。
9. 完成客户关系管理系统实验报告。

参 考 文 献

[1] 图尔班,莱德纳,麦克莱恩,等.管理信息系统[M].赵苹,曹晓玮,毛基业,译.5版.北京:中国人民大学出版社,2009.
[2] 薛承梦,张宁.管理信息系统[M].北京:科学出版社,2015.
[3] 石新玲.管理信息系统[M].北京:清华大学出版社,2005.
[4] 黄超,李丽,孙爱香.管理信息系统[M].北京:清华大学出版社,2021.
[5] 刘仲英.管理信息系统[M].3版.北京:高等教育出版社,2017.
[6] 陈晓红,寇纲,刘咏梅.商务智能与数据挖掘[M].北京:高等教育出版社,2018.
[7] 张凯.信息资源管理[M].4版.北京:清华大学出版社,2020.
[8] 黄岚,王喆.电子商务概论[M].2版.北京:机械工业出版社,2016.
[9] 黄德才.数据仓库与数据挖掘[M].北京:清华大学出版社,2016.
[10] 郑文礼,周红刚,钟锃光.管理信息系统原理与应用[M].2版.厦门:厦门大学出版社,2016.
[11] 刘毅,金鹏.数字智能时代的管理信息系统[M].北京:清华大学出版社,2021.
[12] 薛华成.管理信息系统[M].2版.北京:清华大学出版社,2012.
[13] 肯尼斯·C.劳顿,简·P.劳顿.管理信息系统[M].黄丽华,俞东慧,译.15版.北京:机械工业出版社,2018.

图书资源支持

感谢您一直以来对清华版图书的支持和爱护。为了配合本书的使用,本书提供配套的资源,有需求的读者请扫描下方的"书圈"微信公众号二维码,在图书专区下载,也可以拨打电话或发送电子邮件咨询。

如果您在使用本书的过程中遇到了什么问题,或者有相关图书出版计划,也请您发邮件告诉我们,以便我们更好地为您服务。

我们的联系方式:

地　　址:北京市海淀区双清路学研大厦 A 座 714

邮　　编:100084

电　　话:010-83470236　010-83470237

客服邮箱:2301891038@qq.com

QQ:2301891038(请写明您的单位和姓名)

资源下载: 关注公众号"书圈"下载配套资源。

书圈

清华计算机学堂

观看课程直播